# 蔣中正日記

## Chiang Kai-shek Diaries, 1950

◆ 民國三十九年 ◆

民國歷史文化學社　國史館　Academia Historica

感謝

蔣經國國際學術交流基金會
世界大同文創股份有限公司


贊助出版

# 編輯凡例

一、本書為蔣中正民國三十九年 (1950) 日記，係根據日記原件打字排版。

二、本書卷首列有總序，旨在說明蔣日記之整體歷史意義與價值。

三、本書各年各冊均精選國史館授權使用照片若干幀，與日記內容呼應，
不無左圖右史之義。後附索引，意在讀者易於檢索、利用。

四、日記內容本分「雪恥」、「注意」、「預定」等欄目者，本書均依照
原有欄目處理。日記原件每月起始有「本月大事預定表」；每週附有
「上星期反省錄」、「本星期預定工作課目」；每月月底附「上月反
省錄」，全年日記之末並以「雜錄」、「姓名錄」殿之。本書悉依原
有形式出版。

五、同日日記遇有草稿、抄稿、秘書抄稿並存時，則以最完整稿置前，其
餘附後。

六、日記內文提及之相關人物與重要事件，編輯整理時酌加頁註。相關人
物第一次出現時，當頁註釋其全名及當年或前後之職銜，以利查考。
外國人名第一次出現時，當頁註釋其拉丁化全名，以資識別。

七、本書用字尊重現今常用字，俗字、簡字、古字等異體字改為正體
字。惟遇通同正體字時，為因應讀者閱讀習慣及通俗用法，採用現今
通用正體字，如「并」改為「並」，「証」改為「證」，「甯」改為
「寧」等。

八、日記用詞保留當時用法，不以錯字視之。若與現今用詞有差異處，遵
照蔣中正個人習慣用法，如：舊歷、古鄉、托管、烏乎、處治、火食、
琉璜；及部分地名如：大坂、蔣林、角畈山。

九、日記中遇明顯錯別字詞，在該字後以〔　〕符號將正確字詞標出。遇明顯漏字，則以〔　〕符號將闕漏字詞補入。無法判明者，則加註「原文如此」。本書收錄日記中所附帶之信函、手令、批示等稿件，非蔣原筆跡手稿者，以楷體字體表示。

十、日記中遇損壞、破損而無法辨識字跡者，以■表示。

十一、日記中提及人名偶有筆誤，以錯字訂正形式處理；外國人名譯音有前後不一致情況時，但見索引，不另做處理。書中出現編目「一、一、一、一、」者，為遵照原稿設計，不予修改。

十二、標點符號除原稿上所加之問號、驚嘆號、引號等外，僅以「，」「、」「。」「：」標之。

十三、本書涉及人物、事件複雜，議題涵蓋廣泛，編者思慮難免不周，如有錯誤疏漏，尚請讀者不吝指正，以便日後修整。

# 序　一

　　蔣中正，學界通稱為蔣介石，是國家級和世界級的領袖人物，早為史家研究的對象。日本學界有蔣介石研究會，臺灣中央研究院近代史研究所有蔣介石研究群，浙江大學有蔣介石研究中心，而學者個人研究蔣介石者，如楊天石、山田辰雄、黃自進等皆為名家。近年臺海兩岸各大學和研究機構，以蔣介石為主題所開的研討會，如「蔣介石與抗日戰爭」、「蔣介石與抗戰時期的中國」、「蔣介石與世界」、「日記中的蔣介石」、「蔣中正日記與民國史研究」等，亦結集了許多研究蔣介石的成果。

　　史學界之所以熱衷於蔣介石研究，除蔣之歷史地位重要外，蔣介石日記開放給史學界使用亦為重要因素。蔣日記初由自己保管，1975 年蔣介石死後由其子蔣經國保管，1988 年蔣經國死後由其子蔣孝勇保管，蔣孝勇死後由其妻蔣方智怡保管。蔣介石原望其日記存於臺灣，於其逝世五十一年後（2026）開放，後因蔣孝勇夫婦移居加拿大，日記乃被帶到該處。2005 年蔣方智怡將日記移存美國史丹佛大學胡佛研究所，並授權該所保管，2006 年起分批開放蔣日記給學者作為研究之用。蔣介石日記開放給學者作為研究之用後，各國學者紛紛前往史丹佛大學閱讀，學者並開始以蔣日記為主要資料寫論文或專書，使蔣介石的研究成果更為深入與豐富。

　　蔣介石日記，從 1917 年起記到 1972 年 7 月止，凡五十五年，四百五十萬字。其中 1924 年日記失落，1917 年的日記為回憶幼時至 1917 年之重要記事，僅約萬餘字。這五十五年，蔣追隨孫中山，並以繼承孫中山的革命志業自居，日記中所記，為民國史留下重要史料。日記史料往往反映一

個人的性格，蔣為軍人出身，做了國家領袖以後，對友邦，只望協助，不喜干涉；對部屬，只望服從，不喜爭權奪利。譬如抗戰勝利後，國家進入憲政時期，蔣的權力受約束，不能全力應付危局，乃制定動員戡亂時期臨時條款，使權力超出憲法以外；又如 1949 年 1 月，國民黨對共產黨有主戰主和之分，蔣主戰，副總統李宗仁主和，蔣辭職下野，另成立總裁辦公室，以黨領政領軍。及李宗仁避往美國，蔣復行視事，始得統一國家事權。

　　由蔣之日記，可略窺蔣之終生志業。但將蔣日記作為史料，像許多其他日記一樣，有不易了解處。譬如記朋友不稱名而稱號，記親戚和家人不稱名而稱親屬的稱謂或暱稱；對不便明說的事吞吞吐吐，語焉不詳；記事突兀，背景不明。在這種情形下，如能對日記作箋注，即可增加對日記內容的了解，由國史館授權，民國歷史文化學社所出版的《蔣中正日記》，即為箋注本，當能應合讀者需要。是為序。

中央研究院院士　張玉法

於翠湖畔寓所

2023 年 5 月 20 日

# 序 二

## 一部罕見的國家領導人日記

2006 年，「蔣中正日記」的開放，是民國史研究重要的里程碑；2023 年，《蔣中正日記》的正式出版，更是推展民國史研究令人矚目的一頁。

和蔣中正同時的美國總統羅斯福（Franklin D. Roosevelt, 1882-1945）、英國首相邱吉爾（Winston Churchill, 1874-1965）、蘇聯共黨中央總書記史大林（Joseph Stalin, 1878-1953）、德國納粹頭子希特勒（Adolf Hitler, 1889-1945），都稱得上是當年掀動國際風雲的「大人物」。羅斯福不寫日記，史大林沒有日記，邱吉爾的《第二次世界大戰回憶錄》，於 1953 年得過諾貝爾文學獎，具有的是文學創作之美的價值，畢竟不屬於歷史，也不是日記；1983 年號稱「新發現」的六十卷「希特勒日記」，轟動一時，僅僅十天之後，即被證明是舊貨商牟利的贗品。蔣中正（介石，1887-1975）應該是同一時代世界重量級人物中，唯一真正留有五十五年個人日記的領導人。

蔣日記不是中國傳統史官代撰的起居注，也非皇朝實錄，這部當代政治領袖用毛筆楷書親自書寫超過半世紀的日記，記錄一位曾是滬濱浪蕩子走向全國性政治人物的發跡過程，又提供一個「大」又「弱」的古老國家政治領導者，如何想方設法謀求一統天下，並期盼與國際接軌的一段艱難歷程的重要見證，是十分罕見的歷史素材。

　　有些審慎的歷史學者提醒道：「日記」作為史料，要分辨「真實的蔣」（person），與蔣「要我們知道的蔣」（persona），日記中能讀出真實的蔣，才是本事。蔣中正的日記複印本開放已逾十年以上，閱者、使用過的學者上千，沒有人懷疑它的真實性，沒有人說它是為別人寫的。作為民國歷史研究的第一手資料，作為民國史最珍貴史料，蔣中正日記的重要不可忽視，相當值得出版。

## 日記的本質與運用

　　日記本屬個人生活方式的記錄，是「我之歷史」，但不能沒有社會性——涉及他人、他事的記載，日記歷史文獻價值因此存在。故就歷史研究言之，史家早就視日記為史料之一種重要形式。清季以降，士紳大夫、知識分子寫日記者頗不乏人，日記創作風氣鼎盛。日記固屬私人，但頗多日記出諸官紳，所記內容，自不僅止於私密之內心世界，實多有涉軍國大事要聞者，於是日記又成為認識公眾歷史的重要憑藉。日記既有公、私之記載，也因此能打破正史之文獻表述與壟斷。所以「日記學」在近代史學研究中，不能不為史學界所看重。文化史家柳詒徵謂：「國史有日歷，私家有日記，一也。日歷詳一國之事，舉其大而略其細；日記則洪纖畢包，無定格，而一身一家一地一國之真史具焉，讀之視日歷有味，且有補於史學。」正因日記內容「洪纖畢包」，材料廣泛，如記載時間拉長，固為多元歷史留下大量線索，提供歷史研究絕佳素材，同時是執筆者記錄當下作為自行修身、事後檢討反思的依據，此即宋明理學家「自勘」、「回勘」的工夫，曾國藩的日記、蔣中正寫日記，多寓此意。蔣中正記日記，在生前即囑秘書作分類工夫，「九記」、「五記」及「事略稿本」均有自省及建立形象作用。以日記為主體，衍生出不同類型的版本，內容不免有取捨不同，品人論事可能輕重不一，而這正是「日記學」有趣的課題。多年以來，靠蔣日記撰寫出來的傳記，不在少數，論者已多，不待贅述。

　　1961 年 12 月，中央研究院院長胡適談到「近史所為什麼不研究民國史」，表示「民國以來的主要兩個人，一位是孫中山先生，他的史料都在

國史館裡；還有一位是蔣介石先生，他的史料誰能看得到？」這樣的情況，終於在 1980 年代以後出現了變化。1987 年 7 月 15 日，蔣經國總統宣告臺灣「解嚴」。對中國近代史的研究而言，實亦一嶄新局面的出現。新時期尤其受歷史學者歡迎的是，史政機構史料的空前開放。1990 年國民黨黨史會率先把重要史料一口氣開放到 1980 年代；國史館於 1995 年奉命接管近三十萬件的《蔣中正總統文物》（即「大溪檔案」），兩年後全部正式開放，對民國史學者而言，好比是近代史學界的一顆震撼彈。可以說，胡適眼中視若「禁區」的蔣中正時代史料，在蔣逝世三十年後，基本上已全數向學界開放了。這批史料的的確確是研治國民政府軍事史、政治史的稀世之寶，如今能全部亮相，是十幾二十年前歷史學者不敢想像的事，而這些正是能和「蔣中正日記」相互對應參證不可或缺的重要史料。

史家陳寅恪曾說：一個時代之學術，必有其新材料與新問題；取用新材料以研究新問題，則為此時代學術之新潮流。1960 年代兩岸對峙局面初成，修纂民國史之議，浮上檯面，民國史料的整理、開放，實極迫切。1990 年代以降，在臺北的國史館對蔣中正總統文物的整理、開放，甚至是出版工作，無疑具相當關鍵作用。1975 年，蔣中正總統過世後，「蔣中正日記」和後來的經國先生日記，從臺北移到加拿大，2004 年暫時落腳美國史丹佛大學胡佛研究所檔案館（Hoover Institution Archives, Stanford University），2023 年回歸臺北，這一段兩蔣日記「出走」「回來」的過程和故事，已為眾人所熟知。2006 年，存放在胡佛研究所的「蔣中正日記」決定率先向學界公開，這無疑的更進一步帶動了學界「蔣中正研究」與民國史研究的熱潮與興趣。蔣日記又促成了民國研究熱，其內容包含日記所涉新資料的挖掘、運用，研究範圍與議題的提出、研究途徑與方法的更新，以及如何重新看待「民國」等，這些討論與探索，使蔣中正研究、民國史研究更為紮實，也綻放出新的面貌。

## 日記外型

蔣中正自始所使用之「日記本」是有固定格式，早期使用商務印書館印製的「國民日記」，爾後自行印製固定格式，除每日記事外，每年有

該年大事表，每月有本月大事預定表、本月反省錄（後改為「上月反省錄」），每週有本週反省錄（後改為「上星期反省錄」）、下週預定表（後改為「本星期預定工作課目」）。蔣氏日記持續以毛筆書寫，除每日記事外，每週、每月、每年開始必定按照上述表、錄，檢討上週、上月之施政或個人行事，思考本週、本月、本年之預定工作，每年年終會對全年之政治、外交、黨務、軍事等工作進行分項檢討。1925 年 6 月沙基慘案之後，蔣痛恨英帝國主義者慘殺無辜中國軍民，日記稱英國為「陰番」以洩憤，並每日立下格言、標語誓滅「英夷」，時間長達一年又兩個半月。1928 年「五三慘案」發生後，有感於國難深重，自身責任重大，「國亡身辱」，集國恥、軍恥、民恥「三恥」於一身，於是年 5 月 10 日記道：「以後每日看書十頁，每日六時起床，紀念國恥。」此後，每天的日記前必記「雪恥」一項，以誌不忘國恥。抗戰勝利後，蔣氏 1945 年 9 月 2 日自記：「舊恥雖雪，而新恥又染，此恥又不知何日可以湔雪矣！勉乎哉！今後之雪恥，乃雪新恥也，特誌之。」1949 年來到臺灣，日記中雪恥一欄仍不間斷，因為「新恥」未止。

## 蔣中正日記的內涵

平心而言，從蔣的日記中的確可以看出作為一個從「平凡人」到「領導者」的心路歷程，無需刻意神聖化，也不必妖魔化。

許多人都知道蔣是用度非常節儉的一個人，他補破衣、不挑食，一口假牙，吃東西十分簡單。蔣不喝酒、不吸煙，只喝白開水，其實生活很是平淡。從他的日記中可以體會到，他是很容易結盟，又是容易結仇的人。結盟或許與上海的生活經驗有關，結仇就可能涉及他的個性。他的日記中看出他對人物批評十分苛刻，有軍人作風，黃埔軍校畢業生拿到校長所贈的寶劍上都刻有「不成功便成仁」的字眼，既現代又傳統。但因為他喜歡讀書，所以跟一般純粹的武人仍有不同，能趕上時代，展現一些文人氣息。他自承脾氣暴躁，對文官雷霆責罵，對武人甚至拳打腳踢，日記中常為自己的錯誤「記大過」，也常懺悔，雖然一直想克制自己，但是個性似乎不

易改變。1960 年 11 月，蔣對第九十九師師長鄧親民所製小冊內容不當，大動肝火，聲嘶力竭叱責，以致喉裂聲啞，半年之久，元氣才告恢復。蔣勤於任事，甚至過火，越級指揮壞了戰局，修整文稿苦了文字秘書。大小事情都會過問，碰到交通阻梗，親出指揮，看到街道周邊髒亂，就會破口大罵指斥官員。這些個性的表現，在日記中都可覆按。這正是親近幕僚楊永泰所講的，他「事事躬行」，常致「輕重不均、顧此失彼」。盟兄黃郛則批評他有「毅力」而欠「恢弘」之氣象，均屬中肯之語。

　　一般人展讀別人日記，除了「偷窺」心理外，多半對主人公不免有先入為主的印象。蔣中正從一介平民到作為一個國家領導人，他奮鬥的歷程，後人難免加油添醋、說三道四。如果平實的對蔣中正日記進行觀察，會覺得他是一個民族主義者，是孫中山的信徒，是一位虔誠的基督徒，他不喜歡英國，嫉俄、日如仇讎；日記中顯示他知道自己學養不足，常師法先賢、勤讀宋明理學。1930 年代當了中央領袖，還特別禮邀學者進行「講課」，甚至不斷向「敵人」學習，有他堅持與成功的一面。但長時期以來，尤其是部分西方媒體和他的政敵，一直視他扮演的是一個「失敗者」的角色，因此多從負面來理解。

　　蔣中正當過軍校校長、軍隊總司令、軍事委員會委員長、黨的總裁、國家主席、總統，一生的作為不能樣樣令人滿意，當然有多方面的因素，例如說在大時代裡頭要重建一個近代國家的制度與規模，當時確實缺少一個可以運作的規則；在兵馬倥傯中還要對付內外的腐敗與變亂，何況想迅速建立「近代國家」本來就是一種苛求，幾近不可能的任務。外交是內政的延長，蔣大半輩子與美國人打交道，他的「美國經驗」，酸甜苦辣備嘗，因國力弱，政治不上軌道，一路走來需要美利堅的扶持，根本上又難符美國「要一個強大而親美的中國」的期盼。在 1930 年代之後，美國由扶蔣、輕蔣、辱蔣，甚至倒蔣的戲碼，輪番上演，是有原因的。蔣一生對日本、美國愛恨交加，日記中透露了諸多內心穩忍的秘辛與苦楚。其次，蔣當時確實不夠重視黨組織，大部分的心力不是放在軍事，就是放在對付敵人。從某個角度看，1920 年代孫中山依違於英美政黨政治與列寧式政黨之間，

所幸蔣沒進一步學取極端嚴格的動員性政黨組織模式，保有了憲政理想。但底層力量的薄弱，派系對權力的競逐，則加深他的黨組危機。1940 年11 月，在日記中他自承「一生之苦厄，全在於黨務也」。從另一角度看，孫中山西方民主政治的理想，他遵循，也心嚮往之，但最終做到的只是徒有其名而無其實。另外，他在群雄中要衝出頭是有很多困難的，他的輩分比較低，多半的成功是靠謀略與機運。1920 年代的北伐及其後，急功近利，對各地軍閥採取收編、妥協政策，結果形成一個諸多山頭的統一，他似乎只成無奈的「盟主」。同時當他有權力之後又甚為自負，不太接受挑戰，一方面是尊嚴的問題，一方面是權力意識，一方面是支撐他地位的架構，一方面是財政來源的困難，最後可能涉及到家族的網絡問題。他身處在農業社會傳統未褪盡，資本主義浪潮下「現代國家」制度尚待建立的威權時代，他的作為與形象很難符合後人的要求與期待，他做事的動機和過程，大多可以在他的日記中捕捉、體會。

蔣中正日記的重要性已如上述，讀者讀過之後更大的感受：這是一套有血、有肉、有靈魂的資料。1920 年代之後，日記中許多蔣、宋、孔有關國家大事、家中生活細節的諸多紀錄，正顯現他們平實居家生活的寫照。他除了讀書外，喜歡旅遊，對奉化「古鄉」，頗有依戀之情。平日生活不失赤子之心，1933 年 10 月 4 日，中央忙於應付日本侵略，又忙於對付中共問題時，他「與妻觀月，獨唱岳飛滿江紅詞」，這與蔣平日予人嚴肅刻板印象，頗有落差。可見這日記提供的不只是歷史的發展線索，更重要的是人性的揭露。歷史的研究本來就應該以人性作基礎，作有「人味」的研究，這套日記正好提供了一份珍貴的原料。

蔣中正日記的公開，迄今已十數年，對海峽兩岸、英日美近代史學界，究竟造成多大的影響？「蔣中正日記」自 2006 年開放以來，引來各地史學家競相閱覽、關注與利用，是不爭的事實。除海峽兩岸學者有大量論著，忙著開會、籌組成立研究中心、讀書會之外，西方學界也開過幾次以蔣日記為主體的學術會議。不同國家的學者如陶涵（Jay Taylor）、米德（Rana Mitter）、方德萬（Hans van de Ven）、戴安娜・拉里（Diana

Lary）、潘佐夫（Alexander V. Pantsov）等，近年均從不同角度切入，注意到日記的利用，其重要研究成果，有目共睹。即以潘佐夫的《蔣介石：失敗的勝利者》一書言，大量利用蔣的日記，又用俄羅斯的俄文檔案比證，娓娓道來，讓人覺得他真是講故事的高手。齊錫生的中文近著《分崩離析的陣營：抗戰中的國民政府，1937-1945》，其取蔣日記加之中西方檔案作精準比較，史事正負面並陳，同時賦予客觀詮釋，令人耳目一新。這說明研究者、讀者對日記有重大依賴，均能從中直接得到啟發，也就是說，對民國史研究，「蔣日記」之為用，是有相當積極而重要意義。

## 根據手稿本出版

蔣中正之日記，特別值得一談的是蔣記日記的時間長達半個世紀以上（共五十五年六十六冊），絕對難得。現存的日記，1915 年只有山東討袁一星期的記事，其他都在 1918 年冬永泰之役中喪失。1916 到 1917 年的日記也可能因為 1918 年在廣東戰役中遺失。1924 年正當孫中山致力改善中蘇關係、積極推動國共合作之際，蔣這一年日記則遍尋不著，誠為全套日記出版的最大遺憾。對 1918 年以前的行事，蔣曾經幾度補述，有一部份詳細敘述了他幼年的回憶，附在日記手稿之前；有一部分放在 1929 年 7 月的雜記及 1931 年 2 月的回憶中，嚴格說來不算是日記。1918 年以後雖有部分潮濕霉爛、水漬污染（尤其 1935-1936 年），所幸修補之後，大體完整。

從外型上看，蔣中正日記分為四種形態：蔣中正日記原本、蔣中正日記手抄本、蔣中正日記複印本及蔣中正日記微卷；放在胡佛研究所的蔣中正日記複印本是提供學者閱讀者。事實上，日記的版本應該只有一種，即是目前暫存美國史丹佛大學胡佛研究所之日記原本的「手稿本」，其他所有與日記相關的「版本」，都是由「手稿本」發展出來的。這套《蔣中正日記》是依據原件一個字一個字「刻」（Key）出來的，絕對真實，可靠性無庸置疑。附加的註腳，力求周延，同時方便讀者的索解。

# 這是學術界、出版界的盛事

日記不可能是個人全部生活的百科書全書，不能求全。日記記載的主觀性與選擇性也顯然的，故而日記史料的利用，更需要其他材料的對應和比較，是而斷章取義、各取所需、過度詮釋，都非所宜。歷史家有好的材料，更應具有好的歷史研究素養和技藝，這是學者可以同意的共識。

過去幾年，能親自參閱蔣中正日記者，畢竟有限，於是許多抄錄者形成的《蔣中正日記》地下版充斥，揭密居奇者正不在少，故而學界及社會各界要求正式出版蔣日記的呼聲極高。最近，日記出版的時機已告成熟，我們的出版立場是學術的、嚴謹的，我們的要求是明確的，這一定會是學界、社會各界期望的出版方向！

我們感謝蔣家家人的同意、國史館陳儀深館長的出版授權、蔣經國國際學術交流基金會錢復董事長、朱雲漢前執行長及今執行長陳純一先生對本案的贊助、世界大同文創公司的支持，使日記順利出版。當然，史學界的朋友，我們曾為蔣中正的善政、失政與作為爭得面紅耳赤，也曾為日記中一個字、詞的辨識吵得翻天覆地，我們的真情是為學術，最大「野心」是努力以嚴謹、負責態度維護出版品水平。這一方面，我們學社同仁自董事長至編輯同仁的付出與辛勞，全在不言中。

我們自信這會是一套擁有「精準」、「正確」特質，具權威性版本的《蔣中正日記》。相信這絕對是民國史、近代中國出版史的一樁盛事。

民國歷史文化學社社長　呂芳上

2023 年 8 月 10 日

# 序 三

　　蔣中正，字介石，浙江奉化人。早年在中國率軍東征、北伐、領導對日八年抗戰，到戰後由訓政走向憲政，於 1948 年當選行憲後第一任總統。1949 年中央政府遷臺後，蔣氏於 1950 年宣布復職為總統並得到美國的支持，迄 1975 年過世為止，是近半個世紀以來統治臺灣最久的領導人，對近代東亞歷史的發展影響深遠；而蔣中正在臺灣，人們對他的評價卻褒貶不一，可說是毀譽參半。

　　中日戰爭的勝利是蔣中正政治生涯的最高峰，獲譽為世界四強的「偉大領袖」，但短短不到四年時間，就從高峰跌到谷底，變成中共口中的「人民公敵」。另一方面，在威權統治時期的臺灣，他被黨國體制宣傳為「民族的救星」、「世界的偉人」，迄 1987 年解嚴之後，臺灣社會與學界才逐漸擺脫言論自由、思想自由的限制，重新審視蔣中正的歷史定位。直至今日，不論是海峽對岸，或是臺灣社會內部的不同群體，都對蔣中正的功過得失，存在著相當對立與矛盾的詮釋，離所謂的「蓋棺論定」，可能還有一段遙遠的距離。

　　關於蔣中正的學術研究，其契機始於 1995 年總統府分批將「大溪檔案」（即「蔣中正總統檔案」）從陽明山中興賓館移轉至國史館庋藏。該批檔案，是蔣中正統軍領政期間之親筆手稿、文件、電令、諭告，也有經過幕僚統整之檔案彙編、事略稿本，並有蔣氏之相關文物照片等，時間涵蓋 1924 年至 1975 年，為研究蔣中正生平及國民政府、國共內戰、1949 年至 1975 年間中華民國在臺灣之歷史的珍貴重要史料。經過本館初步編目

整理，兩年後即全部正式對外公開，是當年學術界的一大盛事。其後，本館更在「蔣中正總統檔案」的開放基礎上，為開拓研究視野並嘉惠學界，從中披沙揀金，先後出版《蔣中正總統事略稿本》82 冊、《蔣中正總統五記》、《蔣中正先生年譜長編》12 冊，後續並將觸角拓展至戰後臺灣史，先後出版《中華民國政府遷臺初期重要史料彙編－中美協防、臺海危機》5 冊及《二二八事件檔案彙編（17）－大溪檔案》等，這些都是完整取材自「蔣中正總統檔案」的原始文獻，從以上出版主題的多元性來看，不難一窺近 30 萬件的「蔣中正總統檔案」，絕對是中華民國史研究者必須參考的材料。

1988 年蔣經國總統逝世後，蔣家家人將兩蔣日記攜至海外，最終寄存於美國史丹佛大學胡佛研究所檔案館。2006 年史丹佛大學胡佛研究所檔案館正式對外開放《蔣中正日記》的閱覽服務，以致以《蔣中正日記》為文本的歷史書寫，方興未艾。本人為了研究二二八事件、1949 大變局、兩次臺海危機以及 1971 年失去聯合國席位的經過等大問題，亦屢次飛去史丹佛大學抄錄蔣日記。隨著日記內容的不斷披露，海峽兩岸與國際漢學界都有研究蔣中正的學界團體與國際會議，出版的研究論著更是隨著時間累積而呈倍數成長。然而受限於時間與成本，絡繹不絕前去史丹佛大學抄錄的學者，往往只能選擇自己最需要參考的部分，而難窺其全貌，這也使得至今《蔣中正日記》雖有多種版本在坊間流傳，但終究都不是正確而完整的內容。

《蔣中正日記》起自 1917 年，迄至 1972 年 7 月止，除了 1924 年份佚失外，大致完整地保存了蔣中正一生橫跨 55 年的日記，其內容不僅是私人之內心世界，更多涉及軍國大事要聞者，對於歷史研究之重要意義，實不言可喻。本館掌理纂修國史及總統副總統文物之典藏管理及研究，長期致力爭取兩蔣日記返國典藏，歷經 10 年纏訟，終於在 2023 年臺灣及美國法院都將兩蔣父子「任職總統期間的」文物所有權判給國史館；加上從 2014 年呂芳上前館長開始、歷經吳密察前館長以及本人任內的溝通努力，陸續得到蔣家後人的捐贈，今日國史館遂擁有這批兩蔣文物的完整所有

權。有鑑於社會各界對於開放日記之殷切期盼，本館立即著手規畫《蔣中正日記》的出版工作，惟考量日記內容卷帙浩繁，決定先從蔣中正就任中華民國行憲後第一任總統任期（1948-1954）的日記開始出版，後續再根據任期及年度依序出版。

這次《蔣中正日記》之所以能夠快速而順利出版，要感謝呂芳上前館長所主持的民國歷史文化學社，因學社內的編輯同仁早已著手校正日記內容的正確性，也為日記中提到的人物及事件作註解，使得日記的深度、廣度大為提升。相信藉由《蔣中正日記》的出版，必定有助於呈現一個有血有肉、在感情上常常天人交戰、在理性上屢屢自我挑戰、在政治上功過參半的政治人物，也就是更真實的蔣中正。

國史館館長

2023 年 8 月 31 日

**蔣中正日記**
Chiang Kai-shek Diaries

# 圖像集珍

日記原件。1950年1月1日。

「正午約菲律濱華僑代表聚餐。」（1月27日）

「自今日復位起，誓以一切奉獻於上帝，此身非為自我所有矣，惟上帝垂察之。」
（3月1日）

「記事後，與少谷同車到臺北總統府，宣布復行視事。舉行儀式畢，乃回辦公室攝影，在陽臺上對府前群眾答禮後，視察秘書長、參軍長各室後離府。」（3月1日）

「朝課後，與妻往總統府，接受群眾擁護大會之歡迎，到者十萬人，寸衷惶愧與自慰交集矣。」（3月3日）

「昨晚課後，經兒為其母祝壽家宴，武、勇二孫以幼稚未能參加，其餘家人皆團聚一室歡宴。流亡臺灣，尚能團敘天倫，上天賜我亦云厚矣，能不感謝。餐後與妻下棋，一敗二勝，十一時寢。」（3月29日）

「正午與孫輩及親友聚餐、玩棋二小時。」（4月9日）

「十一時在臺北賓館接見美國新聞記者團。」（5月4日）

「申刻再修前稿完，在海濱視察散步回。」（6月15日）

「十時出舊城西門，由陸軍碼頭登太湖艦出港，先巡視漁翁島南岸，內垵、外垵與砲臺、燈塔形勢，未及登岸，即轉虎井嶼東南面，再轉八罩島，先經水垵村東航，望東吉、西吉、東坪、西坪、大嶼各島。」（6月17日）

「余約柯克乘直升飛機，在登陸地視察約半小時。回南勢審閱要件後，再乘飛機到小基隆一帶視察戰車部隊後，降機着陸。」（6月25日）

「晡見美艦隊司令史樞波，晤談頗洽，凡美國海軍將領，必比陸軍可愛可敬也。」（7月8日）

「十二時後到機場，與妻同迎麥帥，以氣候不佳，延誤一小時方到，互道相見恨晚。」（7月31日）

「四時後在府中兵棋室召開中美軍事會議，麥帥與妻先到余辦公室後，導其入
會場，至七時方畢。再在辦公室敘談後，同車送其到第一賓館，即前草廬，乃
回寓休息。」（7月31日）

「二時半入府，在陽臺接受群眾十萬人歡呼。」（10月10日）

「到八塊鄉公所聚餐，其公所房屋之高大、設備之完整，乃知基本政治與行政機關之整潔莊嚴，對人民之觀感與心理之密切關係矣。」（10 月 22 日）

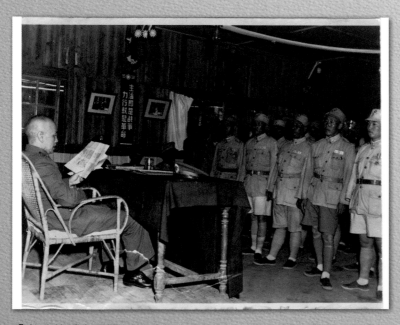

「九時前乘直昇機飛湖口，檢閱第五十二軍。風大塵高，乃信俗語所謂新竹之風矣。訓話講評，與各師長談話、照相、聚餐。」（10 月 23 日）

「巳刻當地小學生與民
眾代表來祝壽,植榕紀
念,夫妻各植一株於庭
前畢。」(10月25日)

「十一時往遊「溪口臺」，經大和橋（鐵索橋），其長約百廿公尺，高十公尺，妻未同行。」（10月28日）

「正午吳主席夫婦亦來山為壽。」（10月31日）

「再至古寧，沿海岸巡視工事，此段地區皆去年戰場也。對李團長及陣亡將士公墓致敬後，乃至后宅，眺望大登、小登，形勢皆歷歷在目也。」
（11 月 17 日）

「八時羅倫（即諾蘭）夫婦來訪，留其早餐。」（11 月 19 日）

「十時到海軍學校舉行畢業典禮後，巡視實習場一匝。」
（12 月 9 日）

「到蒔林鄉公所投選舉縣參員票，群眾夾道歡呼，此為臺灣民權主義第一次地方自治之實現也。」（12 月 17 日）

「十時到軍警運動大會，舉行開會儀式後回府。」（12 月 25 日）

「十時到軍警運動大會,舉行開會儀式後回府,接受韓國大使
李範奭呈提國書。」(12月25日)

「九時半到傅斯年校長追悼會致祭。一見其遺像,甚感悲傷,情感之於人如此也。」
(12月31日)

# 目錄

目錄

# 民國三十九年大事表

一、軍政監察制度與人選及業務之研究。

二、情報組訓與參謀幹部及其系統之建立。

三、經理制度之建立，政工與部隊長之權責，部隊長不管經理。

四、設計與人事制度之建立及人選。

五、出處問題，制度及名義之決定。

六、重建本黨及制度。

七、建軍、整軍着手之點。

八、保衛臺灣之中心工作及其要點。

九、西昌與海南島撤防方針。

十、臺灣自力更生之經濟政策。

十一、中華民國之存亡與東方民族之成敗。

　　深信上帝必不使我中華民族從此滅亡於俄共之手，如果不幸而被滅亡於一時，則亡華者實為英、美，而非俄共也。蓋俄國侵略中國之野心，自十九世紀以來，早為世人所共知，而其用意乃在併吞我土地、奴役我人民。惟英國對華政策，自鴉片戰爭以來，至今百有餘年，其處心積慮，必欲制裁我整個東方民族，更不使東方民族中有一個獨立完整之國家，協助各民族共同爭取其民族自由與國家獨立，以及組織東方聯盟，以反抗其西方之帝國主義，此其企圖滅絕我東方民族自由之靈魂，實較俄國之侵略政策更為陰狠。若與美國馬歇爾[1]等，僅以優越感賤視我東方民族而加侮辱之心理，更非可以同日而語。至於艾其生[2]則

---

1　馬歇爾（George C. Marshall），日記中有時記為馬下兒，美國陸軍將領，曾任陸軍參謀長、駐華特使、國務卿。1949 年 10 月任美國紅十字會主席。

2　艾奇遜（Dean G. Acheson），又譯艾其生、艾其蓀，美國政治家，曾任國務次卿，1949 年 1 月至 1953 年 1 月任國務卿。

為其祖國——英國，出賣美國，理有固然，不料馬歇爾亦受其精神上傳統之統制，甚至不顧損傷其美國之利益及其國防之安全，而助長英國制裁東方民族，與放縱俄共併吞中華民國之野心，雖其自名不凡，而其愚實不可及也。吾以為我中華民國如果被俄共滅亡，則美國實有以促其成，而英國乃從中所操縱指使之導演者也。吾願我東方民族一致覺悟，共同奮鬥，爭自由，求獨立，勿再如印度之尼赫魯[1]，為其自私自利之虛榮心所驅使，乃竟反顏事仇，認賊作父，不恤為英帝國主義者東方之爪牙，而反噬其東方民族也。人生自古誰無死，留取丹心照汗青，吾既為東方民族之解放與中華民國之革命而生，亦應為東方民族之解放與中華民國之革命而死。惟求中華民國之獨立，與東方民族之自由，永生不死，萬壽無疆。

中華民國三十九年一月十五日正午

蔣中正謹著於臺灣之大溪

同月二十二日正午手錄

十二、建立國防體系及參謀本部。

十三、號召三項運動：

甲、本黨澈底改造運動。

乙、超黨性，不分黨派的國民反共救國運動。

丙、廣大青年勞動反共救國運動。

以上三項運動中，以思想結合幹部，以幹部貫澈政策，以政策改革軍事政治與社會經濟。

十四、召開三項會議：

甲、召開本黨各級黨員大會，澈底檢討與反省，堅決實行黨的改造。

乙、召開民主救國會議，網羅全國優秀分子。

---

1　尼赫魯（Jawaharlal Nehru），日記中有時記為尼黑魯，1947 年 8 月至 1964 年 5 月任印度總理。

丙、召開青年勞動反共救國大會，成立全國性青年團體，發動青年反共鬥爭。

十五、思想領導必須就下列五個步驟，使幹部在思想上能溝通一致，分工合作，共同奮鬥：

甲、明確的社會性之政策與號召。

乙、實施政策之戰略戰術。

丙、實施戰略的戰術之各別規定及其工作之分配。

丁、客觀上影響之考察與調查，及其困難之克服。

戊、組織上有嚴明之檢討與結論，及公平之獎懲。

十六、在實際上，以三事恢復人民信仰心：

甲、編練一支有主義、有精神、有思想、有紀律之革命軍，為能戰之軍隊。

乙、有一個地區為實施有政策、有效能之政治。

丙、有明確堅定社會性之理論（民生主義），領導軍事政治與社會經濟。

十七、社會性的民生主義政策、土地政策：

甲、兵民一體。

乙、軍眷授田。戰士授田。

丙、勞動有食。

丁、耕者有田。

十八、幹部重建之方針，今日必須淘冶舊幹部，訓練新幹部，其基本原則：

甲、以思想為結合。

乙、以工作為訓練。

丙、以成績為黜陟。

以上，二月十九日上午錄

# 三十九年工作反省錄

一、自去年底，大陸各省除西昌據點及西藏一區岌岌不保以外，其他皆已全部淪陷，政治、軍事、黨務、社會早成為無政府狀態，而外交形勢更為險惡，尤其是印、英在年初承認中共以後，美國必將繼之，否則中共亦必無條件加入聯合國，而我政府之代表必將被驅逐於國際社會之外，此乃成為已定之局。此時若不復行視事，負責主政，則臺灣亦將無形自潰，乃不待俄共來犯與美國托管，或其慫恿臺民反對中央，要求獨立與自主乎。除負責復職以外，再無救國復興之機矣。

二、復職（三月一日）以後之政治：甲、確立軍政預算。乙、財政收支劃分與統一。丙、改組行政院，調整人事。丁、重整各院部，充實各院部長。戊、整頓情報機構，予以統一及劃分職權，充實經費。己、確定臺灣地方自治，實行民選縣市長。庚、充實民眾自衛隊。辛、整頓稅收機關，增加收入數字，惟總動員尚未能切實推進，征兵因經費關係亦未能實行耳。

三、軍事：三月廿七日放棄西昌以後，決心集中一切兵力保衛臺灣基地，故四月底乘匪攻海南之時，放棄海南，調軍防臺，此為集中兵力第一步之實行，而於內政影響及統一關係乃更為重大，否則桂系與美艾勾結，專以海南為其分裂我政治，挑撥我內部，削弱我實力惟一之工具也。其次，巡視定海後，又悉俄式噴氣機發現於上海，乃決心放棄定海。不料辭修[1]、至柔[2]以及文武高級幹部全力反對此一政策，余向之說明利害及處置理由，並示以決心，辭修仍不首肯，乃只可置之不顧，實施我之戰略，認此為國軍生死存亡惟一之關鍵。以當時百分之四十五兵力皆在定海也，竟得於五月十六日安全撤離定海各島，始終未為對岸之匪軍偵悉，於是

---

1　陳誠，字辭修，號石叟，浙江青田人。1949 年 1 月任臺灣省主席，8 月兼東南軍政長官公署長官。1950 年 3 月，接任行政院院長。

2　周至柔，原名百福，字至柔，以字行，浙江臨海人。曾任航空委員會廳長、參事、主任。1946 年 6 月，調任空軍總司令。1950 年升任參謀總長，仍兼任空軍總司令。

第二步集中計畫告成。此舉不僅為大陸淪陷以後最大之一舉，實亦余平生革命軍事中最大之決心，實超過於十一年在桂林回師廣州之決策，然而並不如辭修等所想之艱險。如果當時不能撤出定海，則共、俄協定已成，且有噴氣機為其攻定之掩護，陸、空優勢全在敵軍，其必為匪消滅無疑，則臺灣不足廿萬之陸軍兵力，其將何以當此陸、空優勢方張之寇，況於民心、軍心皆未安定之臺灣，加之美國日日為之煽惑造謠，助張共匪來攻之聲勢，除誓以一死殉職以外，再無保臺之希望矣，豈不危哉。

關於軍事之整理收效各點：甲、政治部制之建立。乙、人事之統一。丙、缺額之清理。丁、補給到團，經理之改制。戊、軍官保險制實施。己、兵額之核實。庚、發餉之定期。辛、分配菜田，補充副食物。壬、軍官訓練團之成立，教育制度之改正。癸、四次聯合演習之親臨主持，陸、海、空軍總校閱之實施，軍官學校之重建，此實皆為整軍奏效之因素也。子、軍隊實踐運動與克難運動，以及恢復軍隊黨務改為秘密性，乃為政工建制之效也。

四、情報：機構與工作改正，指揮統一以後，社會秩序安定，防奸成效亦較前進步，但並未十分滿意。不過重大匪諜案，其在社會、政治、經濟與軍事機構者，皆已一一破獲：甲、李朋[1]案。乙、黃珏[2]案。丙、洪國式[3]案。丁、蘇藝林[4]案。戊、山地與偽省黨部案。此與三月以前，匪諜到處橫行無忌，恫懾威脅之情勢完全不同矣。此乃行動委員會統一指揮以後，

---

1　李朋，河北天津人。西南聯大歷史系畢業，曾任飛虎隊翻譯，亦擔任過紐約時報、中央社、塔斯社記者。1949 年 11 月自廣州來臺，初任英國領事館秘書，旋轉任臺灣省政府外事室英文秘書。1950 年 2 月破獲汪聲和蘇聯間諜案，李朋因與其關係密切，遭循線逮捕，9 月 6 日槍決於臺北馬場町。

2　黃珏，原金陵女大學生，孫立人秘書，臺灣防衛司令部女生大隊兒童福利組主任，1950 年 3 月因過失洩露軍機被捕，判刑十年。

3　洪國式，奉天海城人，中國共產黨員。1949 年 9 月由李克農派遣赴港來臺發展諜報組織，1950 年 2 月落網，自首後擔任新生訓導處上校教官，1961 年離奇身亡，橫屍淡水河畔。

4　蘇藝林（1916-1951），河北任邱人。任國防部第三廳第一組作戰參謀，因參與中共中央社會部臺灣工作站「國語日報于非案」，1950 年 5 月 24 日被捕，後被判處死刑，1951 年 6 月 29 日槍決。

經國<sup>1</sup>與孟緝<sup>2</sup>二人最為得力也。陳儀<sup>3</sup>與李玉堂<sup>4</sup>之處死，對於整肅紀律自具重大影響也。

五、黨務：此次革命失敗之起因，實在黨務內部之分裂，乃影響於軍事、政治與經濟、社會及教育等紛亂與崩潰。而黨之紛亂起於黨團合併一舉，立夫<sup>5</sup>藉此為消滅團之張本，不特不誠意聯合團結，以副合併之原意，迨選舉各種名額之分配爭持不決，幾至半年之久，而立夫毫不報告其情勢，以求得公平處理解決之道，以致選舉副總統事一敗塗地，黨之威信掃地無遺。然既往之事，木已成舟，故不追咎，而余一以無能自咎，從未加以深責。及至臺灣，立夫仍挾已往組織部舊日力量與團部對立，無論在立法院與中央黨部，必欲把持包攬，不使有任何之改革。至本年五月間，余主張重選立法院長，與休會期間授權行政院重要各案皆不能通過。情勢至此，無法因循，不得不下改組之決心，對於立夫所領導之腐化分子、投機分子之中央常委，除道藩<sup>6</sup>、正綱<sup>7</sup>、健中<sup>8</sup>等可以希望其能團結者勉

---

1　蔣經國，字建豐，蔣中正長子。1950年4月，任國防部政治部主任，兼任總統府資料室（國家安全局前身）主任。7月擔任中國國民黨中央改造委員會委員。

2　彭孟緝，字明熙，湖北武昌人。1949年12月，調任臺灣省保安司令部副司令兼臺北衛戍司令。1950年3月，任革命實踐研究院軍官訓練團主任。1954年8月，擢升為副參謀總長。兼代參謀總長。

3　陳儀（1883-1950），字公俠，後改字公洽，自號退素，浙江紹興人。原任浙江省政府主席，1949年2月嘗試策動湯恩伯投共而被免職，1950年4月押解來臺，6月18日槍決。

4　李玉堂（1899-1951），字瑤階。1950年，任海南防衛副總司令、第一路軍司令官兼第三十二軍軍長，駐軍海南島。1950年5月，奉令率部隊從海南島撤臺。事涉「煽惑軍人逃叛未遂」，1951年2月5日夫婦同遭槍決。

5　陳立夫，名祖燕，字立夫，以字行，浙江吳興人。1949年6月至1950年3月任行政院政務委員，1950年8月任中國國民黨中央評議委員。同時，以參加道德重整會議名義，帶全家離開臺灣，定居美國。

6　張道藩，原名道隆，字衛之，貴州盤縣人。1950年1月，任中國廣播公司董事長，3月創辦中華文藝獎金委員會，7月任中央改造委員會改造委員，10月兼《中華日報》董事長。1952年3月，任立法院院長。

7　谷正綱，字叔常，貴州安順人。1950年1月任內政部部長，3月任總統府國策顧問，4月任中國大陸災胞救濟總會理事長，8月任中國國民黨中央改造委員會委員兼第二組組長。

8　胡健中，原名經亞，原籍安徽和縣，寄籍浙江餘杭。1949年4月到臺灣，歷任《中央日報》發行人、社長、中央電影公司董事長。

予容納外，其他一律摒除。解散常會，成立中央改造委員會，並將舊日各部會澈底改組，而以老者聘為評議委員以慰之。八月初改組告一段落，此為革命歷史絕續最大之關鍵，實為政治復職、軍事集中二大處置以後之最後一着也。若黨務不能改造，則政治與軍事亦不能如今日之奏效也。不信黨務之腐敗與黑暗，以及為革命之障礙有此其甚者，若非澈底改造，誰能知之。立夫對黨失敗之責任誠不能恕諒，其蒙蔽欺詐之罪惡，猶不自知乎。此乃余用人不當，信人太專之咎，以致貽誤黨國至此，於人何責也。

六、經濟：自去年臺幣改制、充實基金以後，至本年五月間金融穩定，未有重大變化，惟存金日漸減少，至七月間，中央存金（除臺行基金減至六十萬兩外）不足五十萬兩矣，乃竭力整頓稅收，緊束支出，至年底尚有四十萬兩之存金，殊為難得。尤其外匯頭寸之支拙〔絀〕，去年以來，外國使領經費積欠無着者，自余復職以後，一律清償，按月發給，更為自慰。其間，雖於五月間為撤退海南、定海之故，與十月及十二月杪為停兌黃金之故，物價與美鈔皆有一時之動盪，然皆不久，卒告平復。此在人為方面，國楨[1]、顯羣[2]、鴻鈞[3]皆與有力，而雪艇[4]監察亦實有功，然而大半皆得天助，本年收成豐盛，風調雨順，實為最大效果耳。

七、修養：宗教信仰覺有進而無退，朝、晚靜默禱告各卅分時以上未曾間斷，且增午課靜默一次。重修吳[5]譯新約第一次完，但尚須待第二次之修正

---

1　吳國楨，字峙之、維周，湖北建始人。1949 年 12 月任臺灣省政府主席兼保安司令部司令，1950 年 3 月兼臺灣省反共保民運動委員會主任委員。

2　任顯羣，原名家騮，江蘇宜興人。曾任臺灣省行政長官公署交通處處長。1949 年 12 月任臺灣省財政廳廳長，1950 年 1 月兼任臺灣銀行董事長，1951 年 3 月卸任，首倡愛國獎券與統一發票制度。

3　俞鴻鈞，廣東新會人。1950 年 1 月，三度出任中央銀行總裁。1952 年 2 月至 1953 年 4 月，兼任臺灣銀行董事長。

4　王世杰，字雪艇，湖北崇陽人。曾任外交部部長，1948 年 3 月當選中央研究院院士。1950 年 3 月至 1953 年 11 月出任總統府秘書長。

5　吳經熊，字德生，浙江寧波人。曾新譯《聖經聖詠》、《荒漠甘泉》。1946 年 9 月至 1949 年 7 月為駐教廷公使。1949 年受聘出任美國夏威夷大學中國哲學客座教授。1950 年出任美國紐澤西州西東大學法學教授。

也。本年對於哲學與精神講話箸〔著〕作亦較多，對於總理[1]重要遺教亦復重加習讀研討，自覺為難得之機，獲益亦多。惟對橫逆與誣衊之來，雖以忍性吞聲，澹泊聽天自勉，有時總不免禍激憤怒，自殘身心，不孝不忠，罪莫大也。

八、外交：一月間東京洩露其美國務[2]去年十二月廿三日對臺灣必將陷落之宣傳，指示彼駐臺之外交人員，一面依照此宣傳重加分量，一面勾結臺灣民眾，鼓勵其反對政府，驅逐國軍，助長其自治獨立與托管之野心。其代表斯窟郎揚言我政府經濟六月間必然崩潰，共匪七月間必將進攻臺灣，中央政府命運決不能延續到七月以後也。艾其生在韓戰未起以前，其臺灣政策：甲、以李宗仁[3]為牽制我內政，使之分化癱瘓。乙、煽動臺民獨立與自治。丙、由美國托管。丁、由聯合國共管。戊、讓給匪俄佔領。總使第一步只要能達成毀蔣、消滅國民政府之惟一目的，則無不可為之事。不料六月底韓戰暴發，乃不能不變更其方式，使臺灣中立化為名，而實凍結我政府與國軍，不容我在韓戰期間復活，再為其政治生命之致命傷耳。茲將本年外交險惡情勢約錄如左：1. 杜魯門[4]一月四日不再軍援臺灣之聲明。2. 我空軍轟炸上海美商電氣廠及大施轟炸京、滬各地以後，二月間俄、毛[5]協定之宣布。3. 年初印、英宣布承認共匪北平政權，與國民政府絕交。4. 二月底杜、艾預約宴李，以期阻制我復職，不料我毅然於三月一日復職，而其後一日宴李不僅不能發生作用，而其阻蔣復職陰謀澈底粉碎，乃不能不以不干涉內政之官話，承認余之復職矣。5. 艾於

---

1 孫中山（1866-1925），名文，字逸仙，化名中山樵，廣東香山人。曾任中華民國臨時大總統，中國國民黨總理。
2 原文如此。
3 李宗仁，字德鄰，行憲第一任副總統，1949 年 1 月蔣中正宣佈引退，李代行總統職務，國共和談失敗，中共渡江後，12 月轉赴美國。
4 杜魯門（Harry S. Truman），美國民主黨人，原任副總統，1945 年 4 月 12 日接替病逝之羅斯福總統，繼任總統，1949 年 1 月連任。
5 毛澤東，字潤之，1945 年任中國共產黨中央委員會主席。1949 年 10 月，中華人民共和國成立，當選為中央人民政府主席。1949 年 12 月首度訪俄。

三月間在歐演講，公開詆毀我政府，分化我臺灣與海南國軍為二勢力，使之不能統一，凡其可以打擊我威信，侮辱我國家之言行，無所不用其極矣。6. 菲列濱與越南皆因美艾態度摒棄我政府而不顧矣。7. 賴伊[1]明言必須排除我政府在聯合國代表權，而以共匪代之為必然之理，彼四、五月間乃密御〔卿〕杜、艾之命訪問俄國，即以此為求得俄國妥協之基本條件，不料俄竟不允其求，此實美艾賣華陰謀又一重大打擊也。8. 白德華[2]與急煞浦[3]為其國會激烈反對，不能不於四月間去職，而拉鐵木耳[4]之共諜嫌疑亦已同時戳穿，此亦為艾奸賣華政策之打擊也。9. 三、四月間艾其生與民主黨領袖在議會明言美國退出南韓之主張，乃料俄必於今夏侵佔南韓矣。10. 俄在北海擊毀美國軍用機，美無可如何。11. 美記者在海南撤軍時捏造薛[5]之談話，詆毀余無所不至，此乃美國務院之一貫政策也。12. 四月底在上海發現俄式噴氣機，乃決心放棄定海各島，集中臺灣，保衛基地。13. 六月間美國與各國協商對日和約，而摒除我於列外。14. 五月間美國記者訪臺，多加贊許。15. 美參謀首長與國防部長六月初集會於東京，決定協助臺灣之防衛。16. 六月杪韓戰暴發。17. 美拒絕我派兵援韓。18. 美國第七艦隊巡邏臺灣海峽，禁止我空、海軍向大陸活動，即所謂凍結臺灣，使之中立化，此實為杜、艾取亂侮亡，壓迫中國，干涉內政之表現。19. 八月杪麥帥[6]訪問臺灣，主張撤消中立化。20. 漢城失陷，韓戰失利。21. 英國反對麥帥對臺言行。22. 麥帥致退伍會祝電，聲

---

1　賴伊（Trygve H. Lie），挪威外交官，時任聯合國秘書長。

2　白德華（W. Walton Butterworth），又譯白脫華、白塔華，美國外交官，曾任駐華公使，時甫離任國務院遠東司司長，轉任國務院日本司司長。

3　吉塞普（Philip C. Jessup），又譯傑塞浦、急煞舖、極塞浦、結煞浦、吉煞浦，美國外交官，1949 年至 1953 年任無任所大使。

4　拉鐵摩爾（Owen Lattimore），又譯拉鐵摩、拉鐵木爾、拉鐵木兒，美國學者，1941 年至 1942 年任蔣中正私人政治顧問。時為美國約翰霍普金斯大學教授。

5　薛岳，原名仰岳，字伯陵，廣東樂昌人。1949 年任海南特別行政區長官，1950 年任總統府戰略顧問。

6　麥克阿瑟（Douglas MacArthur），又譯麥克阿薩、麥克阿塞、麥克合瑟、麥克約瑟，西南太平洋戰區盟軍最高司令，1945 年 8 月任盟軍最高統帥。

明臺灣之戰略地位重要之關係。23. 八月廿六日美安全會決定對臺傍觀政策，此為杜、艾最後反動之一着乎。24. 馬立克[1] 八月回安理會任主席。25. 美特提其是否侵臺案，以表現其勾俄容共之心不死也。26. 九月約韓[2] 辭職，馬歇爾繼任國防部長。27. 美軍收復漢城。28. 聯合國大會，加拿大提出中國代表權問題研究會，又英、美提亞洲有力國家解決韓戰會，妄想中共參加也。29. 九月聯合國全會之初，美艾演講及其表現態度仍以全力支持我政府者，及至月杪，忽聯合英國等提出其所謂解決韓戰委員會案，復以七票通過共匪代[3] 之外，又提出其臺灣地位問題，安理會復以過半數票七票通過共匪代表列席作證，是時我政府代表權被其排除，幾成事實矣。30. 十月間，共匪一面集中林彪[4] 於東北，準備參加韓戰，一面積極援助越南胡[5] 匪反法，並實行侵入西藏，佔領昌都。其受俄共控置〔制〕，不能再與英、美妥協之形勢，已甚顯著矣。31. 十一月初杜魯門被刺未中。32. 中共於年杪參加韓戰，麥帥發表戰局嚴重，不能不循政治途徑解決之聲明。33. 共匪代表列席聯大，英國等曲意阿附，竭力為之張目，於是和謠大起。34. 十一月間，美國對日和約草案始征我同意。35. 聯大通過七國所提以行動加強和平案，準備對共匪一致處治之表示，但對會員國資格案仍不表決，此乃英、美仍為希冀姑息，為共匪留着加入聯合國方便之門，而為排除我代表之張本。推彼用意，豈真有愛於中共，不過借共匪之名，先排除我國代表權於國際之外，一俟三次大戰開

---

1　馬立克（Yakov Malik），蘇聯外交官，曾駐日大使，1948 年至 1952 年任駐聯合國大使。
2　路易斯‧亞瑟‧詹森（Louis A. Johnson），又譯約韓。美國政治家，曾任戰爭部助理部長，1949 年 3 月至 1950 年 9 月任國防部部長，任內發生「海軍上將叛亂事件」。
3　原文如此。
4　林彪，原名育蓉，字陽春，湖北黃岡人。1948 年 10 月底，東北戰役，林彪所率共軍主力，據有東北全境；11 月初，林受命為中共東北野戰軍司令員、第四野戰軍司令員，指揮平津戰役。中華人民共和國成立後，先後任國務院副總理、中國共產黨中央委員會副主席、國防部部長、中共中央軍委第一副主席等職務。
5　胡志明，本名阮必誠，號愛國、秋翁，1946 年 3 月被越南第一屆國會一致推選為越南民主共和國主席兼政府總理。1951 年 2 月正式成立越南勞動黨，當選為中央委員會主席。

始，中共除名以後，中國再不能恢復其理事會常委列強地位矣。36. 十二月美軍後撤，國際形勢大變，我國際地位漸轉，但英、美仍力謀停戰，且聲言必使共匪參加聯合國，不惜犧牲我代表也。37. 美援第一批彈藥方到。38. 經援總署福克斯[1]來臺，經援漸增矣。39. 十二月國際形勢最為混亂：甲、英相艾脫力[2]訪美，力主姑息共匪，賣臺求和。乙、聯大又組織中國代表權審查會。丙、成立停止韓戰三人小組會。丁、所謂亞洲十三國調處委員會，及七國會議中共在內，其討好共匪及求憐卑鄙之醜態，無以復加，豈亞洲民族誠如歐美所視為劣等人種者，而果下賤卑怯、毫無公道合作之精神，有如此者乎。戊、共匪對聯大拒絕其求和。己、杜魯門宣布美入緊急狀態。庚、美軍在東線被圍部隊得由興南灣撤退，其戰力尚未完全消失，因之美軍不致放棄南韓，退出亞洲也。40. 十年來余扶印反英政策之結果，英國竟以毀滅性的放棄遠東，一面指使美國對遠東相與共同脫手，以取消其機會均等、門戶開放傳統政策。一面挑撥亞洲各民族，指使印度仇華侵藏，以圖報復，而以中國拱手讓共，以制我之死命。美國受英愚弄，不惜犧牲其本國重大權利與生命安全以殉英國，實為夢想之所不及也。但共毛竟以整個民族拱手奉俄，以制蔣者而制英、美，此或英國之所不及料者乎。此節外交因果，實為國際歷史上希有之教訓，能不警惕。

九、缺憾：子、大陸同胞受俄共控制、屠殺，青年子弟受其麻醉驅逼，充當砲灰，而無能拯救援助，尤其是二位八十以上之母舅與親屬，被匪驅逐以後，至今杳無音訊，更增不孝之痛。丑、政治內部人事未能協調，尤以陳、吳為甚。寅、總動員計畫未能實施，征集臺灣新兵問題，亦因經

---

1  福克斯（Alonzo P. Fox），盟軍總部駐臺聯絡組組長。
2  艾德禮（Clement R. Attlee），又譯愛達雷、艾德立、艾脫力、艾德理，英國工黨黨魁，1945 年 7 月至 1951 年 10 月為首相。

費不足以致停頓。卯、空軍人事不能整頓，至柔固執自大，邦初[1]不識大體，糾紛未清，可慮。辰、臺灣人士派系競爭，不能和協。巳、大陸反共組織，尤其情報部署，皆不能如計進行，游擊力量亦被匪日漸消失。午、黨員未能澈底悔悟，革命精神亦不能完全恢復，此為最足憂者也。

十、本年三月（未復職）以前，無論從任何方面觀之，革民〔命〕前途已絕對絕望，國家民族與人民之生命，只有等待滅亡之一途，而一般人心之沉迷陷溺，黨德之掃地，更為可怖，此不僅桂系李、白[2]等投機無恥而然也。嘗閱本年日記雜錄欄中，二月十四日記事一節，曰：「此時實為國家命運決於俄頃之際，若不毅然復職，不惟僅存之臺灣根據地不保，而中華民族真將永無翻身自由之日，余再不能為廣西子之阻礙而有所猶豫也。」至今讀此，猶覺戰慄不已，惟幸天不亡華，在余復職以後，卒能在終年惡戰苦鬥，驚濤駭浪中，衝破重重難關，克制內外勁敵之陰謀毒計。最應感謝上帝者：（一）使我臺灣豐收無缺，免除經濟之崩潰。（二）使共匪參加韓戰，自投羅網。（三）使美國仗義抗共，不放棄遠東，以轉移整個局勢也。

---

1　毛邦初，號信誠，1946 年任空軍總司令部副總司令，代表國民政府常駐美國，時任聯合國安理會軍事參謀團中國代表。

2　白崇禧，字健生，廣西桂林人。1949 年底來臺後，任總統府戰略顧問委員會副主任委員。

## 春季課程表

| 時＼星 | 1 | 2 | 3 | 4 | 5 | 6 | 日 |
|---|---|---|---|---|---|---|---|
| 7-9 | 朝課 | | 體操 | 頌唱 | 靜默 | 禱告 | —— |
| 9-10 | 紀念週 | 研究 政策 | | 考慮 計畫 | 檢察 制度 | 自反 工作 | |
| 10-11 | 會客 | 審核匪情文件 批閱 | | | 各方條陳 —— | —— | |
| 11-12 | 會報 | 辦公 軍事 | 會報 政治 | 黨務 經濟 情報 | | | |
| 12-13 | 特約 | 聚餐 幹部會議 | 組織 宣傳 | 情報 調查 人才 | 政工 運動 青年 | 政治 軍務 專家 | |
| 13-15 | 休息 | 午課 | 讀經 | | 默禱 | | —— |
| 15-16 | 清理 | 會客 | | 專家 | 青年 | 獎勵 | |
| 16-17 | 補課 | 召見 | | | | | |
| 17-18 | 休息 | | —— | —— | 遊覽 | | |
| 18-19 | 晚課 | 晚課 | 靜默 | | —— | —— | —— |
| 19-21 | 聚餐 | | 各委 | 文化 | 各黨 | 外交 | 經濟 |
| 21-22 | 記事 | | 禱告 （審閱條陳） | | —— | —— | —— |

**蔣中正日記**
Chiang Kai-shek Diaries

# 一月

**蔣中正日記**
Chiang Kai-shek Diaries

# 民國三十九年一月

## 本月大事預定表

1. 新課程表項目：甲、研究共匪文件。乙、組織。丙、情報。丁、訓練黨政軍教經外幹部。戊、各種會報。己、宣傳理論與思想教育。庚、青年幹部與地下幹部之組訓。辛、軍隊政工與黨務之督導。壬、顧問之運用與領導。癸、監察與人事制度之建立。

2. 政策：甲、對黨方針：組織新黨或重整舊黨。乙、對政府方針：復位負責或靜觀外交與李氏[1]變化再定，此與對黨方針相關。丙、軍事方針：公推方式主持軍委會與出任反共救國軍統帥，下置各部會替代政府，澈底改革軍需與軍政制度。丁、外交方針與政治制度。（十二月廿六日）

3. 組設情報研究班、政工班、通信班與遊〔游〕幹領導及傘兵降落班。

4. 保密電碼用法與首尾方式之講解。

5. 建立軍事與國防基礎：甲、陸軍大學、軍官學校。乙、參謀本部。

6. 對日和約與人選之準備。

7. 訂立日課時間表，新號召、新口號。

8. 軍委會制與政工制之研究。

9. 學院功課系統化，實踐哲學之研究。

10. 思想鬥爭理論之統一，政策之決定。

---

1　李氏即李宗仁。

11. 民生主義實踐研究院（政策與方案程序）。

12. 整肅運動（黨軍政每半年一次）。

## 上星期反省錄

一、上週年杪，全家兒孫集合一堂共度聖誕，樂敘天倫，此為近年來所未有之快事，惟夫人[1]與勇孫[2]未能團聚，不無缺憾。

二、改組臺灣省府，以美友屢不負責失信，故認為最後冒險之一着。最近趨勢，美國務院是仍固執其成見，不肯改變助共滅華之政策，雖經其總統與國防部各巨頭之竭力反對，亦不能奏效。是艾其遜一日不撤，則國務院被共俄操縱之悲劇，即一日無法轉變，此實美國之制〔致〕命傷，豈僅我國受害被其斷送而已。臺府改組政策似已失敗矣，可痛。

三、對改造本黨之方針尚能研究深入也。

## 本星期預定工作課目

1. 政工制度、黨軍關係及通信補給組織加強。

2. 挖心戰術、突擊與情報通信之聯繫與保護。

3. 風氣之改造，作風與領導方式之研究。

4. 對軍隊黨務之指示，法律常識與業務法令。

5. 幹部思想與權利觀念之說明。

---

1　宋美齡，原籍廣東文昌，生於上海。1950 年 1 月 13 日自美返臺，支持反共，創辦中華民國婦女反共聯合會、華興育幼院。

2　蔣孝勇，字愛悌，生於上海，為蔣經國和蔣方良三子，1949 年隨家庭來臺。

6. 各級指揮機構、各科處隊各業務之經常訓練課目，與檢查檢討之按期實施
   與監督之責。

7. 桂系一年中經過之記錄。

8. 蒙自廿六軍[1]進退之方針。

9. 軍事檢討會議之日程與要旨：甲、對外一致，不得彼此攻訐。乙、陸海空
   將領協同一致。丙、軍隊黨務與政工及主官之權責。丁、後勤制度與發
   實物。

# 一月一日　星期日（元旦）　氣候：上晴　霧社大雨

雪恥：從前種種譬如昨日死，自後種種譬如今日生。對於黨務、軍事、政治
與政策、組織、教育及作風與領導方式，皆須澈底改革，重新來過，而以復
蘇實踐四字自矢，不失為基督信徒，以期完成上帝所賦予之使命，不負總理
之厚望也。

六時後起床，朝課，與經兒共同默禱後記事。約在日月潭諸同志朝餐。九時
後乘車經魚池、烏牛欄橋、浦〔埔〕里、本部溪，下車休憩後，登霧社山路，
十二時半到達霧社，視察警察所、鎮公所等畢，到職業學校午餐後，乃赴春
陽社，即櫻社，視察山胞住室生活，冒雨觀跳舞，賞給煙酒犒慰之。此霧社
即民國十九年山地同胞大殺日人、反抗虐政之重大事件之基地也[2]，以大雨不
能詳考其碑記。三時回程，在浦〔埔〕里神社休息遊覽，其地已多被侵佔，
社屋亦破亂不堪，國人無組織管理能力，自慚不置，回日月潭已五時半矣。

---

1　1949 年 9 月，第二十六軍重新組建，由余程萬擔任軍長。12 月 9 日，雲南省政府主席
　　盧漢在昆明通電投共。第二十六軍撤往蒙自，準備空運臺灣。但在機場遭到解放軍突
　　襲，最後只有殘部三百餘人，經紅河口進入越南。

2　指「霧社事件」，是 1930 年（昭和 5 年）在今臺灣南投縣仁愛鄉霧社所發生的原住民
　　武裝抗日事件。

## 一月二日　星期一　氣候：雨

雪恥：昨晡回寓入浴後，閱元旦文告，重要語句多有印錯者，可痛。晚課後聚餐，聽曉峯[1]同志講述美國政策與國防方略，至其新地圖以北極為基準之新國防計畫，更可證明余對美俄戰爭其決戰要點以北海為基地之觀察為不誤，曉峯誠不失為吾黨之健者也。讀新約馬太第十五章，並修正文句後睡。

朝課後與雪艇談外交、話別，與校正元旦文稿，重印分發內地各重鎮。記事，批閱公文，審核情報機構與訓練及其任務之規定。正午餐後，指示重新組黨之要旨。下午午課後，審閱軍校同學會組織與訓練之方針計畫，今後軍隊黨務與政工關係及組織方案，與提倡模範官兵與部隊計畫，皆為目前整軍基本要務也。來潭近旬，今日工作乃始正式着手，且最為重要也。晚課後與各同志商討組黨工作，至十時半方畢。

## 一月三日　星期二　氣候：雨

雪恥：一、青年運動。二、民族文化運動。三、社會經濟運動（兵農合一與三七五減租、限期耕者有田）。四、黨政軍教制度之建立運動。五、各黨反共同盟之發起。六、匪區情報組織與游擊指揮。七、還鄉（潛伏）運動。八、在臺立、監、國大、中委與大老等分工與使用計畫之研究。

朝課後，整補研究員意見之記錄，記事，審核龔愚[2]之軍事教育改革案。午餐後，討論黨的改造方案。午課後，審核孫立人[3]對臺灣軍事機構改革案，與國

---

1　張其昀，字曉峯，浙江鄞縣人。時任中國國民黨中央宣傳部部長，創辦中國新聞出版公司，7 月任國民黨中央改造委員會委員，8 月任中央改造委員會秘書長，創辦中華文化事業出版委員會。

2　龔愚，字樂愚，1949 年來臺灣後，任陸軍總司令部副參謀長、國防部第五廳廳長。

3　孫立人，字撫民，號仲能，政府遷臺前，任陸軍副總司令、陸軍訓練司令兼第四軍官訓練班主任，1949 年 3 月晉升陸軍總司令。

防部軍事政策案畢，乃與禮卿[1]等乘舟遊湖，便至龍湖閣屋頂遊覽後回寓。晚課聚餐畢，再討論黨的改造與外交方針。本日據報，英國對承認北平中共偽政權之輿論大變，此乃受美國政策與輿論之影響，故其政府不能不變更其原定之政策，遷就美國，不敢承認中共乎。果爾，則在外交上最重要之轉變，實天父佑華也。

## 一月四日　星期三　氣候：晴

雪恥：一、美國務院對援華之阻止仍不遺餘力，必欲達其倒蔣亡華一貫之目的，最近尚密令其遠東各使領捏造臺灣必敗、無法保守之空氣與報告，以欺蒙其國內議會與人民，以遏制援華之主張。而對我正式要求美政府援華之提議，則壓置不理，並聲言並未接我正式之提議以諱之。此二案皆為羅蘭[2]一一揭破，使之無言以答，因之更使國務院惱羞成怒，不惜公開反對援華矣。但預料艾其遜與馬歇爾此一政〔策〕如不變更覺悟，則最後必定失敗無疑，惟使我國更加苦痛而已。

朝課後記事，記課程表及料理要務。十一時與張[3]、吳[4]等乘舟泛遊，回寓午餐後，起程到臺中搭火車，與岳[5]談對日方針及進行辦法。七時半到桃園換汽車，在車中靜默，晚課，到上草廬已八時半矣。

---

1　吳忠信，字禮卿，安徽合肥人。1947 年在原籍當選第一屆國民大會代表。1948 年 8 月，轉任總統府資政，12 月至 1949 年 1 月任總統府秘書長。1950 年 3 月任中國國民黨中央評議委員。
2　諾蘭（William F. Knowland），羅蘭、羅倫，美國共和黨人，1945 年 8 月至 1959 年 1 月為參議員（加利福尼亞州選出）。
3　張羣，字岳軍，1950 年 4 月任中國大陸災胞救濟總會監事；7 月任故宮、中央博物院兩院共同理事會理事；8 月任中國國民黨中央改造委員會評議委員。
4　吳即吳忠信。
5　岳即張羣，字岳軍。

## 一月五日　星期四　氣候：雨

雪恥：一、監察制度與人事之決定。二、同學會幹選之進行。三、情報組訓之督導。四、政工組訓之速定。五、約袁守謙[1]、龔愚之來見。

朝課後，九時到實踐研究院，聽取研究員之建議與報告，至十二時半方畢。與學員聚餐訓話後，二時半再到研究院，聽取報告與訓話，四時舉行研究院第二期結業典禮，訓話畢。入浴，回寓。晚課後，記昨日事，約白崇禧等聚餐，研討對西南廿六軍與第八軍[2]及西昌、海南等戰略方針，白尚要求十六萬兵額之糧餉，其實未見其一兵一卒也，可謂無恥極矣。本日對研究院三次訓話，其效果如何，雖不可知，但已盡我心力矣。十時後記事。

## 一月六日　星期五　氣候：晴

雪恥：昨日印回巴基斯坦承認北平偽組織，今日正午英國正式承認偽組織，此乃受美國杜魯門昨日宣言，只承認中國在臺灣地位，而不用軍事在現階段積極援助之影響所致。此英認共之舉，實為我政治外交上之重壓，但其結果如何，究為我之失敗，抑為共之不利與更大之失敗，須待將來證實。惟無論如何，在現階段中，於我實為不利耳。英國作此對我最後之一擊，其忘信背義，無異於俄國之侵華，至少是其助俄為虐之咎，不能逃避耳。

---

1　袁守謙，字企止，湖南長沙人。本年 3 月任國防部政務次長，8 月兼中國國民黨中央改造委員會委員、第五組主任。

2　第八軍曾於 1949 年 1 月在陳官莊戰役被殲。其殘部在福州重建，由李彌任軍長，旋撤至雲南。12 月，雲南省政府主席盧漢在昆明投共，李彌和第二十六軍軍長余程萬共同向昆明猛攻。1950 年 1 月，第八軍殘部撤入滇緬邊境地區，形成日後的泰緬孤軍。

朝課後到臺北東南長官部開會,即留午餐畢,分訪于[1]、丁[2]、居[3]、鄒[4]、李[5]諸同志。三時前繼續開會,至五時半方畢。本日聽取定海、臺灣、金門各區防衛計畫與現狀之後,雖缺點尚多,但大體已較穩定,比之四個月前之進步,不可同日語矣。入浴,晚課。

## 一月七日　星期六　氣候:晴

雪恥:昨晚約黃振〔鎮〕球[6]聚餐談話,彼以中央與地方各機關貪污實情相告為感,應派其為戰略顧問委員也。

預定:一、兵農合一政策。二、各種制度:甲、監察。乙、情報。丙、政工。丁、設計。三、各種政策:甲、外交。乙、社會。丙、兵役。丁、政黨。四、思想與國防及幹部組織。

朝課後記事,召見彭孟緝,商議日本教官參觀鳳山訓練情形,與葉部長[7]研討英國承認偽組織後,我使領館撤退及其英在我臺灣之領館方針,決令其存留,以維持商業關係也。主持最高軍事會議,指示今後補給制度要領。正午約岳軍、雪艇、立人聚餐,談英美外交關係及李、白[8]態度。下午批閱後,見叔

---

1　于右任,原名伯循,字誘人,爾後以諧音「右任」為名,陝西三原人。時任監察院院長。
2　丁惟汾,字鼎丞,山東日照人。1949 年到臺灣後,任監察委員和中國國民黨中央評議委員會委員。
3　居正,字覺生,號梅川,1949 年到臺灣,被任為中國國民黨中央評議委員。1950 年創辦淡江英專(今淡江大學前身)。
4　鄒魯,字海濱,廣東大埔人。1946 年任監察委員。1949 年 7 月參加廣州召開之非常會議後,經香港到臺北,任中國國民黨中央評議委員。
5　李文範,字君佩,1949 年到臺灣,任中國國民黨中央評議委員、中央紀律委員會主任委員、總統府資政。
6　黃鎮球,字劍靈,廣東梅縣人。1948 年任總統府戰略顧問。1950 年 4 月,任聯合勤務總司令部總司令。
7　葉公超,原名崇智,字公超,廣東番禺人。1949 年 4 月以外交部政務次長代理部務,10 月真除。1950 年 5 月兼任僑務委員會委員長,6 月兼任故宮博物院中央博物院共同理事會理事。1952 年 3 月,免兼僑務委員會委員長。
8　李、白即李宗仁、白崇禧。

23

銘[1]，並召見余程萬[2]、李彌[3]等。余無能誤事，思之痛心。晚課後，約中、交二行及信託局各當局聚餐，彼等皆忠實幹部，遵令由香港遷至臺灣，保全國家元氣不少也。研究軍費事。

## 上星期反省錄

一、英國承認北平中共偽組織，乃在年初予我政治上以重大第一之打擊。

二、美國援華政策自去年杪以來正在轉變之中，其國防部與杜魯門皆擬積極援助臺灣，杜並正式聲明臺灣為中國之領土，而不料其年初竟為國務院所反對，且聲明不能軍援臺灣，艾其遜此一行動又予我以重大之打擊，民心士氣頓時低落。

此一、二兩項雖於我國現局遭受莫大之壓迫，但余始終泰然，不以為意，深信艾其遜之政策在最近期內如不改變，則其政治必失敗無疑。因美國援蔣守臺之趨勢，已成其全國人心一致之要求，而且成為美國國防之成敗關頭，烏能逆拒乎。

## 本星期預定工作課目

1. 陸海空軍統一與聯繫有效之辦法。

2. 東南區軍隊訓練與統一調防辦法。

---

1　王叔銘，本名勳，號叔銘，山東諸城人。1946 年 6 月任空軍總司令部副總司令兼參謀長。1952 年 3 月升任空軍總司令。

2　余程萬，號堅石，廣東台山人。1949 年 12 月任雲南綏靖公署主任，後為盧漢扣押，釋放後轉道海南，寓居香港。

3　李彌，字炳仁，號文卿，雲南騰衝人。1950 年率部撤往緬甸、寮國、泰國交界地，任雲南省政府主席兼雲南綏靖公署主任，繼續於雲南江心坡地區帶領滇緬孤軍與中共對抗。1952 年 1 月，受任為雲南人民反共救國軍總指揮。

3. 陸海空軍通信之練習。

4. 空軍遠距離偵察與臺灣之防空。

5. 各軍師汽車運輸力之配發計畫。

6. 小型汽艇與水雷之購辦（46T 砲艇）。

7. 監察人員之挑選與組訓計畫。

8. 三軍合作社購物不准在外走私。

9. 機關家庭不准用勤務兵（穿軍服者入伍）。

10. 命令貫澈與紀律嚴明。

11. 任用日員之理由說明。

12. 實踐研究院第三期召集。

# 一月八日　星期日　氣候：晴

雪恥：一、情報第一。二、組織為首。三、貫澈命令。四、達成任務。五、部隊長官不管經理。六、情報組織與訓練及參謀本部基礎之建立，與參謀系統之聯繫，此為一切之基本（極秘密）。七、謀略與策反工作。八、監察人選與業務系統（人事－黨務、政工、給養（經理）、醫院病兵、軍風紀）之籌備。九、雷達之設備與研究。十、軍事教育方針。

朝課後見吳嵩慶[1]，研討軍費總預算數目及籌備。九時到研究院開會，討論情報與防保工作，至十二時半散會。下午居、鄒[2]等夫婦來會，午課如常。三時半與經兒赴淡水海濱視察工事，無人管理，可歎。沿途軍容甚差，不勝悲傷，頓起厭倦之念。回寓後晚課，記事。

---

1　吳嵩慶，浙江鎮海人。時任聯勤總司令部軍需署署長。1953 年 6 月，任聯勤總司令部財務署署長。

2　居、鄒即居正、鄒魯。

## 一月九日　星期一　氣候：晴

雪恥：近日社會應受美國務院反對援華之影響及其聲明，尤其臺灣動搖與不安之現象正在發展未已，又以美國駐臺領事密勸其僑民，謂臺灣恐遭空襲，不如準備回國之消息，更使社會動盪。此皆美共操縱其國務院，而其使領多受美共之指使，故使其各地使領館，凡可搖動我社會與政府之陰謀與行為，無所不用其極也。中華民國完全為美國馬、艾[1]等所斷送矣。本日受社會之影響，時切憂患，其實政治、軍事、經濟並未有如此危險，徒以人心虛弱已極，多為庸人自擾而已。

朝課後，約見伯川[2]商討預算事。十時到研究院第三期開學典禮，訓話後會客。下午午課後批閱公文，清理積案。與經兒遊覽草山公園，回與至柔商討空運廿六軍由蒙自到海南計畫。召見李彌與余程萬，訓戒之。晚課後約顧、林[3]等聚餐畢，商討軍費預算，記事。

## 一月十日　星期二　氣候：晴

雪恥：動心忍性，盡心盡力，安分守素，樂道養天，以期有濟。濟則黨國之幸，蒼生之福，不濟則盡性知命，以身殉之，期無愧為總理信徒，不失為父母之子而已。

昨夜與辭修談軍事預算及臺省經濟政策，甚為可慮。余平生愛觀平劇，自去年來臺以來，經兒屢勸我觀平劇以解憂悶，彼不知余已私自立願：如不收復

---

1　馬、艾即馬歇爾（George C. Marshall）、艾奇遜（Dean G. Acheson）。

2　閻錫山，字伯川、百川，山西五臺人。1949 年 6 月任行政院院長兼國防部部長，1950 年 3 月任總統府資政。

3　顧、林即顧祝同、林蔚。顧祝同，字墨三，本年 1 月 31 日至 4 月 1 日出任國防部部長。林蔚，字蔚文，浙江黃巖人。時任代理參謀總長。2 月任東南軍政長官公署副長官，3 月改任總統府戰略顧問。

北平，此生不再觀平劇矣。故昨晚彼借平劇之電影來家邀觀，余以為此雖電影，仍係平劇，故亦卻之，恐彼亦不知其所以耳。

朝課後，到研究院聽兵農合一講話三小時，此乃社會土地與國防經濟配合之制度，甚可採用，而對防共更為有益，惟其地主所有權未規定年限，是一缺點耳。下午午課後，批閱公文，清理積案畢，頗覺閒暇自得，對於根本制度與組織研究較深也。與人鳳[1]談情報工作，視察研究員生活。晚課後記事。

## 一月十一日　星期三　氣候：晴

雪恥：當此茫然不知前途之時，只有站在原有地位，小心謹慎，順服上帝的呼召，將選擇一切的責任，完全交托於上帝，但願上帝旨意成功而已。

注重：一、大陸守棄宗旨之決策。二、軍事預算案之方針及決定。三、對英國廢棄條約之政策研究。四、退出國聯[2]，使共匪不能替代中華民國外交席次之政策，應加研究。五、臺灣省府人事之調整。

朝課後，到研究院討論軍隊模範化運動及政治工作制度問題，即在院中聚餐。下午午課後，手擬麥克阿塞祝壽詞，批閱公文。晚課後召見李彌，訓示其回滇努力與革命自強之道。晚約傅〔溥〕儒[3]等十餘人聚餐畢，致曹天戈[4]軍長函完，入浴。本日為美國政府之畏強凌弱，及其國務院斷送中國於俄共之拙劣政策憂懼，而其所謂政治家一種毫無情義之言行，更為世界前途憂也。

---

1　毛人鳳，浙江江山人。時任國防部保密局局長。
2　意指聯合國。
3　溥心畬，姓愛新覺羅，譜序溥，清光緒帝賜名儒，字心畬。1949 年先遷居至舟山島，再隨政府來臺，後於臺灣省立師範學院執教。
4　曹天戈，1949 年 12 月任第八兵團副司令官兼第八軍軍長，1950 年 1 月 23 日在雲南元江被俘。

## 一月十二日　星期四　氣候：晴

雪恥：一、臺灣告示方式應即改變為簡俗化。二、組織監察考績（標準）。三、制度。四、紀律。五、共匪之機關優點：甲、管理與檢察之澈底。乙、考科效力（標準化）。丙、力戒官僚衙門化。丁、態度平民化。戊、紀律。六、中央機構之整頓問題。

朝課後，寫第廿六軍長彭佐熙[1]信。九時到研究院開會，研討政工制度問題，最後辭修發言，面腔怨厭之心理暴發無遺，幾視余之所為與言行皆為迂談，認為干涉其事，使諸事拖延，臺灣召亂，皆由此而起。聞者皆相驚愕，余惟婉言切戒，以其心理全係病態也，故諒之。正午研討用日本教官事，徵求高級將領意見，多數仍以八年血戰之心理難忘，此固難怪其然，故對日人之用法應另檢討也。

## 一月十三日　星期五　氣候：晴陰

雪恥：昨午課如常，心神苦悶異甚，美國外交官對臺灣必欲使之速亂而早亡，其陰謀顯著，桂系李、白又無恥圖賴，使成無政府狀態，而辭修心理病態如此，更令人悲傷無已，除一任天父處理以外，再無他法矣。批閱公文，入浴，晚課，記事。與岳、雪[2]二人商討對吉煞浦來臺之方針，及美國外交在此艾其遜未調換以前絕無轉機，惟有冷澹對之，不再要求其援助，以免多被侮辱也。十時半就寢。

朝課後記事，記上週即第一週反省錄，閱報。美國務院發表切望與俄國進行妥協之方針，此一消息更使我驚覺艾其遜私通俄國，出賣中國之奸計為不誤

---

1　彭佐熙，字民庸，1949 年 12 月任第八兵團副司令官兼第二十六軍軍長，率部撤至越南後任留越國軍管訓總處副司令官兼第三管訓處處長。
2　岳、雪即張羣、王世杰。

也。繼思艾計決不能成，但天下事決非能如此武斷，往往奸詐勝而正義者敗，故不可不嚴定對策。但萬事皆在本身，尤其在臺灣能否站穩自立耳。果能，則艾、史[1]之陰謀亦不足慮也。十一時三刻迎夫人於桃園機場，即住大溪別署，晤談美國政策及其在美經過之工作，與今後之布置為慰。下午在大溪休息，聽取報告。

## 一月十四日　星期六　氣候：晴

雪恥：昨晡晚課如常。餐後與夫人讀上帝呼聲一章，夫妻共同禱告畢，就寢。朝課時靜默五十餘分時之久，平時則在卅分至四十五分之間也。默禱後，深思現在危急紛亂無政府之狀態，以及美援絕望之際，如何統一事權，集中力量，以挽救危局於萬一，惟有親任陸海空軍總司令（而不復總統之位），以軍法治理臺灣為反共基地，澄清現局。惟此必為美國反蔣派藉口法西斯復活，然亦無所顧及矣。惟產生手續與方式應加研究，最好由立法院選舉也。記事，記反省錄後，召經兒來，同遊覽石門（大溪西南約十八公里）之桃園大圳入水口工程，閱之殊為歎服日人建設與組織力之大也。夫婦父子即在石門招待室聚餐，下午回寓休息。午課如常，約見桂永清[2]、董顯光[3]、吳國楨等同志。晚課後，約岳、雪等商討吉煞浦來臺應對之道，與內政外交諸要務。

---

1　史達林（Joseph Stalin），又譯史大林、斯大林，曾任蘇聯共產黨總書記、部長會議主席。
2　桂永清，字率真，江西貴谿人。時任海軍總司令。
3　董顯光，浙江寧波人。1949 年來臺，擔任中國廣播公司總經理兼《中央日報》董事長。

## 上星期反省錄

一、夫人對美國告別廣播全文，已引起美全國人民與輿論對中國民族尊敬之心，現在美國對華政策，全為其國務院中共產分子所操縱，深信其終有改變之日，而且其期並不甚遠，否則美國本身亦敗也。

二、美國發表對俄妥協之切望，是其出敗〔賣〕中國、承認中共，解決中國問題為其主要之策略，此一策略果成，則美國地位更危，艾其遜不惟害華，其結果無異賣美也，可痛。

三、夫人回國對國家發生之影響，以在此大陸淪陷，革命絕望，國家危亡岌岌不保之際，有勢有錢者，惟恐出國逃避之無方，而夫人竟在此危急之秋，毅然返國來共患難，此種精神，不僅打消過去共匪一切污衊之宣傳，而其意義實不亞於西安赴難也。

## 本星期預定工作課目

1. 下星期廿二日為麥克阿瑟七十生日。
2. 增設組織組，研究與調整各種組織與工作。
3. 情報、通信、監察、政工與人事之組訓加強。
4. 思想領導與組織領導之研究。
5. 社會工作與宣傳方法：甲、家家訪問。乙、分類座談。丙、各別約談。所謂擦破嘴、跑爛腿之精神也。
6. 日員辦公室之組織與業務之研究，建立國防基礎及其組織與基本工作之實施。
7. 監察人員之訓練及其業務職權之研究與監察網。
8. 科學化與制度化進行方法與要旨（分工合作）。
9. 軍士制度之建立。
10. 教材之預備：甲、保衛臺灣為自立自強之基礎。
11. 防空之準備與宣傳。

## 一月十五日　星期日　氣候：晴

雪恥：一、此時只可盡心保衛臺灣為自立自強之基點，首在社會經濟與軍費之解決，其次為社會民眾組訓與防空之準備，其三為海空軍用油之購備。至於美國之賣華與援華，則於革命之成敗實無關宏旨也。

朝課，自本日起夫人共同禱告開始。朝餐後記事，手擬（中國存亡與東方民族之自由獨立之成敗問題），如果革命失敗，臺灣淪亡時，必以身殉國，則不必再另有遺囑矣。正午，約鴻鈞、蔚文等商討本年預算（軍費）總數及兵額方針。下午午課如常，審核軍費預算案。四時後，與妻由大溪回草山後草廬居住。晡晚課後，見于峻〔焌〕吉[1]大使，約嚴家淦[2]等財政金融主幹，研討財政與經濟問題，十時半休息。

「錄於本冊大事表內。」

## 一月十六日　星期一　氣候：晴

雪恥：一、臺灣軍事指揮權與人選之決定。二、臺灣省府人事與臺人運用方針之研究。三、本人出處與名稱問題之決定。四、各行局外匯之集中計畫。五、美國務院令其海軍在上海口外公海之護航，而其商船又自香港赴滬，仍欲冒險衝破我封鎖線，此乃明知故犯，不僅受共匪之運動，並受英國之唆使，以期美國干涉我封閉政策而後已也。

朝課後記事時，得蒙自電報昨夜中斷不通之消息，初不以為意，及至夜間聞空軍前往偵察，結果蒙自與機場皆靜寂無人，乃斷定部隊必有變故也，可

---

1　于焌吉，字謙六，河北文安人。1946 年 2 月任駐義大利大使。1952 年 7 月兼任駐西班牙大使。

2　嚴家淦，字靜波，江蘇吳縣人。1947 年 4 月 29 日任臺灣省政府委員兼財政廳廳長。1950 年 2 月 10 日任經濟部部長，3 月 12 日轉任財政部部長。

痛。上午到研究院紀念週，會客。下午午課畢，審閱情報，美國勾結臺人叛
離之陰謀與臺人黨派之糾紛，不勝憂惶，不知究將如何處理矣。四時吉煞
浦來會，余告以轉達杜魯門，此時尚有防制遠東赤禍之法，再遲則不及矣。
晚課後記事。


## 一月十七日　星期二　氣候：晴

雪恥：一、毛匪[1]在俄行動與回平日期之注意。二、美國四參長東京會議之結
果如何。三、美國會對援華案爭辯之結果如何。四、共匪沒收美國在平之房
產，其影響如何。五、科侖坡英國會議之結果，對承認中共問題，各自治領
未能一致。六、中共對英國承認必須先談建立外交關係之條件一事，實為殺
雞嚇猴之作用，乃予美以莫大之打擊，其惟以撤退領館自了乎。

朝課後，研究美國對臺灣政治陰謀，多方煽動臺人之脫離中央而獨立或自治，
尤其代辦與領事外交官之態度，更為可惡。修正夫人對美國臨別之廣播譯文
後，批閱文電，召見桂永清、郭懺[2]、毛人鳳等。下午午課如常，四時到研究
院召見學員八人，約見雪艇，商談對臺人勾結美國防制方策。晚課後聚餐，
聽夫人說笑話。記事。

---

1　毛匪即毛澤東。
2　郭懺，字悔吾，1949 年 10 月任東南軍政長官公署副長官兼舟山指揮部主任。本年 3
　月調任總統府戰略顧問。

## 一月十八日　星期三　氣候：晴

雪恥：一、艾其遜譏刺余為一離棄大陸、逃避海島之難民而已，其用盡各種卑劣手段，期達其毀蔣賣華之目的。此時內外環境實為最黑暗中之黑暗，但此心毫不為所動，乃認為黎明前之黑暗也。今日與來自新疆之羅恕人[1]同志談話之際，頓覺此乃剝極而復、否極泰來之時，不得放過，稍縱即逝矣。惟有奮鬥不懈，自強不息，死中求生，獲得勝利基點，而後乃能言他，否則若有一點依賴之心，則國未亡而心已死矣。萬事皆在死中求生奮鬥出來，方是真本事、真成功也。

朝課後，批閱公文，清理積案，與雪艇談臺省糾紛處理方針。辭修矜持，國楨惱怒，臺人兩派各走極端，尤是在此外交不利、情勢急迫之際，臺人乘機要脅，趁火打劫，要求臺省主席由臺人任之等事，令人痛心。正午再談軍事預算。下午午課後，召見臺省代表切戒之。召見學員與羅恕人。入浴，晚課。

## 一月十九日　星期四　氣候：雨

雪恥：一、近來覺得範圍越小，部隊越減，則事業越易整頓，組織越能嚴密，此乃轉敗為勝、剝極而復之難得良機，應切實應用而勿失卻。故不僅不以減小為悲，而反以為樂，要在能發奮圖強耳。二、西昌撤退之時機與情勢應加研究。三、日員之組織與運用。

朝課後，審核袁守謙對國防幹部組訓之意見書，與少谷[2]談臺灣省府及政治處理方針後，與悔吾談聯勤業務人才與定海防務問題，批閱公文，國楨來談省

---

1　羅恕人，湖南益陽人。曾任整編第一七九旅旅長兼迪化警備司令，1949 年 9 月離開新疆，轉道印度加爾各答，抵達臺灣。1950 年 8 月，任第八十七師師長。後任國防部額外高級參謀、第九軍副軍長。

2　黃少谷，湖南南縣人。1949 年 8 月，任總裁辦公室秘書室主任。1950 年 3 月，任行政院秘書長。1954 年 5 月，任行政院副院長。

府人事及臺省派系鬥爭事[1]，決調換蔣渭川[2]與游彌堅[3]二人，以期平息此次之風潮。正午約岳、雪等，談商臺局與人事甚久。下午午課後，到研究院會客，及召見學員八人。入浴，晚課，宴章嘉[4]等畢，記事。

## 一月二十日　星期五　氣候：晴

雪恥：一、臺灣征兵應充分籌備。二、負責任職之準備事項：甲、機構之組織與人選之決定。乙、軍風紀之整肅。丙、對臺民之方針。丁、臺灣黨務之整頓。戊、戒嚴之加強。己、情報組織與政工及後勤之加強。庚、防空設備、電廠與涵洞之防護。

朝課後，重核國防幹部之組訓意見書，與少谷談臺省人事，及常會對吉煞浦侮蔑之言行，其激昂情緒又形成無政府狀態，可痛。批閱公文，據報美國眾議院對援韓款項未得通過，此乃民主黨對其政府之遠東政策憤懣之表示，其影響必非淺尠。正午，約老同志十餘人午餐。下午午課後，與蔣渭川談話，囑其自動辭職，彼乃接受也。召見學員，會客後入浴。晚課畢，解決省府人事。

---

1　先是 1949 年 12 月 15 日，吳國楨出任臺灣省主席，省府改組，網羅蔣渭川為民政廳長、彭德為建設廳長。惟兩人不為當時的省參議會所接受，19 日參議會大會揭幕，旋即休會。參議員並往謁蔣中正總裁、吳國楨省主席，吳遂同意該兩廳長先試用一兩月以後，再作決定。不料 1950 年 1 月 9 日《中央日報》竟刊出「二二八事件」遇害者「慶祝」兩廳長榮任的賀啟，暗諷兩人涉及該案。所以 19 日、21 日蔣陸續召見媒體主管及當事人，以了解情況。
2　蔣渭川，時任臺灣省民政廳廳長，2 月改任內政部常務次長。
3　游彌堅，時任臺北市市長，2 月 6 日卸任。
4　章嘉呼圖克圖十九世（章嘉活佛七世），生於青海大通。抗戰期間，號召蒙藏人民加入抗戰建國，受封「護國大師」。1948 年受聘為總統府資政，1949 年隨政府來臺，1952 年當選為中國佛教會理事長。

## 一月二十一日　星期六　氣候：晴

雪恥：據墨三報告，西昌已收容有八千官兵，惠〔會〕理、寧南皆已收復，則西昌兵力加強防務較穩，應令宗南[1]固守勿離也。第八軍已有報告，即向元江移動，第廿六軍至今未得詳報，但料其已向紅河以南轉進，當不致有大損失也。

朝課後，審閱學員自傳。上午批閱公文，召見財政、軍需當局，討論軍費核實辦法，嚴督其成。彥棻[2]報告中央黨部情形，實在無法收拾，只有重起爐灶之一法。約蘭友[3]、少谷聚餐，談李德鄰為美國政府侮辱，比之於狗，國格喪失殆盡，誤國僨事，痛心盍極。下午午課後，召見彭德[4]與蕭自誠[5]，召見學員八人，與公超、樵峯[6]、安祺[7]、趙桂森[8]等，略覺疲倦。入浴，晚課，餐後記事。續修廿二年九月十二日廬山講稿後半篇，速記不良，修正甚費力也。

下野至今正一年矣。

---

1　胡宗南，原名琴齋，字壽山，浙江孝豐人。時任西南軍政長官公署副長官兼參謀長。1950 年 3 月西昌失守後回臺，調任總統府戰略顧問。5 月，遭監察委員聯名彈劾。1951 年 8 月化名秦東昌，出任江浙反共救國軍總指揮兼浙江省政府主席。

2　鄭彥棻，時任中國國民黨中央執行委員會代理秘書長，8 月後任國民黨中央改造委員。

3　洪蘭友，江蘇江都人。時任第一屆國民大會秘書長。

4　彭德，號志民，臺灣苗栗人，1949 年 12 月 18 日轉任臺灣省政府委員兼建設廳長。本年 1 月免職。

5　蕭自誠，字明艱，1950 年 1 月，時任中央日報主管。1950 年 8 月起任中國國民黨中央改造委員、中央設計委員會主任委員。

6　俞飛鵬，字樵峯，浙江奉化人。1947 年 7 月至 1948 年 5 月，任行政院政務委員兼糧食部部長。1949 年 6 月任招商局董事長。

7　劉安祺，字壽如，山東嶧縣人。1949 年 6 月負責青島撤退，後任第二十一兵團司令官。1950 年任臺中防衛區司令。

8　趙桂森，字君粟，江蘇江都人。1949 年 9 月，任國防部第四廳廳長。1950 年 4 月，調任國防部戰略計畫研究委員會委員、行政院參事兼第三組組長。1952 年 10 月，調任總統府參軍。

## 上星期反省錄

一、防空設備與宣傳工作尚未着手。

二、臺灣省府蔣、彭[1]二廳長及游[2]市長調換問題可告段落，但經濟、糧食問題尚未解決。

三、軍費預算案之概算已經決定。

四、臺灣新兵入營後，食衣準備不周，引起社會指責，此後臺灣征兵問題應重加考慮。

五、李德鄰在美之貽臭出醜，如何使其回國。此時美艾不利用李以對蔣者：一則其根本政策不要有國民政府，二則仍怕反對黨之攻擊，三則李之本身太無利用之價值耳。

六、美國眾議院對援韓案僅一票之差，不能通過，此於艾其遜遠東政策制〔致〕命打擊之開始也。

## 本星期預定工作課目

1. 必勝理論及理論之基礎：甲、制度。乙、政策。丙、實施力行，即實行民生主義、社會軍事化。

2. 中央銀行與金融制度之解決與統一。

3. 統帥部組織大綱系統之準備與人事之決定：甲、設計調整組。乙、督察核實組。

4. 日員之運用方針：甲、教育。乙、設計制度。

5. 改組本黨之方針：甲、澈底重建。乙、改造。

6. 行政院各部會之縮編提案。

---

1　蔣、彭即蔣渭川、彭德。
2　游即游彌堅。

7. 本年度軍政預算案之提出。

8. 督察軍費與工作效率之組織與人選。

9. 決策與督導小組及人選之研究。

10. 出席常會之準備。

# 一月二十二日　星期日　氣候：晴陰　晚雨　溫度：四十八

雪恥：一、必勝理論講話之要旨：甲、國際環境與美國戰略對中國地位之關係。乙、共匪進攻臺灣可能之兵力估計，及其進攻計畫。丙、我軍備戰與以待敵之可勝之道，必須待其進攻失敗，而後為我反攻大陸之機會。丁、革命最後成功必經之階段與歷史：子、依賴外援之必敗。丑、外力壓迫與封鎖之打破。寅、革命轉危為安之機會，在最大失敗之後無路可走之時期。卯、美國正式聲明臺灣為國民政府所管轄之領土，最為重要。

朝課後，記反省錄與本週課目表，批閱要公。續修廿二年九月十二日之講稿，至四時畢。正午與妻到士林新屋前野餐，回寓休息，午課如常。四時後與妻到淡水視察工事回，入浴。晚課，約曹士澂[1]等聚餐，談日本教官聘請事畢。記事。

麥克阿瑟生日為廿六日。

---

1　曹士澂，1949 年 5 月派任駐日本代表團武官處處長；7 月聯絡岡村寧次，促使日本軍事顧問團（白團）成立。白團，是在 1949 年於日本東京由前日本帝國陸軍軍人成立的軍事顧問組織，接受中華民國政府聘僱，前往臺灣幫助中華民國對抗中華人民共和國。白團在臺灣戰後時期與 1951 年成立的美軍顧問團，及 1963 年成立的德國軍事顧問團並行，構成中華民國在臺灣時期的軍事外援主力。

## 一月二十三日　星期一　氣候：雨　溫度：四十八

雪恥：一、西昌據點只有令胡宗南以下所部官兵決心死守到底，此無[1]別無生路。二、預料俄國必迫使毛匪進攻臺灣，並配給其相當之空軍與海軍。中華民國存亡之轉機，即在於匪進攻臺灣，與我軍民之能否奮鬥而定也。

朝課後，校閱年記，召見游彌堅，到研究院紀念週講演軍事教育之取法何國，及應有獨立之精神與制度。未將赴俄考察軍制，與日軍採取陽明哲學在於知行合一之事詳解，應補充之。伯川來商各部會改組人選等事。下午午課後，到研究院召見學員十人及會客畢，已六時。入浴，晚課，約見國楨，談臺灣自治時期問題，與少谷談各部長人選與政府各機構縮編方針。再閱年記，十時半就寢。

## 一月二十四日　星期二　氣候：晴雨　溫度：五十

雪恥：一、辭修不肯任國防部長。二、伯川推諉卸責，關於政府癱瘓現狀，皆欲歸之於余；而德鄰滯美托病，既不回國主持，又不肯辭卸代總名義；崇禧滯臺勒索圖賴，不要廉恥，更不知其去年大陸淪亡應由其一人負其全責。局勢至此，內訌外侮，已非人力所能挽救，但深信上帝必不我棄，故毫不喪氣，其惟盡我天職，百折不撓，自強自立，以待有濟而已。

朝課後，與少谷談行政院各部會長人選意見，審核預算意見書，批閱公文，會客五人，約青、民兩黨代表等午餐。下午午課後，召見學員十人，與任卓宣[2]談宣傳方針，勿再攻擊自由主義派，對臺灣大學事應停止斥責，維持學術

---

1　原文如此。
2　任卓宣，原名啟彰，筆名葉青，四川南充人。1920 年代加入中共後又反共，成為三民主義理論者。時任中國國民黨中央宣傳部副部長，3 月改任政工幹部學校教授、政治研究所主任。

界之地位[1]。入浴，晚課後，約談預算問題。


## 一月二十五日　星期三　氣候：晴

雪恥：一、今日派經國飛西昌，傳達死守西昌，力勉宗南死中求生，並告其如臺灣失陷，我必死於臺灣，以盡我職責，決不負我上下平生之所望也。二、海南撤守之方鍼與準備。

朝課後，與少谷談各部長人選，對行政院副院長與秘長人選，勿使伯川有所誤會也。審閱緊縮中央政府機構方案後，批閱公文，清理積案。與伯川決定各部人選，面商後，彼似未有誤會也。下午開非常委員會，討論本年預算方鍼及機構緊縮案等，兩月以來以此為最重要之提案也。午課如常，但未晝寢。晡入浴，晚課，約于[2]大使晚餐後，記事。本日氣候清朗，心地光明，聖靈鑒臨，時有於穆不已[3]之象，靈性似有進步也。

---

1　1949 年 7 月 11 日，筆名「葉青」的任卓宣，在臺北《民族報》發表〈寄傅斯年先生的一封公開信——論反共教育與自由主義〉，指控傅出任臺大校長後，秉持自由主義作風，所聘教授中，竟有共黨和親共分子，學校成為政治上的特區。傅斯年隨即發表了〈傅斯年校長的聲明〉和〈傅斯年校長再一聲明〉，澄清「對於文學院教授李霽野無故離職，傳聞前往匪區一事，已經校內行政會議決議予以停薪處分，並函請警備司令部派員查明在案，校方完全依法辦理，豈有袒護親共分子之理？學校必定有聞便查，查明便辦，絕不護短」。

2　于即于焌吉。

3　《詩經》〈周頌·維天之命〉：「維天之命，於穆不已；於乎不顯，文王之德之純」，意思是「想那天道的運行，美好肅穆永不停；多麼輝煌多光明，文王品德多純淨。」

# 一月二十六日　星期四　氣候：晴　溫度：七十

雪恥：卅三年華萊斯[1]訪問俄國與中國後回美之報告，完全受俄國所指使，專事倒蔣扶共之建議。近時美國參議員福開生[2]已經發現其陰謀，指出其國務院現在對華政策完全執行華萊斯受俄主使之政策也。最近美國社會雖大都明瞭其國務院為左派操縱政策之大錯，但艾其遜竭力設法掩蓋彌補，尤以其放棄臺灣為避免美國捲入戰禍為言，以迎合其人民怕戰之心理。雖明知其對華政策之大錯，而對其共和黨反對國務院之言行，仍不能喚起其民眾倒艾之熱情。美國外交似已絕望，但衷心仍信上帝必不有負其熱忱之子民也。

朝課後，到中央黨部（即凱歌歸[3]）開常會，聽取意見後，指示要旨，最後聲明本人決心：萬一臺灣不幸淪陷，則余必身殉黨國，決不自負平生也。回寓已十三時半，下午午課畢，寫席、俞[4]等函，召見黃少谷、唐縱[5]等，與顧墨三商海南撤退方針。晚課後宴客十餘人。

---

1　華萊士（Henry A. Wallace），原美國民主黨人，1941 年至 1945 年任副總統，1944 年6 月羅斯福總統派來中國，調解國共關係。1945 年 3 月至 1946 年 9 月擔任商務部部長，1948 年成立進步黨參選總統失敗。

2　福開生（Homer Samuel Ferguson），美國共和黨人，1943 年 1 月至 1955 年 1 月為參議員（密西根州選出）。

3　日本殖民統治時期的日本「赤十字社」建物，1949 年由東南軍政長官公署改設為「凱歌歸」軍官餐廳，之後轉交給中國國民黨，成為中央黨部。

4　席、俞即席德懋、俞大維。席德懋，字建侯，1948 年 4 月任中國銀行總經理，1949 年8 月赴美國參加貨幣基金及世界復興建設銀行年會。其後流寓美國。俞大維，浙江紹興人。原任交通部部長，1950 年 1 月赴美養病，4 月 1 日至 1951 年 3 月 1 日出任國防部部長，兼任行政院美援運用委員會副主任委員及駐美大使特別助理。

5　唐縱，字乃建，湖南酃縣人。1949 年 8 月，任總裁辦公室第七組組長。1950 年 9 月，任中國民黨中央改造委員會第六組主任。1952 年 10 月，調任中國國民黨中央委員會第一組主任。

# 一月二十七日　星期五　氣候：晴　溫度：七五

雪恥：近時國際環境險惡已極，國家前途更覺渺茫，四方道路皆已斷絕，美、俄、英各國政府皆以倒蔣扶共、滅亡中華民國為其不二政策也。此時惟有盡其在我，聽之天命，成敗存亡、生死榮辱置之度外，以期不愧為黃帝子孫、總理革命信徒而已。

朝課後記事，批閱公文，約見正綱、炳仁、劉凱廣〔廣凱〕[1] 後，審閱學員履歷。正午約菲律濱華僑代表聚餐。下午午課後，與哈華脫系[2] 記者談話。又約見申錫雨[3]，談韓國情形。晡與妻同訪稚輝〔暉〕[4] 先生，參觀其漢字象形編製，此老為學精神，誠可敬也。晚課後再審閱學員履歷，全部完結，約辦公室各組長聚餐談話。記事。

# 一月二十八日　星期六　氣候：晴

雪恥：一、立法、監察各委與國大代表名為民意代表，實則等於無賴拷詐。其對閻院長[5] 則糾眾要脅額外經費，貪得無饜，紀律蕩然，廉恥道喪。李德鄰避美不回，閻伯川權威盡失，任人侮辱，無政府之狀態至今尤甚，其實已無政府可言矣，思之憂憤。此乃李、白之誤國害民、無恥不道，實由以造成之，奈何。二、建立幹部制度。三、制度權責及幹訓。

---

1　劉廣凱，字孟實，遼寧海城人。1949 年 6 月任海軍第一艦隊代司令，1950 年元月晉升海軍少將，至革命實踐研究院第四期受訓。

2　霍華特報系（Scripps-Howard Newspapers），1936 年至 1952 年間負責人為霍華德（Roy W. Howard）。

3　申錫雨，韓國獨立運動人士，曾於上海參與組織大韓民國流亡政府。時任韓國駐華大使。

4　吳敬恆，字稚暉，江蘇武進人。歷任制憲國民大會主席團主席、第一屆國民大會代表、中央研究院第一屆院士、總統府資政。1949 年，蔣中正派專機「美齡號」將其從廣州接到臺北。

5　閻院長即行政院院長閻錫山。

朝課後，記取優秀學員人選及整理學員意見書。十時召見李連春[1]、李三聯〔吳三連〕[2]，談臺灣糧食與物價問題。又見簡樸[3]、徐庭瑤[4]等畢。約見黃朝琴[5]等，談臺灣各派人士團結問題，訓示約一小時之久，屬其對臺灣本地人寬容謙愛，消弭介蒂。下午午課後，批閱公文，清理積案，與袁守謙談李、白事，修正講稿。晚課後記事。

## 上星期反省錄

一、共偽承認越南民盟軍胡志明之偽組織，以及俄國承認印尼政府，此為共產國際今後向東南亞進展之第一步驟，其勢匪〔非〕掀起第三次世界大戰，決不停止其侵略行動也。

二、美國務院因上週眾議院否決援韓提案後，似已漸覺其對華倒行逆施之政策，不能不重加考慮，故其援華未用之款[6]，已允延期，不致停止。而其對我軍事援款，雖固執其杜魯門之宣言，但其中已於經援款中通用一部，不再認真管束矣。

---

1 李連春，臺南後壁人。1946 年接任臺灣省糧食局副局長，後升任局長。1949 年，政府遷臺辦公，大量軍民隨之移入，糧食供應漸趨緊繃。制定糧食增產計畫，並順利解決危機。其糧食局局長任期長達二十四年。

2 吳三連，字江雨，臺南學甲人。時任第一屆國民大會代表、臺灣省政府委員，2 月出任官派臺北市市長。

3 簡樸，又名立貴，字若素，湖北荊門人。時任第一屆國民大會代表、空軍總司令部政治部主任，並先後被聘為行政院設計委員、黨政研討委員會編纂委員等職。

4 徐庭瑤，時任陸軍總司令部裝甲兵司令。

5 黃朝琴，1946 年臺灣省參議會成立，膺選為首任參議會議長，歷任第一、二、三屆臨時省議會議長，第一、二屆省議會議長，先後達十七年之久。

6 指的是《1948 年援華法》（China Aid Act of 1948）款項。該法案為 1948 年 4 月 2 日美國國會通過的《對外援助法案》（Foreign Assistance Act）之一部份。1949 年年初，美國決定將法案延長至 1950 年 2 月 15 日，不過款項並未悉數匯入，拖延撥款也讓國共內戰急轉直下。1950 年 1 月，美國總統杜魯門停止該法案中的軍援部分，但宣稱經援部份仍將繼續撥付。同年 3 月，在親中華民國的美國議員運作下，該法案宣佈延長到翌年。

三、收縮中央政府機構與本年預算方針，已有具體方案提出，行政院各部長
　　亦已充實矣。

四、出席常會訓示與示以死守臺灣之決心，當為今後革命史中重要之一頁也。

## 本星期預定工作課目

1. 軍政黨重建再生之程序應速決定。

2. 統一戰術思想與原則之研討。

3. 理論體系與思想基點之指導。

4. 軍事機構歸併統一及今後組織之研究。

5. 臺澎防衛計畫之確立。

6. 經濟與社會制度之研究。

7. 新號召與哲學基礎之研究。

8. 研究院學員之組織。

9. 對立、監等民意機關之方針。

10. 復位與不復位，對國家與反攻事實之利弊。

11. 美國聯合參謀到東京考察遠東之關係。

12. 廣西子 [1] 無恥醜態之注意。

---

1　意指桂系。

## 一月二十九日　星期日　氣候：晴

雪恥：一、催各將領簽注各項提案之意見。二、出任時之重要各事之準備：甲、軍事機構之統一合併。乙、政府機構之縮小。丙、立法院之停會與授權。丁、總動員方案與節約方案之實施。戊、兵農合一政策之宣傳。己、反共保民與總體戰動員綱要之督導。庚、青年與學生之軍訓。

朝課後，修正軍事教育制度講稿畢，召見人鳳與孟緝後，再修正廿二年盧山帶兵練兵用兵之道講稿。正午到圓山訓練團，約經國之妻[1]、子等聚餐。登後山秉公亭遊覽，風景美麗可愛，文[2]、武[3]二孫同登也。下午回寓，入浴，休息。午課如常，續修講稿，至六時後方畢。今日整修講稿二篇，頗費心力也。晚課，餐後與妻車遊臺北。

## 一月三十日　星期一　氣候：上雨　下晴

雪恥：一、現時軍政黨三種基業，應以何者最要。二、李宗仁避難不回，而反要我放棄黨權，不問一切，使其得以回臺主持一切，美援纔能充分到來，以美國杜、馬、艾[4]全為反蔣也。此種奴性與醜態，可知其已至死不悟。稚老[5]謂王安石時代有福建子，而今日廣西子之誤國害民、無恥無賴，實甚於福建子，誠哉是言。黨國至此，對李、白再不斷念絕望，其將何以復興也。此次大陸淪陷，不僅革命實力摧毀，所有投機、反動、封建餘孽，二十五年來藉

---

1　經國之妻即蔣方良，俄名芬娜（Faina），原取名芳娘，後改方良，祖籍白俄羅斯。1935 年 3 月 15 日，與蔣中正長子蔣經國結婚，1936 年 12 月，隨蔣經國回中國。生有蔣孝文、蔣孝章、蔣孝武、蔣孝勇三子一女。

2　蔣孝文，字愛倫，為蔣經國和蔣方良長子，生於蘇聯，1937 年隨父母回國，1949 年隨家庭來臺。

3　蔣孝武，字愛理，為蔣經國和蔣方良次子，生於重慶，1949 年隨家庭來臺。

4　杜、馬、艾即杜魯門（Harry S. Truman）、馬歇爾（George C. Marshall）、艾奇遜（Dean G. Acheson）。

5　稚老即吳稚暉。

黨掩護混存者，今亦澈底被共匪消滅，有識者此為革命勢力復活，今後成功之良機，不其然乎。

朝課後記事，剪報，研究美國赫斯[1]間諜與艾其生關係之發展。與企之〔止〕談話畢，到研究院紀念週訓話一小時餘，會客。下午午課如常，批閱公文，清理積案。晚課後，約幹部研討廣西子問題，余則決心置之不理也。十一時半就寢。

## 一月三十一日　星期二　氣候：晴

雪恥：一、白崇禧又在臺北作無恥無賴之宣傳煽惑，希圖作最後之毀蔣運動，對此應有以制之。此奸不去，薰蕕混淆，無以復興，二十四年來之辛勤犧牲所得之黨國，皆為此奸澈底毀滅矣。二、臺灣為美利用之漢奸，應防制之。

朝課後，批閱公文，清理積案。約見麥帥使者，余告以轉達之語：一、共匪空軍必將由俄國組訓，其力量必超勝於我，若此事能由美國聯合參謀長為我設法解決，則保臺之其他軍事當無顧慮，必能固守也。下午午課後，清理積案，閱王道著論剿共戰爭[2]，其文氣堪嘉。經兒自西昌會〔回〕來，詳報胡宗南所部近情，其僚屬太不爭氣，奈何。晚課後，令墨三飛海南處理趙琳[3]問題，因其人叛跡已見也。為桂系無賴痛憤無已。

---

1　赫斯（Alger Hiss），美國國務院官員，1950 年因涉入間諜案遭判刑。
2　王道，字道勝，湖北武昌人。1949 年任海軍總司令部高參，同年到臺灣，由左營海軍軍官學校出版《論剿共戰爭》一書。時任海軍官校訓導處處長。
3　趙琳，字靜塵，山東泰安人。曾任金門防衛副司令官、第三十二軍軍長。退役後，1958 年 1 月當選臺北市第四屆市議員。

# 上月反省錄

一、向來政治主張化敵為友，認此為政治惟一的要道，但至今則自認為應有改正之點：如其有勢力時，自可化敵為友。但一旦失勢，不僅昔日之敵仍是為敵，而且向來受我協助而因之成功者之道義交友，亦將認余為敵，棄之如遺。此於國際與國內所遇者，在本月之教訓尤其甚也，實於我獲益非淺。

二、臺省府人事之糾紛與經濟物價之動搖，至月杪似已漸趨穩定。省銀行未增發貨幣，甚為難得也。

三、軍事整編已經就緒，第一期工事已經完成。革命實踐研究院第二期已將結業，軍隊精神已漸由安定而振奮，其信心確已提高矣。

四、辭修心理病態甚深，與人不能相處，此為一重大損失也。

五、每對黨員自私鬥爭、不顧大體，而對廣西子之無恥貽醜，不禁怒氣如焚，時生怨恨，故不知其侮慢不敬，此乃余自是自大、不能自反自咎之過。其實黨國敗壞至此，皆因余之不德無能所致，應如何悔疚自責，求諒於人，以贖罪愆，以期和衷共濟，有補於萬一，奈何徒責他人而自恕如此耶，應切戒之。

六、毛匪朝俄久滯不返，此乃俄、毛支吾之開始，或即共匪內部衝突之預兆也。

七、英、印等承認共偽，而共、俄反承認越盟與印尼，國際情勢之反覆無常，亦於此開端矣。

# 二月

**蔣中正日記**
Chiang Kai-shek Diaries

# 民國三十九年二月

## 本月大事預定表

1. 實踐研究員組織誓辭：甲、貫澈命令，嚴守紀律。負責盡職，互助團結。誓滅共匪，恢復民國。防奸保密，雪恥復仇。為民服務，為黨盡忠。實事求是，精益求精。實踐新生活，達成新任務。乙、參加小組，執行決議。
2. 規定黨之性質、思想指導、組織原則。
3. 決策與監察機構之組織。
4. 人事與會計制度之確立。
5. 政工為官兵與民眾服務，不以奪取權利為目的。
6. 對軍民和愛與自責自制之修養與態度。
7. 責任心與廉恥心之提倡，基本與組織。
8. 臺灣民眾之合作與經濟之穩定。
9. 告示方式急應改變。
10. 部隊機關雜兵之征集。
11. 中學以上與青年之軍訓及早操。
12. 臥薪嘗膽、復仇雪恥之生活行動提倡。
13. 無職青年軍官之考選及分科訓練計畫。
14. 魚雷快艇之購製。
15. 倉庫檢查制之設立及物品管理分配制。
16. 理論統一，主張一貫應有系統。
17. 研究院分反省、檢討、實踐與總結四週。

18. 婦女聯誼會之設立。

19. 戡建總隊與憲兵改編。

19.[1] 生活戰鬥化，指揮道德與戰鬥紀律之提倡。

20. 立法院復會之方針及國防部之改組。

# 二月一日　星期三　氣候：晴　晚雨

雪恥：一、雷達之購製。二、陳儀交審判。三、空軍敢死隊之編訓。四、陸、海、空聯合作戰訓練。

昨日俄國繼中共偽組織而承認安南胡志明之共產政權，此一舉動對於第三次世界大戰發於亞州〔洲〕，其時機更進一步矣。美國聯合參謀長適於此時到東京視察遠東形勢，其當更能明瞭中國與臺灣形勢之重要，果能改變其艾其生反蔣滅華、喪心病狂之原有政策乎。

朝課後記事，批閱公文，清理積案，約見張伯謹[2]等八人。下午午課後，記本月預定課目表。四時至六時十五分聽取富田[3]防衛臺灣計畫之說明後休息。晚課畢，餐後與妻車遊臺北，十時半就寢。

昨、今二日，時覺腦筋刺痛。

---

1　原文如此。

2　張伯謹，河北行唐人。1950 年 2 月至 3 月任教育部常務次長。後轉外交部門，赴東京接任軍事代表團第二組組長。

3　富田直亮，前日本陸軍第二十三軍參謀長，化名白鴻亮，1949 年 11 月 1 日抵臺，協助訓練國軍幹部，為實踐學社（白團）之總教官。

## 二月二日　星期四　氣候：雨

雪恥：革命事業一切以黨為基礎，黨以網羅人才予以組織訓練之，使能行使政策，實現主義，而後建國方針方能完成。余之功敗垂成者，乃以黨事委之於他人，而己則專務軍政，對於人事組訓毫無基礎，此其所以敗亡如此之速而慘也，今後能不以黨事為先乎。

朝課後記事，到中央常會閱宗仁覆監察院電，仍以政治外交為兒戲，毫不負責自罪，無恥無賴，實為黨國痛憤之至。在常會中，對宣傳部指使掃盪〔蕩〕報反對臺灣大學，捏造事實，損毀黨信，乃又發怒痛斥。事後慚惶不置，終日悲憤鬱悒，自認為最痛苦之一日。下午午課後，批閱校正廿二年事略，入浴。晚課，召見趙龍文[1]，以彼願赴西昌助胡[2]革命也。九時半就寢。

## 二月三日　星期五　氣候：雨

雪恥：本黨改造方針之不能實施，以人事關係各幹部成見太深，無法使之犧牲小我，成全大我也。只有另組核心，遴選積極有為之青年，受直接領導，秘密進行，樹立革命新生之基礎也。

朝課後批閱公文，審閱經國新組織意見，先得我心也。正午約羅志希[3]、張其昀同志夫婦聚餐，聽取志希印度對我國絕交之報告。每提至尼黑魯與張治中[4]之名，不禁悲傷係之。下午午課後，修正本紀念週講稿，自三時半至七時後

---

1　趙龍文，原名華煦，1949 年任甘肅省隴南行署主任，3 月經香港來臺，1954 年 12 月，出任海軍總司令部政治部主任。
2　胡即胡宗南。
3　羅家倫，字志希，1947 年 5 月出任駐印度大使，1950 年 1 月下旗回臺。先後任總統府國策顧問、中國國民黨中央黨史史料編纂委員會主任委員。
4　張治中，字文白，1949 年初蔣中正下野，李宗仁代總統時，出任和談代表團團長，於 4 月 1 日到北平進行和談。其後談判失敗，於 6 月宣布脫離中國國民黨。

方完。晚餐畢再晚課，默禱如常。每想印、美之外侮與黨政之內奸，以及叛徒之表現，非澈底革命，收復大陸，將何以自解耶。

## 二月四日　星期六　氣候：雨　溫度：四十

雪恥：一、廣西子之醜態百出，不僅以國家為兒戲，而且不惜毀滅國家，以妄求其李、白[1]個人痴夢之實現。居正輩言行怪奇、顛倒黑白，希圖報復其昔日之仇恨，以怨報德，令人傷心，故近日心神不愉，時現焦灼之象。對於各事觀察，往往過於險惡與緊張，若是從容考慮其事實，並不要如此之燥急憂慮，自取煩惱耳。此乃修養不足之故，以後對於寧靜澹泊，主敬立極之道，當特加意，切勿操之過急也。

朝課後，審閱講稿（革命哲學），與少谷談對桂方針。伯川來談其辭職用意，使宗仁能早覺悟其違憲失職，不能逃避其責任也，余仍慰之，勸勿辭。會客十餘人，正午到研究院聚餐，指示革命哲學與今後反共抗俄戰爭成敗之重要，約談一小時半。下午午課後，重讀革命哲學第二、第三篇完，甚覺自得也。

六時後入浴，晚課。

本日立春，氣候最冷。

---

1　李、白即李宗仁、白崇禧。

## 上星期反省錄

一、本週整理重要講稿二篤〔篇〕，且重習革命哲學廿一年五月間講義三篇，
重印分發，自覺此為後期革命之根本問題，復能重新做起，無異國魂復
蘇也，頗覺自慰。

二、聯合國機構對於我政府代表之地位與資格，不僅俄國集團竭力排除，即
其他如英國，尤其印度，對我更為誹謗，並設各種方法，必欲驅逐我於
國聯之外，美國且重〔從〕中鼓勵，嗚呼，可謂慘矣。

三、近日受外國侮辱與桂系卑劣無恥，刺激異甚，故心神褊激，時發惱怒，
腦筋亦時有刺痛，可知修養不足，應切戒之。

四、美國聯合參謀長東來視察亞洲防務，適在俄國承認越盟、印尼之時，應
有若干影響也。

## 本星期預定工作課目

1. 復位之準備：甲、政策：一、退出國聯。二、謝絕美援。三、處治投機叛
亂分子。四、對立法、監察兩院之維持，以保全法統。五、實施總體戰之
具體行動。六、宣布自立更生之決心與辦法。七、經濟政策之執行。八、
大本營之組織與人選。九、行政院長人選。

2. 保衛臺、澎之作戰計畫與檢閱日期。

3. 中央政府與臺省人事之配合方案。

4. 立、監、行政三院與代總統問題之關係。

5. 青年組織之督導。

6. 彈劾案之研究。

7. 巡視各地開始。

## 二月五日　星期日　氣候：陰晴

雪恥：昨晚約集經兒等幹部，商討伯川辭職善意之運用，以及廣西子無恥醜
行及其動態之檢討，不禁為之髮指眥裂，決心作復位之準備，以非此不能救
國也。今晨夫妻虔誠默禱，對上帝之懇求，語出肺腑，妻言更切，深信上帝
必能鑒察而終不我棄也。

朝課後，到研究院舉行第三期結業式，講解革命哲學與說明今後對日本政策
與日本合作之需要，自覺所講未能澈底也。召見曹士徵〔澂〕、孫立人等。
重讀上週講稿，甚覺適意也。下午午課後，與妻車遊基隆，順至臺北勵志社
休息。回寓晚課後，見劉安祺等。晚見墨三，談趙琳軍長撤換事畢，觀日月
潭電影片。今日心緒沉悶，憂愁鬱結，不可名狀，皆以廣西子無賴之故也。

## 二月六日　星期一　氣候：晴

雪恥：萬不料最後頑敵為馬歇爾，而比史大林更為冷酷與殘忍也。美國對華
外交，其不顧一切後果如何之失敗，始終固執成見，報復私仇，以逞其個人
一時之快意，仍任馬歇爾瞑〔冥〕頑不化之軍人所操縱，不惜以美國國家相
殉，而中國且先為其所送矣。是余外交之短見，不能自主所致，於人何與。
乃知國家除全賴本身自立之外，並無外交可靠也，而弱國之外交尤為如此。
史大林昔曾寄言，中國經濟須求獨立，切勿依賴外國，否則即成附庸之語，
不能不認史之表示，尚能比馬誠實也。

朝課後，送妻至機場，彼往金門勞軍也。余到空軍大會訓話約一小時，順道
視察廣播大廈重修之工程。批閱公文，下午酣眠一小時半，甚為難得。午課
如常，召見鴻鈞、國楨等。

## 二月七日　星期二　氣候：晴

雪恥：昨晡入浴後，晚課畢，記事。晚約見少谷、棣華[1]及軍需人員，督促軍費之籌撥。近聞有人以總裁辦公廳人數不裁，而獨裁其他政府機關相責，又以士林省府為余新建住屋太大相告者，此皆逆耳之言，不可不自反也，獲益實多。

朝課後約雪艇談話，商討行政院長人選，余以辭修之心理病態，決不能擔當此重任也，勸其本人雪艇出任，而彼未允就也。十時後到裝甲部隊幹部訓話。回寓，約見簡樸，指示空軍會議之重點，總期精神上能有收獲也。下午午課後，審閱臺灣防衛計畫書及其他要案畢，見守謙、少谷。晚課畢，閱報後入浴。

## 二月八日　星期三　氣候：陰雨

雪恥：一、以後每一重要講演之發表，必先有方法與行動之充分準備，見諸實行，此為今後實踐力行惟一之要務，應設法篤行之。二、陸軍代表大會。三、海陸空高級聯合會議，研討聯合作戰之訓練方法，期收協同一致之效也。

朝課後記事，約見少谷與任顯羣等，關於臺灣財政與緝私問題之研討，依其建議實施也。十一時開非常委會，至下午二時後方畢。對於裁併中央機關意見紛岐，主張不一，今雖勉強通過，未知立法院果能無異議否。政府失勢時之舉動，皆受指責與反對也。下午午課後批閱公文，發給侍從犒賞節金，入浴，晚課。本日時覺俄史對毛匪防制之難，以後毛、周[2]各匪不久必為俄國所毒害，中共內部洋、土兩派必火拚，而且其期必不為遠，此後革命救國，祇問我本身如何穩定與進步耳。

---

1　趙棣華（1895-1950），別名同連，1945年升任交通銀行總經理，還任上海市參議員、中央合作金庫常務理事、大中銀行董事長。1949年隨交通銀行來臺，任董事長兼總經理。
2　毛、周即毛澤東、周恩來。周恩來，中華人民共和國成立後，任國務院總理兼外交部部長。

## 二月九日　星期四　氣候：雨

雪恥：一、補給系統之統一歸東南負責。二、屯墾計畫之督導。三、高級將領之安置與收容辦法。四、軍事教育制度與訓練第一。五、儲訓政幹、後勤、屯墾各班教育之注意。

朝課後，記雜錄數則，召見高魁元[1]等。與任顯羣談財政，保證其緝私計畫之實施無礙，提非常委會通過，以此案雖小，而關於紀律與經濟成敗莫大也。批閱公文。下午午課後，約見伯川、雪艇等商討伯川辭職問題，本以其辭職為解決總統復位問題之途徑，但彼必欲向李[2]辭職，而不願宣言自動去職，乃使李在外國視事之權多一保障，反使問題更為拖延複雜而不能解決，故勸其不可出此。推彼之意，既去職不願對李獲罪，而其本身利害，則使此事拖延不決為利，是其全不為國家着想也。

## 二月十日　星期五　氣候：雨晴

雪恥：昨晡對伯川辭職商討至七時，仍未能打消其主張，幾乎不能延展一、二日，乃知其舊性仍未改變也，往日所謂共患難之言何在。余於臨別事〔時〕，囑其稍待一、二日，彼色雖轉緩，而口未確允也，可歎。晚課後，與顧、林[3]商海南事。

朝課後批閱文電，修正廿二年講稿。與雪艇、少谷討論對李去電與美交涉，如美果能援李，使臺灣得以保衛，則余願退出軍政，不問一切，以全權交李負責之建議。結果認為無濟於事，徒增複雜糾紛，故作罷論。下午午課畢，

---

1 高魁元，字煜辰，山東嶧縣人。1949 年 4 月任第十八軍軍長，10 月戍守金門，負責金東守備區，參與古寧頭戰役。其後任臺北防衛區副司令。
2 李即李宗仁。
3 顧、林即顧祝同、林蔚。

修正講稿，與次辰〔宸〕[1]、賈鈺〔煜〕如[2]商談伯川辭職不可輕率，務須得余同意告之，余開誠明告其政治應循正大途徑，不可拖延誤國，彼當能諒之。晚課後，修正舊稿。

## 二月十一日　星期六　氣候：晴

雪恥：一、聯合作戰訓練計畫之擬訂。二、今後對日態度之說明，使官兵知所遵從。三、整體與個體優劣比較之說明。四、令彭[3]防空設備之查報。

朝課後薙髮，批閱公文，約見各秘書長，商討監察院與立法院對李[4]應處之態度。午後午課如常，居正來為許汝為[5]借款事畢。與葉部長[6]談話後，往訪張鎮[7]之病，其全身發黃，恐難挽救，此人乃一忠實同志也。晡商談致李電報程序，決以非常委會名義出之。晚課後與柯克[8]上將談話聚餐，彼實為中國之良友也。美國務院昨又發表其對華政策不變之態度，其實為多作一次反華倒蔣之宣傳，期促我軍民心理之崩潰而已。弱國敗軍之受人侮辱，其悲慘有如此也。

---

1　徐永昌，字次宸，山西崞縣人。1948 年 12 月任國防部部長、行政院政務委員。1949 年 5 月卸部長職。

2　賈景德，字煜如，號韜園，山西沁水人。1949 年 3 月，任行政院秘書長。1950 年任全國公務員高等考試典試委員長，同年任考試院院長。

3　彭即彭孟緝。

4　李即李宗仁。

5　許崇智，字汝為，廣東番禺人。1945 年 5 月，當選中國國民黨第六屆中央監察委員。1947 年 4 月，聘為國民政府顧問。1948 年 7 月，獲聘總統府資政。1949 年遷居香港。

6　葉部長即外交部長葉公超。

7　張鎮（1900-1950），字申甫，號真夫，湖南常德人。原任憲兵司令部司令，1948 年 11 月兼任首都衛戍總司令。1949 年撤往臺灣，次年病逝臺北。

8　柯克（Charles M. Cooke Jr.），又譯可克，曾任美國海軍軍令部副部長、第七艦隊司令、西太平洋海軍部隊司令，1948 年退役，1950 年春天起，組織「特種技術顧問團」，在臺灣推動非官方軍事顧問計劃。

## 上星期反省錄

一、閻院長[1]向李辭職，認李在海外仍能行使職權，此為大錯，應力加阻止，未知其用意究竟何在。

二、空軍轟炸上海各電廠，功效甚大，而美國反來抗議，可痛，只有置之不理。

三、空軍與裝甲兵皆開會訓練，此於今後軍事之整頓前途將有好影響。

四、美國務院又有一次反華棄臺政策之發表，此或於李求美援之幻想可以息滅乎。

五、英、美承認越南保大[2]政權，是對抗俄國承認胡志明，未知其後果如何耶。

## 本星期預定工作課目

1. 非常委會與中常會對復位之決議與手續。

2. 行政院長與臺省主席兼任問題。

3. 經濟政策之研究與決定。

4. 行政院長、國防部長、參謀總長之人選，陳[3]、吳國楨、周[4]、郭寄嶠[5]。

5. 國防部與參謀總長及訓練司令之制度研究及人選之決定。

6. 三軍聯合教育方案之研究。

7. 聯勤司令制與人選之研究。

---

1 閻院長即行政院院長閻錫山。

2 阮福晪，原名阮福永瑞，是越南歷史上最後一個王朝阮朝的第十三任（末代）君主，稱號先後為安南國王（1926-1945）、越南皇帝（1945）以及南越國家元首（1949-1955），年號保大。

3 陳即陳誠。

4 周即周至柔。

5 郭寄嶠，原名光裔，安徽合肥人。1949 年任甘肅省政府主席，兼代西北軍政長官公署副長官。來臺後任東南軍政長官公署副長官。1950 年任國防部參謀次長。

8. 總體戰實施程序之準備。

9. 政工制度之決定與實踐運動之發起。

10. 總體戰為中央政府機構改組之方針。

## 二月十二日　星期日　氣候：陰

雪恥：一、陸海空聯合訓練。二、射擊比賽等技術校閱。三、防空設備之調查與主持人選之決定。四、經濟政策之研究。五、倉庫物品之清查與出賣。朝課後送妻到車站，赴各地慰勞傷病兵也。與黃、洪、鄭[1]等研討閻辭職手續與非常會電李之程序，決以閻向常會辭職後，非常會根據其辭呈電李，要其限期回國，否則請總統繼續視事之意，望其決擇明覆也。修正廿二年九月下旬講稿，正午兒孫等來寓聚餐。下午午課畢，與經兒遊淡水海濱，視察工事。回寓修正講稿畢，入浴，晚課後記事。

## 二月十三日　星期一　氣候：晴　前草山雨　地點：後草山

雪恥：此次復出主政，對於軍政、經濟制度、政策、人事組織以及本黨改造方案皆未確定，恐蹈過去功虧一簣之覆轍〔轍〕，或不如過去之尚有所成也。故於此十日之內，必須積極準備，對於下列各項，必須切實研究，有所決定也：一、政府組織方式，總體戰、軍政府之精神出之。二、幹部會議綱領與人選。三、總體戰實施程序與經濟政策之決定。四、研究設計監察制度與組織之實施。五、黨的改造方針之決定。六、臺灣黨政方針與人選之決定。

---

1　黃、洪、鄭即黃少谷、洪蘭友、鄭彥棻。

朝課後記反省錄，與彥棻、少谷談發李電報程序，決照昨議進行，批閱公文。正午立夫來談後，稚老亦來，徵詢其對復位之意見，彼亦以為除出山以外無他法，而對廣西子惡劣醜行，恨刺入骨之情緒，比諸任何人為尤甚也，彼言本黨革命卅餘年來之屢次失敗，皆受廣西人卑劣手段所作弄也。

## 二月十四日　星期二　氣候：雨

雪恥：（續昨）廣西子為害革命，先有岑春萱〔煊〕[1]，繼有陸榮廷[2]，今有李、黃、白[3]，皆藉偽革命混入本黨革命陣線，投機取巧，以倒本黨而反革命為業也，難怪稚老之痛恨刺骨也。下午午課，約見謝冠生[4]等，又見賀衷寒[5]、珍吾[6]。入浴後晚課。餐後召見盛文[7]，聽取其岷江作戰及其脫險經過之詳情，不禁為之寒心，幸能安抵臺北，殊為至幸。記事畢，就寢。

十五日朝課後，手錄朝夕跪禱語於手訂新約之書後畢，記事。正午約集軍費有關人員，商討軍費核實與裁併機關，充實作戰部隊兵員以及生產與駐地固

---

1　岑春煊（1861-1933），字雲階，廣西人，清末民初政治家。1918 年任廣東護法軍政府七總裁之主席總裁。1920 年軍政府解散，通電辭職，隱居上海。

2　陸榮廷（1859-1928），字幹卿，廣西武緣人。清末民初政治人物、舊桂系軍人。1918年 8 月擁立岑春煊任主席總裁，率桂軍掌握護法軍政府主導權。

3　李、黃、白即李宗仁、黃紹竑、白崇禧。黃紹竑，又名紹雄，字季寬，1949 年 4 月為政府和平談判代表團代表。8 月 13 日通電脫離政府。9 月應邀出席政治協商會議第一次全體會議。中華人民共和國成立後，加入新政府。

4　謝冠生，本名壽昌，字冠生，浙江嵊縣人。1949 年 8 月來臺，1950 年 5 月任司法院副院長。

5　賀衷寒，號君山，湖南岳陽人。1950 年 3 月。任行政院政務委員兼交通部部長，1954年 5 月卸交通部部長職，6 月改任總統府國策顧問，仍任行政院政務委員。1962 年 11月，任中國國民黨中央設計考核委員會主任委員。

6　黃珍吾，字靜山，廣東文昌人。1949 年到臺灣，任東南地區憲兵指揮官，1950 年任憲兵司令。

7　盛文，字國輝，湖南長沙人。1949 年 12 月，任成都防衛總司令，月底，為共軍擊潰。1950 年 2 月赴香港，旋去臺灣。1951 年 6 月，任國防部參事。

定等方法，甚得益也，二時半方畢。下午午課後，召見葉部長，談美國對我
轟炸上海之抗議答案，美國務院侮壓我極矣。又研究俄毛協定之要義，其互
助協定明明對美也。批閱公文，晚課，記事。

## 二月十五日　星期三　氣候：雨

雪恥：一、圓山訓練改為陸海空軍聯合訓練團。二、政府改組方式，決以總
體戰為主旨，實行軍政府體制為基礎也。三、召集將領會議日期。四、幹部
會議之組織及人選之決定。

十四日。朝課後考慮如復位後之中心工作，及各種政策與組織等問題，對美
俄外交如何趨勢更切。記雜錄數則，批閱公文。與雪艇討論行政院長人選及
政府機構縮編問題。下午午課後，靜默四十分時，提早晚課畢，召記〔集〕
孟緝、文儀[1]、謝冠生等，對於防空計畫與聯合作戰教育特別注重也。約見
王、張、陳、袁[2]等幹部，討論今後政策與作風，對立、監兩院之方針尤為重
要，不能不下決心也。自余下野一年間，軍事失敗，大陸沉淪，有形之損失
尚在其次，而各部會長捲款逃港，以及留港物資故意滯留以待交共之資金，
足供二年以上之軍政費用，半數凍結，[3]

---

1　鄧文儀，字雪冰，湖南醴陵人。1947 年任國防部政工局局長兼國防部新聞發言人。
　　1950 年 4 月，任中國國民黨臺灣省黨部主任委員。1951 年任革命實踐研究院副主任、
　　代理主任。
2　王、張、陳、袁即王世杰、張羣、陳誠、袁守謙。
3　接次日雪恥項下。原日記格式如此。

## 二月十六日　星期四　氣候：雨

雪恥：（續昨）半數供匪。李德鄰不僅不知管制，而且接受劉航琛[1]等之賄款，充其赴美之私用。此種紀綱掃地之精神損失，實為二十年餘之奮鬥所得之基業，完全被其顛覆殆盡。目睹今日空軍、裝甲兵、海軍與陸軍主管皆擁兵自私，視同私物，國既不國，軍亦非軍，而革命軍人之人格盪然矣。嗚呼，如余復出，果能救國，抑誤國而亡乎？若照去年一年間，大陸沉淪之速，則余如再不出而負責，則僅存之臺灣，最多不出三月，其亦必為若輩自取滅亡矣，悲乎，奈何。（以上為十四日事）

朝課後接妻回寓，記雜錄二則，對韓借基地與海南守棄戰略，皆能深慮斷定。召見朱章〔公〕亮[2]指示其借地之方針，應由美軍人能切實助成，方可進行耳。會客六人，決再召集軍費審議會。下午午課畢，對於今後生活行動、辦事方法及領導作風，皆有深長自反，應切實改變，以期有成也。今日為舊歷大除夕，對前途極抱樂觀，時時感謝上帝扶佑我，一年災禍竟能度過，甚快也。

## 二月十七日　星期五　氣候：雨　最寒　溫度：四十五

雪恥：昨晡入浴，晚課後記事。舊歷己丑年，實為余平生最大災禍之一年，竟得賴上帝護佑賤軀，安然度過此大難，更覺快慰自得也，感謝慈悲天父、基督耶穌聖靈恩澤無涯也。故自本日元旦起，即奉此身為上帝所有之身，一

---

1　劉航琛，本名賓遠，字航琛，以字行，四川瀘縣人。1949 年 6 月，任經濟部部長兼資源委員會主任委員，12 月政府播遷來臺時，留駐香港處理資源委員會國外貿易事務，為人中傷向政府控告。1950 年 1 月趕返臺北，請辭經濟部部長，聽候裁判，纏訟兩年終獲大白。

2　朱世明，字季光，號公亮，湖南湘鄉人。1949 年 3 月任盟國對日委員會委員，兼駐日軍事代表團團長。1950 年 4 月卸職，定居日本東京。

以上帝之意旨是從，不問生死成敗，禍福安危，皆非我所計及矣。

四時廿五分起床，先行向主跪禱卅分時，然後再靜坐默念四十分時，乃讀荒漠甘泉[1]「我－賜給以色列人的地」章，極信上帝今年亦能賜給我中華民國大陸之失土也。翻閱去年一、二月間下野前後之雜錄，感慨無已，得益亦多也。

八時半再與夫人共同跪禱畢。朝餐後，手擬今後革新黨政軍經各項基本要旨，接見辦公室各組長來賀舊新年，指示對俄毛條約指責要點後，記事，接見柯克上將。正午經兒全家大小皆來拜年聚餐，一家團敘，雖在異鄉，猶足自慰。上帝賜我福澤，能不感謝。武孫、勇孫活潑天真可愛也。

## 二月十八日　星期六　氣候：雨　溫度：四十四

雪恥：昨下午午課後，接見岳軍、國楨夫婦後，記錄各項革新方案數則（雜錄欄）。晚課後記事，約柯克與戴司母[2]晚餐。今日對於革新一切，思慮甚深，不敢怠忽。重閱去年雜錄，感想無窮。

本日朝課後，重閱幹部領導與政治教育及訓練方法，甚覺有益，批閱文件後，審核政工制度建議。正午仁霖[3]夫婦來聚餐。下午午課後，審閱政工及軍事教育制度、軍隊競賽運動與實踐運動等方案畢，接見蔣夢麐〔麟〕[4]與辭修夫婦

---

1　即 Streams in the Desert，基督教靈修書籍，由美國作家高曼夫人（Mrs. Charles E. Cowman）編撰，一日一課，首舉聖經新、舊約經文章節，然後選輯宗教名家對此一節經文的講解、闡釋或證道之詞，並附載有關詩歌。1920 年初版，曾譯為多國語言，中文譯本即《荒漠甘泉》於抗戰期間問世。

2　戴費瑪琍（Mary F. Twinem），夫為戴籟三牧師，來臺後積極參與中華基督教婦女祈禱會之開創與運作。

3　黃仁霖，江西安義人。1948 年 2 月，任聯合勤務總司令部副總司令，1954 年 7 月兼代總司令，1955 年 6 月真除。

4　蔣夢麟，原名夢熊，字兆賢，號孟鄰，浙江餘姚人。曾任北京大學校長、教育部部長、行政院秘書長、國民政府委員。1948 年 10 月，任中國農村復興聯合委員會主任委員。

等後，與萬舞韶〔武樵〕[1]、李友邦[2]談話畢，晚課。餐後再閱方案，批示要旨後記事。昨今二日雖為春節休假，而余之工作實最忙，亦最為有益之業務也。

## 上星期反省錄

一、俄毛互助同盟偽約十四日發表以後，其影響所及：甲、使美國了然偽約完全對美為其共同目的敵。乙、日本和約已無訂立之期，此於美國遠東軍事不能不重新部署也。

二、監察院對李宗仁嚴斥之電文，與非常委員簽署共同勸其歸來之電文，皆為今後政治轉捩之樞機，為國家、為革命已無退縮餘地，不能不積極作復出之準備。

三、美國在盤谷召集東方之外交會議，其仍不顧利害，專作倒蔣誘共之劣計，只有置之一笑。

四、朱章〔公〕亮之報告若確，則大戰之期當在不遠矣。

五、本週自反去年工作，以及對軍事、政治、經濟，尤其軍費之審核與政工制度、教育制度之釐訂，實為最重要之業務也。

## 本星期預定工作課目

1. 確定預算，依照預算發款。

2. 追究各部機構浪費與捲逃款項責任。

---

1　萬耀煌，字武樵，湖北黃岡人。時任中國國民黨中央改造委員會幹部訓練委員會主任委員、革命實踐研究院院務委員兼主任。

2　李友邦（1906-1952），字肇基，臺北蘆洲人。時任臺灣省黨部副主任委員兼改造委員會委員，1952 年因「匪諜案」於 4 月 21 日被處決。

3. 各省預定主管人選之訓練。

4. 新制度、新人才、新作風（幹部政策）。

5. 政工制度與人選之決定。

6. 公營事業與公務員待遇平等。

7. 星期日召開軍費審查會議（核實）。

8. 星期一日召開高級將領會議。

9. 黨的機構與改造方針。

10. 行政院人事之決定，緊縮機構，統一事權。

11. 約宴親友與黨政軍眷屬之分期。

12. 幹部會議人選及組織之決定。

## 二月十九日　星期日　氣候：雨

雪恥：李覆非常委員電文，果不出所料，仍用其廣西子「污泥便醜」之慣技，可謂廉恥道喪，不能再以禮讓為國之道處之，故決定復位。其理由：一、俄毛偽約發表，不惟和平目的完全喪失，而且整個國家已將為毛匪所斷送。二、前以政治原因引退而未經憲法程序向國大辭職，故今仍不能不以政治原因復位，當以待罪之身負責主政，一俟國勢轉危為安，乃再召集國大，正式負咎辭職，以維護神聖憲法之尊嚴。此時為國為民，責無旁貸，故決順從軍民迫切之呼籲，勉副全國同胞喁喁之望，茲將宣布自某日起繼續行使總統之職權，伏維鑒察。

朝課後記事，記大事預定表數則，記反省錄。與辭修談政治及行政院長問題，與希聖[1]、昌煥[2]等談對偽約發表意見書。

---

1　陶希聖，名匯曾，字希聖，以字行，湖北黃岡人。時任中國國民黨中央宣傳部副部長，兼任總裁辦公室第五組組長，10 月改任中央改造委員會第四組主任。

2　沈昌煥，字揆一，1950 年 3 月任中國國民黨中央宣傳部副部長，7 月改任中國國民黨中央改造委員會委員。

## 二月二十日　星期一　氣候：雨

雪恥：昨下午午課後，少谷攜桂李覆非常委員電來〔文〕告來，屬其與各委商討發表方式。又聞李覆監察院電意，更為無賴，人格掃地無餘，可痛。晚課後修正講稿，十時後就寢。

朝課後記事，十時到研究院，召集政工制度會議，前後訓話約一小時半，未知聽者高級將領果能略動其心否。正午即在會所聚餐。下午午課後，接見非常委員，商討對李覆電方針，決定不可再以理喻，祇有定期繼續視事而已，惟不言復職，而言視事可也。批閱公文，召見辭修，屬任行政院長。晚課後約中央黨部秘長[1] 及各部長夫婦會餐，相敘歡悅。在管理局入浴回，十時三刻就寢。

## 二月二十一日　星期二　氣候：晴　下午雨

雪恥：一、夫人為前方士兵生活寒冷與苦痛之呼籲禱告，其迫切情緒幾乎甚於自我。上帝有靈，必能鑒察吾人之苦衷，援助國軍勝利，解脫我官兵之苦楚也。二、五日轟炸上海電廠之成績，尤其對楊樹浦美國電廠之澈底，甚於吾人所望者。在滬洋人亦急求脫離匪區，其藉匪營業之心理已經動搖。轟炸功效之大，實能補充海軍封鎖不足之缺點。人民雖受此死傷之重大損失，而對我國軍反攻之仰望益切矣。

朝課後致祭張真夫，撫視其孤兒，悲傷不能自禁矣。終日在研究院主持政工改制及軍事教育制度會議，自覺收效必宏也。回寓休息，夫妻閒談，甚足自慰。晚課後修正去年東南軍事會議第二講稿。

---

1　即鄭彥棻。

## 二月二十二日　星期三　氣候：雨

雪恥：桂李特電邱昌渭[1]轉達非常委員，設法轉圜，用合法合理手續交接總統職權，而其後段又用恫嚇語調，不然就宣布余復職為違憲之意。彼托庸之[2]轉達之語意，更為幼稚可笑，實不值一顧。但於此可知其內心對彈劾與斥責空氣如何恐慌，而求下臺旋轉之急也，卑劣無知極矣。何黨國不幸一至於此耶。朝課後，九時到研究院主持軍事教育與政工制度會議，閉會時訓話約一小時，說明對領袖信仰與成敗之關係以及對日本之政策，說明日本非中國不能生存，中國亦非日本不能獨立之道。正午在寓召開軍費預算談話會，至三時半方畢，今日努力自覺雖勞而必有益也。下午午課如常，約見彥棻商討視事宣言，彼甚不贊成，提及將來大局粗定，再向國大待罪辭職之語也。

## 二月二十三日　星期四　氣候：雨

雪恥：昨晚課後修正宣言，未能洽意，故未脫稿。約宴亮疇[3]，以彼初從香港來臺也。近日事務較忙，朝夕各課皆覺心神粗浮而不能精微，而且時起報復之意，此乃虛驕之始。又對過去恩怨亦沉浮無定，而對李氏子青之想念為尤切，相離已卅四年，不知其人究在人世否，奈何戀痴若此。惟此一氏，使余終身不能忘情耳。
朝課後記事，記本月反省錄一則。上午批閱公文，清理積案，約至柔談話。據少谷談桂系又想拖延時間，不使復位問題解決耳。下午清理積案，午課如常。四時召見張鎮子女（禮寧）面加撫慰後，到研究院召見政工人員八名，

---

1　邱昌渭，字毅吾，湖南芷江人。時任總統府秘書長。3月20日，改任總統府國策顧問，11月兼任中國國民黨中央改造委員會設計委員。
2　孔祥熙，字庸之，1945年辭去行政院副院長及中央銀行總裁職務。1947年以其夫人宋靄齡病重為由，赴美國定居。1948年辭去中國銀行董事長職。
3　王寵惠，字亮疇，廣東東莞人，生於香港。1948年6月至1958年3月任司法院院長。

又見結業學員，集體談話。士兵苦痛，至今軍毯尚有四人拚一張也。晚課，餐後與妻下棋，記事。

## 二月二十四日　星期五　氣候：陰晴

雪恥：一、藥品不足並不合需要。二、副食發實物。三、整頓臺灣警察。四、各軍師預備費、旅費等實報。五、政工中、下級人事簽核，應由上級政工而不由主官決定。六、設立策略委員會：甲、理論。乙、鬥爭技術。七、宣布政策。八、戰士授田與兵民一體制。

朝課後考慮幹部會議人選，分為黨政、軍事、經濟、情報四組，審核經濟與政治改革方案，批閱公文，清理積案。正午約宴陸海空軍將領夫婦聚餐。下午午課後，到研究院約見外賓一人，召見保密局幹部四十餘人，訓示後垂詢意見畢。五時半回寓，商談復位問題及各方情勢，立法委員全體簽名要求復位。閱報知香港法庭判決中國二航空公司皆歸共匪偽組織接收[1]，痛憤盍極。晚課後餐畢，聽妻彈琴後共同禱告，記事。

## 二月二十五日　星期六　氣候：晴

雪恥：一、美國福蘭克林[2]在其建國之初，明示其議會之言曰：國家之建立必賴上帝之保佑，否則其國雖成必敗。旨哉斯言，先獲我心，此美國之所以日益強盛也。今晨正在深慮英國挾持美國國務院協以謀我，寧使任俄共佔有中

---

1　指中華民國交通部所屬中國航空公司（中航）及中央航空公司（央航），停泊在香港國際機場之飛機，1949 年 11 月至 1952 年 10 月，發生兩岸所有權之訴訟，是為「兩航事件」。

2　福蘭克林（Benjamin Franklin, 1706-1790），美國開國元勳之一。

國，主宰亞洲，而決不容我抬頭再起，領導亞洲弱小民族之解放自由運動。今後究用何法以消除其陰謀之時，頓悟無他，信主與愛人是也。一面信仰上帝，一面親民愛人，團結內部，互助互愛，協同一致，自力更生。今日惟有信奉耶穌，敬仰上帝，而以自立自強，不矜不伐之精神，向前猛進而已。

朝課後記雜錄數則。默禱時頓覺光明之十架照臨，更增復國雪恥之信心，近日覺前途有無限之光明也。批閱公文。正午宴臺灣大學校長[1]及方東美[2]、毛之〔子〕水[3]等十餘人。下午午課後，與妻車遊淡水，以今晚防空演習即回。晚課後修整宣言文稿，關於末段以待罪之身，依法請求國民大會解除憲法所賦予之職權句，甚費心神也。

## 上星期反省錄

一、辦公室與公館職員不稱職守，招搖放肆之事，報館能揭發記載，使余警戒，此乃民主制度之效也，乃在如何善為運用而已。

二、桂李自動來電希求轉圜，而實則希圖拖延時間而已。本週中央常會與非常會、監察院對李之應付，皆甚嚴正而留有餘地，于院長[4]去電規勸，更為有力。如其果有良知，必能激悟翻悔，循入正軌，尚能挽救萬一，但廣西子不可以常情測度耳。無論其今後變化如何，決於下月一日復位。

三、政工與軍事教育制度會議三日，始終不懈，親自主持，並對高級將領宣布對日合作政策，極具政治教育之意義。

---

1　傅斯年（1896-1950），字孟真，山東聊城人。中央研究院歷史語言研究所創辦者，曾任北京大學代理校長。1949 年 1 月抵臺接任臺灣大學校長，1950 年 12 月 20 日，在臺灣省參議會答詢時，因腦溢血而猝逝。

2　方東美，安徽桐城人。時任教於臺灣大學哲學系。

3　毛子水，名準，字子水，以字行。1949 年 2 月，應臺灣大學傅斯年校長請託任教中文系。11 月，《自由中國》創刊，為發起人之一。

4　于院長即監察院院長于右任。

四、本週心神一片光明，信道彌篤，對於前途光明之信益堅也。

五、對黨、政、軍幹部夫婦約宴，以敦和愛團結，此亦領導之要務也。

## 本星期預定工作課目

1. 憲兵司令與政工局長人選速定。

2. 伯川、墨三之職位。

3. 府秘書長與參軍長人選。

4. 公務員與民意各代表一律編隊朝操。

5. 國防部長與參謀總長人選。

6. 吳石[1] 通匪案之研究。

7. 監察與考核機構及人選之研究。

8. 辦公室撤消後人事之安頓。

9. 復位宣言稿之完成。

10. 各部會長人選。

11. 立、監兩院之組織及其領導之人選。

12. 軍費預算之確定。

---

1　吳石，名萃文，字虞薰，號湛然，福建閩侯人。曾任第十六集團軍副總司令，國防部
　　史料局局長、參謀次長。1949 年抵臺後，利用職務之便，蒐集軍事資料，派舊部前往
　　香港轉交中共人員。1950 年 3 月被捕，軍事法庭判處極刑，後被槍決。

## 二月二十六日　星期日　氣候：雨

雪恥：一、桂李總想戀棧，近見戀棧已不可能，乃退而要求其旅美之名義，尚欲以特使名義，想與美國進行其援李之交涉，其昏昧不悟一至於此。最可笑者，要求旅費為其去代之條件，只顧個人之利與名，而於國家存亡則全置不問也，對此如何應之。二、無論廣西子態度如何，決於三月一日復位視事，否則夜長夢多，徒為無恥之徒多留作祟之餘地，不可不速決也。

朝課後修正宣言稿，審閱要件，記上週反省錄。正午約柯克聚餐，彼誠有道之軍人，為謀忠誠甚於同志也。下午午課後，審閱召回海外消〔逍〕遙之重要官員、常委及立、監各委之公文，修正後提常會決定。此件應作為復位後第一命令，以整頓綱紀也。晚課前後，記去年反省錄，分在去年第一、第二各冊日記之雜錄欄內，至十時後方畢。

## 二月二十七日　星期一　氣候：雨　寒

雪恥：一、吳國楨以辭修出長行政院，其心不安，堅求辭職，此在意中事，應懇慰之，如何使之安心服務。辭修氣狹量小，動輒嚴斥苛求，令人難堪，奈何。二、瓊州放棄主張，粵人必加反對，桂系更將從事挑撥，然為根本之圖，無論財力兵力，若非舍瓊，則不能保臺，二者不能兼全，只可斷臂以求生耳。

朝課後記事，修正復位文稿，頗費心力也。與曉峯、希聖再作商討，示以要旨，但未敢作最後之決定耳。正午與禮卿、亮疇等商討復職之法律問題，僉認為此乃政治問題而並未違憲也。下午午課後，約見次辰〔宸〕，商談伯川位置問題。人鳳報告吳石通匪有據，殊為寒心，令即逮捕。召見墨三等，商討軍費與對瓊守棄之方針。晚課後約古德樂聚餐。

# 二月二十八日　星期二　氣候：陰

雪恥：一、杜魯門突於廿七日約桂李下月二日便餐，此乃其國務〔院〕又一倒蔣之陰謀也，以其恐余一日復位之消息實現，而又望余展期，則其以擁李之手段，達成毀蔣之目的。李則一面勾結艾其生，要求其杜之約會，一面恐余於二日以前復職，故其覆邱[1]電，伴稱對非常委電正在鄭重考慮，而又施恫嚇，如臺方發表宣言復位，則彼亦在美宣言反對，以期延誤日期。殊不知決心已定，復於本日召集常委，正式宣布一日就職，此乃上帝旨意巧合，乃將艾、李賣買之陰謀消除於無形也，幸矣哉。

朝課後修正文稿。十時召集幹部會議，商討復位日期，研究宣言措詞，至一時方完。下午召集常委詢謀僉同，決於明日復位。回寓後入浴，復修正文稿，作最後之決定也。灌宣言講片後，晚課。餐後續課完，記昨事畢，忽得美電杜約李便餐之通知，但其通知中又說明不擬發表聲明也，可怪。

---

1　邱即邱昌渭。

# 上月反省錄

一、毛匪與俄所訂條約或許是真的，而並無密約。果爾，則該毛生命不能出
於一年之內，必為俄帝所害，否則如尚有密約，而所發表的全是假約，
則毛命亦不能延至三年之久。余以為俄之於中共，一切皆在其掌握之中，
實無與毛再訂任何條約之必要。凡與俄成立任何條約，決不能發生任何
效用。故余判斷其約大半是真的，而密約可能性不多也。（廿三日）

二、俄國在國聯堅持中國出席代表非由共偽代表，與其附庸代表相率皆不出
席，以強制我政府代表撤退。不料國聯秘長竟促使印度代表提議，要求
理事會排除我代表，其事雖未成，而賴伊秘長仍在積極進行之中，此一
國際陰謀且已公開矣。

三、各級民意機關熱烈呼籲總統復職，並竭力要求李代總統回臺，尤其非常
委會再三聯名，請求其定期回國主政，而彼仍以含糊其詞，答非所問，
始終不肯明白表示。至此公私之誼已盡，為國家、為人民，皆不能再事
延誤，故不能顧及李之言行如何，余決於三月一日復位，以安定政局。

四、軍隊政工改革及教育制度二方案已經會議決定，高級將領會議中宣布今
後對日合作政策。近來軍事整頓訓練及保衛工事皆有進步，尤其對上海
電力之轟炸生效，使匪區民匪心理皆發生極度動搖與恐怖，而其望我反
攻亦益急切矣。

五、經濟比較上月穩定，但物價仍在動盪中，此實為存亡之根本問題。惟軍
費減少預算及對海南戰略皆有決定，正在設法平衡收支也。

**蔣中正日記**
Chiang Kai-shek Diaries

# 三月

蔣中正日記
Chiang Kai-shek Diaries

# 民國三十九年三月

## 本月大事預定表

1. 召回國外黨、政、軍要人與取消護照令。

2. 截〔裁〕併政府機構與軍隊拼指〔駢枝〕指揮部。

3. 改革黨務，截〔裁〕撤總裁辦公廳〔室〕。

4. 截〔裁〕撤非常委員會，恢復政治委會。

5. 重整傘兵與特務大隊及憲兵部隊。

6. 組織戰時行政院及大本營。

7. 總體戰之組織方案與總動員逐步計畫。

8. 設立專門委會與幹部會議之例會日期。

9. 兵民一體與戰士授田制。

10. 民生主義實業計畫具體實施研究會。

11. 發動青年勞動救國運動。

12. 發動民主反共救國運動。

13. 本黨改造運動方式之決定與實施辦法。

14. 政策理論研究委會與策略研究會。

15. 幹部政策批評會（檢討）。

16. 聯合作戰訓練總部（軍政、軍制研究會）。

17. 幹部訓練選儲會。

18. 改組行政院，決提陳誠為院長。

19. 吳國楨之工作與臺省府之用人方針。

20. 大政方針之決定。自立乎，求援乎，決心自力更生。

21. 聯合作戰訓練計畫與定期召集。

22. 防空演習與聯合演習之日期與準備。

23. 各省高級主管研究班之課目及準備工作。

24. 聯合作戰及情報組織要旨講話。


# 三月一日　星期三　氣候：晴

雪恥：一、改組行政院並提人選。二、伯川辭卸院長後之位置。三、約桂白[1]等聚餐。

三時起床，修補致桂李電文，請其代表中正訪問美國朝野，從速回國諸句，再三考慮，以為無損於內容也。靜默禱告至五時方畢，再睡。七時復起，繼續朝課，與妻跪禱。自今日復位起，誓以一切奉獻於上帝，此身非為自我所有矣，惟上帝垂察之。記事後，與少谷同車到臺北總統府，宣布復行時〔視〕事。舉行儀式畢，乃回辦公室攝影。在陽臺上對府前群眾答禮後，視察秘書長、參軍長各室後離府，順訪稚老先生致敬。回寓，批閱公文。自今日起，公文由周秘書[2]口述，而後指示要旨代批之，如此乃可節省目力，而只用耳力較易也。正午約宴幹部，商談就職後應辦要事。下午午課如常，約見民、青兩黨代表後，修正明日對民意機關代表講稿。入浴後晚課。

---

1　桂白即白崇禧。

2　周宏濤，浙江奉化人。祖父周駿彥為蔣中正同窗好友。1943 年進入軍事委員會侍從室第四組，追隨蔣中正左右十六年。1950 年 3 月任總統府機要室主任，8 月兼任中國國民黨中央改造委員會副秘書長。1952 年 10 月，專任中國國民黨中央委員會副秘書長。

## 三月二日　星期四　氣候：陰

雪恥：桂李致余所謂警告一電[1]，其電文來期為儉日廿八日，而美國電局所發時刻為美國時間一日三時，即臺北時間為一日十四時，余所收到時間為臺北二日九時十五分，可知其倒填時日。余於一日十時復職宣言通電，其必於當日十三時以前可以接獲，是其全為「準備返國」一語，不惜倒填時日，騙人欺人，以為其已於我復位以前，於儉日通知我返國，使我不敢就職也。殊不知其於一日以前，無論其致人公私各電，絕無提及返國，而且其聲明不能長途旅行，難以返國也。於此一端，即可知其心勞日拙，不可理喻，故決以一笑置之。

朝課後記卅七年反省錄一則（錄於是年日記本大事記內）。到總統府辦公，慰留前府秘書長[2]等。修正本日講稿，疊接桂李在美橫逆消息，一時後纔接閱李之所謂儉電，決置不理，無動於中也。下午午課後，到中山堂招待各級民意代表千餘人後，到臺北賓館商討宣傳方針。晚課後約宴桂白等畢，十時就寢。

## 三月三日　星期五　氣候：晴

雪恥：一、吳主席[3]工作之決定。二、侍衛長與典璽人員之人選：朱大昌[4]、沈開雲〔樾〕[5]。三、海軍代表會致訓之日期。四、守法尊警。五、匪本年六大任務之研究。五[6]、策劃委會。六、人事、會計制度建立之人選。七、組織調

---

1　即二月二十八日覆邱昌渭電，見當日條。
2　邱昌渭。
3　吳主席即臺灣省政府主席吳國楨。
4　朱大昌，時任總統府第一局局長兼典璽官，4 月改任參事。
5　沈開樾（1907-1950），號自新，浙江寧波人。1949 年任第三軍副軍長，12 月兼成都防守司令部參謀長，下旬在四川蒲江被俘。1950 年 7 月在成都被處決。
6　原文如此。

查、管理、監察機構。

朝課後，與妻往總統府，接受群眾擁護大會之歡迎，到者十萬人，寸衷惶愧與自慰交集矣。疊接美國對桂李不同之消息，最後其國務院正式發表中國總統為蔣而非李也，以其發帖約宴時，總統問題未曾發生，乃請李為代總統，故其昨日招宴亦以此禮待之，但接我政府正式通知蔣總統復職之照會，乃即依照政府之照會辦理云。於此桂李無恥與荒謬之言行，當不能生效矣。正午宴亮疇等。下午午課後，與少谷及辭修商討行政院組織問題。入浴後晚課。餐畢，車遊臺北市一匝，回寓，默禱，十時就寢。

# 三月四日　星期六　氣候：晴

雪恥：今午聞立法委員對行政院長人選，要求先舉行假投票之說，不禁怒從中來，痛憤莫名，乃對正鼎[1]嚴斥之。事後半日鬱結，不能自解，甚以立法員至今還未有覺悟，仍如往年在南京無法無天，以致有今日亡國之悲劇，是誠死不回頭矣，奈何。

朝課後記事，與吳國楨商討行政院改組後臺省府政策及人事，勸其強勉留任，不可表示辭意，彼堅執不允也。十時半到府辦公，召見至柔、岳軍，商討人事與總統府改組事。正午召集黨中幹部，商談行政院長問題。下午午課後，到臺北賓館召集中央常委茶話會，商談陳誠為行政院長事。七時後回寓，晚課。餐後記事。

---

1　谷正鼎，字銘樞，貴州安順人。1948 年 1 月，當選行憲後第一屆立法院立法委員。1949 年 1 月，任中國國民黨中央組織部部長，9 月改任中央改造委員會幹部訓練委員會委員。1952 年 10 月，任中國國民黨中央評議委員。

## 上星期反省錄

一、本星期三日復職後，桂李無恥逆行接蹤〔踵〕而至，並接其倒填時日之偽電，其荒謬無賴之語句，誠是絕倫無比。最可笑者，杜魯門約其二日午餐，是其派甘〔介〕侯[1]向白宮多方運動不成，乃設計騙飯，假稱李即回國求見，使杜不能不以其代總統之禮餞別，不料其為見杜以張大其對國內之聲勢，作其政治資本，而妄想阻止我復位，殊為可恥。此一騙飯之醜求，不啻喪失我國體，貽笑中外，而且貽臭萬年矣。

二、當美國務院未發表其對李之約會，及未表明其對復位之態度以前，總以為其國務院中共黨之作怪。及閱其發言人三日之聲明，乃知宴李是為李所主動之騙局，而非艾其生之有意搗亂也。特正之。

## 本星期預定工作課目

1. 提行政院長人選。
2. 調解陳、吳[2]關係及決定吳之工作。
3. 改革黨、政、軍各機構之督導實施。
4. 對立法院黨員之指示大政方針。
5. 視察左營海軍代表大會。
6. 決定總統府機構與人事。
7. 海南撤防之實施程序。
8. 國防部長與參謀總長之人選。
9. 對臺灣財政經濟之職權與行政關係。

---

1   甘介侯，江蘇寶山人，1949年李宗仁出任代總統後，作為總統私人代表赴美，接洽李宗仁和杜魯門晤面。後留美任紐澤西州州立羅格斯大學教授。
2   陳、吳即陳誠、吳國楨。

10. 閻、何[1]之位置與桂系之方針。

11. 幹部會議之組織與會期之擬定。

12. 聯合作戰訓練班之召集準備。

## 三月五日　星期日　氣候：晴

雪恥：一、明日擴大紀念週講話要旨：甲、去年失敗之教訓。乙、並無亡國悲境之覺悟。丙、個人恥辱與生死皆所不顧，惟獨黨國之尊嚴與威信不能損害。丁、民意機關之責任與組織及建設性之重要。戊、臺灣為復興根據地，應自尊自愛，發生模範作用。己、行政與立法互助互尊，不可干涉阻礙及要脅分贓。庚、去年最大之失敗為精神破產、人格掃地。尤其媚外求榮，仰人鼻息，不惜以外人之喜怒為其政爭之資本，廉恥道喪矣。辛、復興之良機，忠貞同志集中團結，投機分子天然淘汰了。壬、戡亂復興之道：子、革命。丑、民主。寅、尊黨。卯、信心。辰、團結。

朝課後，記上週與上月反省錄，記本週工作預定表及準備講稿。正午在頂北頭〔投〕溫泉沐浴，帶領文、章[2]、武三孫聚餐。下午午課，校閱熊[3]譯新經露稼福音完，約少谷、雪艇談話。晡車遊臺北，晚課。

---

1　閻、何即閻錫山、何應欽。何應欽，字敬之，貴州興義人。1949 年 3 月任行政院院長，同年來臺，擔任總統府戰略顧問委員會主任委員。1950 年 10 月兼任中國國民黨中央評議委員。

2　蔣孝章，為蔣經國和蔣方良長女，1949 年隨家庭來臺。

3　吳即吳經熊。

## 三月六日　星期一　氣候：晴

雪恥：一、海南守棄方針之從新研究，如果粵將不願撤守時，必為桂系乘機挑撥矣。二、慰留國楨之要旨。三、立夫對辭修組院有所要求。

朝課後，到中山堂主持紀念週講演一小時餘，先以自認為「亡國之奴」，對我一般黨員及民意代表為「亡國之主」忠諫為主旨，最後仍以此二語與生死存亡，在所不計，鞠躬盡瘁，死而後已作結論，未知聽者千餘人，果能有幾人能動其心乎。以下午茶會時，吳望汲〔伋〕[1] 之演詞察之，若輩仍未有警悟，是誠無可救藥，然除吳以外，其他發言者皆有所警惕矣。上午在府辦公。正午約國楨夫婦[2] 聚餐，慰勸其強勉忍耐，與陳合作也。下午午課後，到中山堂特約全體立法院黨員茶會，徵求行政院長人選意見，發言者十餘人，惟吳略有作用外，其他皆甚同意也。六時半開常會，推辭修為行政院長，通過。

## 三月七日　星期二　氣候：陰晴

雪恥：昨晚回寓已八時，頓覺饑餓，乃先晚餐畢再作晚課，十時半就寢。

朝課後記事，召見孟緝，聽取匪諜對我內部各部門之深入程度，殊為寒心，而且期於五月以前準備部署完妥，則匪本定於五月間攻臺可知。海陸空軍各部門之匪諜被我一網打盡，則彼若從新建立諜報網，恐非半年以後不能成矣。今後惟在如何使用反間，以利用其原有匪諜耳。十時研究院第四期開學典禮畢，會客。下午午課後，召見韓大使邵毓麟[3] 等。忽接薛伯陵電稱，匪已在儋

---

1　吳望伋，浙江東陽人。時任第一屆立法委員。

2　即吳國楨、黃卓群。黃卓群，漢陽鐵工廠技師長黃金濤之女，1928 年與湖北省財政廳廳長吳國楨結識，1931 年在漢口結婚。

3　邵毓麟，號文波，1949 年 7 月任駐韓國特命全權大使。1951 年 9 月回臺灣，任總統府國策顧問，兼任總統府政策研究室主任，創設國際關係學會。

縣、臨高附近登陸激戰之報，求援也，召顧[1]等研討戰局。以二日招待會講話，只以保衛臺灣而未提瓊州，惟沈昌煥英文譯語仍照原稿，臺、瓊並提。如果瓊州不保，則對外宣傳失信為難也，可惡。晚課後餐畢，與妻車遊至中山橋而回，十時就寢。

## 三月八日　星期三　氣候：陰雨

雪恥：一、總政治部人選與陸大政工處長之重要。二、建立反間網與情報網之重要。三、建立健全之民意機關，革除過去無組織、無紀律、無責任、無重心（無政黨）、不民主、不自由，造成暴民而無政府狀態之污點與惡史，以期造成革命的（紀律）、民主的（組織）、信心的（情感團結一致）、集中的（去小我，成大我）、主義的民主政黨（黨德、犧牲小我）。四、應以媚外（求榮）賣身、降匪（求生）投靠為莫大罪惡。五、護黨建設民主乎，抑助共建立暴政乎。

朝課後記事，十時入府辦公，決定府內各局室人事。下午午課後入浴，指示批覆公事。立法院對陳誠行政院長以大多數票通過，余意以吳國楨為副院長兼省主席為最適宜也。晚課後餐畢，審核國防部組織大綱後，記事。

## 三月九日　星期四　氣候：晴　草山晨霧

雪恥：一、國聯秘書長賴伊提議，安理位〔會〕以我國代表席次以票數多寡決定去留，此乃違法背理之所為，必由英國從中主持，而美國陽為反對，陰

---

1　顧即顧祝同。

則促成者也，余意決定自動退出，以保全國格也。二、今日巡視左營海軍基地，益覺日本建設之基本工作之難能而可貴，現代建設非由小而大、緊密適切與精實之基本做起，則雖速雖大，不惟無效，而且敗亡亦愈速愈大也，戒之。朝課後到府辦公，與辭修商其行政院主幹人事後，接見伯川，其聲色似甚勉強也。十時半起飛，正午到左營海軍總部，與大會官兵代表百餘人聚餐。下午午課後，對大會訓話約一小時畢，巡視海軍軍官與士兵學校及慰勞傷病兵。晡到高雄港口，駐其船舶進出口塔下新屋宿也。晚課，默禱如常，燈下閱海軍大會報告及講演。

## 三月十日　星期五　氣候：晴　臺北雨　地點：高雄

雪恥：一、對國聯去就政策之決定。二、對海南守棄之決定。三、國防部參謀總長、聯勤司令人選之決定。四、正綱、少谷、經國、守謙等工作之決定。五、對粵人參加政府之方針。

朝課後召見孫立人、江杓[1]等後，巡視鳳山訓練司令部射擊及臺灣新兵營舍與操練畢，到左營巡視軍港。在機械學校召集海軍軍官與士兵各學校員生訓話，及授訓畢，回港口部已十三時。下午午課如常。四時前到岡山對空軍各校員生訓話畢，乘機起飛，中途以氣候變化，乃在臺中着落，改乘汽車，自十八時出發，至廿三時半到草廬晚餐，妻候已久也。就寢已一時矣。

---

1　江杓，字星初，上海人。1946 年起，任行政院物資供應委員會秘書長，兼物資供應局局長。1950 年 12 月，任國防部常務次長。

# 三月十一日　星期六　氣候：陰　寒

雪恥：一、對海岸關閉與封鎖二政策利害之比較。二、對國聯去留政策利害之研究。三、對海南撤守戰略之得失，再加研究。四、川、滇情報之加強與情報組訓之籌備。五、召集三軍作戰會議。

昨夜只睡六小時。今晨朝課後，與少谷談行政院副院長、秘書長人選，尚未決定。少谷不願就院秘長，因之雪艇亦未便允就府秘長，而雪艇不知人對其副院長極端反對也，其他用人不能明示理由，只有受人不諒之苦心而已。上午與辭修談各部長及其他重要人事甚久，最後決定自覺較合理想，但已煞費苦心。不料國楨以財政部長人選不能與其省府合作，要求其自兼部長相脅，其多半當受美國在臺之使館人員之影響也。余以名單已定，而且已提常會不能改動告之，而彼仍要求不置，美使館亦間接表示支持國楨，心滋不懌，最後仍照原定名單提案通過，不管美國之態度如何也。下午開常會與非常會畢，回寓入浴，晚課如常。晚聽批公文，十時後就寢。

## 上星期反省錄

一、艾其生聲言作明年度援華計畫，即動用援華餘款壹億餘元之數，其末尾又言此數將用於亞洲一般地區，其用意可知。惟其最近形態、對華方針，故作有轉變可能之姿勢，是否其為支援其所謂親美派以欺壓政府而作歟？或借此以示其對蔣並不反對之意，緩和其國內反政府之空氣乎。

二、國聯秘長賴伊侮華之言行，實不能忍也。

三、近月來防諜工作大有進步，最近破獲共產國際在臺直接之情報機關，其效尤著，此乃化險為夷之始也。

四、陳、吳[1] 未能精誠合作，實為本週工作之缺憾也。

五、星一擴大紀念週講演，自覺沉痛不紊，是否能有感召，則聽之而已。行政院人選已如期提出決議，對海、空軍各學校員生講話皆已如計實施，殊堪自慰。

## 本星期預定工作課目

1. 召集聯合作戰會議，約柯克參加。

2. 高級聯合訓練班召集計畫。

3. 總政治部主任及國防部改組。

4. 國防部長與參謀總長權責及系統。

5. 海南守棄方針之決定。

6. 總統府人事之決定與辦公室之撤消。

7. 黨部人事與改造工作之進行。

8. 巡視定海與岱山各島。

9. 對美抗議與國聯排華等國際形勢之研究。

10. 幹部會議之人選與召集日期。

11. 聯合演習準備之督導。

12. 海軍副司令與臺省黨部主任委員人選。

---

1　陳、吳即陳誠、吳國楨。

## 三月十二日　星期日　氣候：晴　寒

雪恥：一、發起反共救國同志會。二、青年救國反共運動。三、革命實踐運動。
四、革命基本工作：甲、組訓幹部。乙、組訓情報。丙、領導思想，建立理論。
丁、號召男女青年。戊、組訓宣傳。己、建立設計組織。

朝課後記事，約見公超，據報菲律濱已發出邀請東南亞各國，而獨未有中國
之消息，葉以為駭異，余則以為國際只有勢利與現實，何足為奇。惟此又美
國務院使我中國政府在國際無地位之加一證明也。其次，越南保大政府成立，
亦獨不通告我政府，此乃法國之主張，彼且已自明言矣。又美國警告我，不
許再轟炸其美國船舶財產，並以我轟炸平民為口實，反對我轟炸匪區，否則
彼美將禁止我軍運出口，其事實且已停止出口證矣，可痛之至。上午記預定
工作表後，與妻車遊北投。正午約宴余握〔幄〕奇[1]等。下午午課如常，記上
週反省錄後，與妻車遊金山松林，巡視士林新屋後回寓，晚課。餐後籌擬幹
部會報名單、時日，十一時前睡。

## 三月十三日　星期一　氣候：晴

雪恥：一、夫人調協陳、吳[2]熱忱過度，余告其昨日之事你已被欺上當，彼
則欣然曰：只要於反共愛國有益，余雖被欺，亦所欣慰，余只要上帝知之而
已。其神情態度幾乎如天真之孩童，可愛可佩。上帝賜余夫妻如此快樂和愛、
強健不衰，雖在流亡失敗之中，亦歡悅無比，惟有不斷贊美耶鮮〔穌〕同在
而已。

---

1　余漢謀，字幄奇，廣東高要人。1949 年 1 月，任廣州綏靖公署主任。後任華南軍政長官、
　海南特區行政公署副長官。1950 年 4 月到臺灣，任總統府戰略顧問、中國國民黨中央
　評議委員。
2　陳、吳即陳誠、吳國楨。

昨晚酣睡六小時，至今晨五時略醒，復熟睡一小時餘，此為難得之佳象，以平時每睡三、四小時必有一醒也。朝課後記事，手擬各種幹部會議名單及日期。每週自星一至星六日皆有專業會報，此乃數年來理想之事，而今方得實現此有組織之會報也。十時到研究院紀念週訓話一小時畢，修正幹部會報名單。下午午課後，審核革命實踐運動及青年反共救國會綱領，此二件亦為今後重要工作也。入浴後晚課，餐後批閱，記事。

本日心神最覺舒憺，信道與和愛之所致也。

# 三月十四日　星期二　氣候：陰晴

雪恥：一、失業人員及其眷屬之組訓，興辦生產事業與技術訓練。二、提倡有步驟的生產勞動。三、提倡制度化（乃可事事公開）、科學化、組織化、民主化。四、科學化即密切精實。五、專門化（分工合作）。六、袪除依賴美援與等待大戰之投機心理，應以自力更生與獨立剿共為革命決心。七、設計、調查、研究、監察、考核（人事）制度。

朝課後記事，閱香港工商日報社論，為李宗仁進言之末句「功成在子何殊我？祇惜無人快着鞭！」無任感慨。回憶去年下野，余對李之熱望實有過於此也。上午到府辦公，約見鐵城[1]等，重閱閻[2]著人民戰章，甚多可取也。下午午課後，到研究院召見學員十人，各軍、師政工主任良莠參半，尚有可取者也。入浴後與妻車遊臺北。晚課後約宴行政院各部會主官畢，記事。

---

1　吳鐵城，字子增，祖籍廣東香山，生於江西九江。1948 年 12 月任行政院副院長，兼外交部部長。1949 年 10 月從香港轉至臺灣，任總統府資政。
2　閻即閻錫山。

## 三月十五日　星期三　氣候：陰

雪恥：一、約宴各省過去高級人員。二、設立對共匪研究會。三、反間與策反工作之行動組織會議。

感想：一、今後革命工作從頭做起，所謂重起爐灶者：甲、軍事制度之建立，先以各兵種業務、人事之組訓着手，再加以統一集中，因以通信、情報與參謀系統之建立為急務。乙、經濟制度（民生主義為基本原則）之建立，先以金融與土地政策擬訂具體方案。丙、社會制度之建立，兵民與土地合一為基本原則。朝課後記下月課目、預定表兩則。十時後到府辦公，途中由周[1]秘書口讀公事，指示批覆要旨。審核國防部與統帥命令系統表及說明書等要務與聯合演習之想定畢，回寓。下午午課後，召見學員十人。與雪艇談府秘書長問題，已得解決。入浴後晚課，餐後默禱，記事。

## 三月十六日　星期四　氣候：陰

雪恥：一、管理。二、檢察與考核。三、效力（標準）。四、紀律（賞罰公開）。五、制度化。六、設計（籌畫）。七、配合（聯繫）。八、授權與負責。九、定期考成。十、質量與速力（發揮機動性）。十一、反攻之目標與時期之預定。

注意：一、日顧問之條陳。二、美顧問之聘請辦法。三、海南戰略不可主動，應注意兩廣政治與心理。

昨晚妻病風症，未能安眠，今晨同禱略遲，朝課如常。十時到府接見山地民眾代表男女百餘人後，與辭修談參謀總長人選，決任至柔也。下午午課後，到府聽柯克講聯合作戰機構之組織權責、配合運用之要領，及機動性之重要。余作結論未能適當，自覺愧疚。八時約宴幹部，商討非常會改為政治會事。十時後晚課如常，十一時就寢。

---

1　周即周宏濤。

## 三月十七日　星期五　氣候：晴

雪恥：一、整軍先整頓紀律，服從命令。二、從頭做起，澈底改造的決心。三、自力更生與自立自強，杜絕依賴與投機心理。二[1]、劉安祺、沈發藻[2]等將領一如過去之惡習，要求與自私，紀綱盪然之不法行為，見之不勝痛憤，嚴斥警告，事後猶有餘怒，未知如何能挽救危亡矣。三、艾其生十五與十六兩日之演說，其對我政府非毀滅不可，陰謀毒計更為暴露。凡有血氣者，閱此而不發憤知恥，力圖自救，其何能稱為黃帝子孫耶。應切勉之，此其臥薪嘗膽之時矣。

朝課後記事，十時到保密局，祭戴[3]故局長等士烈〔烈士〕。上午聽批公文，核判至柔為參謀總長、立人為總司令。下午午課後，召見學員十人。對劉、沈[4]等怒責痛斥，不覺暴氣失態，戒之哉。入浴後晚課畢，閱艾其生講稿，詆毀侮蔑異甚，能不知恥自強乎。

## 三月十八日　星期六　氣候：晴

雪恥：昨晚手批白鴻亮即富田擬呈各種方案與計畫後，十一時前就寢。

感歎：一、艾其生以反俄為名，掩飾其賣華之陰謀，而其希圖勾結共匪，以售其毀蔣之毒計，則在其十五與十六兩日所發表之演說中畢露無遺矣。

朝課後，十時見美國代辦，作首次拜會，約談半小時，勿使此輩小肖為仇也。到府辦公，核定國防部各次長及解決府秘書長，由王雪艇繼任也。下午午課後，召見學員十人畢。入浴後考慮明日講稿：一、革命工作應從根本做起。

---

1　原文如此。
2　沈發藻，江西大庾人。時任臺灣防衛總司令部副總司令。
3　戴笠（1897-1946），原名春風，字雨農，浙江江山人。曾任軍事委員會調查統計局處長及副局長、中美特種技術合作所主任。1946 年 3 月 17 日墜機身亡。
4　劉、沈即劉安祺、沈發藻。

二、注重辦事方法、科學與組織，及授權考績，分層負責。三、設計與監察考核之聯繫。四、科學化、組織化、民主化、制度化、標準化。五、整個的、集體的、配合的、系統的。晚課後，約宴辦公室各組長，作為結束之宴會。記事。

## 上星期反省錄

一、國聯秘長之逐我代表運動，艾其生之誹謗我政府及媚共賣華講演，以及菲律濱、越南保大摒棄中國政府之消息，可謂動心忍性之極矣。

二、劉安祺、沈發藻、戴樸[1]等將領勾結爭奪，非法妄行封建之惡習，仍未悔改，毫不覺悟，不得不為之痛憤。然暴怒何益，盍不善誘啟導之。

三、共匪空軍擊落我偵察南京之飛機一架，無論其編訓之兵力大小如何，不可不嚴加戒備。

四、行政院、國防部、參謀總長、總統府秘書長人事已經派定，政府整頓可說已初步着手矣。

五、黨務改革、總政治部、聯勤總部之人事，軍費預算及海南島守棄方針，應在下週內決定。

六、康定、瀘定收復以後，西昌外衛之土共被我擊潰，大陸惟一之據點大有可為矣。

## 本星期預定工作課目

1. 增加英文侍從人員及其工作之訓練。

---

1　戴樸，號朝剛，湖南瀏陽人。時任第六軍軍長，7 月任臺灣北部防守區副司令官。

2. 增加聯絡秘書與參謀及訓練分配工作。

3. 幹部會議之職務與綱要及運用方法。

4. 查究廿三軍各師長反對軍長行動。

5. 對孫科[1]借款來函之處理。

6. 約會日本顧問,研究演習部之組織。

7. 研究美國外交動態與對策。

8. 改組總政工部與省黨部。

9. 解決海南守棄方針。

10. 情報組織與人選及訓練計畫。

11. 下令國外人員回國。

11.[2] 軍費預算之決定。

12. 非常委會與政治會議改變程序之實行。

## 三月十九日　星期日　氣候:晴陰

雪恥:一、重要訓詞與命令實施具體方案之擬訂。二、核實運動。三、聯合訓練班之設計與召集日期。四、鄧文儀工作之指定。五、敵後工作指揮機構之組織及主持人員。六、海南方略與軍費之決定。

朝課後,手擬訓示綱要。十時研究院紀念週訓話一小時,尚覺未能盡我詞意也,召見四人後回寓。下午午課後,審核學員自傳與履歷、優劣之評判卅人,足有三小時之久,完畢已十九時矣。晚課,餐後聽妻彈琴,記事。本日關於訓練與領導方法研究甚切也。

---

1　孫科,字哲生,孫中山哲嗣。1948 年 11 月,任行政院院長,1949 年 3 月辭職移居香港。1950 年遊歷巴黎、西班牙等地,1952 年定居美國洛杉磯。

2　原文如此。

要旨：一、政工素質與水準之提高方法。二、三民主義、政治、經濟、教育、社會、哲學等各種專科書之編著。三、反共救國必勝之理論與建國之理想（經濟制度）。四、將校團之組織（政工部辦）。五、補給必須主動補給，按期送達。六、勞動（勞動群眾）與生產（雙手萬能）。

## 三月二十日　星期一　氣候：陰　風

雪恥：口號一、一切為兵民。二、一切為反攻。三、隱惡揚善，毋道人之惡與擴大敵之罪，其意固不相反也。四、任顧祝同為副主任（戰略會）。

朝課後到府辦公，召見陳、周[1]，決定海南不撤守，惟軍費難籌也。據報匪機在滬三架襲擊我機，幸早發見，反擊後逃去，而我無損傷，此乃匪空軍第一次正式與我交戰。復閱此次洪[2]匪供詞，證明俄國並不敢用大量空軍供給共匪，而今所發現者，乃為日本零式之飛機也。半年來所深慮俄機助攻臺灣之陰謀，至此始能略安，但仍應嚴防也。幹部會議十一時舉行，得益甚多也。下午午課如常，審閱匪諜（國際）自白書（未完）。召見學員十人，審核自傳頗費時間。晚課，餐後與柯克商談私聘顧問，托其國際公司代聘，辦法頗詳，並准其赴東京麥克阿瑟之邀約也。十時後就寢。

## 三月二十一日　星期二　氣候：陰

雪恥：一、學者必先立志建業。二、成千成萬之部屬、同學被俘，實為千古罕有之污史。無數同胞之饑凍慘斃而不能拯救，實為無上恥辱。若不犧牲私

---

1　陳、周即陳誠、周至柔。
2　洪即洪國式。

見，共同奮鬥，以求主義之實現，則何以立世，何顏見人，應切勉之。

朝課後記事，審閱洪匪口供未畢，到府辦公見客。召見陳、周[1]，商談國防部代部長與聯勤總司令人選。十一時後召集宣傳與理論會談，獲益頗多。過去宣傳無人負責，任人誣蔑欺詐，幾乎無人過問。因之美使館宣傳處更歪曲事實，肆無忌憚，心痛極矣。下午午課後，審閱學員履歷自傳後，召見學員，會客，巡視學員宿舍。入浴，回寓晚課。餐後與妻對奕〔弈〕，記事。

## 三月二十二日　星期三　氣候：晴

雪恥：一、改變生活方式與縮短上下生活距離，應積極提倡。二、匪軍節約號召，所謂一粒米一滴汗運動，與一滴油節約運動，不浪費一粒米及一顆子彈打死一個敵人的口號，工程模範、生產節約、克服困難等口號。三、匪軍華東軍區第三野戰軍本年六大任務之（6）工作隊的光榮任務，開展勞動、生產運動，以及（3）加強政治教育與文化，應特注意。

朝課後重審學員資能，記錄優生。與經兒同車到府，途中聞孫立人包蔽共匪女諜，不肯遵令解繳，又聞戴樸抱怨，心懷不平，頗憤激，卒能忍之辦公，面訓恩伯[2]。與彥棻、蘭友商談明日議事節目。與邱昌渭談話，自覺失言矣。正午宴日本教官。下午午課後，召見學員，審閱資歷自傳頗費時力，但此為要務也。入浴後與叔銘談話，又能忍心一次。晚課後審閱洪犯口供，十時半就寢。

---

1　陳、周即陳誠、周至柔。

2　湯恩伯，原名克勤，浙江武義人。1948 年 12 月任京滬杭警備司令，1949 年 8 月任福建省主席兼廈門警備司令。1950 年 4 月任總統府戰略顧問。

## 三月二十三日　　星期四　　氣候：雨

雪恥：一、夜間教育。二、通信教育與製造應統一。三、匪第三野戰區本年任務：甲、澈底殲滅沿海及臺灣國軍。乙、加強軍區地方武力建設。丙、加強政治教育與文化。丁、認真辦好各種學校。戊、組織幹部學習。己、工作隊任務，開展勞動生產運動，應加研究。

朝課後到黨部非常委會後，繼開常會，決定黨員及常務委員出國之限制及限期回國辦法，通過西昌與香港設立執行部之原則，推派張曉峯為宣傳部長案。正午在臺北賓館宴非常委員。下午午課後，召見學員十人，審閱履歷自傳，記錄優秀人員以備選用。入浴，晚課。餐後觀復位電影，技術比較進步為慰。總統府新舊秘書長今日交接矣。

## 三月二十四日　　星期五　　氣候：晴

雪恥：一、經濟與財政謀得獨立為第一。二、每念失敗之因素，以財政為第一。子文[1]誤國之大，思之痛心，此乃余用人不當之過，於人何與。今後財政應時刻檢討與注意每週經過之情況，而以外匯與出入口之數量更為重要。二[2]、今日我國之受英、美悲慘無比之凌辱者，其原固甚多，而軍官學識之不足，與其比較是一重大原因，能不力學乎。

朝課後記事，研究匪軍動態及其任務、匪之廣播與電話，其在華中區人民搶劫軍糧及其軍費積欠實情，是其軍民交困之內容已至不可封鎖之程序矣。召見國楨、曉峯、墨三、辭修、雪艇等，處理公務畢。正午約宴高級失職將領

---

1　宋子文，原籍廣東文昌，生於上海。曾任外交部部長、行政院院長、廣東省政府主席等職。1949 年 1 月蔣中正下野後辭職移居香港，1950 年起寓居美國。1950 年初，兩度拒絕返回臺灣，1953 年，被開除國民黨黨籍。
2　原文如此。

後回寓。下午午課，召見學員，審閱其履歷自傳。晡心煩沉悶，獨步草山公園，櫻花已謝矣。晚課後修正講稿，十一時半就寢。

## 三月二十五日　星期六　氣候：晴

雪恥：一、忍心強勉，自制自反，今晨又是一次克己工夫制勝矣。二、西昌軍情嚴重，匪從川、滇、康三面發動攻勢，瀘定、富林、寧南、惠〔會〕理皆已失陷，是西昌據點已不能保守。軍事要有實力，不能徼幸求存，理所當然，惟對宗南行動不能不速作指定耳，先徵其本人之意再定可也。

朝課後手擬訓詞綱要。十時到府，主持周[1]參謀總長等就職典禮，訓話，約卅分時畢。召見二人，得悉麥克阿瑟總部有退駐沖繩島之準備。果爾，則其對臺灣不能輕視也。軍事會報，研討軍額與軍費問題為主也。下午午課後，修正講稿，至六時方畢。入浴，晚課。餐後電問宗南行動方針，研究精神教育舊稿。

## 上星期反省錄

一、俄人到滬為匪作軍事工作者，已有八千人數，而且對飛機場與空軍布置工作特別緊張。自上週在徐州發現匪機後，本週又在滬發現其三機，可知匪之空軍已有相當力量，俄人必參加空戰無疑，不能不積極防備也。

二、美國將援華餘款一億餘美圓分給東南亞諸國，而對中國延至明年六月止，預備五千〔萬〕圓之數，是否實施須視其總統決定。而其對越南則決定

---

1　周即周至柔。

軍、經並援，此乃英、法運動之力，是其為助白種英、法之勢力，而非有愛於我越南也。

三、美國軍費預算（下年度）為一百四十餘億圓，最近一般表現，大戰之來，其時間不能久延也。

四、半月來左手麻木，朝夕跪禱靜默之初更劇，乃停止托壁挺胸之操作，此或西安傷勢復發之故歟。

## 本星期預定工作課目

1. 約侯騰[1]談情報與反間組織。

2. 聯合作戰訓練班之召集。

3. 將校團之組織。各廳、處長之召見。

4. 對共匪軍事、經濟研究會。

5. 聯絡秘書、參謀與英文人員之物色與組織。

6. 調查殉難陣亡軍師團長姓名。

7. 統計被俘及投降軍師團長姓名。

8. 無職軍官之組織，使之生產辦法。公營產之出售。

9. 撤消西昌大本營與各長官公署。

10. 巡視定海。

11. 倉庫清理與變賣之督促。

12. 發餉到團與旅雜費之增加。

13. 簡化法令與講解法令教育。

14. 戒主管弄權。

---

1　侯騰，字飛霞，湖北黃陂人。時任國防部第二廳廳長。

## 三月二十六日　星期日　氣候：晴

雪恥：一、利用敵人弱點擴大宣傳，滲透敵陣孔隙，逐漸脅制，使之癱瘓殭〔僵〕化。二、機密、機動、機警與警覺不足。三、提高機動性，爭取時間。四、講演實施具體辦法，及派員負責研討，擬成條文。

朝五時前起床，以心緒不和，不能安眠也。朝課後記事，記反省錄，重校講稿完已九時半矣。到研究院記〔紀〕念週，派員代誦講稿，即制度化與科學化精神之提倡也。召見余漢謀、任顯羣等畢，已過午矣。午後午課如常，批閱公文，校正青年節訓詞，幾乎全篇重擬，六時後方畢。入浴後獨遊草山公園。回寓，手擬青年節口號完。晚課，餐後重審洪犯供詞未完。本日對大陸淪陷同胞饑荒之救濟及宣傳，甚費力也。

## 三月二十七日　星期一　氣候：晴

雪恥：一、指明不再錄用人員品類及理由。二、下令、傳令、解令、行令法及責任。三、戒僚屬弄權與舞弊之惡習。四、立法院組織黨團之着手起點，應指派半數名額，誠意接受黨令者為基礎，先行組織。五、限制每月出售黃金總數量。

朝課後見毛人鳳，聽取吳石案之意見。到府先指示批核公事，召見沈覲鼎[1]與彭孟緝，聽取東京代表團內部複雜與動搖情形，及李朋與洪國式二大案破獲之經過，更覺匪諜之嚴密精明可畏也。召開幹部會報，商討截〔裁〕併機構與組織政治委會事。下午午課後，召見學員十人，與侯騰商討香港情報組織，與對英情報合作方針。入浴後，重修青年節文稿與標語。餐後晚課如常，十一時就寢。

---

1　沈覲鼎，福建福州人。原任駐日軍事代表團副團長，1950 年 3 月，派任駐古巴公使，1951 年 5 月離任。

## 三月二十八日　星期二　氣候：重霧　地點：草山

雪恥：一、西昌既下令放棄，宗南已到海口，故決撤消西南與華中兩長官公署。對於桂系白崇禧之方針，應有所決定也。

朝課後審核救濟大陸饑民之呼籲文稿及重核青年節文稿，交曉峯後，到府指示批復及應辦要務令稿。與雪艇談總統府人事及組織，以一百卅人為定額。對於軍費核實問題，為目前最大之困難也。海南軍情，匪有一團兵力在北岸登陸，又被消滅，是匪先以各方面小部隊擾亂登陸，以消耗我海、空軍之心與力，待我疲竭而後主力總攻，其狡計甚明也，應加研討，另定對策。下午午課後重修文稿，召見學員十二名，第四期學員已單獨談話完畢。灌青年節講演音片後，入浴，催至柔發表西昌撤退消息，晚課。

## 三月二十九日　星期三　氣候：晴陰　重霧　地點：草山

雪恥：昨晚課後，經兒為其母祝壽家宴，武、勇二孫以幼稚未能參加，其餘家人皆團聚一室歡宴。流亡臺灣，尚能團敘天倫，上天賜我亦云厚矣，能不感謝。餐後與妻下棋，一敗二勝，十一時寢。

今晨初醒，以撤守西昌之理由，本可以交通運輸困難關係為宣傳，比較被攻撤退為宜，但昨已宣布據實發表，亦無礙也。九時到中山堂青年節大會訓話，濟濟學子，其親愛之表情天真自然，乃可謂精誠矣，不知如何領導其同上戡亂建國之道路，以報其對領袖之誠摯矣。十時到忠烈祠（圓山）主祭先烈後，順察士林寓所畢，回寓接見來賓後，與妻車遊北投，順至途中法空塔遊覽。正午宴客。下午午課後，審閱軍歌。入浴後到士林接妻。晚課畢，宴客十餘人畢，觀電影，中國電影技術進步矣。

本日為舊歷二月十二日，夫人五十一足歲之生日也。

本日讀經，適為馬太福音第廿五章廿四節。

## 三月三十日　星期四　氣候：陰　重霧　地點：草山

雪恥：昨晨閱報，美國務院遠東司長白德華調職之消息，此實為中國復興之福音。三年以來，此肖小受馬歇爾反蔣侮華政策之破格挑升，彼肖仰承馬意，變本加厲，弄權作惡，整個中國竟被其一手所斷送。今雖其時過晚，仍可亡羊補牢，此實上帝眷賜中國之明證也，欣慰無比。

朝課後記事，記下月預定工作表。十時到府批示，聽取江杓在菲購辦武器報告，與至柔談調金門軍隊，增防定海，積極反擊之意旨。十一時召集財經會談，對國楨無限度拋售國庫存金，三個月內幾乎拋出六十萬兩以上，殊為痛心，乃規定財政與軍費及售金具體計畫，月定軍費為二千三百萬銀圓也，此事或可減少財經之危機也。下午午課後入浴，與妻車遊北投，海邊散步聽浪即回。晚課後餐畢，審閱革命實踐運動綱要等草案，幼稚已極，奈何。

## 三月三十一日　星期五　氣候：雨陰　地點：士林

雪恥：（一）信、耐、愛、樂四者為基督徒應有之四德，而革命者當患難失敗之來，亦祇有以此四德，方能制勝一切，克底於成也。（二）和愛、團結、集中、機動、攻擊五者為戡亂之要領。

朝課後記事，召見萬耀煌、陶希聖同志，指示實踐運動草案之幼稚不妥各點，囑其修正。人才之缺乏，幹部之無能至此，奈何。十時到府，對員額會議訓示畢，召集情報會談，指示要旨。今後對共戰鬥之成敗，全在於情報鬥爭，故特勉勵之。匪諜洪國式與李朋之精幹，殊可歎惜，吾黨自雨農逝世以後，再無可比者矣。正午遷入士林新寓。下午午課後，批閱聯合作戰訓練班課目與計畫及軍費預算案後，診醫，以左手麻木，時覺不適也。晡在蘭圃遊覽，其地寬廣，略同南京校寓，而風景幽勝，背山森林欣欣向榮，更可愛也。晚

課後，與劉瑞恆<sup>1</sup>商談軍隊醫藥督導辦法，記事。

---

1　劉瑞恆，字月如，直隸南宮人，出生於天津市。歷任聯合國善後救濟總署中國區醫藥
　　組負責人、行政院善後救濟總署衛生委員會主任委員。1949 年隨政府撤退來臺，仍從
　　事公共醫藥衛生工作。1950 年 6 月，任善後事業保管委員會委員，12 月任中國紅十字
　　會總會會長，協助發展醫學教育。嗣後多次代表出席世界衛生組織大會。

# 上月反省錄

一、政治：復職已經一月，李宗仁竭盡其神經錯亂之醜態，國家人格、民族自尊心完全被其喪失殆盡，然而余之信譽不僅無所損，而且中外觀感大轉，全國民心之歸向，至月杪益顯。共匪雖兇、廣西子雖毒，亦不能減損我毫髮，而國家轉危為安之機，則甚明也。

二、外交：英美政府利用國聯秘書[1]賴伊，公開排擠我政府代表，必欲擯除我於國際社會之外，而終未奏效。菲律濱召集其所謂東南亞民主集團會議，美國陽為贊助，而實則阻制。受英之主使，以澳洲與菲協商召集之辦法為由，及澳外長到菲，乃托詞須至五月間英帝國會議後，方能決定。是菲之召集會議已無形停頓，季利祿[2]必欲仰美、英之鼻息，甚至有將最初所發起之中、韓二國擯除不邀之意，豈不怪哉。東亞之事，非由中、日、韓三國爭氣合力，則亞洲民族無法建立其自由獨立之基業，因其他民族皆無東方之文化道德與精神，尚不足與謀大事也。然而不因此以灰吾心，仍應抱定宗旨，奮鬥不變，以期東方民族之整個解放也。

三、軍事：共匪已有俄國之空軍發現，殊堪注意。粵南共匪不斷向海南進襲，而總未得逞。軍費預算確定，機構澈底改造，軍額核實，軍心較固，精神振作，自非上月以前所可同日而語矣。

---

1   聯合國秘書長。

2   季禮諾（Elpidio Quirino），又譯紀利樂、季利祿、季里諾，菲律賓政治家，1948 年 4 月至 1953 年 12 月任總統。

**蔣中正日記**
Chiang Kai-shek Diaries

# 四月

**蔣中正日記**
Chiang Kai-shek Diaries

# 民國三十九年四月

## 本月大事預定表

1. 整軍步驟：甲、政工人事與教育之統一。乙、通信組訓與人事之統一。丙、情報組訓與業務集中。

2. 人事情報、參謀教育編制，以及經理衛生，各種業務組訓與考績之統一。

3. 星期上午辦公，研究業務與哲學。

4. 切戒各級幕僚弄權舞弊，貽誤時間。

5. 每件公事辦理時間與責任之限定。

6. 此次失敗，上下各級不自努力爭氣，自滿自私，不能輔助領袖之領導，以及領導無方，皆應各自知恥與負責，又為誰成功而努力。

7. 今後幹部調升，每期調升以前，必須經過其較低工作及學習之試練，方能實施。

8. 高級將領子女多顧慮之防止與補救辦法。

9. 失敗時儀容神態及秩序應特注重。

10. 官長有眷屬者，政府為其保兵險。

11. 督導各島防空與應戰準備。

12. 改造黨務積極進行。

13. 充實四院與改革及補提大法官。

14. 聯合作戰訓練班之準備。

15. 聯合演習之督導。

16. 立法院黨團組織之督導。

17. 香港總交通機構之成立。

18. 行動委會與情報機構之充實。

19. 政治工作與革命實踐運動之督導。

20. 建立中心思想與理論。

## 四月一日　星期六　氣候：晴

雪恥：昨晚審核三軍聯合作戰課程與計畫草案，今晨補批完畢。清理積案。士林新寓空氣清淨，風景幽麗，昨夜酣睡七小時之久。今晨七時起床，朝課，記事。批閱後到府辦公，批示，召見立人與賀元靖[1]，聽取其西昌撤退情形報告，聞唐式遵[2]自願留川、康，領導遊〔游〕擊，與匪鬥爭，殊為難能可貴。十一時軍事會報，研究對匪空軍作戰之要旨，海南北部共匪又登陸三千餘人，被我痛剿，猶未殲滅也。批准戰略與國策顧問人選及軍政預算。下午午課後，與妻車遊大溪即回。晡審閱革命實踐運動草案，仍不洽意，修正二小時，總覺不妥，故暫緩發表，本定明日第四期畢業時宣布也。晚宴柯克夫妻後，十時晚課畢，十一時前就寢。

---

1　賀國光，字元靖，湖北蒲圻人。1949 年 12 月，接任西康省政府委員兼主席，以西昌為據點同共軍抗衡。1950 年 3 月共軍佔領西昌後，經海口往臺灣。後出任總統府國策顧問。

2　唐式遵（1885-1950），字子晉，四川仁壽人。1949 年 12 月任西南第二路游擊總司令。1950 年接任西南軍政長官公署副長官；3 月 28 日，遭共軍擊斃。

## 上月反省錄

接上（三）月反省錄

四、經濟：新臺幣雖未澎漲〔膨脹〕，但黃金售出之數，三個月來已有六十餘萬兩之多，現存黃金總數已不足壹百五十萬兩，而米價已上漲至百元，殊為可慮。幸軍費確定，今後財政運用與收支已定有辦法，當不致如過去漫無管束與限制矣。議定每月黃金售出總數，不得超過七萬兩之數。

五、總統府、行政院各部改組已經完畢，今後軍政、財政皆有負責主持之人，當然政府加強，顯見重大改革與進步。一年餘來，無政府、無責任之狀態，至此可告一結束矣。自覺上月間，有形工作之進步猶在其次，而精神上無形中之功效，實有不可限量之感慰也。

六、美國外交態勢雖漸見改善，艾其生且有亞洲外交亦列入於兩黨外交政策之中，臺灣亦列入東亞經濟援助之內，下年度援華款數列為四千萬美元，是其過去不再繼續援華及急謀承認中共之政策，似已改變，至少可說已經頓挫。尤其是遠東司長白德華之突然調職，乃至「急煞浦[1]」無任所大使亦一併調換，且有推荐共和黨員補此缺額，是為其對華外交轉變之傾向，然此全為共和黨與國民輿論之壓力所致，決非其對華外交政策真有改變耳。

七、共匪對瓊州用疲勞戰術，半月來不分晝夜，絡續渡海偷襲，而其在京、滬、青、徐一帶，積極裝配飛機、集中船隻，我空軍已感受重大威脅。四、五月之間，實為匪我作決定存亡之大戰也。

---

1　即吉煞浦（Philip C. Jessup）。

## 四月二日　星期日　氣候：晴

雪恥：一、氣節與廉恥為軍事教育之基本。二、民族大義、國家責任與革命主義為共同目標，互勉互助，相予實踐。三、明生死、辯〔辨〕順逆、別是非、分利害，為教育之方針。

朝課後準備訓詞條目畢，召見石主席覺[1]，討論定海防務，同車到研究院，舉行第四期畢業典禮，訓話一小時餘，尚未盡辭達意也。召見黃振〔鎮〕球、桂永清。正午與學員聚餐訓話約半小時畢。入浴後，回蔣林休息。下午午課如常，手擬發起基督蒙難日禁食賑濟大陸饑民，及為國為民為人類禱告之啟事畢，與妻散步於後山及園中。晚課後記上月反省錄。約白崇禧等聚餐，廣西子之偽言偽行，不能再信以誤國，彼雖表示歸誠，實不能令我有所動也，其害國害民之大，無法取信也。

## 四月三日　星期一　氣候：晴

雪恥：一、天下之人惟無廉恥、靦顏不慚、一惟害人利己，而不知其自害自責，終以他人為可愚者，最不可予共事也，其惟廣西子白崇禧、李宗仁乎。二、發胡璉[2] 輕機槍。三、發定海子彈。

朝課後記事，十時前到府，指示批覆。召見黃季陸[3]、胡〔吳〕國楨，商討糧食接濟舟山，運足一月存糧，此心乃安。與至柔研究昨日我機在杭州灣附近掃射匪船時，忽被匪機自上後空注射而來，只見火光彈，而未見其機。兩機

---

1　石覺，字為開，廣西桂林人。1949 年 6 月，任舟山群島防衛司令官兼浙江省主席。1950 年 6 月，任臺灣防衛總部副司令兼北部防衛區司令，1952 年兼南部防衛區司令。
2　胡璉，字伯玉，陝西華縣人。1949 年 12 月 1 日，接任金門防衛司令部司令，4 日兼任福建省政府主席。後又兼任福建游擊總指揮。1951 年底，改兼福建反共救國軍總指揮。
3　黃季陸，名陸，又名學典，四川敘永人。1950 年 3 月，任行政院政務委員。1952 年 4 月，兼內政部部長。

皆被其擊毀，其中一機在吳淞口外我海軍停泊處跳傘降下獲救，乃知空戰情勢嚴重為慮，即准國楨赴美交涉其軍援也。召集一般會談，對立法院組織黨團、改組非常會及改造黨務皆有所商討，尤其提選大法官與整頓四院，皆亦交換意見，覺有益也，能補我之不及耳。

## 四月四日　星期二　氣候：晴

雪恥：昨下午午課後，審閱經兒所領導的反共救國大同盟之規章。十六時到行動委員會訓話，回寓審閱，召見胡璉，催運十九軍增防定海。此生明大義、識大體，大有希望其能有所成也。見雷炎均[1]報告，駐日代表團情形複雜動搖[2]，最感頭痛也。晚課後，約根本博[3]等便餐。與妻商定，明日余自飛定海巡視，留妻在臺，以防匪機襲擊之險，當留一人在臺為妥，故令經兒亦不隨行也。

朝課後記事，準備飛定海。九時到府，指示周、王[4]處理各事。召見人鳳，報告香港炸中匪機七架經過，其損害程度雖小，而政治影響較大，亦可測知吾黨革命精神已漸恢復矣。指示對俄機襲擊我空軍之宣傳方針，準備與俄正式開戰也。定海氣候不良，直至十五時仍不能起飛，只可中止矣。下午午課後，指批公文。晡到草山入浴，回寓，晚課。

---

1　雷炎均，美國華僑，祖籍廣東台山，時任駐日代表團軍事組組長。
2　中華民國駐日軍事代表團陸續發生懸掛五星旗；代表團秘書長吳鼎安秘函葉劍英，意欲回歸；代表團團長朱世明秘密會見大陸來人等傳聞。最後朱縱放女作家冰心與其夫婿、代表團第二組（政治）組長吳文藻等數人返回大陸，終被免職。
3　根本博，日本福島人，最後一任日軍北支那方面軍司令官。1949 年 5 月至 1952 年 6 月化名「林保源」，來臺協助訓練國軍。
4　周、王即周宏濤、王世杰。

## 四月五日　星期三　氣候：晴

雪恥：俄國在安東與北韓訓練共匪海軍，且有潛艇二艘，專備學生練習之用，是其比美、英往日為我政府訓練海軍為力。當抗日勝利時，美國不僅不願供借我潛艇，且使英國已允送我之潛艇，亦為其所阻制而中止也，此事最足痛心。是美國防我復興，比英為甚耳。得報俄國訓練中共之海空軍人員之積極情形，殊堪驚駭，甚覺民主國家之對其友邦消極，難與合作，而且弱者祇有為人所賣也。

六時起床，朝課畢，召見陳質平[1]大使，聽取其菲國報告及東南亞一般情形。菲共武裝叛亂漸成燎原之勢，此又信賴美國者受禍之一也。印尼與印度一致反華親共，而又不直美國政策之所為也。本定上午飛定海，又以氣候不良中止。到府辦公，修正耶穌蒙難節廣播詞。與柯克談話後，召開黨務會談，對於立法院與國民大會及香港組織人選，皆有討論也。下午午課後，修正實踐運動總綱，未完。

## 四月六日　星期四　氣候：雨

雪恥：昨下午，高雄要塞區大火四小時之久，時用憂慮，幸未播〔波〕及彈藥庫也。晚課後餐畢，重閱廣播詞，十一時前就寢。

朝課後，到中央常會聽取軍事報告，甚為俄空軍加入共匪參戰慮也。討論黨史料保存方法，有人主張運存外國者，意見紛歧，無為〔謂〕之辯論如此也。余決定史料不能移存國外，決在臺灣建庫保藏，並派李敬齋[2]代理史料會主

---

1　陳質平，1946 年 7 月任駐菲律賓公使，1949 年 8 月升任駐菲律賓大使。
2　李敬齋，原名鶴，字敬齋，後以字行，河南汝南人，1947 年 4 月至 1948 年 12 月任翁文灝內閣地政部部長。1949 年來臺，以著述終老。

委，負責整理與準備攝影分存，以免毀損也。聽取方治[1]報告駐日代表團朱世明、胡〔吳〕文藻[2]等之態度與工作，無任憂憤。政府失勢，投機者侮辱有如此也。下午午課後，修正受難節廣播詞稿至八時，灌音片畢，晚餐。九時後晚課，審閱柯克意見書，十一時前就寢。

## 四月七日　星期五　氣候：雨　陰沉

雪恥：本日為耶穌蒙難節。六時起床，與妻並讀馬太、馬可兩福音中，我主蒙難日之各章。甚以耶穌為世人罪惡而釘十架，願個人受難，以卸免眾罪而代死，乃悟「余為世界，則余已釘於十架；如世界為余，則世界釘於十架」之意義。又以我主釘十架代死，不僅為世人之罪惡，即凡人世一切之污穢、腐敗、私慾、恐懼等，皆應從此釘死而新生。因之，余嘗以耶穌為太極之表現。太極者，無生無死、不增不減、不垢不淨、無我無物、無恐怖、無掛礙，即余之所念「不愧不怍，不憂不懼」、「大無畏」、「大無我」之精神，此乃神人也。為耶徒者，當師法而實踐之，乃得謂之信徒也。

朝課，記事。十時後到府辦公，召集立、監二院重要黨員二十人，會談組織與聯繫辦法。正午往前草山，入浴。下午停止午睡，而午課為被難節，默禱三次。晚課後清理積案，六時卅分開始茶點，以今日全日禁食也。

---

1　方治，字希孔，1949 年 5 月任總統府國策顧問，1950 年任中國大陸災胞救濟總會秘書長。
2　吳文藻，江蘇江陰人。1946 年赴日，任駐日代表團政治組組長，並兼任出席盟國對日委員會中國代表顧問。作家冰心之夫，因朱世明縱放，夫妻二人返回大陸。

## 四月八日　星期六　氣候：雨

雪恥：昨晚餐後，修正講稿，八時半與柯克商談對麥克和瑟應談各事：第三國際諜探供詞，先攻臺灣、再逼美軍退出日本之策略，以及最近菲共聲言奪取菲島，與響影〔應〕中共攻臺之聯合行動，是皆俄共對遠東之整個計畫，情勢嚴重，希望麥帥能回美報告，使其議會與政府對遠東政策能迅速改變，立取行動也。

朝課後記事，到府辦公，會客。定海軍糧缺乏與海南軍費基金之籌撥督導，確定此後匪共如有勝勢空軍，則我定海運糧更難，故不得不積極存糧也。正午宴客，軍事會談如常，限本月底臺灣作戰工作準備完成也。下午午課畢，修正研究院四期結業講稿，費去五小時尚未完成也。十一時後就寢，晚課如常。

## 上星期反省錄

一、半月來菲律濱共匪猖獗，聲勢浩大，此後美國如對遠東政策不變，則菲必為俄所陷也，可痛。

二、北平共匪又唱其統一陣線舊調，宋慶齡[1]、李濟深[2]等敗類傀儡，乃為共匪擺弄而復出冷房，主持其統一陣線會議，四川劉文輝[3]等同時亦被劉匪[4]

---

1　宋慶齡，原籍廣東文昌，生於上海。孫中山遺孀。1949 年 10 月中華人民共和國成立後，曾任中央人民政府副主席。

2　李濟深，字任潮，廣西蒼梧人。1948 年 1 月在香港成立中國國民黨革命委員會，任中央委員會主席。1949 年 10 月任中華人民共和國中央人民政府委員會副主席、全國政協副主席。

3　劉文輝，字自乾，四川大邑人。1949 年 12 月 11 日晚，以西康省主席兼第二十四軍軍長的名義，在彭縣通電投共。

4　劉伯承，名明昭，字伯承，以字行。1949 年 10 月後，歷任中共中央西南局第二書記，西南軍政委員會主席，中國人民解放軍軍事學院院長兼政委等職。

召至重慶垂顧。可知其對余復職以後，共匪恐怖之心理已復其原態，不敢如去年過去之放肆，無所忌憚矣。

三、外交部令蔣廷黻[1]在聯合國提出俄國武裝支援共匪抗議書，要求聯合國派視察團實地調查，未知果能發生如何效果否。

四、艾其生在其參議院報告，對我猛烈抨擊，並稱我空軍轟炸匪區為狂妄，是其一意孤行政策毫無變更跡象。彼雖發表共和黨杜勒斯[2]為其外交部決策顧問，表示其恢復兩黨外交之形勢，但該艾不撤調現職，則美對華政策決無轉變之可能。惟艾如久留不撤，則美國國策必將澈底失敗，而其民主精神亦因此喪失，故預料該艾決不能久於其位也。阿們。

## 本星期預定工作課目

1. 巡視海南約三日。

2. 檢討國際局勢。

3. 海南軍費與發幣之督導。

4. 本年度預算之督導。

5. 軍事機構與黨務之整頓。

6. 聯合演習之準備與聯合作戰訓練。

7. 定海布設成功雷及防空演習。

---

1　蔣廷黻，字綬章，湖南邵陽人。1947 年 11 月至 1962 年 7 月，任駐聯合國代表。

2　杜勒斯（John F. Dulles），又譯陶勒斯、陶拉士、杜拉斯，美國政治家，曾短暫為參議員，1950 至 1952 年為杜魯門總統外交顧問。

## 四月九日　星期日　氣候：陰雨

雪恥：一、臺省黨部財產與經費之整頓審查。二、國際問題之檢討。三、香港主持者之指定。

本日為耶穌復活節。六時起床，夫妻共同祈禱，使我民族、國家、政府、人民皆能重生維新也。近日左手麻木，未能痊癒，恐為體操雙手提升與動作太劇之故，乃停止體操課，其餘讀荒漠甘泉，靜默祈禱，皆如常舉行，惟讀經一課則移至午睡後之午課，每晚睡前則讀天路歷〔程〕及晚課如常也。上午記事後，修正四期結業講稿，除正午與孫輩及親友聚餐、玩棋二小時以外，終日皆修此稿，連昨日修起，至今晚足有七小時之久，可謂用力矣。晚課後與美記者范智德談話，聚餐。入浴後，十時半就寢。

## 四月十日　星期一　氣候：陰

雪恥：一、國際形勢益危，美國外交政策已顯然限於黯澹失敗之中。馬歇爾援歐計畫受援者幾乎拒絕其援助，英、法且將處於美、俄冷戰之外，力謀脫離戰爭漩渦。最可怪者，其寧為俄國佔領，而不遭受原子彈之毀滅，此不僅英、法之心理，凡大西洋同盟各國亦無不如此也。二、印尼承認中共偽政權，顯步印度後塵。三、艾其生斥責南韓，甚於主奴。美國外交之態度，非使世界各國皆為其敵，而驅諸俄共範圍而不止。吾願國人永不受人之援而受今日之奇辱慘禍也。

朝課後準備講稿要目。十時到府介壽堂，對國防部部員訓話約一小時餘畢，會客，召集一般會談，研討國際問題。下午午課後，檢查神經系無恙，不知左手麻木究為何因。與顯光談話，聽取其東京與香港視察之報告後，與妻在蘭圃散步，選建小教堂地點。晚課後，修整講稿，至十一時後就寢。

## 四月十一日　星期二　氣候：晴

雪恥：一、官長人壽保險計畫之促成。二、傘兵之組訓與情報之發展。三、敵後空軍電臺之督導。四、海南守棄方針之決定。五、自力更生與獨立復國之決心。六、吊民伐罪、打回家鄉之號召。

朝課後修整復職使命之訓詞稿。十時後到府辦公。與叔銘談對匪俄空軍之戰術及作戰方針，以減少損耗與保持士氣為度，不宜過於冒險。與孟緝談聯合作戰訓練計畫，及加強保甲、肅清匪探之重要。聽取黃珍吾憲兵之報告後，召開宣傳會報，容態憤激，因美國新聞處譯稿之曲解與侮辱，所謂「助紂為虐」之譯意，外交部不能切實糾正為痛。下午午課如常，續修講稿至六時乃畢。晚課後重校「奮鬥目標和努[1]途徑」篇，至十一時完。

## 四月十二日　星期三　氣候：陰晴

雪恥：一、張家〔嘉〕璈[2]、李銘[3]、陳光甫[4]、宋漢章[5]四人，竟函托香港之中國銀行鄭鐵如[6]為代表，參加共匪在北平所召集之中行董事會。張賊竟無心肝至此，是夢想所不及。此為去年慘敗以來，第一件痛憤之事。世態與人心卑劣惡毒至此，是又增進我一重大經歷也，乃知敵人終為敵人，奸黨終為奸黨，

---

1　原文如此。
2　張嘉璈，字公權，江蘇寶山人。張君勱之弟。曾任中國銀行總經理、交通部部長、軍事委員會東北行營經濟委員會主任委員等職。1947 年 3 月至 1948 年 5 月，特任中央銀行總裁。1949 年 4 月赴澳大利亞雪梨大學經濟系任教三年。
3　李銘，字馥蓀，原任浙江第一商業銀行董事長，1949 年往香港，獨資籌組浙江第一銀行。
4　陳光甫，原名輝祖，字光甫，後易名輝德，江蘇丹徒人。上海商業儲蓄銀行與上海商業銀行創辦人。1950 年上海商業儲蓄銀行香港分行以上海商業銀行之名，在香港註冊。
5　宋漢章，原名魯，浙江餘姚人。1948 年 4 月，任中國銀行董事長。1949 年 12 月辭職，由香港到巴西，1950 年赴美國，1951 年定居巴西。
6　鄭鐵如，字壽仁，廣東潮陽人。1922 年後，陸續創建中國銀行汕頭、漢口等分行。1950 年後轉任中國銀行香港分行經理，率香港中國銀行職工向中共當局投誠。

決不能以情感、以理喻也。此亦惟有自反自慚德薄能鮮，小肖乃敢放肆無忌，欺凌侮辱至於此極，能不發奮雪恥乎，戒之勉之。

朝課後記事，修整講稿。十時後入府辦公，召見徐忍如〔茹〕[1]等六人。蘭友報告港情，民心完全傾向於我黨，但張、陳[2]等反於此全國反共高潮中而突然降共，可知失敗主義與投機分子之心理，視吾黨不會翻身而以共匪成功之觀念，毫未變更也，此應知所警惕耳。口授批示。下午午課後，修整三月六日講稿，與徐柏園[3]談中國銀行處理事。

## 四月十三日　星期四　氣候：陰

雪恥：昨晡為張家〔嘉〕璈投共事憤激無已，人心至此，誠有不可思議之感，但又加強我奮鬥雪恥之勇氣更進一步矣。美國空軍飛機八日在俄國領空為俄機截擊而失蹤，此乃履霜堅冰至。第三次大戰，杜、艾等愚昧昏弱，力求避戰，無如其部屬已至不能再耐之程度何。此乃人類存亡所關，豈僅吾國一國之興滅。冥冥中自有主宰，決非人力所能強制也，惟有盡其人事耳。

朝課後記事，九時半入府，約鴻鈞等商討對中國銀行商股董事張、陳、宋（漢章）、李等附匪，且匪已推該逆等為該行新常董，設法處理辦法。最後決定派鴻鈞、蘭友，勸告其來歸，或不接受匪董之聲明，一面中行在臺召集董事會，改組董會，並由政府以北平匪董會為非法之聲明，只有如此辦理。召見侍衛官與政工視察人員後，修正講稿。正午宴老者，下午午課後，校正講稿。晚課後，編輯研究院講詞第二輯完，認為重要工作也。

---

1　徐忍茹，原名沛德，號小聲，浙江嘉興人。歷任中國國民黨黨史史料編纂委員會編纂、代理主任委員。1949 年運送史料從廣州遷至臺灣。1950 年秋，改任纂修之職。
2　張、陳即張嘉璈、陳光甫。
3　徐柏園，1949 年赴香港接掌中國銀行董事長，年底抵臺。時任臺灣區生產事業管理委員會常務委員兼主任秘書。

## 四月十四日　星期五　氣候：陰晴

雪恥：一、著述革命魂。二、三民主義過去不能實行原因之研討：甲、共匪反宣傳的影響。乙、本黨誠信不孚。丙、內外交迫，政治不能安定之影響。丁、民生主義之經濟政策、平均地權與社會制度未能積極建立。戊、人民受反動蠱惑，不能堅信主義、擁護領袖，而對於民權主義認識不足，民主精神與習慣皆不能養成，因之主義無法實行而失敗，乃被共匪所算，而中華民國危亡矣。

朝課，記事，寫適之[1]、少川[2]、德戡、子良[3]等函。十時半入府辦公。十一時半召集情報會談，臺灣各地警察局長已多通匪者，實為最嚴重問題，應澈底究辦。下午午課後，重補制度與組織篇畢。五時接見韓國商業代表團後，校讀廬山訓詞。晚課後，聽取演習預備計畫報告，再讀訓詞。十時半入浴，就寢。

## 四月十五日　星期六　氣候：晴

雪恥：一、重振紀綱，建立制度，改造風氣（貫澈命令），達成任務。二、恢復連坐法，製定命令法（紀綱）。三、實行政工制度，恢復三聯制，改革後勤業務，加強情報組織（制度）。三[4]、實行實踐運動，恢復新生活（風氣、精神）（服務）。四、授權責成，分層負責（制度）。五、解釋政工法規。六、製定實踐綱領。七、取締奢侈品。

---

1　胡適，字適之，安徽績溪人。1946 年 9 月任北京大學校長，1949 年 4 月赴美國。1950
　　年 9 月至 1952 年 6 月，任美國普林斯頓大學葛思德東方圖書館館長。
2　顧維鈞，字少川，1946 年後擔任中華民國駐美大使長達十年。
3　宋子良，原籍廣東文昌，生於上海。歷任國際復興建設銀行代理理事兼中國銀行、交
　　通銀行董事、中央信託局理事及出席國際貨幣會議中國代表。1949 年赴美。
4　原文如此。

朝課後記事，考慮英國運用諒解，以其影響美國對華政策之進行方針。十時入府，處理公文，召見西康、新疆來臺同志，慰勉之。召見孟緝、公超後，軍事會談。軍糧困難至此，殊所不料。指示聯合演習着重在下層基本動作及應準備要旨。下午午課後，修正實踐運動綱要草案，與合眾社記者談話約一小時畢，獨在蘭圃散步回。晚課後，校正第三任務如何達成講稿。十時入浴後就寢。

## 上星期反省錄

一、共偽在北平仍沒收英國舊營房產業，英國承認共匪政策至此完全失敗，其不能不有所轉變乎。

二、「急煞夫」即傑塞普發表其對亞洲視察之感想，廣播中其對臺灣視察隻字不提，而且說不幸我未能前往訪問那個不愉快的國家（中國），而其對我政府及其所在地視若無睹，而專以共偽為代表中國之觀念，愚劣實不可及，而對華侮辱亦云極矣，是可忍乎？但此乃更增加我動心忍性之浩氣，除雪恥圖強自矢外，尚有何言。

三、美機在波羅的海上空被俄機擊毀無蹤。

四、張家〔嘉〕璈、李銘、陳光甫附逆投共，是乃其有仇必報，仇敵終為仇敵之又一教訓也。

## 本星期預定工作課目

1. 海南撤防之實現。
2. 中國銀行董事會之改組。
3. 孫立人部重要人事之調整。

4. 定海、金問〔門〕防務之加強。

5. 聯合作戰演習之指導。

6. 革命實踐運動綱領規章之完成。

7. 對英外交之運用。

8. 對日和會於我利害之研討。

9. 駐日代表團人事之研究。

10. 漢奸必亡論與自力更生論。

11. 國際形勢與中國復興論。

12. 志氣與節操、愛與信、生與死論。

## 四月十六日　星期日　氣候：晴

雪恥：一、第卅二軍人事處理。二、陳儀之審判。三、李鴻[1]等處理。四、對研究員通信及發刊物之規定。

朝課後讀總理黃埔開學訓詞，準備講稿。十時前到研究院第五期開學禮，訓話足一小時半，誦讀印本小字五千餘字，未帶眼鏡，亦並不覺過於疲倦，可知體力、目力皆健全未損，為慰。此次精神講話可集成一篇革命魂，未知聽者果能有所感動否。講完，召見陸海空軍各總司令，指示海空軍在定海者，對匪空軍之防範與作戰要旨。下午午課後，與妻車遊新竹未果，至楊梅前方路右高岡上休息茶點後折回。六時回寓，入浴，讀遺訓。晚課畢，約柯克夫婦晚宴。

---

1　李鴻，字健飛，湖南湘陰人。1947年秋，任新編第七軍軍長，兼任長春警備司令。1948年10月長春失守，連同所部遭繳械，後獲釋。1950年2月，攜妻女偷渡香港，5月因孫立人之邀來臺，6月遭逮捕下獄。

## 四月十七日　星期一　氣候：晴

雪恥：一、倫敦五月初旬三外長會議以前之運用。二、三外長會議內容與重要任務為何。三、其對俄和與戰方針之決定乎。四、杜魯門求和政策果能貫澈而不能變動乎。五、對日和約如開會：甲、美國其果不要我政府參加，而允共偽代之，於其美果有益乎。乙、俄國必以上項條件而為美、俄和談之基點乎，危險極矣。丙、以理論之，此時開對日和會，於美有害無利，其果真能放棄太平洋防務乎。

朝課，記事，準備視察海南。九時對反共抗俄婦女會致詞後，入府辦公。審閱女諜王〔黃〕珏、王〔黃〕正[1]姊妹案，其與孫立人之關係深切可駭，立示其逮捕王〔黃〕母[2]，實有重大嫌疑也。得海南有匪約一師兵力登陸，趕築灘頭陣地中之報，乃以匪情未明，故中止飛瓊。召集一般會議，討論外交與海南戰略方針。下午午課後，清理積案，到研究院點名訓話，講解總理黃埔開學詞，約一小時畢，入浴。晚課後，摘錄遺教。

## 四月十八日　星期二　氣候：晴

雪恥：一、臺灣各軍區司令人選。二、整理孫[3]部內主要人事。三、海南撤防之決定。四、駐日代表團人事之研究。五、杭立武[4]赴英何如？六、派楊宣誠[5]為參軍。七、薛岳調國防部長？

---

1　黃正，臺灣防衛司令部女生大隊生活指導處指導員。1950 年 3 月因過失洩漏軍機被捕，判刑十年。
2　吳家瑛，湖南湘鄉人。黃珏、黃正之母。
3　孫即孫立人。
4　杭立武，1949 年政府撤臺後，就任教育部部長，籌組並出長故宮中央博物院聯合管理處（故宮博物院撤臺後之暫時組織）。
5　楊宣誠，字樸園，湖南長沙人。曾任軍令部第二廳廳長，1949 年起，任臺灣省政府顧問、臺灣區生產事業管理委員會委員、臺灣省農林公司董事長等職。

朝課，記事，十時前入府辦公。與至柔談海南戰況，及指示其各高級軍事機構參謀長及情報通信等人事之調整與統一問題畢，處理與聽判公文，召見徐學禹[1]與趙琳等。經兒今日飛定海視察。劉乙光[2]為張學良[3]事來見。下午午課後，到陽明山，即草山研究院，召見學員十二人，與希聖談實踐運動綱要及漢奸必亡之列〔例〕證材料。回寓，晚課。先見鴻鈞等，自港回來報告偽中國銀行董事陳光甫、張家〔嘉〕璈等之態度，毫無結果，自在意中。晚與伯南[4]談海南撤防問題。

## 四月十九日　星期三　氣候：晴

雪恥：一、各部隊不得收容無保及身分不明之員兵，並嚴禁勾引友軍士兵補充。二、整頓軍醫業務與征集醫生及調整軍醫。三、撤消廿九師幹部師番號。四、指示定海防務，準備匪以優勢空軍先摧毀我陣地，而我無空軍助戰之情況下，以策定各種戰鬥部署。

朝課後記事，十時前入府處理公文。與柯克商討海南撤防問題，彼自不贊同，乃屬彼與桂永清飛海南視察戰況，並增派海空軍，加強阻匪渡海之後續部隊，必待登陸之匪消滅後，再行撤退也。上午為海南問題之處置，除召見顯光與立武，談對英策動步驟外，皆着力於軍事也。下午午課如常，審閱學員履歷自傳，召見十二員。回寓。晚課後約見叔銘，研討對上海空戰方法頗詳。約見陳伯南、桂永清與柯克後，入浴，十時半就寢。

---

1　徐學禹，浙江紹興人。國民大會代表。1949年3月任招商局董事長。
2　劉乙光，原名書之，字乙光，湖南永興人。1937年出任軍統局直屬的張學良管理處主任，負責監管張學良。
3　張學良，字漢卿，奉天海城人。1936年12月12日，與楊虎城向蔣中正「兵諫」，爆發西安事變，12月25日，釋放蔣中正，並隨蔣回南京。12月30日被判刑十年，五日後即被特赦，但一直遭到軟禁。1946年11月起居住新竹縣五峰鄉清泉溫泉。
4　陳濟棠，字伯南，廣東防城人。1949年任海南行政長官兼海南警備司令。1950年到臺灣，任總統府戰略顧問。

## 四月二十日　星期四　氣候：晴

雪恥：一、昨晚柯克特來報告，菲律濱召集會議，未發我政府之請柬，彼極為駭異，余乃澹然置之。如果有此，其必為美國務院必欲將置我國於國際社會之外，不僅不許我存在於聯合國，而且必欲除去我國在亞洲，西方國家所認為劣等民族之列，亦不許我存在，並以此將為驅逐我在聯合國之張本。言念及此，國際之無道義及其卑劣殘忍，真令人寒心不置。

本日朝課後，約集張、王、葉[1]等，研討對菲會議之方針，余以其現擬集會之宗旨，與去夏與菲總統及韓總統[2]所洽商者，其性質全變，並由英國集團參加，其用意並非在贊助而乃在作梗，否則亦必將由其操縱，決不使我中、韓、菲遠東國家成立反共集團，以脫離其英人之掌握也，故決定不當參加。至於英、美排除我國，不令菲國邀我參加之說，則並不為意，不過我能先自主動表明不願參加，則於國家地位與國民心理有益而無損耳，彼等同意也。上午常會後，入府辦公，寫石覺信。

## 四月二十一日　星期五　氣候：晴　晡雨

雪恥：昨下午午課如常，批示致菲總統電文，考慮修正三度乃發。四時召見學員十名，會客六人。晡批閱。晚課後召見徐柏園，聽取其本日中國銀行改組董事會經過之報告。最可慰者，宋漢章雖委托人出席北京偽董事會，而其個人不顧共匪脅誘，仍致手書派人出席今日之會，此其人格與愛國之心，乃與陳光甫、張家〔嘉〕璈等之奸商，誠有天壤之別。

本日朝課跪禱敬禮，已復常課，以左手麻木與跪禱無關也。忽憶卅六年此時，

---

1　張、王、葉即張羣、王世杰、葉公超。

2　李承晚，號雩南，韓國黃海道人。長年推動韓國獨立運動。1948 年任韓國制憲國會議長，同年當選韓國大統領。1951 年創立自由黨，自任總裁。

即清明後回鄉掃墓，返京途中，曾遊紹興禹陵，對大禹之心油然勃興，不慎而向其偶像行鞠躬禮，事後感覺違我教義，恐觸天父之怒，自此以後三年之內，國家竟一敗塗地至此，是乃應得之懲罰也。惟迄今正足三年，慈悲天父似已可赦免我無心之罪惡，而且懺悔改過，無時或已，深信天父自今已能赦我罪愆，而重得恩寵護佑。因之頓覺心地光明，其中和虛靈，澹泊沖漠之象，誠有不可形容之樂趣也。

## 四月二十二日　　星期六　　氣候：陰雨

雪恥：昨廿一日上午記事後，九時半入府，指示葉部長[1]對菲駐臺代辦，面告其餘不願參加其碧瑤會議之誠意，並諒解菲總統之苦衷，使之不致誤會，並以此另電邵大使[2]，面達韓國總統以示聯誼。以李承晚總統在我如此窮危失勢之時，惟其表示最為親善，足見同文同種，真正東方民族道德之高尚，而季利諾則已非東方純粹之血統矣。十時到省黨部訓話，回府召集經濟會談，解決財政金融與經濟重要事項，及督導下月份軍費之籌撥，討論至十三時後方畢，自覺甚有進步也。下午午課後，到研究院召見學員十二人畢。十八時半，到醫院檢查身體，內外皆甚健全，惟左手股似有乏力之現象，故左手麻木或為此耳。晚餐後晚課。接報，知共匪在海南登陸部隊向其北平朱德[3]電話求其增援，並知其後續增援部隊尚未派定，是渡海之匪已呈其危急心理矣。又得新聞電稱，海南匪部多數投降云。

---

1　葉部長即外交部部長葉公超。
2　邵大使即駐韓大使邵毓麟。
3　朱德，字玉階，中華人民共和國成立後，先後擔任中央人民政府副主席、中共中央紀律檢查委員會書記、中華人民共和國副主席、中共中央副主席等職務。

## 上星期反省錄

廿二日。朝課記事後，八時半出發，十時到湖口參加聯合作戰演習。上午課目為對降落傘部隊之殲滅，演習傘兵毫無實戰精神，戰車與步兵協同動作亦未充分也。與白鴻亮談話，即在湖口營舍聚餐。下午午課後，到坑子口參加海岸防戰演習，最近技術隊所發明之成功雷，在水上燃燒，正面較廣，時間約有三刻鐘之久，頗適海防之用。其他地雷敷設，爆炸亦極猛烈，較之上午演習為佳，惜步兵行動總不能適合實戰，應切實糾正。十七時完畢，回程在途中靜默三刻時，以代晚課。本日海南戰況突變，據報薛岳已離海口而遷榆林，可知昨晚中央社戰報完全誑妄虛偽，誠令今後宣傳無法取信，可恥之至。晚見柯克由海口回來，詳報戰況突變情形甚詳。[1]

## 本星期預定工作課目

1. 海岸成功雷布設地點與爆發時間應注意。
2. 定海民船之偽裝與分藏各港口附近，岱山重要。
3. 臺北防衛工事之限度。
4. 砲兵、戰車、輜重、運輸各種兵器材之調整。
5. 工兵與通信兵技術爆破隊器材工作之合作。
6. 聯勤、運輸、交通、衛生補給業務之調整。
7. 機動性戰爭教育之養成。
8. 第六軍人事之變動。召回武官訓練。
9. 黨的改造開始。
10. 立監會之分約。

---

1　此段文字係書寫在上星期反省錄頁面上。

11. 密電上款與下款之特密符號只准一銜。

12. 幹部師之調整，其幹部之配屬各單位與訓練及使用。

13. 嚴令偽裝訓練。

14. 澎湖防衛之重要性。

15. 製發招降傳單。

16. 保護水電廠。

# 四月二十三日　星期日　氣候：雨

雪恥：一、警告內地遷臺之要人，嚴守法規與秩序。二、召訓黨政人員以臺灣為先。三、減省汽車。四、總統府、國防部及各院部會簡任以上人員表製定呈掛。五、約見立監委日期。

朝課後召見葉部長，報告菲總統對余前電狀似驚駭，以為中國必要參加其所召集之會議也。彼乃表示對此舉暫守秘密勿宣，以待陳大使[1]星三日回菲，予之面商再作答覆。其意以中國非參加，則此會將流產也。既知如此，何不與我先行協商耶。上、下午皆手擬孟子養氣章講稿，約有二千餘字，將以此為軍人魂之主旨也。午課、晚課如常。晡與妻車遊臺北東區，未到松山即回，以妻疲勞過甚，故勸其遊憩以資調息也。晚下棋，記事。

---

1　陳大使即駐菲律賓大使陳質平。

## 四月二十四日　星期一　氣候：雨

雪恥：一、演習總講評之研究與督導。二、增派運艦接運海南部隊。三、鐵路橋梁之預備材料。四、臺東、花蓮間工事之加強，全臺工事之加強縱深度。五、準備視察定海。

朝課後七時出發，乘火車到新竹以南之內湖南方高地統裁演習，途中讀正氣歌，擬製民族魂稿，未能完成。演習自九時開始，十一時完畢，乃至新竹招待所休息，續擬前稿。正午聚餐後，聽取白鴻亮君對於演習觀感之報告，頗扼要也。休息，午課。三時集合連長以上官長講評。五時乘火車回臺北。途中與柯克商討海南撤退之宣傳及延聘顧問等問題，彼乃誠信精實之良友也。七時回寓，入浴，晚課。餐後續擬前稿，十時半寢。

## 四月二十五日　星期二　氣候：雨

雪恥：一、金門部隊增加事。二、各要塞之校閱與督察。三、定海糧食與水泥及油量之運撥。四、約白鴻亮等茶會。五、注重澎湖防務。六、軍校校長人選。七、彭孟緝談話。八、增製地雷。八[1]、江杓工作。

朝課後續草持志養氣講稿。十時入府辦公。召見葉部長，審閱對駐菲陳大使之訓令稿，無識無膽，何能主持外交，可歎。會客，閱美聯社昨由海南所發新聞電稱海南高級將領談話，以余妒嫉其將領坐大而不惜犧牲瓊島，殊為奇怪，此乃薛岳之所言，其忘恩負義，為掩飾其本身罪惡而不惜污辱國家與領袖，此人之背謬，乃為白崇禧之第二也。余對廣東舊日將領之寬大愛護，而

---

1　原文如此。

今皆成反噬之狂犬，薛岳、張發奎[1]、李漢魂[2]三人為尤甚也。正午召集宣傳會報，此次海南撤退之宣傳，始則薛岳誑報大勝，繼又諉卸責任推於領袖，真使貽笑中外，今後宣傳信用不可挽救，其損失之大，甚於失陷十個海南矣。薛岳之罪，誠難再恕矣。

## 四月二十六日　星期三　氣候：雨

雪恥：昨下午午課如常，到研究院召見學員十二人，入浴，回寓，續草講稿。香港與世界各地因海南失敗與薛岳談話，其影響國家地位與領袖威望，幾乎無法補償。復職以來一月餘所建立政府之信仰與全民之殷望，完全為薛岳一擊掃地殆盡，此其罪惡比之降敵賣國者為尤甚也。但此心泰然，並不為意，以此次撤退海南，實為今後戰局與國運最大之關鍵，亦為最後之要着，一切毀譽皆可置之度外也。晚餐後晚課，續稿，十一時睡。

朝課後記事，續草講稿。十時入府辦公，指示周[3]總長應速處理各要務。約見李〔羅〕萬俥[4]、洪維達等，批核國防部組織法及任用人事手續。與雪艇談話，乃知至柔以薛[5]擅撤海口為違令，應嚴懲，否則彼欲辭去總長職務，乃慰之。下午午課後，自三時半至六時半，續草民族魂講稿初畢。約伯南等晚餐後晚課，十一時寢。

---

1　張發奎，字向華，廣東始興人。1949年9月，舉家定居香港。1950年與左舜生等組織「第三勢力」，成立「民主戰鬥同盟」，任召集人。

2　李漢魂，字伯豪，廣東吳川人。1949年任何應欽內閣及閻錫山內閣內政部部長，之後隨李宗仁赴美國紐約定居。

3　周即周至柔。

4　羅萬俥，號半仙，臺灣南投人。1948年當選為第一屆立法委員，並出任中國國民黨臺灣省黨部執行委員。

5　薛即薛岳。

## 四月二十七日　星期四　氣候：臺雨　定海晴

雪恥：晨起夫妻合禱後，朝課畢，記事。九時入府，與雪艇談對英密談要旨，如能在下月倫敦英、美、法三國外長會議時，使美國對華政策有所轉變，則幾矣。十時起飛，柯克將軍同行，商討定海戰略，彼甚以匪方機場多過我十之八，無論其有否噴氣機，即使空軍質量、數量皆與我相等，而其可利用多數機場，則我必處於劣勢，以理以力而論，我定海無法固守確保，不能不主動撤退，以全力確保臺灣為上策。余未至定海視察完畢以前，未敢下此決心也。正午到定海，在途中審閱洪國式第四、五各次報告，頗覺重要。下午三時至七時，視察外洋螺、天童山至岑港碼頭裡釣山西岸一帶工事，再經夏村、分水莊、小沙莊至杆欄碼頭巡視後，已黃昏時節，乃到舒家宿也。午後未能假眠，但午課如常，視察四小時，不覺疲勞為慰。此乃定海防禦工事加強，進步甚速，全島公路密布，而且路基甚固，尤其北岸碼頭修築工程甚佳，使全島軍事形勢為之改觀，比諸六個月以前來視察時，殊有天淵之別。而男女民眾沿途修路架橋，擔荷工作，忙苦異常，而其體容快樂溢於顏面，士兵亦甚健康，軍民合作可謂無間，此實使余心身忘倦也。晚課後十時就寢。

## 四月二十七日 [1]

晨起，夫妻共同禱告，朝課後記事，九時入府，與雪艇談對英外交，指示其進行要旨，在下月倫敦三國外長會議時，使美國對華政策能有所改變也。十時後起飛，柯克同機商討定海戰略，彼以匪方空軍機場數多過我十之八，無論空軍數量如何，但其性能如何相等，則我已處於絕對劣勢，以理以勢，我定海不易固守，故彼意主張乘匪未攻之前，自動撤退，使兵力集中，以全力

---

1　本段記事應為草稿。

保守臺灣為上策。余以海南撤退程度未定，而且匪機內究有俄式噴氣機否，皆未判定以前，不能決定，即使匪來進攻，亦應先予決戰，受我打擊敗退一次以後，再行撤退也。十二時半到定海，在途中審閱匪探洪國式第四、五次之報國〔告〕，甚覺重要。下午三時至七時，自定海域出發，視察外洋螺、天童山至冊亨？碼頭一帶工事部隊，再轉折向東北，經夏村、分水嶺、小沙莊至杆欄新修大碼頭後，乃到舒家宿也。午後，未能假眠，但午課默禱如常，視察四小時，不覺其疲勞為慰。此乃以定海守備工作進步甚速，全島公路密布，而且路基亦良，尤其北岸碼頭修築更佳，使全島軍事形勢為之改觀，各地工事加強，比諸去年十月以前來視察事〔時〕，殊有天淵之別。而民眾男女沿途修路築橋，其體容快樂溢於顏面，士兵亦甚健康無病，此實使余心身快慰，故能忘其疲勞乎。晚餐後，晚課畢，十時就寢。

## 四月二十八日　星期五　氣候：晴

雪恥：朝課後記事，天朗氣清，得嘗古鄉風光，認為最大幸福，實依依不忍捨離。每憶少年侍奉賢慈[1]，進香招寶山與普陀天童靈峰時，更覺古鄉情景之可貴而難得，未知今後何時得能仰賴天父佑華，剿滅奸共，驅除俄寇，重返古鄉，感謝上帝恩眷也。記事後，與柯克朝餐畢，飛往岱山，視察岱山與長塗二島形勢後，降機乘車視察高亭碼頭，中途在高顯廟滃洲縣政府巡視後，乃經洪家門冷坑，循其東北角公路而回岱山機場，飛定海已十二時。午課如常，召集營長以上官長，點名聚餐訓話後，再與各師長以上談話畢，召見根本博，即在新生俱樂部晚課。晡回舒家，約各軍師長晚餐，並指示要務，九時半就寢。

---

1　王采玉（1864-1921），為蔣中正之母親。十八歲前夫故去，二十歲再嫁蔣肇聰為繼配，1887 年，生蔣肇聰次子蔣中正，後又生一男兩女：蔣瑞蓮、蔣瑞菊、蔣瑞青。

## 四月二十八日 [1]

要務：一、決定岱山與定海作戰重點。二、編組岱山部隊成軍。三、岱山指揮官之調換。四、瀚洲縣長之調換。五、工事材料之分配。六、各碼頭工事之構成。七、偽裝與假工事之重要。八、山腹工事之注重。九、民食之賑濟與老幼之發糧。十、墓石之限度，切勿露棺。十一、輝門碼頭偽裝。

朝課後記事，天朗氣清，得嘗古鄉風光，認為最大幸福，實依依不忍捨離。每憶少年侍奉賢慈，進香招寶與普陀天童時，更覺古鄉情景之可貴而難得，未知今後何時再能仰賴天父佑華，剿滅全國共匪，驅逐俄寇，重返古鄉，感謝上帝恩眷矣。記事後，與柯克朝餐畢，乃即由舒家出發至機場，飛往岱山上空，視察岱山、長塗二島形勢後，在岱下機，乘車直往高亭碼頭巡視。中途在高顯廟瀚洲縣府視察，休息。據報，其縣長、秘書皆有庇護共匪行為，決予撤換也。視察畢，乃經洪家門、後沙頭〔洋〕、冷坑，即東北角公路而回岱山機場，至定海已■■時。午課如常。對全島營長以上官長點名、聚餐畢，訓話約一小時餘後，再與師長以上高級將領談話畢，已五時。召見根本博，即在新生俱樂部靜坐、默禱。晚課後，回舒家寓所休息半小時，約宴高級將領指示後，默禱。九時半就寢。

## 四月二十九日　星期六　氣候：定海雨　臺北陰晴

雪恥：一、定海戰略之研討與準備工作。二、海南部隊來臺後之駐地及編整問題。三、臺灣動員之進行步驟：甲、縣市長之人選。乙、各級民意機關與黨部之打成一片。丙、公營事業之整頓與人選。丁、各社團之發動。

五時起床以前，初醒而聞子規，更切思親愛鄉之念矣。朝課後記事畢，與柯

---

1　本段記事應為草稿。

克聚餐，研討定海戰略與最近部署。余意共匪究有俄製噴氣式飛機否，及海南撤回兵力究能有多少，數量未明以前，不能有所決定也。九時入城內指揮部，指示石[1]司令應處理要務，及召見省黨政各委員與努力之鄉長畢，乃即起飛，十三時半回臺北。途中審閱洪國式供詞，頗多疑問。下午午課畢，四時後與妻車遊淡水。回寓晚課後，約薛岳晚餐，聽取其報告畢，重修民族魂講稿。

## 上星期反省錄

一、巡視定海，感想無窮，關於今後戰略之要旨與全局之成敗，不能不作最後之基本打算也。

二、海南島撤退本為正當之行動，而竟遭無稽之毀謗，而且至不可補償之程度。事後雖薛岳聲明，證實美聯社記者有意作挑撥內部與毀謗領袖之謠諑，然已無補於事矣。

三、張家〔嘉〕璈等托人至北京參加中國銀行偽董事會，對我政府勸導人毫不理會，此乃於我平生刺激之深刻，實為少有者也。

四、孟子養氣章之講解，著述民族正氣篇，一名民族魂。在此危急困阨之時，而竟於萬分苦忙中，敢不遺餘力草成初稿，以償卅年來未竟之志，實亦苦中之一樂也。

五、美國參議院議長及其國務院，不斷的聲言南韓不在其太平洋防線之內，此無異喚起俄國侵韓之野心。簡言之，明白通告俄國可併吞南韓，美國決不加干涉也。預料俄國今夏在亞洲之行動，必先將南韓完全佔領，使其在東亞海岸線之第一缺口補塞無隙，然後再西向越南、暹邏、緬甸各國海岸線佔據完成，則其南向印尼，西指印度，乃可左右逢源，為所欲

---

1 石即石覺。

為。如此，則英屬之香港、馬來亞，皆可不戰而得。英國自不能不忍痛放棄整個之亞洲，其百餘年來慘澹經營所得無上統治之殖民地，完全為中華民族國民革命之故而澈底推翻，彼英自不甘心還其臣奴之黃種民族，而寧願退讓於蘇俄焉，是亦人情之常乎。

# 四月三十日　星期日　氣候：陰晴

雪恥：一、據空軍對上海匪機偵察照相報告，確悉俄製噴氣式飛機排列在其機場上，乃得證實無疑，乃決心放棄舟山群島，集中全力在臺、澎，以確保國家微弱之命根。惟未知撤退任務能否實現，如匪於五月中旬以前，不對舟山進攻，則幾矣。天父乎，懇速佑護是禱。

朝課後，增補民族魂講稿畢。與至柔、辭修商討舟山撤防方針，明告其要旨，與其連戰連勝之後，至終無力補充或無法接濟，仍不能不撤時，則不如主動撤退，以固最後基地為得計，令其切實研究後，呈報候核。另商海南撤回來臺部隊之駐地，指示其方針後，決將其主力大部不來臺灣，而先分駐澎湖、金門，以免紛擾臺灣秩序也。會見沈姆生後，續稿完成付印。

下午午課後，記事。妻在大溪准見張學良，並未有何請求也。晡與妻車遊基隆市外，回寓晚餐後，晚課。十時半入浴，就寢。

# 上月反省錄

一、此次海南放棄方案，以長時間之考慮與準備，認為時間已到，故毅然撤退。對於宣傳，事前亦甚注重與預備，不料美聯社記者在海南故作反動宣傳，對我內部則肆意挑撥，對外乘機詆毀，擴大我失敗影響，必使我內外信用喪失無遺，其欲將自復職以來所樹立之威望與人民之殷望，皆為之粉碎殆盡。此乃共黨利用外國記者為其工具之陰謀，而美國務院亦利用其記者反宣傳，以期達成其毀蔣亡華之政策。余於此乃特有所悟，凡外國人決不願使你已敗之國家與貧弱之民族而得翻身，否則於其何益，而且彼將認此為害，故藉外國助我獨立自由者，必為妄人痴子，今可恍然大悟矣，於人何尤。惟有力加自責自反，以求自力更生而已。

二、俄國在波羅的海上空擊落美國海軍飛機，毀跡滅蹤。美國抗議不僅無效，反被駁斥。此乃世界變化之開端，但美國外交之愚拙無能，必將促進世界戰爭之距離也。

三、美參議院對拉鐵摩爾案，引起其國內對國務院政策為共黨所操縱之認識又進一步，故其人民對華之認識亦將逐漸增強，然而中國已不了矣。

四、菲律濱國內共亂之危機日增，而其召開所謂東南亞民主會議，猶不肯作罷，任英、美操縱利用，而不恤對我國之方針，仍不肯明示態度。而余示以不願參加，則現驚惶失措，但其又不敢明白表示反共之宗旨，故其實與去年碧瑤宣言之精神完全不符矣，何苦如此。

五、英國與共匪偽組織，至本月共偽佔領其北平舊營房之形勢，更無妥協之望乎。

六、聯合演習成績雖不佳，但得益殊不少也。

七、俄製噴氣式機已在上海發現，我軍已照有相片為據，故對定海之撤退，不能不下決心也。

八、本月份工作，無論在軍事、政治，自覺皆有進步，而於軍事教育與哲學之所得更大也。

九、今後俄國在東方之行動，彼既已〔以〕新式空軍與高射武器為共匪填防
中國沿海岸之全線，勿使我空軍再在大陸自由活動，則其中國沿海岸既
經確實掌握，而其第二步必將韓國海岸線全部佔領，使遠東沿海岸皆高
枕無慮，如此則亞洲大陸不難整個控置〔制〕矣。美國無知蒙昧，一至
於此，能不痛心。

# 五月

蔣中正日記
Chiang Kai-shek Diaries

**蔣中正日記**
Chiang Kai-shek Diaries

# 民國三十九年五月

## 本月大事預定表

1. 改造本黨方案之審定。

2. 臺灣總動員之督導。

3. 五中全會日期之預定。

4. 定海戰略問題之決定。

5. 倉庫之清理與配售之督導。

6. 物資局之解決。

7. 駐港人員之指定。

8. 軍官保險制之發表。

9. 各軍不得收容無保及身分不明之兵員，並嚴禁勾引友軍士兵補充，其主管
   應加嚴處。

10. 整頓軍醫業務與登記醫生及征發章程。

11. 撤消廿九師幹部師番號。

## 五月一日　星期一　氣候：陰

雪恥：一、改造本黨案之重審。二、臺灣總動員之程序。三、香港執行部人選。四、定海戰略之重審。五、五中全會日期。六、對國際問題與中國態度之談話要旨。七、苛政必敗之史料。

朝課後記事，與至柔商討定海戰略，彼以撤退為難，並以俄國噴氣機僅限於防衛上海而不取攻勢為言，余甚為不然也。十時到研究院，講讀軍人立志與養氣篇，即民族魂，深以研讀孟子養氣章，每夕背誦二十餘年無或間斷，而未得功效為愧也。正午召集一般問題，會題集中於預算與美國記者之接待計畫兩問題。下午午課後，到研究院召見學員與會客。心緒沉悶異甚，但仍續修講稿，不敢或懈耳。晚課後，與柯克及至柔商討定海問題。召見黃仁泉[1]，十二時寢。

自今日起改為夏令時間，即提早一點鐘。

## 五月二日　星期二　氣候：晴

雪恥：一、發節金。二、伯南住處。三、對記者談話稿：甲、中國為保衛東方民主陣線而反共抗俄，自愧單獨作戰四年之久，以致疲弱失敗，對我民主友邦殊為慚愧，不能達成其任務。乙、海南既失陷，現能在西太平洋上，還能與共俄奮鬥決戰之決心與實力者，惟此臺灣一個孤島，這真是美、亞在太平洋上反共抗俄之惟一堡壘。如果失此不保，則太平洋各國即失所掩護，其赤禍漫延之速，無形的戰爭必比熱戰要超過幾倍，再無法遏止此橫決之赤禍了。丙、中國在聯合國發起組織，又承羅斯福[2]竭誠合作提攜，成為遠東民主國之中堅力量，而今竟為其反共抗俄而失敗，將使聯合國陷於國聯之覆輒〔轍〕，更為不幸。但中國必竭誠其一切，為聯合國憲章奮鬥到底，而且願為之犧牲到底，決不有所退縮。無論其盟友政策如何，中國必不愧為民主自由主義的鬥士，敢任前鋒，以捍衛其主義到底。

---

1　黃仁泉，黃仁霖三弟。曾任勵志社幹事，戰時於駐美大使館任職。
2　羅斯福（Franklin D. Roosevelt, 1882-1945），美國民主黨人，1933 年 3 月至 1945 年 4 月任總統。

## 五月三日　星期三　氣候：晴

雪恥：昨（二）日朝課後續修講稿，與經國談定海戰略，研討得失利害，彼將飛定海會議也。十時入府辦公，批示公文，清理積案，召集黨務會談，頗有助益。下午午課後，到研究院召見學員與蕭同茲[1]等。回寓續修講稿後散步，晚課，餐後續稿，十時睡。

本（三）日朝課後續修講稿，十時入府辦公，指示對美記者談話稿要旨。下午與柯克、辭修、至柔研討定海守與不守問題，辯論至三小時之久，尚未能決定。除柯克以外，皆與余意旨相反，多不主張放棄也。乃令再加詳討，暫不斷行。午課如常，召見學員十二人畢。入浴後修正革命實踐運動綱領，晚課後續修至十二時前就寢。

## 五月四日　星期四　氣候：晴

雪恥：一、臺灣動員方法與準備：甲、黨政民意幹部之訓練。乙、加強行政人事與效能。丙、公營機構人事之改革與緊縮。二、臺灣營產之整理與調查及分配或出售。三、軍官待遇之提高及其來源（增加鹽稅）。四、軍倉物資之清理與估價。五、官長保險令之公布。

朝課後與陳之邁[2]談話，聽取美國最近對華情形後，修正實踐綱要草案。十時入府，處理要務。十一時在臺北賓館接見美國新聞記者團後，到非常委員會，通過本年度國家總預算案。下午午課畢，記者來寓照相後，到研究院召見學員十二人。回寓補正民族正氣講稿，晚課如常。

---

1　蕭同茲，原名異，字同茲，以字行，號涵虛，湖南常寧人。時任中央通訊社社長，10月中央通訊社改組，改任總社管理委員會主任委員。

2　陳之邁，筆名微塵，天津人，祖籍廣東番禺。1948年10月，任出席聯合國糧食組織特別大會中國首席全權代表。1950年任駐美大使館公使，出席聯合國代表團成員。

## 五月五日　星期五　氣候：陰晴

雪恥：一、對記者談話稿：甲、美國對華門戶開放及其本身門祿主義[1]之基本國策，與正義公理、輔弱抑強、反對暴力專制之民主主義能否改變。二、賴依赴俄之陰謀及預防：甲、英、美對俄之條件：子、中國代表團犧牲之交換代價。丑、東方問題，要求俄國之停止進攻。寅、歐洲問題（德、奧）。卯、日本問題。辰、管制原子問題。三、造成慕尼哈悲劇與犧牲聯合國之精神與原則，美國是否可做，及其在國際影響與後果如何。

朝課如常。初醒時，切思革命實踐運動在本日總理紀念日宣布，再三考慮，慎重起見，暫時停止。九時到中山堂紀念會致詞，約三刻時畢。入府休息，辦公，續修實踐綱要未成。召見國楨、顯羣、道儒[2]等，商討暹米誤期之原因及其責任，又商軍費與經濟問題頗久。下午午課後，續修實踐綱要至六時後方成，乃與妻車遊淡水，研討記者來臺之影響頗佳為慰。約西藏嘉樂頓珠[3]夫婦晚餐畢，晚課後十二時睡。

## 五月六日　星期六　氣候：陰雨

雪恥：一、對日和約問題。二、電羅又倫[4]回國。三、駐日代表團人選。四、士兵蚊帳與雨衣之製造。五、軍官保險基金之酬〔籌〕撥。六、日布與易貨交涉。七、軍隊辦公費與增加俸給基金之酬〔籌〕撥。

---

1　門羅主義（Monroe Doctrine），美國總統門羅（James Monroe, 1758-1831）提出美國應對美洲的事務具備掌控權，歐美各國不得再於美洲進行新的殖民活動，美國尊重現有歐洲各國在美洲的殖民地，也不會介入任何歐洲事務。

2　鄭道儒，字達如，直隸天津人。1950 年 3 月，任行政院政務委員兼經濟部部長、經濟安定委員會漁業小組召集人等職。

3　嘉樂頓珠，第十四世達賴喇嘛二哥。1950 年共軍進入西藏時，逃往國外。5 月，透過駐菲律賓大使館和中央社駐菲律賓辦事處安排，到臺灣會見蔣中正先生。

4　羅友倫，原名又倫，號思揚，廣東梅縣人。原任青年軍第二〇七師師長。1950 年 8 月，出任陸軍軍官學校在臺復校首任校長。1954 年 9 月，接任憲兵司令部司令。

朝課後記事，十時入府見公超後，記華僑日報記者，與希聖談對美記者談話稿，批示校正畢，召集軍事會談。海南撤來部隊已大部到達為慰，惟李鐵軍[1] 在途中強迫運艦駛至香港附近，落海潛逃，是其過犯太多，恐加究辦也，殊為痛心。第卅二軍參謀長[2] 亦擅自撤退，混亂異常，應加澈究。正午重修實踐綱領成，乃即付印。下午午課畢，召見學員十五人完。晚餐後，晚課，閱港報，重修記者答稿完，十一時半就寢。

## 上星期反省錄

一、俄製噴氣式機既在上海發現，而且已有照相為憑，故決心放棄上〔定〕海，將其十二萬餘之兵力集中臺灣，勿使為俄共所各個消滅，以確保此惟一基地。此誠收合餘燼，背城借一之時，何況現在守臺兵力不足，若能將定海兵力移防臺灣，則只可說方能稱數，較有把握而已。惟撤退計畫恐遭俄匪來攻，以致進退維谷，即不能達成目的為惟一顧慮，此如能保守秘密，勿為洩漏，則本月十六日以前如能實施撤完，當可無慮。不顧〔料〕高級將領，尤其國防部主管幹部，幾乎全部反對，無一人為之贊成。余以為此舉實為臺灣成敗、國家存亡最後之一着，非毅然決心如期實施不可也。

二、海南撤出部隊已有七成，約五萬戰員到達臺灣，達成預期之目標，實為不幸中之幸，惟其武器已大半損失矣。

三、五五講詞對於海南撤退之真相與原因之宣告，可熄中外各種之猜疑，而美國記者幸災樂禍之謠諑與美報之惡意批評，只可置之一笑。

四、民族正氣篇之發表，實為生平重要工作之一。積三十年讀孟之工夫而成

---

1　李鐵軍，原名培元，字虞午，廣東梅縣人。1949 年底，任海南防衛總司令部北線兵團司令官。1950 年 5 月到臺灣，任國防部部員。

2　俞方瀾，江西廣豐人。時任第三十二軍參謀長，後任國防部部長辦公室高參。

此萬言之講詞，十餘年來欲講而未聽輕出如此，其鄭重可知。在此危急困阨之中而草成此篇，更覺自貴矣。

## 五月七日　星期日　氣候：雨

雪恥：一、毛森[1]之行動與工作之注意。二、朱世明工作之研究。三、對記者結論，以臺灣為新生力量，建立臺灣為三民主義實行之模範省，以政治經濟的成果為反攻大陸、恢復民國之基本武器，來與共俄鬥爭，以建立民有民治民享的新中國。四、對貪污腐化與投降繳械、遺棄武器之共匪反宣傳如何糾正，擴〔廓〕清其心理與影響。

朝課後記事，修正民族魂講稿。十二時討論對記者談話要旨，認為原稿不妥，另加研究。下午午課畢，續修前稿。十六時與陳、周、郭[2]等研討定海撤守問題，本〔彼〕等仍作迷霧不正之理由，竭力反對，殊為可歎。我軍四年來之失敗，就是得到今日結果，而若輩之思想腦筋毫無反省澈悟之意也。與妻車遊郊外回，晚課，續修前稿。

## 五月八日　星期一　氣候：晴

雪恥：一、寫令杰〔傑〕[3]、令儀[4]與定〔廷〕黻各函。二、石覺來臺之日期，與海軍在長塗撤退之準備。

---

1　毛森，1949 年任廈門警備司令部司令。廈門陷落後，以個人身份組織「東南人民反共救國軍」，自任總指揮，策劃反攻。1950 年改任臺灣省警務處處長，但拒絕接受任命。
2　陳、周、郭即陳誠、周至柔、郭寄嶠。
3　孔令傑，孔祥熙與宋靄齡次子，時為駐美軍事採購處陸軍武官，往來美臺之間，為蔣中正、宋美齡傳訊。
4　孔令儀，孔祥熙與宋靄齡長女，曾寄居蔣中正官邸，時寓居美國。

朝課後記事,召見陳之邁公司〔使〕,與至柔總長指示其定海撤退之準備與決心,屬其應在軍事職責上建議,對定海撤退在軍事上着眼應否如此。至於政治、民心、士氣等因素,則由余負責,彼可不必顧慮也。十時到研究院紀念週,提出革命實踐運動草案,任其討論後再行決定。會客後召集會談,商討記者談話方式與要旨,至十四時回寓。下午午課如常,準備對記者談話工作。七時談話開始,不用書面方式,完全用口頭問題,談至九時方畢,鼓掌後休息,散談,用餐。彼美記者以為記者會畢,受其全體鼓掌者,除邱吉爾[1]亦有一次之外,其他從未有此鼓掌之事,可知若輩心理尚佳也。十時後晚課畢,與妻商討談話,結果認為勝利也,十二時睡。

## 五月九日　星期二　氣候:晴

雪恥:一、佯攻金塘與海、空軍全力搜炸匪之船艦與陣地。二、前進島嶼之撤退準備之研究。三、彈藥與砲兵、戰車先行撤退。四、海、空軍掩護至最後撤退,尤其匪在我撤退未完來攻時,更應負責掩護。五、辭修之神態可歎。六、各軍長調換之時機與安置。

朝課後記事,雪艇、少谷來談陳、周[2]對定海撤退決策極端反對,勸余重新考慮。若輩腦筋不清至此,深歎亡國之無法挽救,感痛萬分,乃命其召集軍事會議公開檢討。十時入府會客,寫令傑、儀等各信後,到宣傳會報。十二時召開軍會,研討定海撤退之得失利害與軍事原則,彼等皆無辭以答,而辭修則仍以撤退增臺部隊能否有用,與防務有否利益為言,只可說其心理病態,不可救藥而已,會議至十四時畢。下午到新竹陸大校慶訓話後即回,在途中審閱革命魂講稿及晚課。

---

1　邱吉爾(Winston Churchill),英國政治家,保守黨成員,曾任首相,時為國會議員。
2　陳、周即陳誠、周至柔。

## 五月十日　星期三　氣候：晴

雪恥：昨晚約陳、周、石[1]、黃（振〔鎮〕球）談話，再三問陳對定海計畫究竟如何，彼終沉默，不肯作是與否明確之答覆，最後只說運船已經預備，再無他言一語。中心苦痛盡極，軍人最要為決心，無論是與非皆應有明確答案，而其滯疑不決之神態，不僅非對上官與國家之道，抑且失卻將領之品格矣。朝課後召見石覺，彼以無辭以對定海軍民為難，余告以此次撤退乃不得已，奉總統之命而行可也。十時入府，召集高級將領，詳示撤退其應注意要務，除保守秘密以外，全在陸、海、空軍協同一致，尤以海、空軍能積極出擊與盡力搜炸佯攻，以達成其掩護任務，則撤退計畫必可如計完成也。批示公文，清理積案。下午午課後，自三時半至九時間修整革命魂講稿，自覺竭盡心力矣，晚餐後晚課。

## 五月十一日　星期四　氣候：晴

雪恥：一、張純[2]母親之安頓。二、補發節金。三、定海部隊之駐地，金門、澎湖各分駐一個軍。四、海南部隊編組完成日期之限定。五、第三期工事與臺北防務之督導。六、校官訓練班人數之增加，與聯合演習場之準備。朝課後記事，九時入黨部主持常會，議決預算分配數目，指導郭、王、馬[3]等對定海撤退主要工作，再三囑咐，仍不能放心也。修正革命魂講稿，直至下午五時方完，午課如常。晡巡視研究院新禮堂，即與研究員聚餐。校閱民族

---

1　陳、周、石即陳誠、周至柔、石覺。
2　張純，字紹寅，湖南湘陰人。時任第五十四軍軍長。1950 年 10 月，任臺灣東部防守區司令部副司令官。1953 年 10 月，調任預備兵團副司令官。
3　郭、王、馬即郭寄嶠、王叔銘、馬紀壯。馬紀壯，號伯謀，河北南宮人。曾任海軍第一艦隊司令、海軍總司令部副參謀長，1950 年 4 月升任海軍總司令部參謀長兼代副總司令。1952 年 4 月升任海軍總司令部總司令。

正氣與軍人魂兩篇，頗自得也，惟心力、目力皆覺疲乏矣。回寓與妻談至柔對柯克感想壞極，辭修亦然，幾乎不願握手，將領頑固自大如此，可歎。晚課後，十一時半睡。

## 五月十二日　星期五　氣候：晴

雪恥：一、令吳[1]主席準備駐地。二、令經[2]澈查軍隊強買與賒欠情事及社會人心測驗之組織。三、反共保民會之幹部組訓。四、中、小學提前放暑假。五、諜探謠諑之根究辦法。六、立人行態之糾正與規戒。七、約劉安祺、張純來見，羅又倫回國。

朝課後，與經國談孫拒政治部人員事，發石覺二函，校讀革命魂一遍。十時到研究院，舉行第五期畢業典禮。誦讀革命魂約一小時完。休息後，報告軍人保險章程與實施日期，此實一大事也。禮畢，會客。正午聚餐後，討論實踐運動組織草案，重讀軍人魂至下午三時方完。午課如常，惟未能午睡而已。會畢，召開院會，討論第六期學員成分及課程，以臺灣民眾動員為中心業務也。五時入浴，即在前草廬略息。回寓與妻談話，休息，晚課。

## 五月十三日　星期六　氣候：晴

雪恥：一、定海撤退後宣傳要旨：甲、復職後對軍事計畫第一步，必須集中全力確保臺灣，鞏固此惟一反攻之基地，故必須放棄海南與定海各島，方能加強臺防，以免備多力分，重蹈過去之覆輒〔轍〕，處處防守，處處反易為

---

1　吳即吳國楨。
2　經即蔣經國。

敵匪各個擊破。乙、今日乃可定反攻大陸時期之答案。丙、如匪能犯臺時間愈早，則國軍反攻大陸時期亦可提早。丁、人民接應反攻大陸之準備事項。戊、此次撤軍成績特優，乃由周[1]總長執行命令精確與計畫周詳所致，特予升遷。郭[2]總長、石[3]司令，陸海空軍皆能協同一致，應各升級。戊[4]、反攻日期與作戰方針之說明。

朝課後手書叔銘、玉璽[5]、為開各函，指示撤退要領。上午入府召見周總長、徐道鄰[6]，甚以匪對地方民眾組織始緊後鬆之實情為駭異也。召集軍事會談後，批閱公文，清理積案。下午午課後，記上週反省錄。晡與妻車遊基隆視察，市容尚有進步。晚餐後晚課，並寫叔銘函，十一時後入浴畢，就寢。

## 上星期反省錄

一、聯合國賴依已於星四抵莫斯科。

二、英、美、法三國外長會議在倫敦舉行，宣布固駐柏林之決議。

三、美國宣布軍援安南。

四、埃及似有為俄國所軟化之趨勢。

五、國際形勢現已成為內緊外弛之象，美國之無外交政策最為可憐，世界人類全受其無智無能之害。今日國際險惡悲慘之形勢，實有美國愚拙政策

---

1 周即周至柔。
2 郭即郭寄嶠，應為副參謀總長。
3 石即石覺。
4 原文如此。
5 黎玉璽，號薪傳，四川達縣人。1949 年 4 月 24 日，指揮太康艦護送蔣中正從寧波到臺灣，5 月升任海軍第二艦隊司令。1950 年 7 月，升任海軍總司令部參謀長。
6 徐道鄰，名審交，字道鄰，以字行。前北洋政府西北邊防軍總司令徐樹錚之子。1934 年 9 月，蔣中正以徐道鄰之名，發表〈敵乎？友乎？〉一文，警告日本打開中日之間的外交危局。1949 年滯留上海。1951 年抵達臺灣，曾在臺灣大學、東海大學任教，講授中國法制史和唐律。

所造成，其咎不在俄國也。

六、美國記者團訪臺之結果，比預期者為優也。

七、民族正氣、軍人魂、革命魂與革命實踐運動綱要皆於本星期脫稿完成。在此困阨之中，更覺足以自慰也。

八、定海撤退方針，經過幹部全體之反對，乃駁斥其昏迷無理之原由，毅然決行，求之於心，泰然自得。余以為此乃一大事，自信其保衛臺灣，反攻大陸，整個國家之能否轉危為安皆在此一舉，能不依理斷行乎。萬一將來因此而失敗，亦所心安，而況決無失敗，只有勝利者乎。

九、軍人保險章程及其實行日期已經確定為慰。本週自覺進步最大者也。

十、研究院第五期學員畢業，在會場中對惰性之學員當場痛斥暴露，殊為不當，應切戒之。

# 五月十四日　星期日　氣候：雨

雪恥：一、本黨改造案之審定。二、分見立、監委員之程序。三、香港主任人選之決定。四、密查各部隊軍風紀與賒賬及賭博。五、營產之分配與軍眷之安置。

四時初醒，起床默禱，專為定海撤軍懇求能如計完成也，禱畢再睡。七時後方醒，起床寫叔銘、寄嶠各函，指示撤退要旨及密語表。朝課後記事，記上週反省錄。正午與妻冒雨至大溪休息，以已約孫輩先往大溪野餐也。下午午課後，五時回蔣林寓所，記上月反省錄後，與立人談整軍事。晚課後，與國楨聚餐畢，接寄嶠報告，乃知昨、今二日定海濃霧，運艦不能行動，而且接運各艦多未到達，以事前禁止各艦通電，故其多在何處亦不得而知。得悉此息，無任憂慮，此乃天時變化不及預料之事，奈何。

## 五月十五日　星期一　氣候：陰晴

雪恥：昨夜因定海濃霧，運艦不能進出港口，其大部份艦隻且未到達，又無法尋覓，故憂慮不堪，忽睡忽醒，未得安眠，四時起床默禱後，竟不能成眠。朝課後召見桂[1]總司令，令其與柯克同飛定海督導運輸，以免貽誤。十時前入府辦公，召見各部次長六人。會客後召集一般會談，商討國民代表彈劾李宗仁案，如何使之延置中止，並解決代表生活問題，及立法院院長童冠賢[2]問題，准其辭職後，推舉劉[3]副院長代理職務等方針，會畢已近十四時矣。下午午課後，以懸慮定海撤兵，心神不安，乃往第一賓館入浴，指示希聖代擬告定海人民書大意。回寓晚課，餐後召集宣傳會議，研討定海撤軍之宣傳計畫，十一時睡。

## 五月十六日　星期二　氣候：晴

雪恥：一、第四十五師拉夫搶劫，應解散澈辦。二、石覺兼基隆要塞及陸軍副總司令。三、發丁治磐[4]電令仍駐嵊泗勿遷。四、臺東岸遊〔游〕擊隊之組訓與山地民眾之指揮。五、周、郭[5]等晉級。

昨日定海氣候突然好轉，各運艦已如數聯絡到達，撤退計畫乃可如計進行，

---

1　桂即桂永清。
2　童冠賢，名啟顏，字冠賢，察哈爾張垣人。1949 年 10 月 7 日，辭去立法院長職務，從此淡出政壇。1950 年抵香港，任教於香港崇基學院。
3　劉健羣，原名懷珍，字席儒，貴州遵義人。早期為復興社重要幹部，第一屆立法委員。1948 年 12 月當選立法院副院長，一度代理院長職務。1950 年 12 月升任立法院院長，翌年 10 月辭職，仍任立法委員。
4　丁治磐，字似庵、石安，江蘇東海人。1949 年 1 月，兼任江蘇省黨部主任委員，2 月任第一綏靖區司令官，8 月兼江蘇省綏靖總司令，9 月兼東南軍政長官公署政務委員會政務委員，11 月兼東南軍政長官公署舟山指揮部副主任。1955 年 11 月改任總統府國策顧問。
5　周、郭即周至柔、郭寄嶠。

不過延誤一日時間而已。但此心終不敢安定，可知余修養不足，遇有艱險仍不能做到不愧不怍、不憂不懼之程度耳。四時後仍起床禱告。

朝課後重修民族正氣篇，增補「氣的力量」之說明一節。十時入府與岳軍談話，會客後手擬告民眾書（為撤退海南與定海國軍事），十四時半方草畢，回寓，午課如常。柯克自定海歸來，面報撤退經過情形，以海軍尚未撤完，故對發表撤退之新聞時間不能決定，但又恐匪方先我發表佔領定海之消息，又處於被動不利地位耳。

## 五月十七日　星期三　氣候：晴

雪恥：昨晡最為忙碌，一面未得定海最後撤退時間之報告，故不敢公開報導自動撤退之消息，不免徬皇，一面又要審核告民眾書稿，且七時須灌片作廣播之準備也，最後決定於九時半宣布，此誠一轉危為安之大舉動也。十時晚餐畢，晚課，十二時就寢。

朝課後記事，召見叔銘，聽取定海撤兵經過之報告，至柔始終不願實施，其陽奉陰違之情形，殊為心痛。高級將領之虛偽而兼愚拙，如此黨國焉得而不危亡，奈何。十時入府，聽取寄嶠定海撤兵經過之報告及雪艇外交報告後，會客十餘人畢，聽批文件。下午午課如常，審閱黨務改造案，往草山入浴，休息。回寓重整民族正氣篇，晚課畢，約見讀者文摘報記者後，十一時就寢。

## 五月十八日　星期四　氣候：陰

雪恥：一、54 軍副軍長應調換（楊楚材[1]）。二、各軍整補與人事之研究及調整。三、人事廳與教育機關之聯繫與考核。四、提審陳儀。五、閻赴日交涉。七[2]、獎升周、石[3]等。八、派員隨世禮[4]赴日。九、加強菲島情報。

朝課後，接見美國新到顧問三人畢，妻往基隆慰勞由定海撤退來臺之國軍將士，至夜始回。聞將士身心皆甚強壯，軍容極佳為慰。十時後入府辦公，處理購辦美國彈藥之經費及交涉。聽示批核公文，召見彭孟緝、吳國楨、李敬齋、周至柔等。正午與岳軍談國際形勢與對美外交，提及辭修又要堅辭院長，以其權責不能集中，認余為越權也，可痛。下午午課，審閱本案〔黨〕改造方案畢，認為此時軍事緊急，不宜急求改造，並有對本黨讓老者主持，而自立新黨之意，但不可輕言也。前草廬入浴後，往基隆接妻回寓。晚課後十一時睡。

## 五月十九日　星期五　氣候：雨

雪恥：一、陳儀交軍法審判。二、羅又倫任校長。三、各軍師人事之調整。四、定海來臺各部隊衛兵儀容之整頓。五、各部隊標語及其格式須一律。六、石覺之職務任命。七、軍醫業務及醫生登記。八、各部整編限六月五日前完成。九、各區民眾組訓與動員主持者之指定。十、各地區指揮官專任，不由軍長兼任。

---

1　楊楚材，字獨信，湖南湘陰人。1949 年 8 月晉升第五十四軍第八師師長，1950 年 6 月因案撤職，7 月 29 日國防部判決以預備將軍隊交付叛徒，處有期徒刑十年。

2　原稿編號漏六，以下類推。

3　周、石即周至柔、石覺。

4　何世禮，原籍廣東寶安，為香港富商何東爵士第三子。1949 年隨政府遷臺，歷任國軍東南補給區司令兼基隆港口司令、國防部常務次長。1950 年 6 月任駐日軍事代表團團長兼盟軍對日理事會中華民國代表。

本晨七時半始醒，昨夜熟睡約有七小時以上，最為難得。八時前起床，朝課後記事，十時後入府，見柯克言購彈事，甚不願其參加營商關係之事，擬勸戒之。會客六人，召集財經會談，決定下月軍費數目及方針畢，聽示公文。共匪選撥其各軍部隊調赴東北者，約計有五十萬人以上，此皆供俄共之犧牲也，可痛。與彭[1]談話完已一時半，回寓。下午午課後，讀總理第一次代表大會各訓詞約四篇，又讀其在黃埔最後告別訓詞一篇，更覺有味也。十一時後睡。

## 五月二十日　星期六　氣候：雨

雪恥：一、召見鄭介民[2]。二、對監察院彈劾宗南事應加糾正。三、河南、河北、山西將領之物色。四、立法院、監察院委員約談程序。

朝課後記事，十時前入府，指示及口授批核畢，召見柯克、人鳳、昌煥、江杓等，檢討美國在剩餘物資中，應歸還我不足之數目九千餘萬美金，及其政府國務院之陰謀，若輩欲陷我政府於舞弊貪污之罪嫌，無所不用其極也。召集軍事會談，督導急造營房及營產分配，每團三百畝要旨，以及第三期工事之完成日期與經費畢，研討間諜造謠，通過外國記者案之追究。下午午課後，重閱研究院第五期學員之履歷完，此乃重要積案之一，今亦清理完畢矣。與妻先至前草廬，入浴後車遊北頭〔投〕，回寓。三日來，妻每日至基隆領導婦女歡迎由舟山來臺各部隊，自朝至暮，終日辛勞，全軍官兵精神更為欣慰矣。晚課後剪報，審察中外形勢，十一時寢。

---

1　彭即彭孟緝。
2　鄭介民，原名庭炳，字耀全，廣東文昌人。1947 年 12 月至 1950 年 3 月任國防部常務次長。後改任參謀次長，兼大陸工作處處長。1952 年 10 月，任中國國民黨中央委員會第二組主任。

## 上星期反省錄

一、定海部隊已照預定計畫，全部安全集中臺灣完成，此為復國第一之基本
　　工作也。

二、本黨改造案審閱完畢，此時軍事未定，不宜實施。與其改造不能澈底，
　　則不如重起爐灶，以老黨讓歸老者而自立新黨，以建立兩黨制，反能奠
　　定憲政基礎，以免研究系、民社黨等借政黨之名，以搗亂革命基礎也。

三、倫敦會議北大西洋公約國設立軍事與經濟理事會，以對抗俄國之侵略，
　　實形同兒戲，焉能不為俄史所玩弄於股掌之上耶。世界人類將為杜、艾
　　斷送於俄共，其無焦〔噍〕類矣。

四、杜勒斯任美國對日和約之主持者。

五、美國防部長[1]與參謀總長下月皆來遠東視察，此乃全為俄製噴氣機在上海
　　發現之所致也。

五[2]、賴伊遊說，詔奉俄國，回法似無結果。

## 本星期預定工作課目

1. 約見立、監各委日程。
2. 研究員自傳之審核。
3. 革命實踐運動之督導與提案。
4. 臺灣民眾組訓與計畫系統之決定。
5. 第三期工事之督促。
6. 營產與倉庫物資處理之加緊。

---

1　詹森（Louis A. Johnson）。
2　原文如此。

7. 急造營房經費之指定。

8. 總動員組訓與督導及實際工作之研究。

9. 廿九（幹部）師番號之撤消。

10. 嚴禁自由補兵與賒賬。

11. 臺灣模範省工作與計畫之擬訂。

12. 召集軍、師長訓議〔話〕。

# 五月二十一日　星期日　氣候：晴

雪恥：一、獎賞定海撤軍有功人員。二、第三期工事之督導。三、每週府中高級人員之週報。四、演習總（會議）檢討。五、召集師長以上訓話日期。六、派何世禮隨從人員並召見。七、派駐港人員。

朝課後記事，記反省錄。十時商談，接見立、監各委與國大代表之代表辦法與程序。十一時在蘭圃新設禮拜堂，第一次舉行公眾禮拜，陳維屏[1]牧師講道。正午約陳在蔣林便餐後，修整革命魂。下午午課如常，重讀大亞洲主義[2]遺教，與妻視察淡水海岸工事與守衛部隊，比前進步矣。六時到圓山革命實踐院軍官訓練班點名訓話，明示其聘請日本教官之重要，與中日將來必須合作團結之關係畢，聚餐後講解大亞洲主義之要義。晚課，十一時睡。

---

1　陳維屏，南京凱歌堂牧師、臺北士林凱歌堂牧師、中華民國基督教協會理事長。

2　「大亞洲主義」是孫中山 1924 年 11 月 28 日應神戶商業會議所等五團體之邀請，在日本神戶高等女子學校的一篇演講，並由黃昌穀記錄。演說內容是呼應孫中山三民主義的民族主義，對於反帝國主義與對外國濟弱扶傾思想上的發揮。

## 五月二十二日　星期一　氣候：陰

雪恥：一、籌備革命實踐運動討論會。二、研究節約勤勞互助合作報國會實踐組織，為軍民合作之基點。三、公教人員集訓計畫。四、汽車、酒家、戲館之裁減。五、立、監委下鄉服務運動之報名與檢討會。六、加強臺民宣傳工作。七、參加動員之志願工作之號召（組織家戶訪問團，採訪隱情）。

朝課後，批示第三期工事完成日期及清理積案。十時到圓山革命實踐研究院軍官訓練團，舉行開學典禮訓話，召見日本教官訓勉後，入府召集一般談話，商討對菲律濱所召集之東南亞非共會議。聞其尚在對印度與印尼反對我國參加者之疏通，此種侮辱再難忍受，此等國家真是莫名其妙，完全不知其今日獨立之地位何自得來，如無中國八年抗戰之犧牲，則各帝國主義者對此種殖民地本認為劣等民族者，不僅不予獨立，而且決不予理會之真實因果，今乃完全忘其本矣，可痛。仍照預定計畫發表不參加該會之宣言。

## 五月二十三日　星期二　氣候：陰晴

雪恥：昨下午午課後，以感冒傷風，入浴。五時約監察院委員茶點。晡到軍訓團，擬議每週生活有一名稱，定本週為整齊清潔週也。晚課後，約宴周錦朝[1]兄弟，其為李宗仁之說客乎？十一時後就寢。

要務：一、陳儀交軍法審判。二、犯罪立委應追究。三、社會運動與動員方法之研究。四、宣傳之組織聯繫。

朝課後記事，擬訂雪恥表七項。十時後入府，與柯克談武裝商船等事，會客

---

1　周錦朝，美國舊金山華僑，與美國民主黨關係密切。1949 年 10 月古寧頭大捷後，曾赴金門勞軍。1950 年 5 月曾將蔣中正函件轉交杜魯門總統。

六人。正午宣傳會談至二時方畢，回寓。下午午課後，審閱胡蘭成[1]報告，條陳組織中日新生同志會，其用意何在？可疑。晡約民、青兩黨立、監委茶會後，到圓山軍訓團巡視，回寓，批示研究院第六期課程表要旨。晚課後，召集實踐運動及社會節約運動會談後，入浴，十二時寢。

## 五月二十四日　星期三　氣候：晴

雪恥：一、討共反俄政治綱領之研究。二、中日合作基礎之建立。三、立院黨團之督導。四、立委之整肅：甲、樹立民主模範。乙、奠定民主基礎。丙、勿存過去對黨團之觀念與派系成見。丁、樹立互信自信心。戊、作下層下鄉工作，勿作大官思想。己、為民眾表率，自愛自敬。癸[2]、勿為共匪謠諑煽惑，道聽途說，毀滅本身和黨國。辛、講求事實。壬、願立院倡導良風，建設立己立國之議案，督導政府遵行。

朝課後記事，十時入府，與柯克談商對麥帥談話要旨，及其國防部長下月東來後之希望。與美商談話一小時餘，以其為杜魯門之私友也。會客數人，聽示公文。下午午課後，修正講稿，五時召見立法委員百餘人，聽取其意見約二小時完，至圓山巡視。八時宴馬來華僑劉[3]、陳[4]二同志畢，晚課。入浴後在樓簷下觀月納涼，十一時寢。

---

1　胡蘭成，浙江嵊縣人。抗戰時期任汪精衛政權宣傳部次長、法制局局長。1945年日本投降，匿名逃亡，著有《山河歲月》。1950年經香港偷渡到日本。
2　原文如此。
3　劉伯群，廣東增城人，南洋著名僑領。曾先後在馬來亞的霹靂、怡保等州埠開辦東粵、東和隆、東興隆等公司，遂成為南洋僑領之一。怡保有「劉伯群街」以示紀念。
4　陳國礎，字肇基，福建金門人。早年赴越南經商，1924年加入中國國民黨，任安南支部委員。1947年奉命改組新加坡《中興日報》，任社長。1950年到臺灣任職。在新加坡期間，曾經擔任中華醫院名譽院長、浩然社主席等職。

## 五月二十五日　星期四　氣候：晴

雪恥：一、俄帝侵略形勢及其發展方向之判斷。二、美對日本和約之內心焦灼狀態，與懼俄襲擊之恐怖心理。三、俄對南韓之必攻及其日期。四、俄對東南亞之策略及其對柏林之企圖。五、開闢荒地與閒人之組用。六、嚴禁賭博與饕餐。七、機關官廳汽車之限制，與配撥各軍師之車輛。八、文武待遇之平等運動。

朝課後修正講稿（四月十日軍事機關建立制度與改正業務案），十時後到中央常會報告革命實踐運動綱領實施案，常委多對此持懷疑態度，可知其自信與信仰心完全消失，皆以一事不舉，束手待斃，為其惟一之出路也，可痛。下午續修講稿未完，五時約立法委員百餘人，聽取意見後訓示之。晡與妻車遊陽明山，回寓。晚餐後晚課畢，入浴後在廊上觀月納涼，十一時寢。

## 五月二十六日　星期五　氣候：雨

雪恥：一、軍隊集中以後主要工作：甲、整編與充實部隊。乙、改革軍事教育與戰術思想。丙、實施動員計畫與民眾組訓。丁、增強生產，利用難民，編組高等冗員，指定荒地開墾。戊、健全金融事業，整頓公營事業。己、生活平等，文武合一。庚、軍民合作，成為一體。辛、改造黨務之宗旨與時期，應重加研究。壬、發展軍隊黨務與實踐運動。癸、補召未受訓之軍師長、參謀長。

朝課後薙髮，十時入府辦公，與雪艇談南沙群島，切不可與菲國有何諒解或約束，核定講稿。正午召見由海南、舟山撤調來臺各軍師長畢，十三時半回寓。下午午課後記事。五時約見國大代表百餘人茶會，慰勉之，再入府巡視。晡到前草廬入浴，晚餐後晚課，十一時寢。

## 五月二十七日　星期六　氣候：陰雨

雪恥：一、海南與舟山各軍撤退以後，金融波動，美鈔與黃金又大漲作祟，每美圓竟到新臺幣壹拾貳圓五角以上，殊深憂慮。幸臺南天晴，新米登場，米價步跌已至百圓以內（每石），因之物價未受重大影響，上帝有靈，必不使我經濟再現崩潰之悲劇也乎。二、臺省在一個月半間要發行獎券八千萬臺幣，聞之驚悸，惟賴天佑，得以順利進行，渡此經濟重大難關也。

朝課後，審定軍事機關制度化講稿完，付印。十時入府，對政工人員訓示後，會客畢，召集軍事會談，解決營產分配與增加各部隊辦公費，此一要務也。下午午課後，記事，與柯克談話，聽取其東南〔京〕與麥帥接洽之報告。五時約立委百餘人茶會，答詞為孔、宋[1]問題受共匪宣傳，而一般人士至今不悟為可痛。晡與妻車遊松山道中，晚餐，晚課畢，商談臺灣民眾組員與動員計畫。入浴，十一時半寢。

## 上星期反省錄

一、菲國所召集之東南亞會議，不僅加我以侮辱，而且深種亞洲今後政治不能團結之惡因，徒供白種人之播弄，殊為痛恥，應恕諒補救。今後應專心內政，不聞外事，本國未能強盛穩固以前，切莫再事亞洲各民族之復興乎。

二、美國已使用其援華餘款而援助越、泰之軍款，而其對華政策絕無轉變現象，但其全國輿論皆已好轉，多主張援華矣。

三、軍官訓練團已開學，甚望其能樹立中日合作之基業。

四、約會監察、立法各委與國大代表，已如期完成。

---

1　孔、宋即孔祥熙、宋子文。

五、恭讀總理在第一次代表大會各篇演詞,與黃埔最後北上時訓詞,得益頗
　　多。擬議中革命與自由之講題已有成竹矣。

六、為舟山撤退影響,金鈔大漲,經濟動盪,可慮也。

## 本星期預定工作課目

1. 交麥[1]備忘錄之注意。

2. 約行政院、省政府、參議會茶會。

3. 對立法委員講評作結論。

4. 儲蓄獎券之利害得失。

5. 海南、定海之獎懲。

6. 廿三與卅二軍編調之方針。

7. 軍官校長人選之決定。

8. 本黨改造案之檢討與實踐運動之督導。

9. 民眾動員與組訓之準備。

10. 政治綱領與中日韓政策(對日和約)。

11. 陶拉士[2]與強生[3]行動之研討。

12. 宣傳計畫,揭穿國務院反蔣之用意。

---

1　麥即麥克阿瑟(Douglas MacArthur)。
2　陶拉士即杜勒斯(John F. Dulles)。
3　強生即詹森(Louis A. Johnson)。

## 五月二十八日　星期日　氣候：雨陰

雪恥：一、約孫立人談話。二、審核作戰教令。三、對美記者談話。四、督導各部隊學習。五、督導實踐運動與青年組織。六、革命與自由之講稿準備。七、日本平臺記之翻譯。八、精兵主義之準備工作與計畫。

朝課後準備講稿，九時半在圓山軍訓團紀念週，朗誦制度化、科學化軍隊之講稿畢，略述亞洲各國對華之排斥，受白人帝國主義者之分化和利用，總不願我東方國家之團結，更忌恨我東方有一領袖及其強國之出現，為之深痛不置。與薛岳談話後，即到蘭圃禮拜聽道。正午回寓，自覺疲倦。下午午課後，記事。與妻車遊基隆回，與希聖談革命與自由講稿之要旨、材料及結構成篇之基點。晚課後入浴，晚餐畢，會客，召集金融財政會談，十一時半寢。

## 五月二十九日　星期一　氣候：雨

雪恥：一、職員名單之張貼及考核之組織。二、實踐運動方案之督促。三、陳訓畬〔念〕[1] 來見。四、對立、監委聯繫之專員。五、廿三軍之調動。

朝課後修正對美記者問答稿，記事。十時入府辦公，清理績〔積〕案，與柯克談金門戰略地位與現階段戰法之研究。召集一般會談，立夫等組織部立法員對立院院長問題，主張懸擱不決，因其不願劉健羣正式繼任，所以對童冠賢辭職問題亦不求解決。此種縱敵制友之心理，而不知其正為害己之種植禍根，政治上將為仇讎放一條出路之辦法，殊為可痛，乃令改正。對於准童辭職問題，必須會期內解決也，幹部自私心理如不打破，則國亡無日矣。下午午課後，記反省錄，寫胡璉信。到軍訓團視察，閱俄製兵團戰術概則目錄。晚課後，宴美軍官後入浴。

---

1　陳訓念，字叔兌，浙江慈谿人。陳布雷之弟，民國時期著名報人。1948 年當選自由職業團體新聞記者公會選出之立法委員。政府撤退來臺後，1950 年 10 月出任中央通訊社總編輯，1953 年 4 月調任《中央日報》社長。

## 五月三十日　星期二　氣候：雨

雪恥：昨為立法院長問題，對童辭職，必須於閉會前得有解決，立夫陽奉陰違，今午由王雪艇召集全院委員時，竟為少數擁童派陳博生[1]等反對，而立夫CC派亦竭力搗亂，以致無結果而散。余在午課時，雪艇、辭修、立夫、彥棻來告其午會結果，問余如何處置，是否仍須進行疏通，貫澈准童辭職主張。余至此心碎，不復作言，祇答其從此了結，不再與問黨事，大家等候共匪受俘，一一待斬可也，國民黨再不可救藥矣。那知立夫不識大體，鬼祟至此，焉得而不敗亡耶。只恨自我用人不明，貽誤黨國，罪莫大也。

朝課後，核定對美記者談話稿，十時入府，見記者及臺灣各縣市長訓話。辦公，清理積案，午課如常。為立院長事痛憤不安，可知修養工夫並無進步也。入浴後修正演習講評稿未完，晚課。餐後左手麻目〔木〕，久未見癒，乃用電瘵〔療〕醫治，十一時後寢。

## 五月三十一日　星期三　氣候：雨

雪恥：一、行政三聯制之推行運動。二、國民經濟運動綱領之研究。三、革命實踐運動之督導。

立夫CC派對時局危亡之嚴重性，至今不僅毫無覺悟，且仍以過去大陸搗亂助共自殺之作風，專以個人之權利爭奪是務，此風若不能澈底改革，則政治決難安定，政府無法行使保衛臺灣、反共抗俄之職責，與其因循而亡，則不如革命不成而亡。何況此時如能處置得宜，對外宣傳有效，則美國務反動派不能以專制獨裁法式斯復活為辭，而藉機斷絕對華關係也。而且即使其斷絕關係，此時尚有半年自立之道（經濟），決以革命獨立奮鬥方針，不顧一切，

---

1　陳博生，字淵泉，1948 年 1 月由自由職業團體新聞記者公會選舉為立法委員。1949 年攜眷來臺，擔任中央社業務。1950 年 6 月辭去中央社總編輯，專任立法委員。

先肅清內部，澄清政治，穩定基礎為惟一救亡之道，即使冒險亦應斷行，此亦死中求生之機也。

朝課後修正講評稿，十時後入府辦公，約見柯克商金門戰略，彼決往金門視察，殊難得也。會客六人，接立法院莫萱元[1]等所謂中社否決授權行政院案，不勝痛憤。黨員蠻橫無道，其心目中不復再有黨國存在，不能不下決心，整肅圖存矣。正午宴行政院、省政府等各委。

下午午課後，審閱暴政與漢奸必滅講稿，清理積案，見少谷告以決心。晡到軍訓團巡視。晚課後召見五人，指示要務，電療。

---

1　莫萱元，1948年1月當選湖南省第六區立法委員；5月立法院開議，以中央訓練團黨政高級班畢業之委員為基礎，組織「中社」。來臺後歷任立法院預算委員會召集委員、委員主任。

# 上月反省錄

一、國際：英、美、法外長會議及大西洋盟國會議，加強西歐反俄之組織，但無具體政策，形同兒戲。

二、澳洲英領集團會議，決定積極援助東南亞防共行動，特別注重馬來亞與越南二地，但必無濟於事，決不能挽救東南亞共禍泛瀾〔濫〕之危局也。

三、菲律濱所謂召集東南亞各國會議（排除中、韓），其結果不惟毫無決定，其實為英、美指使，侮辱亞人，拆散東方各國團結，最足痛心，此適加強我獨立精神也。賴伊朝俄賣華，極盡其諂強侮弱之醜態，聯合國主張公理、抑制強權之原則，為其卑劣行動而喪失盡矣。

四、美使館乘我放棄舟山之時，其又密令僑民回美，以激刺我人心之不安。其三年以來一貫亡華之政策，至今更劇，以期其最後之一逞，而其用意之惡劣，甚於俄共之滅華也。外侮內亂，恥辱憂患，亦至本月而極矣。

五、美國記者來臺參觀，回美後一致好評，但不能轉移其政府之對華毒謀拙策，其所謂民主國家服從民意之精神，亦完全為杜、艾所消除矣。曾憶抗戰勝利之初，英願贈我以潛水艇二艘，而美乃公然阻制，是其不願中國進步與獨立之陰謀早已顯著，而我則迷惘，不以為意，是可知馬歇爾輩軍閥之防華制我，尤甚於英國，能不深加警惕悔悟，而不求自力更生乎。

六、連月破獲匪諜組織，皆甚重要，而本月蘇藝林案之破獲，更覺防諜之難矣。惟此種憂懼實為進步，亦可說臺灣轉危為安，討共轉敗為勝之基礎，全在於此也。

七、舟山軍隊安全撤退，增防臺灣，軍事成功基礎建立於此矣，此為復國之根本大事也。

八、立法院委員之自私忘國，在此次對院長問題及授權行政院問題，皆一意孤行，完全否決，是其反動侮黨之惡習再難滌除，可說無法救藥。余自矢以身殉國之決心公布國人，而仍不能邀冀若輩之諒解，復有何言。本黨如非澈底改造，實無救國之道矣。

# 六月

蔣中正日記
Chiang Kai-shek Diaries

**蔣中正日記**
Chiang Kai-shek Diaries

# 民國三十九年六月

## 本月大事預定表

1. 匪區遊〔游〕擊組織與主持人選。

2. 派員宣慰越南部隊[1]。

3. 臺民安定之要務：甲、縣市政府人選加強。乙、政府與民意機關之密切配合（各級）。丙、公賣局之觀感不佳。丁、臺糖公司冗員之裁汰與整頓。丁[2]、全省米、糖產量有適當之比例。

4. 實踐運動開始與節約運動之督導。

5. 臺省動員與民眾組訓之幹部召訓。

6. 金門戰略之決定與增加兵力之指定。

7. 各軍師整編完成與檢閱日期。

8. 政府實物配給之督導。

9. 公營與國營及金融行局之整頓完成。

10. 財政與經濟政策及方針之研究。

11. 考核制度與實施辦法（組訓）之督導。

12. 青年組訓與政工組訓之並進。

---

1　係指 1949 年在黃杰率領下，由廣西省撤退到法屬越南的國軍部隊，經駐越法軍以「保護」名義解除武裝後，集中在越南富國島。又稱「富臺部隊」，番號為第一兵團。韓戰結束後，1953 年起，陸續轉運回臺。

2　原文如此。

13. 軍隊黨務實踐運動與政工打成一片。

14. 提倡研究學習與哲學思想之領導。

15. 獨立自由之基點與被圍封鎖之歷史。

16. 第三期工事之完成。

17. 文武人員配給實物之設計與實施。

18. 陸戰隊之加強與沿海突擊戰法組織之研究。

19. 整肅黨內反動之準備：甲、宣傳。乙、程序。丙、要點。丁、執行。


# 六月一日　星期四　氣候：雨

雪恥：一、防匪傘兵之具體計畫。二、製造偽幣。三、東海岸部署特別加強。四、軍令人事不登報公布。五、本黨改組手續之研究。六、國防部保密工作。朝課後記事，十時入府，聽示公文，甚覺共諜案之層出不窮，尤其是國防部第三廳蘇藝林案，三月以前，國防部所有軍事機密皆偷露於共匪，其主要匪諜于飛〔非〕[1]已於四月間離臺，經舟山回大陸，未能捕獲，更為可痛。好在防奸工作日有進步，五月中自海南、舟山各軍調臺後之部署調整後，未為匪所探悉耳。會客，與少谷談澈底改革方針與退還辭修辭呈。下午午課後，重閱廿四年國民經濟建設運動宣言及科學的學庸三篇，又審閱革命與自由一稿。晚課後餐畢電療，十一時後就寢。

---

1　朱芳春，1948 年化名于非來臺，與蕭明華以夫妻名義，結合青年組織「臺灣新民主主義青年聯盟」，蒐集情報。1950 年 2 月 6 日被破獲，于非事先逃離，蕭明華被捕，11月 8 日被槍決。

## 六月二日　星期五　氣候：雨

雪恥：一、本黨改造之決心與程序。二、實施動員計畫與民眾組訓。三、節約勤勞、互助合作之規章與組織及實施辦法。四、參加動員工作之設計與號召。五、登陸突擊隊之組訓計畫。六、檢閱日期之預定。

前、昨兩夜皆能酣睡，今晨八時後始醒，起床朝課畢，已十時矣。入府會客後，召集情報會談，發現臺灣再解放運動之組織，其中心人物為臺省民政廳長與臺北市長李〔吳〕三連、楊肇嘉[1] 等，殊為駭異。外侮匪禍，國族淪亡至此，而黨政內部又複雜變故如此，環境險惡，不可復加矣。如無信心，真已絕望矣，但余一息尚存，自信必能打破此無上之危境與死關，上天決不任余羞辱至終極也。下午午課後，記昨日事，重校民族正氣篇，增補再版付印。與經兒談改造本黨與整肅反動之決心。晡柯克來質問麥帥派員來臺，為何不予知道。余以麥帥叮囑秘密之言實告之。晚課後，十時電療後入浴，十一時半寢。

## 六月三日　星期六　氣候：雨

雪恥：一、清查倉庫，另組人員與另定規則。二、物資局之清查。三、空校畢業禮。

朝課後記事，十時後入府，召見李品仙[2]，要求往越南以總統等名義勞軍也。聽示公文，召見。軍事會談，對於陸戰突擊隊及增強金門兵力已決定實施。召見第七十二師師長柴正源[3]。對各級部隊自本月起增加辦公費及教育費，亦於今日決定矣。下午午課後，重閱行政三聯制全篇講稿修正之，頗覺有益，

---

1　楊肇嘉，時任臺灣省政府委員兼民政廳廳長。
2　李品仙，字鶴齡，廣西蒼梧人。1949 年 5 月，任桂林綏靖公署主任，一度任廣西省政府主席，但未能阻止共軍攻勢，12 月到臺灣。時任總統府戰略顧問。
3　柴正源，原任第三十二軍第二五五師師長，6 月改任第八十七師師長。

但是篇內容不如其他講稿之充實也。晡巡視軍訓團後，到前草廬入浴回，晚課。餐畢閱共匪前線武裝報、練兵問題等情報，甚值注意也。電療時閱完，十一時後寢。

## 上星期反省錄

一、美國共和黨已為其內政關係與執政民主黨妥協，最近所謂其兩黨外交政策者，乃共和黨遷就民主黨之謂也。其陶拉斯就國務院外交顧問，且專負對日和約之責，實於其對華政策毫不發生任何影響一端，可以知其內容為妥協無疑矣。

二、美國決定單獨訂立對日和約，而對我國則棄絕不理，此乃當然之勢。然而陶拉斯為負對日和約之責，而於我毫無助益，此實出於意外也。

三、美國扶助日本反共，其用意乃縱日本侵華，使黃種自相殘殺。美國此一政策毒竦〔辣〕無比，然其後果徒為自害害人而已，可笑可痛。

## 本星期預定工作課目

1. 根究蘇案[1]之主官與線索及介紹人。
2. 防匪傘兵之具體對策及其地區。
3. 多設國防部之指揮所及其附近民眾之組訓與整肅。
4. 本黨改造具體方針之決定，及其各種手續之準備。
5. 各軍長人事之調動與查察張純等生活。

---

1　蘇案即蘇藝林案。

6. 各軍師之編成與各就位置。

7. 軍訓團學員召詢開始。

8. 空軍學校畢業典禮。

9. 審判陳儀與吳石案之宣判。

10. 清查倉庫。

## 六月四日　星期日　氣候：雨

雪恥：一、約何世禮談話，與武器名單之審查。二、對日和約之方針。三、派員視察角板山道路。四、軍部人事之命令概不公布。五、導報編輯方針之指示：甲、共匪暴行。乙、臺灣歷史與本黨主義。丙、士兵成績與愛民消息。丁、總動員之解釋。戊、民眾訓練與組織之重要。己、軍民合作：子、團結。丑、互助。寅、愛國。卯、主義。辰、法令之解釋。

朝課後記事，與經兒談黨務。九時到研究院，舉行第六期開學典禮，以自力更生為救國之道。與立人談話，彼以對日政策不能強國為慮，是其反對合作政策，恐日病仍存在之故也，余告以此非其所顧慮之事。十一時禮拜如常。下午午課後，與妻車遊大溪即回。記上月反省錄畢，入浴後，修正聯合演習講評稿畢已十時，乃電療後再晚課。十二時前就寢。

## 六月五日　星期一　氣候：陰

雪恥：一、信神乎，賴人乎。如果賴人，則人世一切希望與道路皆已斷絕，四顧茫茫，祇見黑暗悽慘，已無我生存立足之餘地。若我是一個基督信徒，惟父神是我保障、是我救星，則人世一切罪惡與黑暗包圍我、棄絕我、壓迫我，使我再無容身之地，則我亦當置之不顧，不憂不懼，一惟天父聖靈之命

是從，站住今日憂患悲痛之崗位，以聖靈為盾牌，以洪恩為戰袍，與此萬惡勢力鬥爭到底，完成我上帝所賦予救國救民之使命，期不愧為基督之信徒而已。此時惟有肅清內部，穩定基礎，別無他道。

朝課後，十時前入府會客，與至柔、雪艇及少谷分別談話。召集一般會議，專討對日問題。美國決單獨對日訂和約，與扶持日本反共侵華，為遠東美國之鷹犬。美國外交失敗至此，尚不覺悟，而猶一意孤行，不知其害世自害之後果，殊難想像矣。下午午課後，召見軍訓團學員十二人後，與富田談演習事。

# 六月六日　星期二　氣候：晴

雪恥：昨晡在軍訓團慰勉富田訓練奏效，一般學員對之皆感日本教官足以敬畏，不僅化敵為友之目的達到，半年來之苦心，至此亦得稍慰矣。晚宴醫生，謝其檢驗身體之勞也。晚課後電瘫〔療〕。本日最為憂愁之一日，內亂外迫，自愧無能，痛悔不及矣。十一時寢。

本（六）日朝課，與少谷談改造本黨程序與要旨，應以余之主動提出，絕不受任何派系之牽制，毫不可有意氣之爭，更不應涉及立法院問題為主旨，如不經五中全會之通過，除海外黨部反動派或有異議外，其他無所顧慮。上午入府，召見參軍、秘書各三人，與何世禮等商討駐日代表團對盟總及其國防部長等來日時，注意與進行各問題甚久。聽示公文，清理積案。下午午課後，到軍訓團召見學員，視察內務，整潔非常，使沉悶之想念忽現復國之遠望。今後惟有教育之成敗，以斷革命之勝負矣。晡視察陽明山研究院內務，入浴。晚餐後晚課，電療。

## 六月七日　星期三　氣候：晴

雪恥：一、自力更生為教育惟一之宗旨。二、戴、張[1]生活之調查。三、反共抗俄之政治綱領之研究。四、自力更生之具體辦法。五、新縣制之重討。

感想：世界究為上帝慈悲天父之世界，抑為魔鬼萬惡共匪之世界乎。如果屬於上帝，則最後勝利必屬於我，除非天理正義全滅，魔鬼勝過上帝，則史大林乃可滅亡中國，統制世界，豈果有此理乎。每念最近環境之險惡，英、美帝國主義者必欲排除中正，制服黃種，使之永遠不能爭取平等自由之地位，而長為白人之奴隸。此一思想如告成功，則其為禍人類，無異共俄。言念及此，能不奮鬥自強，惟一要道乃在自力更生而已，幸美國多數人士當不致如此盲從耳。

朝課，記事。約見根本博，與雪艇談話，指示經兒要務，到裝甲旅代表大會訓話。正午與柯克討論金門戰法，彼對胡璉之現在部署與工事皆甚不滿也。余擬親赴視察，將領固執成見與修養不足及不學無術，殊堪憂焚。下午午課後，召見學員，考核畢，回寓。

## 六月八日　星期四　氣候：雨

雪恥：昨晡審閱革命與自由篇稿，重加修正，尚未着筆，以妻事忙多悲，乃予之車遊士林、北投，轉前草廬入浴。回程靜默晚課後，餐畢已十時餘，電療。

預定：一、自力更生與自強不息之實踐方案（獨立自主）。二、行政三聯制與競賽運動之聯繫辦法。三、研究學習普遍深入之辦法，與執行負責主官之考績。

---

1　戴、張即戴樸、張莫京。張莫京，湖南醴陵人。時任第六十七軍第六十七師副師長，1951 年 1 月調任師長。

本日本擬飛金門視察慰勉，以胡璉驕矜要脅，殊失所望，並非大將之才也。後因氣候不佳，故未能成行，乃重整自由與革命篇稿，調整其次序、改組其結構也。十時半入府辦公，召集清理物資倉庫會談，嚴加訓示。下午午課後，到軍訓團召見學員，重讀廬山集中國魂篇，甚有所感也。與妻赴前草廬，沐浴回。晚課，餐後電療。

## 六月九日　星期五　氣候：雨

雪恥：一、改造本黨之理由：甲、民國敗亡，人民沉淪，主義不行，共匪叛亂，皆應由本黨負其重責。乙、黨的失敗，承認本人應負全責，故本人應辭去總裁，以謝黨國。丁[1]、幹部（中央委員）應對總裁與全黨負其責，應自認其不能再任本黨之幹部。戊、惟此時大陸淪陷，各省黨部已不能照黨章選舉代表，因之全代大會無法召集。己、此時救國必先改黨，急不容緩，總裁為全代大會之主席，惟有總裁代行全代大會職權，改選中央黨部，整肅幹部，重建中央，樹立黨紀，則全黨乃得着手整頓，方能與共匪鬥爭，完成革命使命。

朝課後記事，清理積案。十時後入府，與至柔、雪艇談軍事、財政問題，召見參事等八人。召集情報會談後，分別召見公超、介民與柯克，商對其國防部長等來日時，如何接洽辦法，十四時後方回寓。下午午課後，到軍訓團召見學員十五人畢，巡視陽明山研究院後，入浴。回寓，晚課。餐後閱報，電療。今日左手麻木較輕，此或電療見效，但右腿又發凍痛，何耶。

---

1　原文如此。

## 六月十日　星期六　氣候：雨

雪恥：一、此次革命失敗原因之敘述：甲、本黨派系傾軋，人事糾紛。乙、幹部自私自利、不識大體、犧牲主義原則、破壞紀律、違反紀律，只知爭權奪利（內部），而不知敵匪狡詐，乘機挑撥離間，使本黨分崩離析，以致大陸淪陷，國家危亡，民主政治之萌芽亦被摧折，國會無組織、不民主，形成一盤散沙。二、挽救危亡，惟有改造本黨。實行民權，貫澈民主，亦惟有改造本黨。若欲確保臺灣，反攻大陸，改革政治，整肅官方，完成反共驅俄、復興中國之使命，更非改造本黨，重振此國民革命之動力不可。

朝課後記事，十時後入府，會客畢，召集軍事會談，商討補給系統案，聽示公事。下午午課後，召見軍訓團學員十五人。六時入府，召集財政經濟會談。現金庫存全數只留九十餘萬兩黃金，去年此時尚存有三百九十餘萬兩也。財政前途不勝憂慮，乃指示最後四周被圍時之措置與準備，應早定配給實物補給之計畫也。入浴，晚課，電療，十一時後寢。

## 上星期反省錄

一、本週發現軍官訓練團之無限的希望，其團員多半優秀，超過其軍師長高級將領遠甚，此為今後革命惟一之基業，故對於考核與組織亦不遺餘力。而日本教官之教育得法與努力，卒使全體學員消弭敵我界限，以建立今後中日合作之基礎，更足自慰。

二、改造本黨方案尚未具體擬定。

三、美國務院名為反俄，而實求容共，故中共偽代表有加入聯合國之可能，但其一般有識之士與軍部則主張援華保臺，此非不可能。以理論則後者當勝於前者，然而黑暗魔力正籠罩於世界，公理與強權、光明與黑暗之成敗，尚待其事實之徵明也。

## 本星期預定工作課目

1. 巡視金門工事與慰勉將士。

2. 空軍學校畢業典禮。

3. 擬告黨員書。

4. 準備政治綱領（組織超黨派民主反共革命運動委員會）。

5. 自力更生、獨立抗戰、自強自立之道。

6. 重訂廬山訓練〔集〕目次。

7. 組織要領之研究：甲、幹部考選。乙、監察組織之堅強與嚴密。丙、設計。
   丁、檢討與改進。戊、競賽與創造之獎進及自動之激勵。

8. 馬公防務與商船武裝。

9. 派柯克赴東京，與麥帥及其國防部長接洽。

## 六月十一日　星期日　氣候：雨

雪恥：一、本黨革命使命在求中國之自由平等，而非為個人爭權奪利。革命黨員乃為犧牲身家生命，竭盡責職，以求本黨救國救民主義之實現，而決非為個人投機取巧，升官發財，把持地位，保持權利，以貽害黨國，破壞革命也。二、黨德掃地，黨紀盪然，無如今日者，因之造成政風頹廢、秩序紊亂，一切形成無政府狀態，而使共匪乘機滲透，大陸淪陷，竟使黨既非黨，國亦不國。而一般幹部多無覺悟，仍不肯改革個人絲毫之習性，而且因國家危急，而更倚恃資歷權位，破壞國策，違反法紀，甚至反共抗俄惟一之革命任務，若輩為保其個人之權利，亦百方阻礙敗壞而亦不恤矣。

朝課後記事，到軍訓團訓話畢，回蔣林禮拜，審閱講稿。下午午課後，手編廬山訓練集目錄，直至廿二時停止。電療時，審閱革命與自由篇稿，十一時半就寢。

## 六月十二日　星期一　氣候：陰

雪恥：一、實踐運動之督導。二、考核制度與訓練之聯繫。三、三聯制與競賽運動之聯繫。四、提倡學習研究及哲學思想之領導。五、自力更生與獨立自強之觀念（革命被封鎖與奮鬥先例）。

朝課後，續編廬訓集目錄完。十時到研究院紀念週，讀革命魂畢，致詞。臺灣政治社會之組織法規，應儘量恢復日治時代之原則與精神，以期奠立模範省之基礎。蓋臺灣既已光復，恢復自由，則不患其再有外力之奴役，故能恢復當時之法規組織，必於我地方自治補益甚大也。午傍在第二賓館一般會談，談及整黨事，嚴斥後回寓。下午午課後，召見學員十五人以外，終日修正革命與自由篇稿，除沐浴、電療以外，修稿至十二時前乃寢。

## 六月十三日　星期二　氣候：晴

雪恥：一、希聖蒙上侵威且營商舞弊，可痛。二、陳博生以中央社總編輯名義與立法委員地位，公開反動，為匪張目，非澈底究辦，不能恢復政府威信，更無法守臺反共也，必予嚴懲。三、共匪在汕頭封閉港口，是其集中艦舶，準備進攻臺、澎之徵候。我軍防務，澎湖為最弱之一環，如匪攻陷馬公後，即攻臺南、高雄，則臺灣全局危矣。

朝課後，續修革命與自由篇，增補「立法委員不肯〔可〕組織黨團，違反黨紀，損害黨德」一段，乃可完篇矣。十時後入府，召見蕭同茲，懲處陳博生。與至柔商軍務，與少谷商組黨等問題。召見府中職員八人，與柯克談蕭脫[1]事，聽判公文。下午午課後，記事，閱新武器，美俄競賽程度可畏也。審閱

---

1　蕭特（Irving Short），又譯消脫，美國陸軍退役上校。1949 年底、1950 年初來臺，返美後向國務院舉發柯克（Charles M. Cooke Jr.）秘密擔任顧問活動。

實踐促進會名單，審定廬山訓練集各編目錄，付印。與柯克研究反攻大陸之起點，甚妥。晚課。

## 六月十四日　星期三　氣候：雨

雪恥：一、羅恕人、鍾祖蔭[1]、胡翼烜[2]。二、于豪章[3]參謀。三、人事考核第一重要，考核之訓練與責任：甲、只有理智，摒除感情。乙、考核標準：子、性質。丑、思想。寅、研究。卯、管理統御之能力。辰、組織：（1）條理。（2）幹部。（3）訓練。（4）設計。戊[4]、指導。己、監察。庚、判斷。辛、執行成績。壬、選拔。癸、公平。四、電周[5]，統一軍事教育機構。五、電王[6]，對臺民眾組訓之方針。六、電東原，緩提實踐會理事人選。

朝課後，重整自由篇稿，指示經兒應注重之業務。本日為先慈逝世廿九年紀念日，故未朝餐。十時半入府辦公，召見府員十二人，批准陳儀死刑等要務。正午在蔣林寓所，集合經、緯[7]兩家兒孫，為先慈禱告紀念畢，聚餐，武、勇二孫更活潑可愛也。下午午課後，批示實踐運動會理事名單，召見學員十五

---

1 鍾祖蔭，江西修水人。原任整編第二十三師師長，1950 年 6 月，改任第二十三軍副軍長，10 月改任第七十五軍軍官戰鬥團團長。後調第九軍官戰鬥團團長、第四軍官戰鬥團團長。1955 年 1 月，調任國防部戰略計畫研究委員會委員。
2 胡翼烜，字炳文，1949 年 11 月部隊整編，專任第五十軍副軍長。1950 年 10 月，調升第五十四軍軍長。
3 于豪章，安徽鳳陽人。1949 年 2 月起，歷任臺灣警備總司令部附員、東南軍政長官公署署員、中國國民黨總裁辦公室第三組高級參謀。1950 年 3 月任總統府第二局高級參謀。1951 年 11 月，任第六軍第三三九師第一〇一五團團長。
4 原文如此。
5 周即周至柔。
6 王即王東原與王世杰。王東原，名修墉，安徽全椒人。1949 年來臺後，籌備革命實踐研究院，並兼總裁辦公室第三組主任。總裁辦公室撤銷後，在革命實踐研究院任職。1951 年 10 月出任駐韓國大使。
7 蔣緯國，字建鎬，蔣中正次子。1949 年 2 月，升任裝甲兵司令部副司令。1950 年 3 月，出任暫編裝甲旅旅長。

人。六時與陳[1] 院長談話，對經濟與民眾組織，甚有見地也。

## 六月十五日　星期四　氣候：雨　陰晴

雪恥：昨晡八時前到基隆登海宿商輪，即啟碇。晚餐後晚課。重整自由篇，十時半就寢。

本晨七時後起床，昨夜酣睡，可喜。朝課如常，以左手下垂，麻木未痊，故暫停跪禱，晚課亦如此而已。記事後，修正革命與自由篇稿，刪除一段，增補一段，以於心未安也。下午午課如常。三時前，船到馬公登陸，直至貴賓館，即去年舊駐之地。約集寄嶠、振清[2] 等，研究澎湖兵力部署及八罩島應否派兵守備問題。詳察地形，如八罩不守，如被匪佔領，則其周圍各島可連成一區，一面與馬公相抗，一面威脅臺南、左營，殊為危險，故決令防守，惟恐工事未能如期完成，而匪先來攻，則急矣。申刻再修前稿完，在海濱視察散步回。約高級將領晚餐，規定明日工作後，獨在門外納涼消遣，自覺安樂。晚課後入浴，十一時寢。

## 六月十六日　星期五　氣候：晴

雪恥：一、嚴懲舟山補給司令。二、令政治部各種標語必須改為正楷，而且必須自右寫起，禁止雜體字與自左倒寫。三、各兵種學校歸併統一計畫。四、幹部師改為將校專業班，指定其保臺期間任務。五、軍隊學校化（文化與政治教育）。六、一切工作必先考選幹部，各別試驗（性質、思想、傳統、家

---

1　陳即陳誠。
2　李振清，山東清平人。時任澎湖防衛司令部司令官。

庭與環境）。

昨夜酣睡，今晨七時半起床，八時召見團、營長四員畢。朝課，記事。十時後，先到拱北要塞部視察後，再到烏嵌，視察沿海陣地工事畢。十三時半回寓，午課如常。十六時對營長以上官長訓話點名，指示公務。共毛在北平召集其所謂新政協會議，川、滇兩省叛逆皆在其內，不料陳鐵[1]亦參加，黃埔學生惟此一人，是其有意污辱我革命歷史可知。晚課後入浴。二十時召副師長以上人員聚餐。今日為黃埔開學廿六年紀念日，本擬赴鳳山參加紀念會，以故未果。晚與寄嶠談澎湖補給等事，獨在門外納涼，獨坐自樂甚快也。十時半寢。

## 六月十七日　星期六　氣候：晴

雪恥：一、政治情報員為基本黨員必經階級與工作之特性（收發與號房及調查）。二、各業務考察員之組訓，對品性與思想之特重。三、黨報不應單講營業。

朝課後記事，修整前稿。十時出舊城西門，由陸軍碼頭登太湖艦出港，先巡視漁翁島南岸、按內〔內按〕、按外〔外按〕與砲臺、燈塔形勢，未及登岸，即轉虎井嶼東南面，再轉八罩島，先經水按鄉〔水按村〕東航，望東吉、西吉、東坪、西坪、大嶼各島。據查，大嶼在日人佔領澎湖時，有七位節女投井殉國，故光復後改為七美嶼，聞之甚為感慨，今不如故矣。向西南航經將軍澳，遙望村鎮整齊、屋宇高固，其與八罩島一水之隔，形勝甚重也。再經網按〔垵〕、花宅各村鎮之前，遙望花嶼後回航，經虎井西北面，形勢重要

---

1　陳鐵，原名永楨，號志堅，貴州遵義人。1948 年出任東北剿匪總司令部副司令，1949年率貴州所部投共，歷任西南軍政委員會委員、農林部部長、國防委員會委員、貴州省副省長、貴州省政協副主席、貴州省林業廳廳長等職。

全在於此也。十三時半入港，馬公為余青年企慕之地，全港形勢，本日審視方得精詳。氣候清朗，風平浪靜，引為快慰，防務尚覺欠缺也。二時半回寓，午課如常。下午修整前稿，七時方畢，晚課。

## 上星期反省錄

一、據經兒稱，最近家鄉來人報告，葛竹四母舅[1]清明在慈庵掃墓後，即向寧波方面出走，至今不知下落。五母舅[2]則遷住於板溪破廟中，皆為共匪驅逼離家，已無容身處所。共匪殘忍至此，究為何意。此乃外家，而且兩舅皆年在八十歲以上矣。日本陷我家鄉，對余親戚並不至此也，其窮兇極惡，果能久存乎。

二、視察澎湖各島防務與工事，殊嫌不足也。

三、共匪又召集其所謂人民政協第二屆會議，凡叛逆重要者皆參加該會。最近奸偽措施重點，一為土地改革，二為軍隊士兵文化教育，殊堪注意。

## 本星期預定工作課目

1. 要塞部署及地形之改造。
2. 戰區地境之改變與加強交接部兵力。
3. 軍訓團學員召見完畢。
4. 實兵演習之參加。
5. 日本教官演講之參加。

---

1　王賢鉅，蔣中正外祖父王有則（1820-1882）之長子，稱四母舅。
2　王賢裕，蔣中正外祖父王有則之次子，稱五母舅。

6. 馬公等島補充材料與兵力之決定。

7. 高雄鍊油廠庫之人事調換與注重。

8. 高雄市長之調換。

9. 巡視金門。

10. 改造本黨案之準備手續完成。

11. 反共抗俄、復國救民之政治綱領。

12. 改造後組織方式與中心人選。

# 六月十八日　星期日　氣候：晴

雪恥：一、傘兵防範計畫。二、宣傳品分發應設法快速。三、嚴禁美術字。四、建國基本工作與革命方法之具體項目及設計之擬訂。

朝課後記事，召見李振清與于軍長[1]，切屬其防奸工作之加強、偽裝與假工事之特別注意。十時啟程登太湖艦，即向高雄航駛。在艦中重修前稿後，與張[2]艦長等各官長午餐，與全體官兵照相後休息。午課如常，四時入高雄港，駐港務局港口新宅，即上次駐所也。晚課後與少谷、彥棻談黨務改造案，討論人選最難解決，北方人才更少也。晚餐後再討論改造程序與文件，其改造理由非用革命方法，不能有黨章正當法律可以依據也。十一時寢。

---

1　于軍長即第九十六軍軍長于兆龍。于兆龍，字瑞圖，山東濱縣人。1948 年 9 月任第九十六軍軍長。1949 年撤臺後任中部防守區副司令官。1954 年退役後任國防部計劃委員會委員。

2　張仁耀，字瀾滄，江蘇鎮江人。1949 年 8 月調任太湖艦艦長。

## 六月十九日　星期一　氣候：晴（乍雨）

雪恥：昨抵高雄，知陳儀已於昨晨伏法槍決，據報其態度崛強，可謂至死不悟。乃知共匪宣傳之深入，甚至此種萬惡官僚之腦筋，亦為其所迷妄而改變，不知其有國家民族，而反以迎合青年為其變節來由矣，宣傳之重要有如此也。朝課後又補前稿，在革命黨員不能有自由一節中，個人自由主義之解釋一段，以杜英、美個人主義反噬者之口也。十時到岡山空軍訓練司令部後，轉赴機場閱兵及空軍分列式畢，舉行空軍官校第廿七期生畢業典禮。訓話後，已越十四時，聚餐畢，回高雄入浴，休息。午課如常，靜默。晚課，記事。約彥棻、少谷，商改造黨務案，談革命與自由篇發表後之效用與注意各點，終覺未妥也。八時到左營海軍總部，與海南有功及受傷官兵聚餐，點名訓話。十時回寓默禱，休息。

## 六月二十日　星期二　氣候：晴　乍雨

雪恥：一、建立制度改革業務案檢討與結論及實施方案之製訂，令限期催辦。二、本黨改造案主持人之決定。三、革命方法宣傳與組織技能如何加強，勝過奸共。四、考選人才綱要。唐代取士先以身、言、書、判為準，最後則以德、才、勞為任免之依據。

朝課後記事畢，召見賈幼偉〔慧〕[1] 與劉翔[2] 等。十時到海軍醫院，慰問齊鴻章[3] 司令等傷病官兵後，即到岡山乘飛機。途中閱軍訓團演習計畫，與少谷、

---

1 賈幼慧，1949 年秋，任臺灣防衛司令部副司令官。1950 年 4 月入革命實踐研究院第五期受訓，同月調任陸軍總司令部副總司令。

2 劉翔，號鳳軒，湖北鄂城人。曾任湖北省第八行政督察區專員，1949 年 5 月派任臺灣省高雄市市長一職，任職僅一年零三個月。

3 齊鴻章，字印輝，江西進賢人。1949 年任海軍第一艦隊參謀長兼太和艦艦長、粵南群島防衛司令、第三艦隊代司令。1950 年 4 月，兼任萬山防衛司令。5 月 25 日，太和艦遭擊，身受重傷。傷癒後任大陳特遣艦隊司令。

彥棻等商討革命與自由稿發表方式。十二時回臺北,妻在途中相迎,談美國
防部長到東京會談,麥帥主張援臺甚力消息,聞之並不覺興趣,以美援未必
是福也。下午午課後,準備講稿。四時半在研究院政工會議點名訓話,前後
共約二小時半,略覺疲倦。入浴後回寓晚餐,聽取彭、蔣[1]報告破獲新臺公司
間諜案經過。

## 六月二十一日　星期三　氣候:晴雨

雪恥:昨夜匪諜新案,完全為中央政治學校畢業同學會幹部所領導,孫立人
總部軍法處長及裝甲旅辦公室主任等,將最近舟山、海南撤退以後,臺灣軍
事新部署全部供給於共探,幸未發出,可謂危極矣。匪探深入如此,難保其
無另一部門匪探已將新部署為匪獲得送出也,實令人不可想像者也。尤其臺
糖公司之匪探組織,準備以其二千餘里之運糖鐵路,在匪登陸時全部控制,
為匪運輸到山地邊區,更為危險矣。幸破獲尚早耳,此乃天父賜予復興中國
之洪恩也。

朝課後記事,與經兒談陸效文[2]匪諜案及改造案。十時入府聽示公文,見至柔、
雪艇等,手令撤革陳博生洩露軍機、為匪張目,面交中央社長蕭同茲執行,
並嚴斥其疲玩,聲色太厲,自覺修養太差也。下午午課後,召見學員二十名,
審閱實兵演習計畫書等三篇。七時半赴前草廬,入浴,晚課。

---

1　彭、蔣即彭孟緝、蔣經國。
2　陸效文,1949 年 7 月經天津來臺,為中共工作,1950 年 6 月 15 日因組織遭破壞被捕,
　11 月 23 日被處決。

## 六月二十二日　星期四　氣候：晴

雪恥：一、合理分配，集中使用，澈底檢討，精細研究，正確判斷。二、環境之認識、適應與改正之三階段。三、監察工作與清查虛實與優劣。四、各部分倉庫檢查之催報。五、防制敵匪傘兵計畫之催報。

昨夜與辭修談高雄防務與人事問題後，十一時就寢。

朝課後記事畢，與少谷談政治主張等事。十時半起飛赴金門，途中氣候甚佳，及至金門附近，雲霧籠罩，不知其所，因該地機場未設方向儀器，乃不辯〔辨〕其方向所在，而其外圍各島皆歷歷可數。飛機低至八百英尺，瞰視漁舟，近如咫尺。司機無智，亂找金門約二十分時，仍不能覓得方向。余認為情勢險惡，乃令其昇高飛行，彼仍似無所謂者，及後升至二千英尺，再令其瞰覓，終未得其所，因之即命回臺，勿再留連。金門可謂與我太無緣矣，豈天父有意阻止，以免危險乎。

## 六月二十三日　星期五　氣候：晴

雪恥：昨午十三時回蔣林，下午午課如常，召見學員十七名，校對科學的學庸，對於中庸一篇重有增補也。晡入浴，餐後演習防空，晚課。

預定：一、戒兒不增人民捐獻與強制節約。二、標語應改訂。三、李士英[1]文字不行。

朝課後，到軍團聽日本教官講解演習計畫與想定。下午午課如常，二時聽講，觀兵棋演習。五時後回寓，入浴休息，與妻外出。晚課後約見陳納德[2]，為

---

1　李士英，號了人，河南尉氏人。1949 年 7 月至 1950 年 3 月任中國國民黨總裁辦公室秘書。1951 年 3 月任中國國民黨中央改造委員會設計委員會副主任委員，8 月調任中央改造委員會第四組副主任。

2　陳納德（Claire L. Chennault），曾任駐華美國陸軍第十四航空隊司令。1945 年 12月，在上海與盛子瑾合股，開設「中美棉業公司」。1946 年 10 月與魏勞爾（Whiting Willauer）成立民航空運隊並參與經營，1950 年任董事長。

商談其公司經費，准予借助。聞柯克已回來，未能見到麥帥及其國防部長等，此在意中，而彼則甚為懊喪，此何必耶。今日實為余從新學習軍事學之開始也。

## 六月二十四日　星期六　氣候：晴　午雨

雪恥：昨晚會客後，又校正如何爭取自由排印稿一次，作最後一段修正後付印，故就寢又在十一時以後也。

今晨朝課後，記事畢，八時後到軍訓團聽講，白[1]總教官說明運動力之方式及機動性之重要，此乃使一般將領對於今後戰術思想獲得一個新的概念，甚望能以此機動戰術統一我軍官思想，此為今後剿匪抗俄作戰之基本問題也。第三堂課為海軍兵棋演習，亦於我有新的啟示，而於我海戰術更為重要也。會餐後回寓略眠，未得安睡。十四時到團，聽講三軍聯合演習與裝備編制，及步騎砲兵器之演進，與今日裝甲戰車兵為主兵種之原因，講述甚詳。十六時半下課，回寓入浴後，見柯克畢。晚課後約見彥棻，聽取其中央常會經過情形，其中一部分幹部恐余用革命方式取消其中委地位，發生疑懼怨望也。

## 上星期反省錄

一、美國防部長詹生與總參謀長，及國務院顧問（共和黨藉〔籍〕）陶勒斯等在東京會議。據確報，美國在日本與菲律濱之高級將領，皆一致主張援助臺灣，麥帥之主張尤為堅定，詹生對我私人代表之表示更為懇切，

---

1　白即白鴻亮。

其軍事援我甚有決心。但其艾其生仍於其記者席上表示,其不軍事援臺之政策不變,而其宣傳方法則非蔣去臺,不能援臺。最可惡的是其駐臺之代辦[1]與武官[2],則顛倒是非,謊報其臺灣軍隊無戰志,七月中旬必崩潰之說,恫嚇其政府與詹生。以勢論,艾如不去職,則美國對華政策無轉變之可能,但以理論,為其國家安全,是其無法反對援臺也,未知其結果究為何如。

## 本星期預定工作課目

1. 軍人基本精神與條件:甲、堅實(鬆浮)。乙、整齊(散亂)儀容與裝備,外勤與內務。丙、外出檢查與衛兵哨所之服務守則及儀容。丁、抬頭正視與並行步調。戊、雜兵、軍醫、經理、通信、交通等業務之改革。己、坐車不許在車頂、車傍。癸[3]、二人以上外出,必須站隊齊步。辛、包裹綁紮必須結實。壬、擔負必須一律(尤其是肩槍)。癸、訓練基本姿態與活潑精神之並重。

2. 改造黨的步驟:甲、約見老者。乙、約見預定之改造委員。丙、約見反對改造之中委。丁、約見立夫,警告其應自立自強與改革習性。

3. 教誡立人。

4. 檢討本月軍事未完工作。

---

1  師樞安(Robert Strong),美國外交官,1949 年 12 月任駐臺北總領事館領事。
2  巴大衛(David D. Barrett),又譯巴大維、包瑞德,曾任美軍延安觀察團團長,時任駐華武官。
3  原文如此。

## 六月二十五日　星期日　氣候：晴

雪恥：一、海軍各艦隊之編組審查。二、陸軍打擊部隊之編制確定。三、陸、空軍地面作戰技術之協同訓練。四、三三九師戰力檢討。五、空、海、陸協同作戰具體計畫之決定。六、三軍通信制度之統一，與通信技術保密之訓練。三時半起床朝課。與妻默禱後，四時出發，在車中靜默三刻時，即到南勢岡統裁部參觀演習，是時天尚未明，海岸水際照明如畫，拂曉時即見敵艦近岸。余約柯克乘直升飛機，在登陸地視察約半小時。回南勢審閱要件後，再乘飛機到小基隆一帶視察戰車部隊後，降機着陸，即在小基隆觀察兩軍接戰，欠缺實戰精神。十一時演習終了，回寓。下午午課如常，午睡甚酣可慰，並不覺體倦也。記事，記反省錄，與昌煥、經兒談話，得北韓對南韓宣戰報告，一如預料也。

## 六月二十六日　星期一　氣候：晴

雪恥：昨晡車遊頂北頭〔投〕。回寓餐後，致電李承晚總統慰問，一面設法援韓，並令我駐聯合國代表竭力援助南韓援助案。惜美國仍不敢指俄為北韓指使者，應由俄負其責，而以不關痛癢之提案，僅令兩方停戰令處之。美國毫無道義與責任觀念，南韓如被俄共佔領，則其責全在美國也。亞洲民族完全為杜、艾所斷送，悲慘極矣。在月下納涼後寢。

朝課後，九時到研究院，舉行第六期畢業典禮，誦讀「如何爭取自由」與講解，約一小時半始完。嚴戒孫立人陽奉陰違及招奸洩機各種不法行動，如其不改，則再不用他之意明告之，姑視其果否悔改耳。開院務會議與一般會談，商討南韓問題。下午午課，無暇讀經。十四時半到軍訓團，聽演習報告及講評，最後致詞畢，回寓已十八時矣。入浴後記事，晚課。餐後召集會議，商討南韓事，至廿四時尚未能決定方針也。

## 六月二十七日　星期二　氣候：晴　晡雨

雪恥：朝課後記事，十時到軍訓團第一期畢業典禮，前後訓話二次，約共二小時以上。午餐畢又訓話一次，對日本教官之贊揚，比白鴻亮為朱舜水[1]，並令學員對教官須特別優禮與尊重，似或太過乎，但尊師重道，非此不能使教者出其至誠，而受教者亦不能得大益也。然而此期訓練之成效，實超過所預期者，以未開辦訓練以前，甚恐學員對過去敵意難忘與自大自棄，不能虛心受教獲益耳。下午午課如常，審閱改造本黨程序各問題，至七時方畢。八時接杜魯門電，稱已派其海軍阻止共黨臺灣任何之企圖，但要求我亦停止對陸大〔大陸〕與沿海領水內之軍事行動也。晚課後約宴非常委會及中央重要委員，商討對韓國被侵之處理方針，至十一時完。

## 六月二十八日　星期三　氣候：晴　申雨

雪恥：（昨晡與妻車遊頂北頭〔投〕後回寓，餐後月明氣清，夫妻並坐納涼閒談，難得有此片刻之安樂也。晚課後十一時寢。此二十六日事，誤記在此。）

朝課後閱報，見杜魯門聲明「催促中國政府停止對大陸的一切海、空活動，第七艦隊將觀察此一要求是否已付諸實施。至於臺灣未來地位，應待太平洋區域安全恢復後，與日本成立和約時再予討論，或由聯合國予以考慮」一節，其對我臺灣主權地位無視，與使我海、空軍不能對我大陸領土匪區進攻，視我一如殖民地之不若，痛辱盡極。十時入府，研討對美聲明與（備忘錄）來電，決以臺灣地位以及我反共抗俄與中國領土完整之立場，不能因任何情勢

---

1　朱之瑜（1600-1682），號舜水，明朝思想家。明亡之後，奔走反清未成，東渡日本，傳播漢學。

而動搖之意為覆文之基點,並認此舉為一臨時緊急措施,故暫令我海、空軍停止對大陸進攻。至根本辦法,必須雙方開始協商再定。召見譯員後,聽示公文,批核。下午午課後,入府召集會議,討論對美覆文。

## 六月二十九日　星期四　氣候:晴　下雨

雪恥:昨晡詳核對美覆文後,七時回寓。深鑒於美艾對華之毒狠與仇恨,非將臺灣淪陷共匪,或使臺民歸附美國,驅逐中國政府,則其心不甘。此一毀蔣賣華之政策,仍作其最後之掙扎。今日美國國防與軍事行動,其對韓、對臺與對太平洋政策,已經根本改變至此,而其國務院對我之各種文告,仍故意加我極端之侮辱,與煽動臺民反對政府之毒計始終不變,必欲貫澈其助共滅華之陰謀,即使其美國因之敗亡,亦所不惜也。何上帝必欲生此壞蛋,而苦我中國一至於此耶?

本晨朝課後,忽聞空襲驚〔警〕報,後知為美國海軍飛機,在基隆東北方發現之誤也。彼美海、空軍既到臺灣領海與領空,而並不通知於我,毫未與我有所聯絡,美國之態度不僅視我為征服地,而且視我為敵人矣。十時後入府,會客,令外交部對美抗議。接聯合國通知我,以安理會決議會員國協助南韓之電,乃決派三師陸軍往援也。下午午課後,審閱改造文件後,批核要件,與柯克商援韓事。

## 六月三十日　星期五　氣候:晴　後雨

雪恥:昨晡在前草廬入浴後,回途靜默,晚課。餐後研討援韓與改造二問題,至廿四時方寢。

朝課後記事,十時後入府辦公,與至柔、寄嶠討論援韓部隊之編成要領,決

以劉廉一[1]軍為主幹,再附以八十軍之二〇一師充實之。立人自告奮勇,躍躍欲試,惜其精神品格與思想,皆令人可慮耳。嚴屬至柔,審核本月份國防部對於建立制度與改正業務之訓詞,各級主管究竟實行幾成,切實查報。見妹婿竺芝珊[2]與澎湖老紳吳爾聰[3]後,與蔣堅忍[4]談話,更覺立人司令部之紛亂可慮也。清理積案。下午午課後,修正改造宣言稿。與柯克談美國海軍對臺態度之惡劣,視華為其征服者,一如加我以最大之懲罰,否則不致侮辱至此也,屬其轉告麥帥也。入浴後晚課,餐後與希聖談宣言稿文字修正各點,十時後寢。

---

1 劉廉一,字德焱,號榮勳,湖南長沙人。1949 年 6 月,改任第六十七軍軍長。10 月率部移防舟山群島。1950 年撤到臺灣。
2 竺芝珊,蔣中正胞妹瑞蓮之夫婿。1945 年代理農民銀行董事長,1954 年真除。
3 吳爾聰,字睿智,號啟東。1946 年 4 月膺選為澎湖縣參議會首任議長。1950 年臺灣實施地方自治,謙退未與選舉。嗣縣長欲畀以圖書館館長之職,辭不受。
4 蔣堅忍,字孝全,浙江奉化人。1949 年 12 月,任西南軍政長官公署秘書長。1950 年 6 月,調任陸軍總司令部政治部主任。

# 上月反省錄

一、軍訓團第一期學員如期結業,其成績超於預想之外,研究院第六期學員
亦如期結業,此為革命建國之基本工作,最足自慰。

二、駐臺國軍,自海南、舟山撤來國軍皆已編組完畢。惟第三期國防工事尚
未開始,孫立人之荒唐誤事如此,是所不料也。

三、改造本黨之準備尚未完成,但如何爭取自由之告書已草成發表,先使黨
員受一教訓,再加改造也。

四、俄國主使其北韓傀儡對南韓發動侵略攻勢,而美國竟能授權麥帥動員援
韓,此為暴俄所不及料。同時美竟命令其海軍巡防臺灣海峽,以阻制任
何方面對臺之攻擊,實亦俄史所不料,此乃美國政府內容之變化。艾其
生扶共抱俄之政策,已為其杜魯門及其朝野所不容,故有此澈底改變之
大舉。惟彼艾仍於其杜之聲明中,對華之侮蔑,無所不用其極,必欲作
此最後掙扎,非達其毀蔣賣華之目的,決不終止其陰謀也。

五、東京之美國軍事首長會議,實為其亞洲政策改變之主力,此不能不歸功
於麥帥主張之正大與成功也。當韓戰未起之先,彼美對臺灣政策之惡劣,
實不可想像,甚至陶拉斯亦已同意其國務院之陰謀,其內容即依賴伊與
俄國所密商之毒計:甲、俄共不侵佔臺灣。乙、以臺灣改為獨立國家,
解散我政府而重組之。丙、由中共加入聯合國,取我政府代表而代之。
如果此一政策不能實現,而為俄所反對,則彼美另定兩種不同之方案:
其一臺灣被俄共佔領,彼美完全放棄,不加過問。此則其太平洋國防之
危險亦所不顧矣,更為不可想像之事。其二則於俄共未開始攻臺以前,
首先派海、空軍保衛臺灣,其內定方針當不出二策:甲、改臺灣為獨
立國,改組我政府,驅逐我聯合國代表,而以中共代之,此其仍望與俄
妥協,以犧牲我中國也。乙、使我臺灣地位動搖,以打擊我政府之威聲,
使臺灣人民起而叛變反抗政府,以求美國保衛,改為美國之保護國,相
機再與俄共進行妥協也。然而,乙案要我政府屈服而放棄臺灣,勢所不

能，亦為美立國精神所不容，故不得不出今日之一策耳。此策實為其不得已臨時之決策，決非艾其生等所能甘心者。然而麥帥及其陸、海軍人之大部主張，皆不贊成彼艾卑污之外交政策之所為，惟杜魯門並無一定之主張，難免他日不為彼艾所動搖，故危險仍在也。但公理正義皆在於我，天父聖靈時時站在我方，彼艾與俄史雖毒竦〔辣〕兇狠，其如於我何。

六、本月在軍訓團從新學習軍事，參觀三軍聯合演習，對軍訓團多次訓詞，與廬山訓練集、科學學庸之複習，自認為於修養與學業不無進步，而雪恥復國之志彌堅也。

蔣中正日記
Chiang Kai-shek Diaries

# 七月

蔣中正日記
Chiang Kai-shek Diaries

**蔣中正日記**
Chiang Kai-shek Diaries

# 民國三十九年七月

## 本月大事預定表

1. 幹部師之配屬要塞或指定城市路口之防衛，與組訓民眾保衛鐵道、防阻傘兵。

2. 無職軍官之編配於各戰區與各軍訓練，指定其專一任務。

3. 減少雜兵，增強列兵之辦法。

4. 中心理論與行動綱領。

5. 各項基本政策與實施辦法之研究與規定：甲、外交政策（對日外交之進行）。乙、黨的改造。丙、財政經濟政策之確定。丁、號召革命之政治綱領與組織。戊、建軍綱要與實施計畫及步驟（精兵）。

6. 校閱部隊開始。

8.[1] 空軍海洋作戰及突攻技術之訓練。

9. 海軍夜間作戰之精練與魚雷製造機。

10. 陸、空、甲三兵種協同打擊之技術訓練。

11. 臺、澎各軍之團長全部集訓。

12. 援韓部隊之編成與出發，及今後補充增援之方針。

13. 經濟政策與實施方案之確立。

14. 黨的改造之實施。

---

1　原文如此。

15. 對日外交之進行步驟與方針。

16. 對美外交之推進。

17. 訪慰韓國與麥帥。

18. 建立制度之幹部法制與組訓方案。

# 七月一日　星期六　氣候：晴　午後乍雨

雪恥：一、美國務院仍竭力阻止我派兵援韓，其用意實在壓制我不許參加國際事業，而並非怕中共亦將藉口軍援北韓也。凡與我有益之機會，彼艾必全力阻礙，惟恐不及，此不僅為其個人之地位與利害攸關，實亦共產國際在東方成敗之生死關頭。彼共認為蔣如再出，則其末日已至，共無焦〔噍〕類，故其操縱國務院不得不作最後之掙扎。而彼艾昏稚，寧使誤國害美，終不肯轉變其毀蔣賣華、縱共害美之政策也，卑劣極矣。

朝課後記事，十時入府辦公，審閱情報，益覺俄共謀臺之急、立人誤事之大，幸美麥已用陸軍援韓，其空軍且已轟炸北韓，第三次大戰是否從此開始，尚不可知，而東亞反共戰爭則決不能從此中止，乃可斷言。會客後，召集軍事會談，孰知第三期工事本限上月底完成，而至今猶未開始也。立人之不負責與無人格如此，可痛。

## 上星期反省錄

一、近日判斷時局與處理業務，益覺腦筋之滯鈍，遠不如他人所見之深刻：

　　甲、羅素[1]以為俄國必要維持其在亞洲之威望，對於美國援韓，彼俄史決

---

1　羅素（Bertrand Russell），英國哲學家、數學家、邏輯學家，活躍的政治活動家，1920
　　年曾經訪問蘇聯、中國，影響新文化運動。

不能因此退縮。普通友人亦多有此見解，而余則不及也。乙、友輩多料美國恐因我之參加援助南韓，引起俄史藉口，指使中共參加北韓作戰。此余亦早已顧及，但未料及其國務院之阻力仍如此之大，而其對華政策猶能固執堅持到底至於此極耳。

二、美國陸軍已開始運韓參戰，其空軍已對北韓廣汎轟炸，其目的在佔領北韓，使韓國成立統一政府。預料此戰延長持久，不能速決。英國謀略第三次大戰之戰場要在亞洲而不在歐洲，希望竭力避免白人之遭受戰禍，其第一步之目的，固已達成矣。

## 本星期預定工作課目

1. 研究援韓方略與目的，務期不致於人也：

甲、韓國戰局之推移，相持乎，速決乎。（即南韓於數日或一星期內，為韓共完全佔領，此因美國陸軍之參戰，已無此顧慮。）

乙、中共先參加北韓作戰時，美國態度自必大變，不僅要求我派兵增援南韓，而且對我大陸之海、空軍攻勢亦必開放，不再阻礙乎。

丙、如果我軍實行援韓，則整個戰略與最大兵力應預先決定，至少要有十萬人以上為預備隊也。

丁、軍事與政治之基本組織與制度及基本力量尚未完成，如提早反攻大陸，甚不利乎。

戊、對美國交涉與要求其接濟之方針應速定。

## 七月二日　星期日　氣候：晴

雪恥：昨午召見劉廉一，面授其統率援韓部隊及編組要旨。下午午課後，修正改造文稿，申與妻到前草廬，入浴後審核改造綱要。晚課後約見經兒、少谷，商談改造後組織方案及人選。十一時寢。

朝課後記事，及記反省錄與工作預定表。十時柯克自東京回來，面報與麥帥談話經過，其意我援韓軍隊在精而不在多，並欲我自帶戰車與大砲，至於我軍如何援韓，則彼尚須與國務院洽商後再行通告。彼等甚恐我國軍參加韓戰，則中共匪軍亦將公然援助北韓參戰也。惟麥帥對余極誠意，如上週韓戰不發生，則彼已預定於上星三日飛臺來訪也。果爾，是其已與國防部長面決者。如不得其政府同意，彼必不能作此決定，是其對華政策確已改變。然而其國務院仍出其死力掙札〔扎〕到底，所以其發表文字仍與我以難堪也。到禮拜堂聽講，正午與亮疇討論時局。下午午課後，閱曾虛白[1]對黨建議，修正改造宣言。晡入浴。十時後晚課畢寢。

## 七月三日　星期一　氣候：晴

雪恥：昨晚一時半醒後，為時局有表示意見之必要，思索三小時之久，決定在擴大紀念週，對太平洋最近所發生之變化，警惕民主國家，與聯合國對俄國之處置，及對亞洲全民族應加注意各點與握着公理與正義，以建立聯合國之威望也。

朝課後審閱文稿。九時到中山堂主持擴大紀念週，講解國際局勢與南韓反共戰爭之感想，及明定俄國為主犯之理由，並指出俄國已經製造人種戰爭之口號，煽動亞洲民族與歐美白人軍隊為敵矣。入府召見顯光，聽取其視察歐、

---

1　曾虛白，原名曾燾，字煦白，筆名虛白，江蘇常熟人。1950 年 7 月任中國國民黨中央改造委員會改造委員，8 月兼第四組主任。10 月辭第四組主任，改任中央通訊社社長。

美、日回來之報告，乃知歐洲情形，皆懼俄忍惡美，不願抗俄助美之真相，以及美國政府內容變化，其對東方政策完全改變之經過，俄國之情報與觀察之錯誤，所以演成韓國之局勢，大體不誤也。召集一般會談，美國對我出兵援韓之覆文，申言已由麥帥派員來臺，協商防務與決定援韓方針，其意仍不願我出兵援韓也。與岳軍談對日外交，心神似漸放佚，應切戒之。

## 七月四日　星期二　氣候：晴

雪恥：昨下午午課後，審閱改造案，從新手草講演要旨、新聞稿，以秘書擬稿皆不能用也。晚課後與妻車遊北投、草山，商談迎接程序。餐後審閱改造文件二種，十一時後就寢。

朝課後記事，十時到府辦公，指批公文。研究系、保皇黨餘孽張氏弟兄[1]至今仍以報其舊日黨仇為惟一陰謀，不顧國家顛危，而非使本黨消滅不可，五年來依附奸共與美馬之作祟、桂系之叛逆，藉制憲與行憲為名逞其陰謀，竟使國與黨為之俱蹶，至今猶未已也，其肉誠不足食矣。然此種小肖何足介意，只可置之一笑。與顯光談話，益知美國上下，無論我之敵友，皆以為臺灣等於已亡，視余亦已完結，美國民族性之浮淺，其對華、對余之不能認識，有如此也。亦惟有置之一笑，讓其日後自悟而已。下午午睡酣熟，足有一小時卅分之久，此為最近所未有之佳象也。午課如常，尋讀左傳莊公戒飭守臣篇與修正改造文件，七時方畢。晡遊覽草山。入浴，晚課，見客。十一時後寢。

---

1　指張君勱、張嘉璈兄弟。按：張君勱，名嘉森，字君勱，以字行，江蘇寶山人。1906年公費留學日本，結識梁啟超，1907年9月參加政聞社。1912年8月成立民主黨，推梁為黨魁。袁世凱死後，跟隨梁啟超，支持皖系段祺瑞，被目為研究系一員。1927年以後，其所創吳淞「政治大學」與《新路》雜誌，陸續被國民政府查封，開始反對蔣中正的一黨獨裁。1929年6月一度遭國府逮捕，稍後釋放。1932年4月在北平秘密組織中國國家社會黨，1946年1月改組為中國民主社會黨。

## 七月五日　星期三　氣候：晴　未刻雨

雪恥：一、大陸游擊之總機構應速組織。二、檢查機關之統一與單純，軍隊不得干涉。三、臺東砲位與機件之檢查及整理（八師駐地）。

朝課後記上月反省錄，十時半入府，麥帥正式通知其將來臺訪問，彼以為此次杜魯門之聲明，是余與彼第一次之大勝利，是彼在其本位一方面觀察，當然可以如此也。余接其通知，乃決定余先訪韓，轉日訪彼。以南韓戰局緊張，如彼離日來訪，心滋不安也。召見至柔、雪艇指示要務，審閱中美共同保衛臺灣作戰任務方案後，處理公文。聽取財政、經濟近情與辦法之報告，仍未得根本之道，但公教人員配給實物之實施，能見諸事實，是政治一大進步。下午午課後，入府召集經濟會談，約二小時之久方畢。發何世禮電二通，屬其轉告余訪韓、日也。入浴，晚課。

## 七月六日　星期四　氣候：晴

雪恥：一、軍事、政治、經濟、社會之三民主義制度之研究專員。二、國防各廳處對人事、動員、情報機構編制大綱與業務令之研究。三、黨務組織與制度之研究。四、約見彭孟緝與張、谷[1]等。五、召訓學員、動員各團長，仍應報到。

朝課後記事，十時入府辦公，接何世禮來電，昨電訪韓、日事，尚未與麥帥接洽也。韓戰頗危，美軍在水原以南防線，已為韓共突破，並有一部被包圍也。正午宴老同志十二人。下午午課後，修正軍訓團第一次講稿，足有三小時之久，不覺天已黃昏矣。休息後，晚課畢，晚餐後與妻車遊松山，路上視察，回寓禱告，入浴。十一時後寢。

---

1　張、谷即張其昀、谷正綱。

## 七月七日　星期五　氣候：晴

雪恥：一、本日七七紀念，此心但有慚愧無地之感，最好廢除，不再有此紀念也。二、麥帥參長對余訪韓、訪麥之舉，認為煩擾無禮，以其南韓軍事失利，顯現其驚恐無措之神態，故對何世禮表示拒達麥帥，此乃美國將領輕浮無常之習性，決非麥帥本人之心神，故聞此不足為異。不半日，何回臺面告麥帥最後表示誠摯之意，且未因其第七艦隊司令來臺而變更其訪臺之決心。彼對余之信心，實為美國惟一心交之知友也，可敬。

朝課後記事，上午入府辦公，指示至柔撤退金門之決心，速作一切準備，加強臺灣本島之防務。預料共匪必以美國第七艦隊不過為恫嚇與宣傳作用，決不予我以多大助益，且料國軍必因美之助防而懈怠，故更促成共匪攻臺之妄念也。召集情報談話。最近孫立人部又有匪諜重案之發現，此人野〔夜〕郎自大，粗淺糊塗，不知如何結果矣，應加注意。

## 七月八日　星期六　氣候：上晴　申雨

雪恥：昨下午午課後，召見世禮，面報麥帥精誠及其對臺協助決心，時時表露其與我之成敗與共之誠意，殊為可感。修正講稿二篇。晡前草廬入浴。途中晚課，靜默卅分時。晚與彥棻等商黨務，知中委已有大部份簽字，要求總裁改造本黨，表示服從之意。審閱軍訓團第一次講稿付印。十一時後寢。

朝課後記事，十時後入府辦公，到兵棋室研究臺灣本島兵力部署、工事位置與進度，及通信編制與統一要旨。召集軍事會談，與柯克商討金門撤退問題。下午午課後，修整本週擴大週講稿。晡見美艦隊司令史樞波[1]，晤談頗洽，凡美國海軍將領，必比陸軍可愛可敬也。在前草廬入浴，途中靜默晚課，餐後閱報。十一時前就寢。

---

1　史樞波（Arthur D. Struble），時任美國第七艦隊司令。

## 上星期反省錄

一、韓戰美軍退守大田之線，戰況不利，甚恐美軍為俄共所算，地形與當地
　　民情皆於美軍不利為念。但彼等並不以吾人之經驗與中韓關係為重，不
　　屑余等協助，中國援韓之軍亦被其國務院所反對而拒絕，不知其在亞洲
　　作戰，何以為計矣。

二、英國輿論竭力評〔抨〕擊美國保障臺灣之舉，為非白種人之利，尤恐中
　　國政府乘機復起，而使中共在大陸大軍不能向臺使用，則必對韓助戰，
　　徒使韓戰延長，擴大成為世界大戰為慮。故其對俄國提出求免與各種之
　　試誘，凡其可為毀蔣扶共、滅華助俄之卑劣言行，無所不用其極。而印
　　度尼赫魯之呼號調解韓戰、中共代替聯合國我國代表地位之提議，其倒
　　行逆施、忘恩負義一至於此，殊非夢想所及也。

三、聯合國推麥克阿塞為韓國戰爭總司令。

四、擴大紀念週發表韓戰主犯及為蘇俄對聯合國警告。

五、修正講稿三篇。

六、黨的改造案各文件已準備完成，中央委員已自動簽名請求改造者，足有
　　半數矣。

## 本星期預定工作課目

1. 清查倉庫案之催報。

2. 國防部長人選。

3. 檢閱部隊之開始及程序。

4. 金門部隊調動之決定。

5. 黨的改造日期與準備手續及對外宣傳之研究。英、美反動派正在對余作最
　　後掙扎時，此舉是否予人口實。

6. 對麥帥聯繫進一步之辦法。

7. 空軍參謀學校畢業典禮。

8. 校閱課目各級指揮部編組與人事。

## 七月九日　星期日　氣候：晴

雪恥：一、召何世禮：甲、發日教官薪水。乙、對日聯絡人選。丙、慰問麥帥。丁、改組代表團。戊、屬朱[1]回臺。

近日考慮韓國戰局，英、印雖竭力設法調和，而以排除聯合國中國政府代表，易之以中共代表為其主要條件，但俄國不理英國此舉，實為匪夷所思。俄國既拉下美國與北韓開戰，俄國只要其本身不出面參戰，則其何必使美國脫離戰渦。彼俄惟一目的，使美兵連禍結、日久師老，務使其經濟破產、軍民厭戰、社會崩潰，則俄國不戰而勝，可坐而待，何必再要停戰耶。

朝課後記事，記反省錄。重修上週一講稿，十一時禮拜。下午午課後，修整上月對軍訓團講稿一篇畢，腦筋甚覺疲乏，到前草廬入浴，休息。回寓，晚課，餐後與柯克討論金門防衛方針，彼甚注重心理影響，以為保守金門之兵力如增防臺灣，則心理效用不如固守金門為大也。

## 七月十日　星期一　氣候：晴

雪恥：一、追究工事舞弊案。二、檢閱注重各級機構編制人事與業務，是否合於法規。三、改造案提出日期與宣傳計畫之研究。

朝課後記事，十時軍訓團第二期開學典禮。宣讀訓詞後，與至柔商討金門是

---

1　朱即朱世明。

否撤防問題，認為史樞波昨來臺灣後，如我金門隨之撤退，則匪必以為美國限制我軍範圍，不許我在大陸沿海立足，則匪勢更張矣，故暫不決定也。正午入府，召集一般會談，研討韓戰之妥協不易，但俄如不敢引起大戰，則仍有妥協可能。尤其俄史初不料美國未經其議會通過，僅以聯合國決議方式，而即可派兵援韓也。下午午課後，修正軍訓團講稿，約二小時畢。與何世禮談駐日代表團人事，及對麥帥聯繫辦法。晡到前草廬入浴納涼，回寓。晚課後與毛人鳳談情報工作畢，十時半寢。

## 七月十一日　星期二　氣候：晴

雪恥：一、通信部門政治工作重要。二、擔杆島撤防與金門關係之檢討。三、每月研討業務之基本文件及其實施。四、侍從人員每週業務與學習會議及每月考績。五、國防部各廳處之制度法規及業務會議。六、對美聯絡參謀組之組織。七、對日本聯絡之政治人選。八、倉庫檢查日期已到催報。八[1]、改造進行。

朝課唱詩跪禱後，七時到軍訓團，靜默廿五分時畢，點名後回寓，記事。十時入府辦公，會客，與至柔談校閱要旨及建立制度實施辦法。葉部長[2]談美國外交事，金門不在第七艦隊掩護之內也。正午對軍需會議訓話。下午午課後，修整對政工會議講稿，與生活雜誌記者談話。前草廬入浴，回寓，晚課，餐後商改造案。十一時寢。

---

1　原文如此。
2　葉部長即外交部部長葉公超。

## 七月十二日　星期三　氣候：晴

雪恥：一、自今日起進行改造實際工作：甲、約道藩、正綱。乙、約辭修、雪艇、岳軍、騮先[1]、鐵城、超俊[2]、狄膺[3]。丙、約老者與蘭友等談話。二、俄宣布俄人登記北韓志願軍者，已有十一萬人，此乃韓戰無法中止之明證。三、金門國軍決定撤退，但應商諸麥帥。四、黨的改造從速進行。五、軍校長應速委派。

朝課後記事，十時前入府辦公，與至柔談要務五項，與世禮對麥帥接洽要旨後，聽批公文。最近香港已投匪重要分子皆來接洽投誠，尤以兩航空公司之總經理皆願歸誠為怪也。下午午課後，到前草廬入浴後，審閱顯光巡遊歐美最近局勢與韓戰起因各報告，皆可作為重要史料也。八時回寓，晚課畢，與辭修談改造案。十一時就寢。

## 七月十三日　星期四　氣候：晴

雪恥：一、近日對降共叛徒報復之心甚熾，恨不能立提其魄而飲其血，對於邵、張[4]二逆之無恥，以變節為業者，更為切齒。其實太不值得，何足容懷，應自解之。二、美第八軍軍長華克[5]任為援韓陸軍總司令，是戰事又進一步。

---

1　朱家驊，字騮先，浙江吳興人。1948 年 5 月任行政院政務委員兼教育部部長。1949 年 6 月任行政院副院長。1950 年 3 月，調任總統府資政，7 月創辦《大陸雜誌》。

2　馬超俊，字星樵，曾任南京市市長，當選行憲國民大會代表。1950 年受聘總統府國策顧問、中國國民黨改造委員會評議委員。

3　狄膺，原名福鼎，字君武，號雁月，南社成員。制憲國民大會代表、第一屆立法委員。1950 年 8 月任中國國民黨中央改造委員會紀律委員會副主任委員。

4　邵、張即邵力子、張治中。邵力子，字仲輝，號鳳壽。歷任國民革命軍總司令部秘書長、甘肅省政府主席、陝西省政府主席、中國國民黨中央宣傳部部長、駐蘇聯大使、國民參政會秘書長等要職。1949 年作為政府和談代表到北平，應邀出席中國人民政治協商會議第一屆全體會議。

5　沃爾頓・哈里斯・華克（Walton H. Walker, 1889-1950），美國陸軍將領，第八軍團司令官。

朝課後記事，十時入府辦公，聽取至柔對金口〔門〕軍事方針，各方之意見皆以美國心理影響，暫主不撤，余仍以為不然也。寫果夫[1]覆函，明告以立夫不能擔任大事，亦不得令其再參加黨務也。正午巡視軍訓團。下午午課後，先到陽明山入浴，五時約高級幹部商討改造方案文件、關於時局主張文稿，皆有極好意見陳述也。八時回寓，晚課。搜集觀人篇材料後，十時半寢。

## 七月十四日　星期五　氣候：晴

雪恥：一、共匪向閩南集中兵力，最近並未停止，而且更為積極。二、金門部隊之撤防應即實施。三、校閱組應注重言行，不愧為領袖之代表。四、中央通訊社。

朝課記事後，十時入府，指示何世禮團長對麥帥談話要旨四項，召見校閱各組長聽示批判。臺灣經濟尚未脫離危境。正綱對改造方案不經全會，尚持異議也。正午視察軍訓團。下午午課後到前草廬入浴，休息。重審顯光報告及改造宣言後，七時在蒔林召集于、居[2]等老者，研討改造方案，至九時方散，大體皆無異議。晚課後，十時一刻就寢。

## 七月十五日　星期六　氣候：晴

雪恥：一、生平事業之敗壞，在不能知人善任，為惟一過錯，今後如欲轉敗為成，非從用人中痛下決心，澈底改革不可。二、召訓各軍事學校之政治與

---

1　陳果夫，名祖燾，字果夫，以字行，浙江吳興人。1948 年 12 月因病遷居臺中休養，時任中國國民黨中央財務委員會主任委員（由副主任委員俞鴻鈞代理，3 月卸任），並任中國國民黨中央改造委員會評議委員。

2　于、居即于右任、居正。

技術教官，研究政治教育。

五時起床，朝課如常。七時卅分起飛，九時到屏東轉乘直昇機，至東港空軍參謀學校舉行畢業典禮，預備學校第五、第六期生皆參加聽訓、照相。召見唐守治[1]、邱希賢〔賀〕[2]後，聚餐畢，召見空軍參謀與預備二校高級教職人員後，乃乘原機至屏東換機。機上熱極，初入時無異蒸籠，甚難忍受，以機在太陽炎熱中停置也，及起飛即涼快矣。下午三時後回臺北，午課如常，閱報及審核情報，南韓錦江美軍防線已為韓共突破為慮。晡巡視陽明山研究院與圓山軍訓團，回寓，晚課。十時前寢。

## 上星期反省錄

一、韓戰錦江美軍防線已為韓共所突破，而俄國以其志願軍之姿態，公開宣布其投效北韓軍者，登記總數已有十萬餘人之多，是其已無罷戰妥協之表示也。

二、中共匪軍對閩集中兵力更為積極，其擴修閩省各機場與各公路，皆因我軍不能轟炸之故，而又積極進行，可知其進犯臺灣之企圖，並不因美國之聲明而有所顧忌也。然其運輸船艦，尚未向南大量移動耳。

三、金門防軍以勢以理，此時皆應撤退，但為美國與麥帥關係未得其同意，故國防部與顧問乃多躊躇不決，余意此時以保全實力為主，始終主張速撤，此應為最近重要之大事也。

---

1　唐守治，字浩泉，湖南零陵人。1949年初，升任第八十軍軍長。在福州、金門等地與共軍作戰。1950年5月，調任臺灣南部防守區司令官。1952年2月，調任臺灣北部防守區司令官。
2　邱希賀，號修賢，湖南安化人。1949年1月任第二〇六師師長。1952年10月部隊改編，改任第五十一師師長。

## 本星期預定工作課目

1. 改造實施程序：甲、約屬生[1]等同志星二日談話。乙、約在臺灣中委談話，星三日。丙、星四日提出常會。丁、中心理論與行動綱領。

2. 政院設立政經研究會，收復大陸之準備，與各種制度、政策及組織之實施方案。

3. 金門防務與船艦之準備。

4. 石覺交代案之清理。

5. 臺省明年度預算及開墾經費之列入。

6. 臺省公營事業之整頓。

7. 檢閱部隊開始（倉庫與工事）。

8. 研討匪部動向。

9. 召見軍訓團學員開始。


## 七月十六日　星期日　氣候：晴

雪恥：一、幹部制度之建立與組訓方案。二、建軍綱要與實施步驟之訂立。三、中心理論與行動綱領。四、各項基本政策（經濟、財政、金融、社會、行政制度）與實施方案。五、陸、空、甲、工四兵種協同打擊之技術訓練。六、魚雷製造機之購辦。

朝課後記事，重修中庸要旨，十一時禮拜。下午午課後，記課目預定表。接世禮電，關於金門撤防問題，麥帥須待面商後再定，不知要到幾時矣。美國務院對我轟炸福州機場及扣留共匪船艦皆不同意，如此只有坐待匪軍圍攻金

---

1　張屬生，字少武，河北樂亭人。1950 年 3 月，出任行政院副院長，輔佐陳誠規劃地方自治，實施耕者有其田，完成土地改革。1954 年 8 月，改任中國國民黨中央委員會秘書長。1959 年 3 月，出任駐日本大使。

門，烏乎可，故決撤防金門，全力固防臺、澎，以待天下之變而已，美之喜怒好惡只有聽之。晡在前草廬入浴，回寓，晚課。餐後十時半寢。自正午起，喉之右筋作痛。

## 七月十七日　星期一　氣候：晴

雪恥：一、軍官校長委任發表日期。二、金門情形之查報。三、約健中與屬生、君武談話。

朝課後記事，十時到研究院舉行開學典禮，讀解民族正氣篇，初以喉痛未敢詳解，但卒能終詞為幸。與公超談對美外交，彼以我機在公海射擊英國商船，死英籍與華籍各一人，甚恐美國與英國斥責為慮，其膽之小如此，可怪。召見新任師長五人後，召集一般會談，商討美國對日和約問題。此時似可使麥帥提倡太平洋軍事公約，使日加入，無形中訂立和約，又可使日武裝以後不能自由發動侵略，故堅主美必須參加此約也。下午午課後，手擬改造委員人選及各部會主管名單，與道藩商談立夫出國事。晡到前草廬入浴，回寓，晚課。

## 七月十八日　星期二　氣候：晴

雪恥：一、金門問題不宜於此韓戰危急時，要求麥帥諒解，應先自我準備可也。二、尼赫魯之不義與無恥竟至於此，其果能長此生存乎，天乎。

朝課後記事，十時入府，與至柔商討金門之準備程度。與柯克商討，彼以為金門保衛於我利多而害少也，余仍以為不然。召見黨員十餘人。正午研討金門與匪情，其對金門進犯之準備並不積極乎。下午午課後，重審改造案，聽示公文處理要旨。晡在前草廬入浴後，八時到軍訓團召見學員十八人，至九時半回寓。晚餐後與彥棻商改造案提出日期，擬於星六提出也。韓戰自錦

江防線被匪突破後，美軍似已後撤於大田附近，成立新防線，其大田已否放棄，尚未見有公報。十一時後寢。

## 七月十九日　星期三　氣候：晴　溫度：九十八

雪恥：一、大陳島撤防之利害，對共匪心理之影響如何。二、共匪積極擴修長汀、福、廈各機場之用意：甲、藉我不能轟炸期間乘機修成，以便進攻金門與臺灣。乙、藉此以示其攻臺計畫，並不因美之干涉而停止，以脅制我屈服。丙、備而不用。三、張[1]逆此時來函勸降之毛匪動機何在，此其以美國干涉，故不敢用武力攻臺，而乃作此試探乎。抑其故意懈我防備，而其攻臺以前特作此試探之姿態乎。

朝課後記事，十時入府辦公，召見雪艇與至柔，聞美國駐臺代辦已將調回，此或其國務部〔院〕對華政策轉變之第一步乎。約見黨員十餘人。下午午課如常，審閱董[2]之報告。五時到軍訓團召見學員十八人，再到研究院視察後，入浴，晚課，十一時前寢。

本日悶熱異常，風大而熱，實為來臺後第一次。

## 七月二十日　星期四　氣候：晴

雪恥：一、約岳、禮[3]往訪于[4]，說明不能以改造名單提請通過方式之理由。二、研究人選。三、約集草擬人談話。四、約集常委談話。五、評議員額增

---

1　張即張治中。
2　董即董顯光。
3　岳、禮即張羣、吳忠信。
4　于即于右任。

加。六、決定星六日提案。七、令立夫不到會。

朝課後記事，美軍兩師在韓國東海岸浦項登陸成功，此乃韓戰一新階段也。美總統要求國會不限額的擴軍與召集預備役，及增援軍費壹百億美圓各案，美國民族氣魄之偉大，殊為可佩。十時後入府辦公。約見傅斯年、杭立武等，乃知美國駐臺武官向其政府報告，國軍不僅有共黨滲透，隨時可以叛變，不可信靠，而且戰鬥力薄弱，不能有二小時之戰鬥力，故其政府拒我援韓之真因可知。美國官員對其國家與政府之不忠不實，而一意以洩恨逞私為快，其頑固不化之劣性，上下相同也。

## 七月二十一日　星期五　氣候：晴　熱

雪恥：昨午聽示公文後，聞右任以改造委員人選必須由全會選舉之言，殊為駭異。下午午課，在前草廬入浴，審閱董之報告。六時到軍訓團，召見學員十八人。晚課。約美友（威靈[1]）與居、于[2]等聚餐畢，于提及改造委員最後提出常會通過，而未言其開全會通過之主張也。十一時寢。今夜遷住後草山。

朝課後記事，約禮卿、岳軍談商于之提議，應予修正諒解，乃屬少谷與禮卿訪之。聽示批覆公文，決約常委晚餐，明告以改造各方案，使之諒解。下午午課後，考慮改造委員及評議委員人選問題，與其昀同志商談改造委會之組織方式與人事。入浴，晚課後到草堂，即第二賓館，約宴中央常委未經商討

---

1　「威靈」即蒲立德（William C. Bullitt Jr.）的暱稱。蒲立德（William C. Bullitt Jr.），又譯蒲利德、蒲雷德、蒲雷塔、浦雷德，暱稱威靈，美國外交官，曾任駐蘇聯大使、駐法大使。
2　居、于即居正、于右任。

諸同志及改造方案草議者四十餘人，討論改造案，王秉鈞[1]、李宗黃[2]等皆主張召開全會也。

# 七月二十二日　星期六　氣候：晴

雪恥：昨夜討論改造案，結論中明白宣布立夫行動之誤黨與自私，及常委任立法委員者不能執行黨紀，只顧個人而不顧黨國之背離言行，不應再任常委，以及今日中委之地位，上無領袖，下無群眾，實無要求召開全會之權能。並告其他們中委之群眾，實只總裁一人，除總裁之外，問其復有何人是其群眾，而其所以當選為中委者，究為何人，豈非總裁之力乎。彼等聞此或有所悟，而方無異詞也。十二時前寢。

朝課後，與少谷、彥棻商討改造案，以停止常會職權，比停止中央執監會整個職權較為緩和，並伸〔申〕明中央委員資格仍舊保存之意，以減少一般中委之疑慮。研討後，仍以停止中央執監會職權為合理，故不變更。十時到常會開會，至十三時完畢。改造原案修正後一致通過，並無勉強之色，殊為難得。此乃本黨歷史之新頁大事，竟得和順完成，可慰。下午午課後記事。考慮改造會人選與組織方式。晡見國際職工聯合會代表等畢，入浴剪甲，晚課後在月下休息。

---

1　王秉鈞，字化南，河北邯鄲人。1948 年 1 月，當選行憲第一屆立法委員。1949 年 2 月赴臺灣，仍任立法委員，並任中國國民黨中央評議委員、正中書局、商務印書館常務監察人等職。
2　李宗黃，字伯英，雲南鶴慶人。曾任雲南省政府民政廳廳長、代省政府主席兼中國國民黨雲南省黨部主任委員。時任國民大會代表。

## 上星期反省錄

一、韓戰大田失陷，美軍狄恩[1]司令失蹤，在美海軍陸戰隊兩師已在浦項登陸成功，則大田雖〔失〕守而戰局不難挽救，南韓已無為韓共整個侵佔之慮，俄國侵略陰謀初步受到打擊矣。

二、本黨改造案已順利通過完成手續，此為革命歷史絕續之交一新紀元也。

三、共產國際在東柏林附近開會，其將對聯合國有所行動乎，抑為第三次大戰決策之大會乎，南斯拉夫之情勢極為緊張也。

四、美國擴軍案已由國會通過，其動員法案亦已提出國會，百億軍費當可於下週通過也。

五、叛逆張治中對我各重要幹部來信又提和平，而實為誘降，劣污極矣。敬之交來，未閱而令其攜回，此時來函，其必共匪侵臺無法之所為也。

## 本星期預定工作課目

1. 金門之策未決，應速決定。

2. 雷達定款可否暫緩付。

3. 審定改造人選。

4. 審定改造委會編制。

5. 約集中央委員談話。

6. 上下大陳島撤守問題。

7. 中心理論與行動綱領之擬訂。

8. 對美外交之研究。

9. 聯合國對我政府代表問題與經費。

---

1　狄恩（William F. Dean），美國陸軍將領，第二十四師師長。

10. 建軍制度會議與工作之具體計畫。

11. 行政院應設政經研究會（作收復大陸準備）。

# 七月二十三日　星期日　氣候：晴

雪恥：一、金門撤否之決定。二、改造委會之組織大綱與人選之決定。三、注意立法院之組織、黨員及組織部長之人選。四、麥帥聯絡組來臺之準備及我方之人選。五、海外部長人選。

昨夜眠足九小時，最為安眠之一夜也，是乃改造案通過後，心神安定之徵象也。八時起床，朝課，閱報，十時到蔣林禮拜。正午約宴黃少谷及馬超俊夫人[1]，為其祝壽也，孝文、章、武諸孫皆來參加，文孫突然高長，其皮膚頓現白色矣。與小孩玩棋甚樂也。下午午課後記事。重讀中庸全文一遍，新印科學的學庸及附全文，誤漏甚多也。晡入浴，晚課。留辭修、國楨夫婦在寓聚餐，終日在此玩牌，其情感皆甚融洽為慰。十時半寢。

# 七月二十四日　星期一　氣候：陰雨

雪恥：一、約辭修商談改造會之組織與人選。二、中心理論與政治行動綱領之研究。三、共黨組織形態及其現行經濟、社會與青年政策之研討。四、黨政關係暫仍其舊。五、設計、考核、組織、人事與決策各部門之聯繫。六、黨的理論與政府政策，及社會運動與教育宣傳之聯帶關係。

朝課後記事，十時到圓山軍訓團紀念週致詞後點名。正午到府，召開一般會

---

1　沈慧蓮，廣東番禺人，馬超俊夫人。來臺後任中華婦女反共抗俄聯合會常務委員，中國紅十字會副會長、會長。

談，研討改造會組織形態。余以縮小範圍，減少業務，使能增加效能為要旨。關於青年與海外兩部門與民眾運動及交通、通信各業務，尤應注重也。下午午課後，研究改造人選與組織。約見美國駐遠東情報主任後，到軍訓團召見學員十八名。回前草廬入浴。聞柯克以日本教官訓練相質詢，可痛。餐後晚課，十一時寢。

## 七月二十五日　星期二　氣候：陰晴雨

雪恥：一、韓戰美軍永同已被迫撤退。二、臺灣預算應於明年屯墾五萬至十萬人之建設。三、失業青年軍官出路與訓練之籌備。四、山地防制傘兵之組訓。五、警察自衛隊與消防救護工作積極籌備與組訓。

朝課後記事，與妻同車到臺北分別工作。召見至柔後，約見軍官九人。審核中心理論稿後，約見柯克，不料此人只顧小利，而不守信義如此，可歎。聽示公文。下午午課後，整理改造委員與評議委員人選，甚費心力。六時召見軍訓團員十八人。回前草廬，入浴後晚課。約經兒、其昀、少谷等，商討人選與組織方式。十一時寢。

## 七月二十六日　星期三　氣候：雨

雪恥：一、俄之六十噸戰車已到滬，應研究破壞之法。二、金門部隊決定撤防。三、馬祖島方針。三[1]、狄托[2]洩露俄之陰謀，使美與中共作戰陷入泥淖，

---

1　原文如此。
2　狄托（Josip Broz Tito），南斯拉夫共產黨總書記、總理、國防部長，二戰後倡導與蘇聯不同路線的共產主義，被稱為狄托主義。

而其俄可在歐放手侵略之消息，是否於我有益。四、美已正式答我，金門不在其第七艦隊任務之內。

朝課後記事，十時後入府處理公事，與至柔商金門行動與防止山地傘兵計畫，與少谷、彥棻協商改造委員人選，又與辭修商之。約見崔書琴[1]，談革命民主政黨名詞之意義與解釋。正午核定最後名單。回蔣林寓所午餐，午課如常。五時到臺北賓館，召集駐臺中委二百餘人，宣布改造真實原由及征求其意見，全體起立通過，提出改委名單無異議，乃即發表後散會。晡約見合眾社記者談改造真相，並說明外測排壓孔、宋[2]與二陳[3]之謠諑乃非事實，並表示余對彼等仍信任如前也。晚課。

# 七月二十七日　星期四　氣候：雨晴

雪恥：一、聯合國安理會主席、秘書長及美代表，皆在歡迎日本道德重整會代表時，熱烈希望日本參加聯合國。此非偶然之事，而為三年前美國放棄中國、扶植日本政策一貫之方針，此於中國與東亞關係尚在其次，而對於美國之後果，必將自食其惡報矣。美國之幼稚浮淺如此，其何能領導世界耶。二、臺灣之公賣出口與稅收制度及數目，皆應恢復日治時代為基準。三、侍從秘書人選之研究。四、發吳款。

朝課，記事，十時後入府處理公文。據至柔報告，小金門西之大擔島，昨晚被匪進攻登島，約一營兵力完全被我殲滅云。依此研判，匪對金門現時尚不敢用空軍正攻也。正午約宴老者。下午午課後，審閱軍事要案。六時召見學員十八人後，轉往研究院視察。入浴後回寓，餐畢，晚課，十一時寢。

---

1　崔書琴，河北省第五區選出之立法委員，1950 年 8 月奉派中國國民黨中央改造委員兼設計委員會主任委員。
2　孔、宋即孔祥熙、宋子文。
3　二陳即陳果夫、陳立夫。

## 七月二十八日　星期五　氣候：雨陰

雪恥：一、俄國聲明對聯合國安理會八月份之主席仍照例就職，此非偶然之突變，而為其預定必然之舉措，但亦可作其為對聯合國妥協之開始，而以南韓停戰妥協，以中共替代我國在聯合國之代表權也，不得不十分注意。二、與麥帥商討問題之研究方案及程序。三、府中週會。

朝課後記事，十時半入府處理要務，召見四人，與至柔、雪艇商談軍事、外交與經濟問題。十一時半情報會談，李鴻、彭克立[1]、陳鳴人[2]果受共匪之指使而來，包圍孫立人，以備嚮〔響〕應共匪攻臺也，孫之糊塗極矣。下午午課後，修正軍需講稿。五時半召見日本教官後，召見學員十八人後，視察研究院回，入浴。餐後晚課。審閱羅又倫對講詞中，對陽明之學與總理學說相反之點，甚為欣慰，應趁機闡明其意也。

## 七月二十九日　星期六　氣候：陰

雪恥：一、能否建國，就要看該國民族性合群之性能如何而定，故必先養成國民合群與互助，即團結之習慣，為建國之先導也。二、自左手指麻木以來，停止朝操計已數月，現雖未痊，但今晨又強勉重復朝操矣。

朝課後記事，十時入府，審閱伙食擔子新樣及機槍背架等畢，處理公務。與雪艇談麥帥訪臺程序及談話要旨。十一時後軍事會談，第三期工事已將完成為慰，指示至柔準備與麥帥談話與討論等要旨。下午午課後，重讀總理學說第五章知行總論，其文章秀美，更為羨慕。復讀自述哲學研究經過階段篇，擬明日講解也。召見學員十八人。晚課，入浴，餐後閱報。十一時前寢。

---

1　彭克立，湖南望城人。1950 年 4 月來臺，任陸軍總司令部高參，第二〇六師副師長。同年 6 月以顛覆政府罪名被捕，判無期徒刑。
2　陳鳴人，字柏琴，原任新編第三十八師師長，1950 年 6 月牽連李鴻案被捕下獄。

## 上星期反省錄

一、俄國忽對聯合國安全理事會下月份主席職務仍照常任職，此雖在意料之中，但其必為阻礙安理會對韓國戰爭各種議安〔案〕，施以狡獪，肆意破壞，殆無疑議。

二、共匪進犯金門以西之大擔島，被我全部殲滅，其中匪兵十餘名竟殺害匪之指導員及其官長，自動投誠，此實為共匪崩潰之先聲，更可知匪軍內部之組織與精神，遠不及往日之強固矣。

三、本週重讀學、庸正文，更覺有益也。

四、合群團結之習性，為現代民族生存惟一之要素也。

## 本星期預定工作課目

1. 組織第一，情報為首，選賢任能，考績獎進，與實踐篤行，自力更生，及雪恥圖強，立志養氣之道。

2. 將士遺族之收養與撫恤（軍人授田）。

3. 歸俘決不能再用，並嚴禁帶兵。

4. 游泳學習令。

5. 特重本黨改造案。

6. 合群與互助為團結之要素，實為革命建國成功惟一之要道，故必須養成國民與黨員合群與互助之民族性，因之克己為他，袪除成見，不計舊惡（組織情報），讓功負責（實踐篤行），實為成功立業之要道。

7. 招待麥帥及商談之準備。

8. 第十九軍長劉永燿〔雲瀚〕[1] 之調換與人選。

---

1　劉雲瀚，江西大庾人。1949 年 8 月任第十九軍軍長，1950 年 9 月由陸靜澄接任。

9. 委羅又倫為軍校校長。

10. 調製人事。

## 七月三十日　星期日　氣候：陰晴雨

雪恥：一、郭悔吾前聯勤總司令，今晨四時逝世。其自年初血管破裂後，神志昏迷不清者已半年，其苦痛麻木，不能飲食，只以注射度日亦已久矣。為其本人計，死乃幸事，而吾軍實損折一忠實將領也，悲乎。二、本晨紀念週講詞，闡明對王陽明哲學，余與總理所見不同之要點，而證明陽明「致良知」之「知」為「知行合一」之「知」，實為增強「行易」之總理學說也。此一說明可免後代之懷疑，實為解決本黨哲學思想重要之公案也。

朝課後，到研究院紀念週致詞，十時到蔣林禮拜堂。正午回後草廬。午課後與妻視察臺北市容，到大溪遊覽一小時即回。巡視第二賓館，招待麥帥也。晚課，與周[1]秘書談接待程序。晚見柯克後休息。十一時前寢。

## 七月三十一日　星期一　氣候：雨陰晴

雪恥：一、對麥帥談話：甲、對日和約。乙、對韓共作戰意見。丙、中美聯合參謀團。二、對外參謀人員、各副廳長之養成。三、地圖之調製。

朝課，記事，十時後入府處理公務，約見岳軍、雪艇、至柔。十二時後到機場，與妻同迎麥帥，以氣候不佳，延誤一小時方到，互道相見恨晚。予之同車，到陽明山第一賓館後回寓。下午午課如常。三時半親吊郭悔吾，視其面

---

1　周即周宏濤。

部，仍如生前之和愛可敬也，不禁悲哀繫之。四時後在府中兵棋室召開中美軍事會議，麥帥與妻先到余辦公室後，導其入會場，至七時方畢。再在辦公室敘談後，同車送其到第一賓館，即前草廬，乃回寓休息。晚課，靜坐如常。八時半宴會，十時半散會，再與至柔談話。默禱，感謝上帝佑華。十一時半寢。

# 上月反省錄

一、大陸上北方之永定河、南方之淮河、長江中游皆已決口。據匪方報稱，災民已有六千萬之眾，而其隱瞞不報者，尚不知其幾何。哀我同胞，何以拯之。共匪暴虐，天人共憤，其能久乎。

二、韓戰美軍一再失利，一個月來大田失陷後，錦江不守，洛東江亦被韓共突破數處，浦項城亦將不保。美軍在韓作戰，無論地利、人和，皆不及韓共之優勢，而其驕逸成慣、虛浮誇狂，更為可慮。在此軍事危急之際，麥帥竟撥冗訪臺，以敦友誼，而其扶弱抑暴之精神，實為美國軍事政治家惟一之雄才，其為羅斯福後之第一人乎。

三、本黨改造提案正式通過，改造委員名單亦已發表，此乃革命史中之大事，實亦本黨起死回生，最後之一服單方也。此關一過，則今後革命行動當較易為乎。事前所謂獨裁與反民主之反對聲浪，與對內對外之疑慮，皆一掃而空，不可不謂熟慮斷行之效，亦在裁之吾心而安，揆之天理而順耳，是誠天父所賜也。

四、上年收成大豐，臺東、花蓮各縣自治開始實施，金融穩定，經濟亦漸轉佳。匪諜要案陸續破獲，尤其電力、糖廠，資源委員會所屬重要工廠之主管，幾乎皆通匪內應，如不能預防，則危極矣。

五、本月軍事最有進步，不惟第三期國防工事將皆完成，而研究院與軍訓團之訓練，較前更有進步。個人哲學之研究，自覺心得較多也。

**蔣中正日記**
Chiang Kai-shek Diaries

# 八月

蔣中正日記
Chiang Kai-shek Diaries

蔣中正日記
Chiang Kai-shek Diaries

# 民國三十九年八月

## 本月大事預定表

1. 國防部長人選之決定。

2. 各廳增設副廳長，空軍中考選。

3. 侍從秘書人選與改造會各組長人選。

4. 召見中委與慰勉分別行之。

5. 中美聯絡小組之籌備與人選。

6. 金口〔門〕撤防問題之注重，如何能改變杜魯門停止大陸活動之宣言。

7. 建立制度之幹部與幹部制度及組訓計畫。

8. 中心理論與行動綱領之製成。

9. 建軍綱要與實施步驟之研究與督導。

10. 財政經濟政策與實施方案。

11. 幹部師及無職軍官之就業與任務。

12. 空軍海洋作戰及突攻技術之訓練。

13. 軍訓團第三期之召集。

14. 實踐研究院第八期之籌備。

15. 改造委會組織之完成及業務之進展。

16. 大陸遊〔游〕擊部隊之統一機構與主持人選。

17. 聯合國大會工作之準備。

18. 對日外交如何進行之研究。

19. 校閱（親自）實施計畫。

20. 廣大青年勞動反共救國運動。

21. 社會之理論與政策（民生主義）領導軍、政、社、經。

22. 國防體系及參謀本部之研討（經理、人事、設計）。

23. 情報組訓與制度之加強。

24. 行政制度與組織及分層負責、簡化法令。

## 八月一日　星期二　氣候：晴

雪恥：一、麥帥對我自動援助之提議，皆先獲我心，其聲明更足加強我全國反共抗俄之民心與士氣，誠不失為患難之友也。二、俄國在安理會主席馬立克首提排除我中國政府代表權，以八票對三票否決。此次英國投我之票，而印度則反之，更令人對亞洲民族自暴自棄之悲觀矣。

朝課後記事，八時三刻到前草廬麥帥寓所開會，推其主席，彼提五項合作要目，余無異議，一致通過。對金門防衛問題，至柔以我軍不能主動轟擊沿海機場、港口敵匪集中之基地，處境危險，準備撤退之議。麥帥稱我軍對大陸之活動，其美國不久當有明確之表示，其意將變更杜魯門六月廿七日之聲明，不限制我對大陸之攻擊也。十時會畢，乃與妻同彼同車出發，環遊頂北投與臺北市中心區後，到機場作別。在車中互談對日問題一小時之久。

## 八月二日　星期三　氣候：晴

雪恥：昨上午送別麥帥後，即入府處理要公，始悉麥帥起飛前所發之聲明，惟其對日本問題之處理，見解未能一致也。彼自認美國太受歐洲之影響，對於太平洋區防衛同盟難以實現一語，令我心碎矣。下午午課後，記本月工作預定表完，約見顧少川大使，相談三刻時。到軍訓團召見學員十八名後，入

浴。餐後休息。晚課畢，修整對麥帥來臺聲明之響應稿，十二時睡。

朝課後記事，閱報。十時後入府處理要公，見公超與雪艇及辭修，考慮改造委會各組長人選頗久。下午午課後，考慮人事。六時到軍訓團，召見學員十八人後，與辭修談各組人選，彼甚注重財務，堅主取消財務委會而改為一組也。晚課後，約改造委員聚餐，研討委會分組業務，決定星期六日宣誓就職也。

## 八月三日　星期四　氣候：晴

雪恥：一、改造委會各組長人選之決定。二、人事調查工作組織之加強。三、政治主張文字之不妥。四、前人事處各級主管與資料。五、聽日本教官講演（人事、軍制與動員令）。五、設計委員人選之查報。六、訓練委員會副組長。七、鄧文儀調換職務（國防次長）。八、臺省黨部合併一組。

朝課，記事，十時半入府處理公務，與至柔商討邦初職務及軍事制度建立要旨，與國楨、顯羣商討臺灣財政、經濟計畫。國楨與辭修不合，表示辭職。下午午課後，考慮各組長人選，頗費心力，甚難決定。立夫來寓與夫人辭行，余未見也。晡召見學員十八人。餐後晚課，閱港報。十一時寢。

## 八月四日　星期五　氣候：雨

雪恥：一、美軍噴氣式飛機進駐新竹機場，及麥帥總部派其聯絡組人員已到臺灣。

朝課後記事，審閱改造會政治主張，稿件不甚妥善，並無特色，似可不發。十時後入府，處理公務，聽取雪艇與至柔報告，會客四人。立夫今晨飛瑞士，參加道德重整會。十一時後召集財政會談，中央存金只有四十餘萬兩，臺灣

省行亦只五十萬兩矣，惟美援經濟款數略增，或可抵補不足也。為國大代表待遇問題，彼等又藉機威脅請願，余決嚴正制之。下午午課後，考慮改造各組長人選，召見研究院學員二十人。晡閱港報。餐後約集改造委員，核定組織大綱後，晚課。十二時寢。

## 八月五日　星期六　氣候：晴

雪恥：一、恢復辦公時間，夏午不休息。二、各部隊機關每週學術課程之編製與業務會報。三、府中黨之小組會議之組織。四、注重外國語。四[1]、前第三處各級主管與資料。五、獎進獨立創造與選拔天才。六、安置遺族與軍眷。七、研究行政制度與簡化法令。

朝課後，研討改造各組會主任人選。九時半到「凱歌歸」中央黨部，分別召見改造委員。十時舉行改造委員成立儀式，讀總理遺教一篇。會成後，約老同志談時局後，即開改造會第一次會議，親自主席。正午回府，到軍事會報議討金門守撤問題，決定固守不撤，以匪軍攻金已經準備完成也。十四時回寓。下午午課後，以合眾社報導未能合意，甚覺愧怍，故內心不安。召見研究員二十人。入浴後宴客畢，晚課，廿三時半寢。

---

1　原文如此。

## 上星期反省錄

一、本週為七、八月之交，聯合國統帥麥克合瑟來臺，協商共同防衛臺澎之軍事合作計畫，彼之熱情直爽令人感動，而其在南韓軍事危急之際，仍能如期撥冗來訪，是誠仗義為他，不失為持顛扶危，有道之帥矣。惟其對於亞洲問題未能澈底認識，而其對於日本民族性更為隔閡，根本問題之處置恐多怪張，此乃美國民族性，只重其主觀而不肯重視東方人之意見使然。彼自認美國受歐洲影響太大，因之其一切措施皆不能脫出其羈絆，則其他美國人物更可想而知矣，能不深歎乎哉。

二、本黨改造委員會已經成立，乃足自慰。

三、俄國代表重返聯合國理事會擔任主席，其必欲驅除我國之代表而以中共代之，其侮辱之言行殊難形容。幸韓戰發生以後，國際局勢大變，美、英各國亦不能不改變其對華政策，為我協助，此實中華民國轉危為安之動機，此中微妙消息，豈非上帝與基督聖靈在冥冥中有以主之乎。

## 本星期預定工作課目

1. 臺黨部合併於改造會（鄧[1]之任務）。
2. 約見府中職員與立、監委員及評議員。
3. 改造會各級人事之審定。
4. 幹部制度之建立與運用技術之研究。
5. 對麥帥、對國聯應注意之事項。
6. 游擊指揮機構之建立與人選。
7. 培植與選獎人才與（獨創之天才）。

---

1　鄧即鄧文儀。

## 八月六日　星期日　氣候：晴

雪恥：一、中秋節金之分送。二、約宴評議委員。三、辦事方法與獎進（職位分類）。四、對民意代表之正告與黨員之守紀。五、考察各委。

朝課後即到研究院紀念週，聽徐培根[1]講原子彈及氫氣彈二小時，其學理說明不易也。十時後到蔣林禮拜後，與孝文、孝章同車回寓。對長上不親熱、不知禮，應教之。正午約柯克及辭修、國楨等夫婦便餐後，與辭修三子[2]下棋四盤後休息。午課畢記事，記上週反省錄與本週工作表。晡到前草廬入浴後，與妻周遊北投、蔣林。回後草廬，閱港報。餐後晚課如常。本日心神安定，一則心靈信憑上帝之旨意，一則每能窮理至本與集義養氣，不愧不怍也，此乃修養進步之效乎。十一時前睡。

## 八月七日　星期一　氣候：晴

雪恥：一、遊〔游〕擊指揮工作速即決定。二、外事局長決派黃仁霖，不應以美國毀蔣仇華者之毀謗中傷而改變我用人方針也。三、復國的新精神、新行動、新風氣、新辦法而實行新主張之要旨。四、改造黨為改造國家、民族、政治、經濟、軍事、社會、教育之起點。

朝課後記事，十時後處理要務，為招待美國聯絡組事之方法、經費及人選等問題，頗為複雜也。召見美聯絡組長福克斯後，召集一般會談，商討外交與立法院組織黨團等方針。正午回寓途中，聞美報及史迪威日記[3]之誹謗污辱，甚為痛苦。下午午課後，審閱改造會政治主張，平凡乾燥，何以號召反共耶，

---

1　徐培根，字石城，1947 年冬，當選行憲國民大會代表。時任革命實踐研究院院務委員兼軍事組首席講座。1951 年 4 月任國防部作戰參謀次長。
2　辭修三子為陳履碚。
3　史迪威（Joseph W. Stilwell），美國陸軍將領，曾任駐華美軍司令、盟軍中國戰區參謀長，1944 年蔣與史迪威發生衝突，史稱「史迪威事件」。

應改正。晡召見學員廿人。入浴後晚課。餐後第一次寫給孝文、孝章手書。看中庸本文，不願釋卷。

## 八月八日　星期二　氣候：晴

雪恥：一、美國對華政策至今仍不一致，因麥帥來訪，更引起反華毀蔣派國務院之嫉忌痛憤，竭力掙扎，以破壞麥帥為中心的國防部等之援蔣政策。故其總統又派哈利孟[1]來東京，商談此一不協調之亞洲中心問題。初慮其破壞力量之大，恐其援蔣政策為之根本動搖，繼思其理其勢，全在我方也，任此魔障作祟，亦無足憂懼也。

朝課，記事，入府處理要務。為招待美軍之外事處長人選，文武幹部皆一致反對黃仁霖，而其又無相當之人替代。余告周[2]，任你負責另保，余決無成見也。其器小度狹，可歎；一般幹部之淺見無知至此，奈何。會客後召集改造委會，商討政治主張，指示要領，至十三時半方散會。下午午課，審核法規後，約見福克斯等茶點。召見學員廿人，至八時方完。入浴。晚餐後，讀大學十章完，晚課。十一時半寢。

## 八月九日　星期三　氣候：晴

雪恥：一、嘗以為對學庸早有心得，近日重讀其本文全部，更覺昔日所知甚淺，何足以言心得，因此益愧。賣知欺人之病根難除，忝為人師，何能治國

---

1　哈里曼（W. Averell Harriman），又譯哈利曼、哈利夢、哈爾曼、哈立門、哈列門，美國政治家、外交官，曾任駐蘇聯大使、駐英大使、商務部部長，時任總統特別助理。
2　周即周至柔。

立業也。不知何以自處，切戒之。二、游擊指揮部之促成。三、軍校校長之速委。四、轟炸匪砲陣。

朝課後記事，英國拚命破壞麥帥訪臺效果與美國援臺政策，一面對我威信之打擊無所不至，並捏造經國為托派，暗中助共之謠諑，力圖中傷，總使余不能再起，中國永不能復國而後已。此乃必有之階段，否則何以造成吾人奮鬥艱難之歷史也。入府辦公，對至柔發怒，明告其接待美軍之人選，決用仁霖，以余個人招待方式出之，不要國防部等再多閒話也。彼等不知此種小事實最易敗，乃公事之關鍵也，但不必如此憤怒耳。召集諮〔資〕政與國策顧問談話。下午午課後，審閱要件，共匪土地改革法令殊可笑，只此已可斷其必亡也。召見學員廿人。餐後晚課。十一時寢。

# 八月十日　星期四　氣候：晴

雪恥：一、電何世禮，商麥帥是否要我政府證明其本日所發之聲明為事實，以嚮〔響〕應之。二、杜魯門昨日談話，對我阻止轟炸（金門附近沿海機場）大陸之以往聲明，未予變更，亦未提及，則我空軍是否轟炸匪軍之方針應即確定。但杜未同意麥帥應變更其六月廿七日聲明，允我轟擊大陸之意見，應切加研究。三、國楨思想殊為可慮，應戒之。

朝課，記事，入府處理要公，召見軍官六人，與至柔談陸總部參長與軍校校長問題。正午約宴本黨評議委員，商談國大代表與立法院黨團與處理方針。下午午課（宴〔晏〕起），修正講稿。晡召見學員二十三人後入浴。晚餐後接閱麥帥聲明，可見其苦心與國務院反動派壓力之大，及其毀蔣亡華之陰謀毒狠，有加無已，惟此為必然之勢耳。晚課後寢。

## 八月十一日　星期五　氣候：晴

雪恥：一、各部職務之設計與政策之研究及其預備人選（主管）之指定，教育、司法、經濟、財政、外交、土地、社會各務尤應注重。二、國防部長速決定。三、俄國在十一月間對歐洲發動攻勢之可能。四、泉、廈附近，即金門前方之匪船改少，其部隊向北移動，果已放棄其對金門進攻計畫乎。五、對美民主黨與國務院之態度。

朝課後，十時入府辦公，為國楨對逮捕匪諜之觀念錯誤，加以糾正。批核財政審議案及督導對金門前方敵陣轟炸之決策。召見菲國僑胞球隊隊員。正午回山，記昨日記。下午午課後，修正總理知難行易與陽明知行合一之學說答案稿，至七時方畢。入浴，晚課後觀影片，美國拳賽處處表現其民族性之幼稚，可笑也。

## 八月十二日　星期六　氣候：晴

雪恥：一、游擊幹部之訓練與化裝技術。二、游泳之訓練。三、聯合國機構如果改組，不推我國為常任理事國時之政策，以余直覺之主張，以不參加為宜，此事應慎重考慮與準備。

朝課，記事，薙髮。十時半入府辦公，雪艇談火柴公司王某[1]案，以罪證不足為言，余嚴責其非，此種罪證確實之通匪資敵案，而猶言無證，不知其何心意耶。召集軍事會談後，決定王某案提國防部審判也。下午午課後，重審知難行易與知行合一之綜合說明稿，與反共之中心理論要目，皆費心力也。八時審定後入浴，晚課。餐後閱港報，十一時寢。

建軍的基本：一、考選人才（人事）。二、實施軍法（紀律）。三、信仰主義。四、強化制度。

---

1　王哲甫，臺灣火柴公司總經理，1950 年因受滯留大陸董事長吳性栽牽連，涉嫌匪諜案被捕。

## 上星期反省錄

一、為外事局人選與火柴公司經理通匪諸事，時常發怒而且出言粗暴，形態驕強，獲罪於人，應切戒之，何修養無效如此耶。

二、麥帥訪臺之聲明文稿，引起其國務院反動派之不安與左派對其政府之離間，尤以英國之破壞恫嚇為甚。若輩寧使俄共獨佔亞洲，而決不願中國復興，蔣某再起，非達到其毀蔣亡華之目的，雖死亦不瞑目也。於是麥帥乃有訪臺內容之聲明，以破除反動派與國務部〔院〕之奸計陰謀，最後仍能保持其訪臺援華之原則，而未為所動。惟麥帥主張變更杜魯門阻止國軍對大陸軍事行動之聲明，未為杜所允准，可知來日艱難未已也。

三、知難行易與知行合一兩大學說之綜合闡述稿已成。

## 本星期預定工作課目

1. 黨風：甲、勞動。乙、實踐。丙、群眾。丁、服務。

2. 哲學基礎：甲、力行－天行健，自強不息。乙、一原〔元〕論，陰與陽統制於太極，理與氣統制於性。

3. 幹部制度之研究與中心理論。

4. 國防部長必須決定，不能再延。

5. 研究院第七期與軍訓團第二期畢業禮。

6. 聯合演習之參加。

7. 改造會各組會各級人選之發表與政治主張。

8. 第十九軍長之調換，各廳副與次長人選。

9. 對美外交進行方針之研討。

10. 游擊主持人選與指揮機構之決定。

11. 海外華僑之組織與號召。

## 八月十三日　星期日　氣候：雨

雪恥：一、今日合眾社美京電稱，英國已促請美國同意，由聯合國宣布即行保護臺灣，其理由認為聯合國宣布托管臺灣，可防止中共在俄國鼓動下進攻臺灣云，其實則想根本殲除中華民族之根苗，不僅使中國不能重生，必使東方民族不能再有獨立國家，而永為其英國人之奴隸，而後安其心也。此乃英國帝國主義反動派之妄想，美國公意決不致受愚至此，而托管必須俄國在內參加，更無可能也。

朝課後記事，十時到蔣林禮拜後，約見美國教授，特自菲律濱專誠來謁也。下午午課後，記本週工作表及記上週反省錄，研究原子學理之「中子」性能及其地位。晡與妻車遊頂北投回，入浴，晚課。餐後準備講稿。本日為吳主席對火柴公司王某有罪無罪之爭，心頗不安也。

## 八月十四日　星期一　氣候：陰

雪恥：一、考選人才。二、嚴禁體罰。三、發憤雪恥。四、犧牲意義。五、軍法教育。六、強化制度。七、勞動服務。八、實踐力行。九、民眾痛苦。

朝課後九時到中山堂擴大紀念週，講演一小時，說明改造本黨之精神與今後工作方針及思想路線。十一時約見美國新到代辦[1] 後，召開一般會談，商討國大代表及立法院任期問題，臺灣地方自治與縣長候選問題，審閱各校閱組綜合報告。回寓，與媳、孫等在後草廬午餐，武孫繪畫似有天才。下午午課後，修正上午講稿至八時方畢。九時晚餐後，到車站乘火車，赴苗栗演習。晚課後在桃園車站與希聖電話，改正講稿後就寢。

---

1　藍欽（Karl L. Rankin），又譯蘭卿、藍卿，美國外交官，曾任駐廣州總領事、駐香港總領事，1950 年 8 月任駐臺公使。

## 八月十五日　星期二　氣候：雨

雪恥：一、戰術特別注重滲透與迂迴及化裝偵探之研究。二、參謀業務訓練班之籌備。三、傳語麥帥：甲、現成軍官之提供。乙、亞洲戰場應注重亞洲民族之軍隊擬議方案。丙、韓國戰場不宜用日軍。丁、余與麥已成為不能分別之事業，成敗榮辱皆願共之，故不避煩瑣，提供參考。

四時後起床，在車中朝課如常，惟未能朝操。五時半由車站出發，到中港附近小高地參觀演習，大雨傾盆，衣冒〔帽〕盡濕。七時後乃乘直昇機至鹽水港、中港海岸視察演習，復見登陸作戰約一小〔時〕後，演習告終，乃乘原車回臺北午餐。下午午課，記事。與顧[1]大使詳談外交一小時卅分後，修正哲學講稿，證明中立一元論即為余之哲學基礎也，最費心神，尚不敢問世也。晚課後再與希聖研究哲學。約宴顧大使，商談外交。

## 八月十六日　星期三　氣候：晴

雪恥：一、麥帥派來聯絡組忽有縮減之通報，令人莫名其妙，而其代辦則非正式來探軍事代表主席之人選，對魏達邁[2]是否相宜，徵求於我，以是推測其國務院亦有派軍事代表助我之意，為何其聯絡組忽而縮減，此豈以臺灣軍事權責由麥帥而移歸其國務院之手乎？美國政府之幼稚混亂，可謂極矣，奈何。二、至柔之態度可笑。

六時前起床，朝操，跪禱後出發。在途中朝課，靜默。七時後乘火車，十時半到苗栗。途中修正哲學講稿，脫稿付印。在苗栗聽取演習講評，白鴻亮總

---

1　顧即顧維鈞。

2　魏德邁（Albert C. Wedemeyer），1944 年底任盟軍中國戰區參謀長，及駐華美軍指揮官，1946 年 3 月間卸任，1947 年 7 月再奉命為特使來華調查政局，作為美國援華政策的依據。任美國陸軍部戰略作戰處處長，並提出「魏德邁報告」，主張援助中華民國政府抗共，杜魯門總統並未採納，後擔任改制後之國防部計劃及行動處總長。

教官講評誠實澈底，令人感佩，此於一般軍官之學業必有重大助益也。在苗栗糖廠午餐後，乘原車五時到臺北。入府，與至柔、雪艇及少川商討美國代表團與我關係及組織方式等。七時視察軍訓團。

## 八月十七日　星期四　氣候：晴

雪恥：昨晚八時回前草廬。入浴後晚課。九時半晚餐，研究哲學。十一時後寢。

今晨朝課後，準備講稿，屬少川轉告麥帥，似可組織東亞反共同盟軍，歸其美國盟總之指揮，不知其亦有此意否。近覺美國政府之雜亂，上下主張之不一，以人事而論，美國與民主陣線決無戰勝暴俄之理，而且民主陣線甚有被俄打倒之可能。因之今後我國之存亡成敗，全視上帝之天命如何，為之轉移，而決非依靠美國所能為力也。惟以天理人道而論，俄共實有必敗之道，否則人類社會將成為禽獸世界矣，有是理乎。上午研究院第七期、軍訓團第二期學員合併結業，舉行典禮，宣布「知行合一」與「知難行易」哲學之綜合研究講詞。此期訓練與演習，自覺其效果最大乎。正午聚餐後致詞畢，回寓。午課，批閱至六時後方畢，與俞國華[1]談美國近情。晡車遊北投、汐子〔止〕回。入浴，餐後晚課。

---

1　俞國華，浙江奉化人。1947 年至 1950 年，出任華盛頓國際復興開發銀行副執行董事。1951 年 1 月，任國際貨幣基金會副執行董事。

## 八月十八日　星期五　氣候：晴　熱

雪恥：一、空軍存美現款之節用。二、國防部長與次長人選。三、至柔傲慢而自私自大，忘其所以，竟視空軍為其私物，殊為可慮。如何使之立業成名，為之始終成全，不負苦心培植也。四、各部隊機關每週必有學術專題討論會。五、各軍種中外學科刊物與專書之分發。六、專業研究主任之指定。七、校閱。

朝課後記事，閱報。十時入府辦公，會客六人，召集情報會談。孫立人部之陳鳴人供詞，又發現該部團長等通匪案九人；日月潭電力廠亦發生破壞水管等案，此後匪對工廠力謀破壞矣。下午午課後，審核改造會第六組工作綱要與行動會敵後工作計畫，皆甚重要。七時入浴後，車遊一匝。晚課後與其昀同志談哲學問題畢，重校廿二年十月份講稿，十一時後寢。

## 八月十九日　星期六　氣候：晴　熱

雪恥：一、鍊丹將成而未成之際，群魔眾妖為其本身之生死存亡所繫，不能不出其全力共同一致，極其張牙舞爪、猙獰兇惡之技倆，來對大道天使惡戰苦鬥，以求倖免。此為今日英、美反動派及其帝國主義與共產國際左翼作者，無論紅的、白的、新的、舊的皆一致向余攻擊，乃至攻擊麥帥，惟恐余再得勝與中國復興，則若輩皆認為在亞洲必無立足葬身之地，豈不可怪。惟可因之以測前途光明之不遠，而更應堅定準備作最後、最激烈之決戰耳，能不自鍛鍊以邀天眷乎。

朝課後記事，十時入府辦公，接受菲國僑報獻圖。聽取葉部長報告後，召集軍會，討論與美七艦隊作戰計畫，十三時畢。下午午課後，審核改造會各組副人選，頗費心力。六時後入浴完，與妻車遊淡水，晚課（車中靜默），回寓。餐後記上週與上月反省錄，十一時後寢。

## 上星期反省錄

一、至柔自私而忘其根本，不顧國家，竟據空軍為己有，一切措施如皆以私
為出發點，則將公私兩敗，應有以矯正之，以成其全也。

二、華盛頓郵報、聖路易郵報，以及英國約克郡郵報、孟鳩斯達導報皆一致
抨擊麥帥訪臺為有害於英、美利益，認麥帥援華為違法。英、美守舊反
動派，凡是援華助蔣者，非使其失敗不甘於心，可知其懼蔣畏華，甚於
對俄之史大林也，何苦如此。

三、第三次聯合演習與講評，以及研究院第七期學員與軍訓團第二期學員之
結業，自覺於革命工作進步最大，知難行易與知行合一哲學綜合之研究
發表，實皆本星期之重大獲一〔益〕也。

## 本星期預定工作課目

1. 改造會各副組長與各委會委員人選。

2. 國防部長與次長人選。

3. 研究院與軍訓團各學員成績之統計。

4. 校閱日期與報告。

5. 游擊主持機構組織與人選。

6. 國營事業、土地、教育各種制度之研討。

7. 各省軍政幹部之人選。

8. 幹部政策與制度及運用要領。

9. 十九軍與五十四軍長人選。

10. 馬公政治部長兼副司令之人選。

11. 臺灣省黨部工作歸併於中央。

12. 對美外交與聯合國對俄之動向。

## 八月二十日　星期日　氣候：晴

雪恥：一、南韓戰事，據公報，其大邱威脅已經解除，聯軍反攻獲勝，甚願此報真實不妄耳。

朝課後記事，記工作預定表。十時到蔣林禮拜，陳牧師[1]講主宰宇宙之上帝，惟一的天父，此理擬以中和一元論之原理闡明，宇宙必有惟一上帝為之主宰也。回寓後，整理改造會各組會之人選。下午午課後，自三時至六時考慮人事未完。與妻車赴淡水旅館看胡璉之病，不遇，乃至海濱視察工事，其強度增大，殊足自慰。七時後在前草廬入浴，剪甲，回寓，晚課。餐畢修正廿二年十月份講稿，記者為往日速記林春華[2]，其文字不通與繁蕪，殊為可厭。十一時後寢。

## 八月二十一日　星期一

雪恥：一、臺灣黨務之方針：甲、醫生、工程師與產業工人之組織。乙、基層組織，農村、農會。丙、訓練臺省黨務人員與扶植其主黨。二、臺東糧食之集中儲藏。三、澎湖營房之構築及匪探、眷屬之處置。四、馬祖增強海軍與砲兵。五、澎湖二一二師之 634 團教育設備有方。六、東區 198 師防諜最好。七、典範令為訓練制式惟一之根據。八、修理高雄彈庫。

朝課後記事，重修「中立一元」改為「中和一元」之名詞。十時到中山堂，對青年二千餘人訓話。十一時入府，會客後召集一般會談，至十三時後方完，專討論對立法院黨的組織及國民大會決不召開之方針。下午午課後，重修哲學稿。四時後聽取各校閱組之報告，約一小時半畢。入浴後，訪伯川於金山

---

1　臺北士林凱歌堂牧師陳維屏。
2　林春華，張才速記傳人，主持過 1924 年中國國民黨第一次全國代表大會速記工作，長期擔任蔣中正速記秘書。

之巔。回寓，晚課，餐後約見羅志希等，商談政治主張文字後，記事。

## 八月二十二日　星期二　氣候：晴　溫度：八十九
## 地點：陽明山

雪恥：一、明年軍官訓練計畫之研究：甲、陸大制度。乙、軍官團訓練。丙、聘日教官。丁、圓山增添營房。戊、草山增建校舍三百人。二、反共聯合戰線之準備。三、游擊部隊之統一方案。四、曾文正剿捻實錄[1]。五、青年敵後幹部之訓練。

朝課後，手定改造會各副主任及擬議各委員會人選，頗費心神。十時到黨部，召開改造會，對立法院黨部組織綱要討論甚久，最後決議不名黨團，而名黨部，以免除控制之疑慮。又對國大臨時大會亦決議不開，各副主任提出通過。正午會客十人，下午午課，濡滯宴〔晏〕起，課後整理學員優劣記錄。晡入浴後，晚課畢，修整廿二年十月年記。

## 八月二十三日　星期三　氣候：晴　溫度：九十　地點：草山

雪恥：目前標語：一、打回大陸，光復中華。二、自力更生，自強不息。三、實踐力行，協同一致。四、努力服務，負責（盡職）守法。五、遵守時間，注重秩序。六、消除赤禍，解救同胞。七、驅除俄寇，收復（領土）山河。八、恢復獨立，爭取自由。九、團結奮鬥，爭取國家自由。十、犧牲小我，求得全體人民自由。十一、嚴守紀律，遵守法令。十二、貫澈命令，達成任務。

---

1　《曾國藩剿捻實錄》，係前湖南省主席魯滌平所著，1935 年峨嵋軍官訓練團印行。曾國藩（1811-1872），號滌生，諡文正。

十三、實踐節約，努力生產。十四、一年準備，二年反攻。

朝課，記事。十時入府處理要務，核定要公。十一時後召集五院長，商討停開國大臨時會議，召見馬呈祥[1]。下午午課後，審核研究院後期教育方針，整理重核學員優劣表。入浴後回寓，晚課。為稚老[2]準備山上寓所，此老自重知恥，可敬也。修整年紀〔記〕，十一時寢。

# 八月二十四日　星期四　氣候：晴　溫度：八十六　地點：草山

雪恥：一、空軍政工近狀與內容之查明。二、派彥棻赴美視察僑務黨部。三、馬公政工主任人選。四、孫立人之婦女隊內容查報。五、五四軍長人選。六、約王〔黃〕仁霖問翻譯工作與美員調查經過。七、與福克斯談話要旨。

朝課後手擬標語卅餘條，十時後入府會客，見車蕃如[3]等。十一時後召開財經會談，解決下月軍費與中央黃金支付減為每月三萬兩，指示今後經濟與財政方針，規定每月報告辦法，此實最為重要之政務。正午核定國防次長及歸俘高級將領之處置辦法。撤換十九軍劉雲瀚軍長，此為辭修之力護者也。下午午課後，再擬標語與審核後，整理學員成績表，靜默晚課。七時後入浴，八時宴福克斯等畢，修年記。

---

1　馬呈祥，字雲章，1948 年任新疆警備總司令部騎兵指揮官。1949 年流亡埃及。1950 年 8 月到臺灣。1951 年任中國回教協會青年部幹事長。
2　稚老即吳稚暉。
3　車蕃如，貴州貴陽人。1949 年 6 月調任貴州綏靖公署參謀長。西南最後陷落，轉經香港來臺，任陸軍總司令部參謀長。1952 年底，調任總統府第二局局長。

## 八月二十五日　星期五　氣候：晴

雪恥：一、圓山與鳳山訓練課目與方式之檢討及教本之統一。二、校閱組之經常設置與專科人才之搜集及訓練。三、校閱組員受訓。四、北[1]中共與北韓戰術之研究。五、雜役與伙伕及庫兵之編調與課程之訂立。六、槍械武器之統一（團）。

朝課，記事。十時入府約見紐克斯、毛人鳳、鄭彥棻、侯騰等，與雪艇談外交、財政，美國務院態度似已漸近討好，望我不念舊惡乎。與公超談九月聯合國大會之方針，余認為對韓國問題，我代表不應提出任何主張也。下午午課後，整理學員成績表三小時之久。晡約見福克斯，問其考察國軍感想及最不良之點，彼認各師缺額太多、人數不一，與步槍種類不能統一調整，急需解決，最為重要，其他一般觀念尚佳也。入浴後晚課，令傑來臺報告，餐後校訂年紀〔記〕，十一時半寢。

## 八月二十六日　星期六　氣候：晴

雪恥：一、近日心神愉悅，時有澹泊涵詠之象，內外形勢與環境事物，雖時加憂患，但總不能減少自得自樂之意，此乃對上帝信心加強之功效，而後草廬氣候清涼，亦有以輔之耳。二、瞰視北投前方淡水河一帶窪地，其每朝雲海之寧靜，頓感西湖之風光，不禁感慨係之，實感慈悲天父在我重大失敗之餘，尚賜我如此優美之臺灣，容身其間，且使我能從容準備復興工作，能不頌贊跪拜，感激莫名乎。三、吳稚老果能來山避暑，亦一慰也。

朝課後記事，修補標語，稿成。十時半入府會客，召集軍事會談，指示要務，自覺軍務多有進步為慰。下午午課後校正年紀〔記〕。晡入浴後，與令傑及妻車遊北投一周，商談美、英政情。晚課後閒談，月明如鏡，一樂也。

---

1　原文如此。

## 上星期反省錄

一、韓戰本週無甚出入，浦項已為聯軍收復，韓共對大邱仍不斷猛攻，雖被聯軍擊退，但聯軍並未能積極反攻，可知其兵力僅能維持現狀，則大邱威脅尚未解除耳。

二、麥帥對余東亞反共同盟志願軍之建議，其反應甚為冷淡。推其原意，甚恐志願軍之組織不能純一，易為共黨滲透其間，反為聯軍之禍，而並非有意排除黃種軍隊之故歟。但聯合各國派遣少數部隊參戰，則其將來受累更大。南韓聯軍如果將來失敗，必在此乎。

三、英國反對美國援臺政策，尤不滿麥帥行動，其恐東方戰場擴大，必減削美國援歐之實力，故其為反華棄臺之故，不惜反對麥帥，甚至要求美國撤革麥帥，不惜與共匪相互倡和，主張由聯合國干涉臺灣也，可痛。

## 本星期預定工作課目

1. 各部主官、各省軍政長官之培植方案。
2. 游擊指揮機構與人選之急要。
3. 教育制度、土地問題、財政制度（均權）、社會經濟政策之專門研究與設計。
4. 黨費之籌劃（果夫醫藥費）。
5. 馬公政工主任與五十四軍長人選。
6. 政治主張與黨務方針之決定（組織方式）。
7. 臺灣各縣市長選舉與要旨。
8. 國際形勢與九月聯合國大會之政策。
9. 美國軍援進行與促成辦法之研究。
10. 幹部政策與運用及制度之研究。
11. 中央通訊社之整頓。

## 八月二十七日　星期日　氣候：陰雨

雪恥：一、校閱廿二年記事，十月間在江西對軍官訓話中曾說：「我今年四十七歲了，我再努力奮鬥二十年，赤匪還不能被我們消滅麼？」閱讀至此，不禁感慨無窮。在當時以為二十年時間是很長而難能的事，但就今日而論，不過再有三年，就要六十七歲，即是當時所謂二十年光陰，至此已滿矣。以勢論，三年之內萬難消滅中共赤匪，但以神言，則無所不能，以理論，則赤匪無有不滅之理。三年時間決非過促，似無不可，惟此全在主宰宇宙之上帝，非吾人所能預計，其惟盡吾之心力而已。

朝課後記事，十時入府，主持孔誕典禮後回寓。今日未及禮拜，時用系念。記上週反省錄與補記要事，下午午課後，校閱廿二年年紀〔記〕，足有三小時之久。晚課，校閱，十一時寢。

## 八月二十八日　星期一　氣候：雨

雪恥：一、美機昨日轟炸安東共匪機場與車站，聞共匪向美提出抗議，未知美將如何答覆。此為聯合國美軍對共產國際作戰之決心表示也。二、美海軍部長公開發表對俄不惜一戰之演說，與麥帥對臺灣軍事地位重要之講稿，一為國務院之斥駁，一為白宮之阻止未能發表，但美國軍民反共恨俄之心理與形勢已經造成，杜、艾如不順從公意，彼將無法控置〔制〕軍政，故不患其援臺之態度有所變更，然而英國之陰謀與艾共之險惡，更將合以謀我也。

朝課後記事，十時後入府，約見八人畢，召開一般會談，商討立法院黨部、國大代會停開及臺灣民選縣長方針與國際問題，十三時後方完。下午午課後，校閱年紀〔記〕四小時（廿二年十月講稿），批閱要公。晚課，十時後入浴，寢。

## 八月二十九日　星期二　氣候：雨

雪恥：一、廿七日美國安全會開會，英國發布消息，謂此會非普通之會，必有重要決定，余初以為必對共匪方針，即所傳轟炸安東有關戰略之決定，熟〔孰〕料其為反對麥帥援臺，禁止其援臺講詞之公布，而東京對共匪所稱掃射安東車站、飛偵安東上空之宣傳亦完全否認，至昨傳美軍轟安東機場，則全屬子虛，我外交人員之神經失常，報告不實，此乃最近一般人之神態，更為可慮。二、聞盟總派在臺灣考察團有全部撤退之準備，果爾，則麥帥援臺主張又被艾共陰謀推翻，此乃英國、美共與艾其生協以謀麥毀蔣之結果乎，然余不為動，以最近東方情勢與天理皆有所不容，三者其如余何耶。

朝課，記事。入府辦公，會客。聽取尹領事[1]對越南國軍情形報告。校正政治主張文稿。下午午課後校閱年紀〔記〕。晡威靈來辭行，此老精誠與見解可佩也。晚課後約俞國華聚餐後，十一時寢。

## 八月三十日　星期三　氣候：晴

雪恥：一、俄代表在安理會以主席資格提出臺灣問題列入議程，其意在響應中共控訴美國侵臺，要求美國將其第七艦隊撤離臺灣海峽，美國亦願對此案在安理會討論，以公斷其是否為侵臺舉動，因之通告，而我國反對無效。但其議題為「美國對臺是否侵略」，而並非為臺灣地位問題，此於我國體雖無大傷，但俄、英皆以此為臺灣問題由聯合國解決之張本，而美國艾其生亦將樂觀其成也。可痛，可憤，又增多一國恥矣。吾妻對此痛憤無已，時起悲觀，以國家無自由、任人處置之苦痛，為何上帝如此不加恩救華，忍心乃爾之感，余則並不以此為意也。

---

1　尹鳳藻，早年曾任金城銀行北京分行副經理，抗戰勝利後任駐西貢總領事。

朝課，記事，入府辦公，召見臺灣代表後，與至柔談話。正午到大同中學，對陸、海、空軍通信訓練班訓話後，回寓。

# 八月三十一日　星期四　氣候：晴

雪恥：昨下午午課後，校正廿二年十月年紀〔記〕。七時入浴後晚課。餐畢，與妻車遊一匝。彼對美國態度與國家恥辱至此，俯仰任人，不勝悲憤，實難怪也。續校年紀〔記〕，即「國家興亡決於剿匪」之講話稿，約有數萬言。當時林春華速記極劣，故一年來時校時息，最近窮半月公餘之力，立意校完，故得於今晚初成。以此稿重要，雖廿二年之講詞，現在對官長訓練尚可為訓也。十一時後寢。

朝課後記事，九時半到黨部主持改造會，討論國大代表對停開臨時國大令之反對案，及政治主張第三次文稿之審核。正午約宴評議委員。下午午課後，校正年紀〔記〕中軍事化之意義，甚覺當時速記之錯誤，在十七年後之今日，難得親自修正，亦足自慰。七時後入浴，八時約宴嚴家淦與陳納德、俞國華後，談話，晚課後寢。

# 上月反省錄

一、自三月一日復職以來，至今已足半年。此六個月之工作，每一根本大計
發動之初，皆在危疑震撼之中，但經過每一惡戰苦鬥之後，竟得化險為
夷，轉危為安，若非上帝在冥冥中有以護佑，豈人力所能勝此乎。惟本
月杪以英國干涉麥帥訪臺，杜魯門對華政策又反覆倒退，使我反共局勢
又為逆轉，此不能不謂之轉順為逆之機運。然深信此一逆運，實為美、
英、俄對我最後之一擊，亦可說帝國主義者對華迴光返照之終局。經此
一擊，如余仍能屹立不搖，乃必將逢凶化吉，群魔雖竭其全力，希圖澈
底毀滅基督之信徒，亦無如我何矣。然而危機四伏，前途仍多岐〔崎〕
嶇，要在〔再〕努力奮鬥，準備孤軍血戰，不惜犧牲一切，以期有濟而已。

二、南韓戰爭仍相持於大邱、浦項、馬山之線，美軍驕矜，不肯一顧客觀條
件，甚為麥帥危也。

三、英國畏俄怕戰，美國軍事毫無準備至此，實為夢想所不及。三年來，總
以為英、美防俄必有秘密準備，三次大戰隨時可以爆發之想念，乃知其
全為主觀。自愧識見淺尠，何以謀國，能不大敗乎。英、美當局惟想賣
華毀蔣，以期俄國能中其緩兵之計，亦已無及矣。

四、俄國代表馬立克回安理會就主席職，癱瘓聯合國工作，對我代表權未能
得逞。惟美國忽要求其有否侵臺之提議，引起臺灣問題之危機，適中其
英、俄之陰謀，殊為可痛。

五、本黨改造委員會成立，工作積極推進，頗稱順利。整軍第一期工作已經
告一段落，研究院第七期、軍訓團第二期及第三次聯合演習、第三期工
事完成、第一期校閱完畢，皆為本月顯著之功效也。經濟與政治亦皆有
進步，惟人事尚未融洽耳。

六、知難行易與知行合一之綜合研究講詞修畢，此乃哲學思想奠基之文乎。

# 九月

**蔣中正日記**
Chiang Kai-shek Diaries

# 民國三十九年九月

## 本月大事預定表

1. 庸之七十生日。

2. 軍法教育與衛生教育。

3. 參謀業務教育與軍醫教育。

4. 鳳山集師調訓之計畫與營舍。

5. 臺灣道路協會之恢復。

6. 裝甲部隊演習之準備。

7. 改造工作之督導，立法院與國大代表之組織。

8. 聯合國大會出席代表之督導，對共匪出席問題之嚴防。

9. 安理會對美侵臺案調查團設法打消。

10. 美國對臺政策與行動之研究。

11. 雷達與飛機之訂購？

12. 金門戰略地位再研究。

13. 游擊指揮機構之成立。

14. 黨員服務運動之倡導。

15. 青年勞動、反共救國運動之發起。

16. 中心理論之研究。

17. 幹部制度之建立與組訓。

18. 國防體系與建軍綱要及實施步驟。

19. 社會政策與經濟制度之研究。

20. 臺灣黨務與各地選舉之方針。

21. 實踐研究院第二期教育方針之決定。

22. 陽明山與圓山宿舍擴充計畫。

23. 集中部隊訓練之準備。

24. 明年度預算方針及主要項目之指示。

# 九月一日　星期五　氣候：晴

雪恥：一、金門此時應否撤守，當加研究。二、雷達應否續購。三、匪偽加入聯合國與美軍退出南韓有否可能。四、匪偽准予英、美建立外交關係乎。五、俄國所要者為何：甲、統制南韓，驅逐美軍。乙、嚴禁匪偽與英、美接近。丙、統制整個東亞大陸，不令英、美預問。六、俄國是否退出聯合國？決不退出，其必在聯合國利用民主各國矛盾，從中操縱挑撥，使美國與聯合〔國〕癱瘓，以至崩潰，此乃俄國所大欲而無不可能也。

朝課後記事，校正政治主張文稿。入府會客六人，雪艇來告杜魯門談話，有甚望中共不加入韓戰，其第七艦隊乃為掩護韓戰側翼，待韓戰結束即行撤退云。此誠不像一個有人格、有主義的政治家之言行，此一對俄共妥協求和之表示，將為害整個世界前途，無可估量，而對我中國之陷害，則尚在其次也。美國不幸，世界浩劫，其盍有極。此實為最黑暗、最足悲憤之現象，然而寸衷泰然，並不以此憂懼，以上帝與公理總在也。

## 九月二日　星期六　氣候：晴

雪恥：昨午續校政治主張稿，至十五時方回寓。午課後繼續修正年紀〔記〕，至十九時後乃完。此一講稿（廿二年十月二日）斷續不完者，已有數年之久，而今竟得完成，自覺寬慰異常。而杜魯門、艾其生與英、俄、共匪等協以謀我，今日如此之重壓陰謀，竟不足以動我心也。晚課後，再與希聖、虛白商討為杜言宣傳方針，十二時寢。

朝課後記事，十時後入府辦公，會客六人。研究杜魯門所謂爐邊談話大意，並未提及其第七艦隊將在韓戰結束即行撤退之言，僅言臺灣問題須由國際解決，而決非任何一國所能決定，其言又與其昨日答記者問句不同矣，其含混不定，可謂極矣。召開軍事會談。下午午課後，重校年紀〔記〕。五時入府參加區分部成立會後，召開外交問題會談，對聯合國派調查團來臺，調查美國侵略臺灣問題，余主使用否決權也。言時悲憤激昂，辭修不悅，[1]

## 上星期反省錄

（續昨）面加阻制，余更憤慨，痛斥其妄。所部無人，而美國對華侮辱，英、印協以謀我而扶共至此，凡有廉恥與血心者，莫不切齒痛恨，焉得不令人痛憤。而彼則自以為多智，委婉曲解，徒耗時間，而所說結果則不着邊際，此其政治家自居之神態也，不禁為革命前途所部無人悲也。但逆耳之言不能不自反自制，辭修亦可作我師資耳。七時後回前草廬，入浴，約柯克晚餐後晚課。廿二年十月二日國家存亡決於剿匪講稿付印[2]，十一時半寢。

一、英國在聯合國牽着美艾，放縱中共，求俄妥協，其對我之打擊，必欲致中國於死地之面目，毫不掩飾矣。國際地位之危險，於今為極。

---

1　接上星期反省錄下，原日記格式如此。
2　正式名稱為《剿匪成敗與國家存亡》。

二、廿二年十月二日，國家存亡決於剿匪成敗之講稿校正始完，約有五萬餘
　　字也。

三、俄國在臺國際間諜案破獲經過正式宣布。

## 本星期預定工作課目

1. 研究院訓練計畫與方針之研究。

2. 政治主張實施步驟，與對各黨部之督導與宣傳計畫。

3. 問國防部上月各機構之檢討工作。

4. 派彥棻赴美計畫之研究。

5. 對聯合國之出席代表之指示要旨。

6. 指示令傑工作。

7. 游擊指揮機構之決定。

8. 立法院組織之督導。

9. 對英外交之研究。

10. 金門戰略地位與時局形勢之研究。

11. 人事廳長之人選。

## 九月三日　星期日　氣候：晴

雪恥：一、近三夜以來夢魂顛倒，是心神不安之象。對於聯合國內形勢之險惡，於我前途之黑暗，英國已揭破其面具。其目的：第一、臺灣地位必欲使之國際化。第二、必欲驅逐我聯合國之外。此二者皆將使我政府澈底毀滅，不僅不許我存在於國際之林，而印度尼黑魯挾中共為俄國脅誘美國，以玩弄杜、艾，而以中國為其犧牲，環境至此，實非人力所能挽救。惟信仰上帝，

必有以使我中華轉危為安、逢凶化吉，終不為萬惡勢力所克制也。

朝課後記事，十時到圓山忠烈祠秋祭後，回蔣林禮拜畢，到保密局訓話。回寓，閱杜魯門爐邊談話全文。下午午課，濡滯宴〔晏〕起。入浴後與令傑到大溪遊覽，九時回寓。餐後與虛白等商討宣傳方針後，晚課畢，十一時半寢。

## 九月四日　星期一　氣候：晴

雪恥：一、聘程石泉[1]為講座。二、外長人選定黼〔廷黻〕、雪艇，外次沈、蕭[2]。三、五十四軍副長（葉錕[3]）。四、澎湖政工主任兼副司令人選。

朝課後記事，十時後入府辦公，召見張茲闓[4]次長，談太平洋托管地區情形，對於南太平洋形勢甚感興趣，且甚重要也。召集一般會談，葉公超報告其與美代辦談話經過，及其對聯合國調查臺灣之態度與對策，可說無腦筋已極，此等人何能再任外長耶，痛憤之至。下午午課後，批閱游擊指揮機構組織計畫。五時到中山堂，約國大代表本黨黨員茶會，先後講話二次，結果尚能聽命也。七時半散會，回前草廬，入浴。餐後觀美製二十年來世界歷史演變影片畢，晚課後審核講稿。

---

1　程石泉，江蘇灌雲人，哲學家，師從方東美和湯用彤、熊十力等人，任浙江大學教授。戰後赴美，任教於匹茲堡大學和賓州州立大學。
2　沈、蕭即沈昌煥、蕭自誠。
3　葉錕，字醉白，歷任第一九八師師長、臺灣防衛總司令部東部防守區司令高級參謀。1952 年 5 月任國防部參謀總長辦公室第四組組長、1954 年 4 月任國防部參謀總長辦公室副主任。
4　張茲闓，字麗門，廣東樂昌人。1947 年參與籌備中國石油公司，初任協理，旋升任為總經理。1949 年 4 月到臺灣，1950 年 4 月任財政部政務次長。

## 九月五日　星期二　氣候：晴

雪恥：一、服務運動。二、改造運動。三、保、于[1] 參加聯合國大會。四、游泳訓令。五、各部會學術（指定專書考驗）運動。六、編譯要書。

朝課後記事，十時入府辦公，雪艇以對蔣廷黻命令稿見示，令決重提控俄案，以打銷美國調查臺灣之提議，否則決對此案使用否決權，以國家根本問題有關，不得不以存亡力爭也。公超等以為使用否決權，將得罪於美國，更為國際所不諒解為慮。此與俄國侵略他國者使用否決權，其意完全不同。我為自衛，如其不諒，自所不恤也，乃決令公超停止赴美出席聯大也。批閱要務。下午午課後，到臺北賓館約菲僑團茶點畢，訪吳稚老，彼談國際局勢瞭如指掌，而對馬歇爾、邱吉爾狼狽為奸及同床異夢，其蓄意侵華，更有深一層之觀察也。

## 九月六日　星期三　氣候：晴

雪恥：昨晡入浴後，接俄國轟炸機在韓國海邊為聯合國擊落，證明為俄之軍官消息，余認為無足輕重也。餐後車遊臺北，回寓，晚課。

英國畏共甚於猛虎，近半月來設施各種方法，凡可以迎合俄共之技倆，證明其英國毀蔣滅臺之實際行動，無所不用其極，期邀俄共之諒解。被誘故在香港禁止油料與飛機器材對臺出口，以表示其對中共之公正，而無助臺之嫌。無殊共匪反英益烈，總不能達其老奸欺詐之目的，其實對臺灣早已絕交，本無油料、器材輸出也。

---

1　保、于即保君建、于望德。保君建，字既星，江蘇南通人。1944 年 10 月任駐秘魯大使，後兼任駐玻利維亞大使。曾受任為出席聯合國第一至第七屆大會副代表。于望德，于右任之子。1947 年 5 月任駐哥倫比亞公使；6 月兼駐委內瑞拉公使；7 月兼駐厄瓜多爾公使。1947 年當選為行憲國民大會代表。

朝課，記事，十時入府辦公，約見青年與民社兩黨領袖程〔陳〕啟天[1]、徐傅霖[2]，其言行之無恥無賴，人心陷溺、人格喪失至此，不勝悲傷，國家前途不堪設想矣。會客六人。致黃杰[3]手書。下午午課後，記本月工作預定表。入浴，晚課後記上月反省錄。靜江先生[4]四日逝世，悲乎，老同志又弱一個矣。

# 九月七日　星期四　氣候：晴　溫度：八十九　地點：草山（最熱之日）

雪恥：一、蔣廷黻〔黼〕、顧維鈞來電，皆不敢贊同余對調查臺灣案投否決票。明明是理直氣壯之事，而若彼偏解為不對，又恐因此反引中共列席於安理會，殊不知此案成立，則中共更振振有辭，以彼既為原告，如其案成立，則原告列席作證，其理更足。此種外交職業家，誠害國非尠也。二、美國如以我行使否決權，即准中共列席，則其志在引中共列席而驅逐我代表，是除非其此一政策已經決定，否則如其不願中共列席，則我行否決權，彼亦不允中共列席也。以中共能否列席聯合國機構，其權操諸美國也。

朝課後記事，入府辦公，與雪艇談外長問題及臺灣調查團之對策，會客六人。下午午課後，修正對美洲僑胞講稿廣播詞。約美公使等茶點，談巴爾幹各國情形頗詳。南斯拉夫狄托除其不聽命於莫斯科以外，其他該國一切制度完全與俄國無異，而美國則惟恐其交之不親也。

---

1　陳啟天，字修平，1950 年 1 月任中國青年黨秘書長，旋代主席，並創辦《新中國評論》。
2　徐傅霖，字夢巖，廣東和平人。1950 年 3 月，組織中國大陸災胞救濟總會，9 月創《民主中國》半月刊發行人。同年任中國民主社會黨代理主席。
3　黃杰，字達雲，湖南長沙人。1949 年 8 月，任湖南省政府主席兼湖南綏靖總司令和第一兵團司令官。1950 年 3 月率軍撤往越南。與部隊遭法國殖民當局羈留越南富國島。1951 年 1 月，任留越國軍管制總處司令官。
4　張靜江（1877-1950），字人傑，浙江烏埕人。抗戰期間輾轉流寓海外，本月病逝美國紐約。

## 九月八日　星期五　氣候：晴

雪恥：昨晡入浴後晚課，餐後與令侃[1]談話。約見彥棻，商談其赴美視察黨務要旨，十一時寢。

一、新控俄案之能否提出，以對付俄共控美侵臺案，打消其調查臺灣之議。

二、美正計畫臺灣由聯合國共同防衛（即為共管之變相），以避免俄共之覬覦，其利害得失如何。三、美所謂臺灣問題之解決，必須多邊方式，又謂亞洲各國參加其間。此其所謂多邊者，乃指中共亦在其內；而亞洲各國者，乃指印度與中共而言。其果為欺騙中共，迎合印度，而作違心之言乎，應加研討。朝課後八時前入府，約彥棻，面告其轉達廷黼〔黻〕負責主持聯合國出席代表事。寫廷信，辦事，批閱，會客七人。召集情報會談，立人豈真明知李鴻等為匪諜，而故意庇縱乎。下午午課後記事，約美軍官茶會。晡與羅又倫談話，指示軍校辦理方針，彼已就校長，甚慰。入浴後晚課畢，批閱要公。

## 九月九日　星期六　氣候：晴

雪恥：一、聯合國秘書長特別揚言，大會將通過中共參加聯合國，如一經通過，彼即要求美國發給中共代表入境證之用意。二、美國正式口頭通告（記錄），其在聯合國大會以全力支援我政府代表，不使中共參加之又一用意。三、其通告中又說臺灣問題必須由國際多邊式解決，而美國務院對外公開宣布，韓、臺問題之解決，必須亞洲有關各國參加。此其所謂多邊與亞洲各國者，莫非暗示北平偽政權在內也，而其目的，則欲以臺灣問題交由聯合國處理，並以臺灣與韓國問題相提並論，同時解決。其中關節，不能不重加研討也。朝課，記事，入府辦公，會客六人，召集軍事會談。下午午課後，批閱幹部

---

1　孔令侃，孔祥熙與宋靄齡長子。曾任中央信託局常務理事、中國訪美代表團秘書長，為宋美齡文膽，時寓居美國從商。

訓練計畫大綱後照相。五時改造會在寓談話，通過要案兩件。晚課後召集外交會談，商討對調查美國侵臺案之形勢，僉以使用否決權得罪於美為大不可，乃以有條件與美商討協議辦法。余雖勉從眾意，然於心甚不安也。

## 上星期反省錄

一、近十日來心神憤激，對人侮慢，矜傲狂妄。若不切改，將召禍亂，否則不惟自傷身心，而且為人輕鄙，人雖不來面斥，而自我人格亦將頹毀，能不戒慎恐懼、存養省察乎。

二、體重增加至一百二十九磅，去年為一百廿五、六磅之間，前年為一百廿磅左右，民國廿一、二年在廬山，只有一百〇六磅也，可知體力猶勝於前也。

三、本週國際情勢緊張，英、美對俄共恐怖心理與日俱增，而其詔事俄共亦惟恐不及。英則公開主張為中共參加聯合國力促其成，美則對南韓擊落俄機之確據，不敢積極抗議，而俄國反向美國抗議，並要求美國撤退侵韓與侵臺之軍隊。此可忍，孰不可忍，而美竟忍受無愧也。

四、本週心神不快，公私皆非，應戒慎毋躁，克己自制之。

## 本星期預定工作課目

1. 李朋案與控俄侵華之關係。

2. 考察人才之方案。

3. 對匪戰術：甲、偵探戰。乙、搜索戰。丙、機動通信戰。丁、各部（黨政軍）、各軍（步、砲、工、交通、通信）配合戰。戊、宣傳戰。己、組訓戰。庚、對軍民服務戰。

4. 政治主張之推動方案。

5. 立法院黨部組織問題。

6. 勞動創造，獨立奮鬥（犧牲、服務、博愛）。

7. 存養省察，戒慎恐懼。

8. 文武各機構研究時期與專題專書指定。

9. 對聯合國大會與安理會之方針。

10. 對麥帥之規勸與諒解。

## 九月十日　星期日　氣候：晴　晚雨

雪恥：一、革命（知恥）獨立與無畏精神，祛除投降主義。二、實踐力行自強奮鬥精神，祛除依賴心理（奴隸自卑）。三、研究（好學）創造（窮理致知，集義養氣）精神，祛除失敗主義。四、臺灣地位。五、韓戰預測。五[1]、聯合國代表權。六、世界與亞洲大勢。七、第三次大戰時期遲早與我革命之利害。五時初醒，考慮安理會對美侵臺調查團之利害關係甚久，如俄國視臺灣為其傀儡中共之物，則其不願發生國際關係，或對調查臺灣案亦投否決票之可能。果爾，則我不必使用否決權矣。又中共已反對美國所提掃射安東中共機場調查案，而我是否亦反對其查臺案，此乃新因素，應加注重也。朝課後兩次會談查臺案之對策，指示甚詳。禮拜如常，約公超、少谷午餐。午課後，重閱廿三年口述敵乎友乎小冊，不勝感慨之至。入浴，晚課。

---

1　原文如此。

## 九月十一日　星期一　氣候：晴

雪恥：一、軍訓團與研究院之點名。二、中心理論之研究。三、葉部長出席聯大之利害。四、對美間接交涉之進行辦法。

朝課後記事，寫庸之七十生辰賀電後，擬研講稿。十時到圓山軍訓團第三期開學典禮講演，一點二十分時攝影畢。入府召集一般會談，研討艾其生與魯克斯〔斯克〕[1]對亞洲政策之聲明，其實此仍為無政策之政策，而其對於臺灣中立性之強調、對中共之誘惑、妄想產生狄托之政策，不僅毫無警覺，而且益加狂謬。美國對亞洲政策如此而已，豈非黑夜狂囈與白晝夢想乎。世界人類不幸，而竟出此種領導世界之外交家也。下午午課後，批閱黨務要案、訓練與設計綱要、幹部政策與訓練方案。晚課後，與令傑談對美間接外交方針後，寫壽字，十一時寢。

## 九月十二日　星期二　氣候：晴

雪恥：一、陸軍軍官學校組織系統之確定。二、陸軍總部應移駐政府所在地之臺北。三、馬歇爾如果出任美國防部長，此乃杜魯門制壓麥克阿瑟等之毒計，但於中國未必如今日（惡劣）情勢再加其害，或轉有希望，此全在馬氏之能否悔悟耳。

朝課，記事，與令傑商談美國交涉工作要旨。十時半入府辦公，會客十餘人，小林白克[2]夫婦在內也。聞辭修在某會議上，公開聲明讓總統專制，其決心辭職，聽者認為其心理病態，余以一笑置之，但亦可知內部主持之不易也。下

---

1　魯斯克（David Dean Rusk），又譯拉斯克，日記中有時記為美魯、魯丑，1950 年 3 月至 1951 年 12 月為美國國務院東亞事務國務助卿。

2　林白樂（Paul M. A. Linebarger），又譯小林百克、小林白克，美國科幻小說家、東亞研究學者，任教約翰霍普金斯大學。

午午課後，批閱要公，審閱「戰爭指導方針」畢，不覺重要。晡指示對安理會美國侵臺案，擬不用否決權之聲明，以澄清內外空氣。在管理局沐浴，以「前草廬」浴池修理也。晚課後閱中國一周，十一時寢。

## 九月十三日　星期三　氣候：晴　溫度：八十八

雪恥：一、約集立法院黨員談話。二、臺省各級區分部不能成會之根究。三、約李先良[1]談話集訓。四、生活精神與風氣之改革。五、馬歇爾出長美國防部，與其說是對外，無寧說是對其國內，尤其是統一其軍隊為主，與其說是為謀對共妥協，無寧說是準備作戰為當。觀於詹生致杜之辭職書[2]，更可證明此見為不誤。而其對於中國及余個人是更不應再為惡劣，尤其是五年來之一意容忍，甚至國家為其淪亡，而並未對其稍見惡聲與怨色，如其果有人心，當能自反也。

朝課後記事，入府辦事，會客十人，派寄嶠視察軍校內容。下午午課後，清理積件，審閱整頓司法案，與顯光談中央通訊社及美國情形。入浴後，晚課畢，重校（國家存亡決於剿匪成敗）講稿，十一時寢。

---

1　李先良，江蘇吳縣人。1945 年 8 月至 1948 年 7 月，任青島市市長。1949 年撤退來臺，執教於政治大學，後移民加拿大。

2　杜魯門政府的國防部長詹森（Louis A. Johnson）捲入 1949 年媒體所謂「海軍上將叛亂事件」（Revolt of the Admirals）。事件起於戰後美國軍方改組、預算驟減，各軍種對未來戰爭職掌、爭取戰略核攻擊權力，於美國軍方內部爆發的一次軍種衝突。先是杜魯門與詹森下令取消海軍原計畫用於核打擊的航空母艦「合眾國」號之建造，導致海軍高級將領集體抗議與辭職。時有黑函，指控詹森涉及個人利益，才做此決策。國會因而召開聽證會處理，最終證明指控為子虛烏有。

## 九月十四日　星期四　氣候：晴

雪恥：一、臺灣防衛計畫研究。二、游擊幹部之訓練。三、兩棲部隊之編訓。四、戰鬥團運用與編制。五、傘民〔兵〕訓練之督導。六、軍事交通及技術人才培養。七、策反工作與設計。八、深水炸彈之製造。九、軍官考核，分類分業，授職任能。十、考核課目與要領方法。

六時起床，朝課，車中靜默。七時半到圓山軍訓團點名畢，與白[1]總教官談話，討論建軍方針及今後國防重點，與陸海空軍獨立建設之程序，決以裝甲兵為建軍之重點。九時後入府辦公，會客十二人，與雪艇、至柔分別談話。正午約評議委員聚餐，屬公超報告外交形勢，僉以為馬歇爾復出，對於我國關係太大為慮。余分析其復出原因及其對我政策，已在羅斯克[2]及艾其生十一日發表亞洲政策中已經決定，故馬氏之出，對我之不利，亦不能比過去再惡也，眾乃釋然。下午午課後，記事，記人。

## 九月十五日　星期五　氣候：晴

雪恥：昨晡與雪艇、少谷商討公超赴美出席聯大事，最後決意不令其前往，以無益而反恐有害也。晚課後約見公超畢，校正講稿，十一時半寢。

一、近日人心以馬歇爾出任其國防部長，又起疑懼而動搖非常，此乃無自信自立之精神有以致之。不僅一般社會無知之人如此，而其自名為學者，有世界智識者，無論黨政軍高級人員，皆以此在心中投一陰影。此種不知輕重、不明是非之徒，所以利害亦因之倒置，不察其究竟所在，及其問題的基點為何矣。殊不知今日之事實，美、俄已不能並存，雖欲避戰，罔謀妥協，決可不能，則馬之出否，其如於我中國何耶。

---

1　白即富田直亮，化名白鴻亮。
2　羅斯克即魯斯克（David Dean Rusk）。

朝課，記事，十時到黨部開會，至十三時半方畢。下午午課，批閱。與寄嶠談話後，到研究院第八期點名。入浴，晚課後續校舊講稿，十一時寢。

## 九月十六日　星期六　氣候：晴　晡雨

雪恥：一、美國對日和約之主張已經宣布，其對臺灣何屬與中共偽政權是否參加，尚未明白提出。此不僅為我政府之存亡問題，亦為共偽政權生死關頭，不能不加研討。二、美軍在仁川登陸，將直取漢城，以斷大邱、浦項韓共之後方。此為中共是否加入韓戰之決定關頭，以理與勢推斷，其必加入韓戰，蓋俄帝決不使美國在韓有決定勝利，速戰速決，而中共無自主可能也。

朝課後記事，十時前到中央黨部靜江先生追悼會主祭畢，入府，會客八人，大部皆可用之才，而方豪[1]乃不可多得之學者也。正午召集陸軍軍官學校校長羅又倫等各單位主官，訓話約一小時半後回寓。下午午課畢，審閱為何漢奸必亡侵略必敗講稿。晡入浴，晚課，晚續校舊講稿。

## 上星期反省錄

一、艾其生將欲以調查美國侵臺案為楔機，使臺灣置於聯合國之保衛，一以免俄共藉口認為中國之領土而攻佔臺灣，一以減輕其美國單獨之責任，以免除其侵臺之嫌。此一陰謀於我利害參半，不如逆來順受，先杜絕俄共侵臺之野心，暫為中立化之形態（但我決不正式公認），以穩定內部軍民之心理，使之安心，整補內部，求其安定進步，以至健全鞏固，而

---

1　方豪，字杰人，浙江杭縣人。天主教神父，歷史學家。時任臺灣大學歷史學系教授。

後再待機而動，一舉恢復大陸。只要臺灣事實上統治權並不動搖，則我反攻大陸之準備未完成以前，率性讓其中立化，且使其性質（國際）更為複雜，以對付俄共與英、印，未始非一中策也，此時應以沉機觀變處之。（十二日）

二、馬歇爾任美國防部長。

三、美軍在仁川登陸，將直搗漢城。

四、美國宣布對日和約消息。

五、英、美、法三國外長會議，其可測知者：甲、對日和約。乙、對共偽於韓戰未了結前，不想其參加聯大。丙、對臺灣留待國際解決。若對日和約不令共偽參加，則共偽對韓戰，其將立即加入乎。此為共偽之生死關頭，惟上帝有以決定之。

## 本星期預定工作課目

1. 高教班黨校與教友之組織運動。

2. 黨員應提振對大陸之企圖心與準備工作。

3. 中央通訊社組織與人事之決定。

4. 提倡本身有關法規與重法觀念之養成。

5. 對狄托、國內民族及大陸游擊組織對策。

6. 三民主義制度化、思想化之設計。

7. 發動黨員回大陸運動。

8. 改造風氣，喚起民眾，號召青年勞動運動。

## 九月十七日　星期日　氣候：雨

雪恥：一、對日和約問題乃為美國平息日人仇恨及引誘中共投美，至少要緩和中共勿參加韓戰的臨時之策略，其誰欺乎。二、我對日和約惟一問題，就是日本遵照波茨坦協定及其降書所接受的臺灣交還中國而已。如美國主張臺灣交由聯合國解決，則彼儘可照此聲明，但日本則已交還中國，事實上已歸我統治。一面我再另作聲明，不反對聯合國協助我臺灣，鞏固太平洋共同防務也。二[1]、美軍已登陸仁川，如其佔領漢城，韓戰果得結束，則將如何應之，惟有聽之，但韓戰決無速決可能也。

朝課，記事，十時蔣林禮拜。回寓後修整為何漢奸必亡、侵略必敗講稿，及「國際時局之說明」。除十八時與岳軍檢討外交形勢，與中止葉部長赴美之商談以外，終日修正講稿，至十一時半寢。

## 九月十八日　星期一　氣候：上雨　下陰

雪恥：一、臺灣道路協會之恢復。二、各軍鐵絲網、木桿之速辦，及電線桿之催撥。三、各軍駐區橋梁材料之籌撥。四、通信器材之補充。四[2]、改造風氣，喚醒民眾，號召青年勞動救國運動之督導。

朝課後閱報，準備講稿。十時研究院紀念週，派學員代誦「敵乎友乎」冊子。此為廿三年秋口述，由布雷[3]記錄成冊，警告日本軍閥之書，期免東亞民族中、日兩國同歸於盡也。最近閱讀，更覺此冊重要，不能不使我幹部了解我黨東亞傳統政策也。召見軍官六人後，召集一般談話。下午午課後，入府會

---

1　原文如此。

2　原文如此。

3　陳布雷（1890-1948），名訓恩，字彥及，筆名布雷、畏壘，浙江寧波人。曾任中國國民黨中央宣傳部副部長、中央政治委員會副秘書長、國防最高委員會副秘書長、軍事委員會侍從室第二處主任等職。1948 年 11 月 13 日，服用過量安眠藥致死。

何雪竹[1]，面報共匪對韓戰心理，以為不能停止，而且最後俄必失敗，故其軍隊準備向東北與西北集中，而以中原交叛徒李濟深等另組織偽府，聯絡美國，以拒我政府收復大陸也，姑雜記之。五時召集本黨立法委員，徵求其黨務組織意見。回寓，晚課，記事，修正時事問答。

## 九月十九日　星期二　氣候：晴

雪恥：一、小金門部隊竟有一排兵士被其中六人叛變而殺害，其叛徒泅水逃亡，二人被擊斃，一人被淹死，未知此外三人果能游至廈門敵陣否。此事情節嚴重，凡其由潮、汕與粵、滬所招來之新兵，應一律檢查與處理。二、軍校入伍生各團必先澈底組織檢查，政工人員負責主持。三、入伍生總部取消。朝課後記事，十時入府辦公，會客十餘人。靜江胞弟張九〔久〕香[2]來臺工作，甚慰。張氏七弟兄尚有志革命，不願附匪，殊為難得，故特約見面慰之。正午研討外交對日和約方針與韓戰形勢，以理、以勢、以時言，共匪未有不被俄帝強制參加韓戰也。下午午課後，到軍訓團召見學員二十人，約三小時之久。入浴，晚課後審閱講稿，十一時後睡。

---

1　何成濬，字雪竹，湖北隨縣人。1947 年 11 月，在原籍當選為第一屆國民大會代表。
　　1948 年 4 月，在第一屆國民大會第一次會議上當選為主席團主席。1949 年 2 月，避居
　　香港。1951 年 3 月，遷住臺灣，任總統府國策顧問。
2　張久香，張靜江之六弟，畢業於美國麻省理工學院，專攻化學。1945 年 10 月接收大
　　上海瓦斯株式會社的吳淞工廠，更名為吳淞煤氣廠。

## 九月二十日　星期三　氣候：晴

雪恥：一、印度代表竟在聯大提出中共代表出席以代替我政府代表權，此種狂妄行動，不僅以怨報德，直是恩將仇報。亞洲有此民族，世界有此人類，焉得而不毀沒，然此非予我以刺激，乃為上帝給我以最寶貴之教訓，余何痛憤之有。惟為英國所冷笑，而彼尼氏徒供俄、英所玩弄而猶不自知其末日之將至也。然而聯合國大會已否決敗類提議，其於吾固無所損也，惟此實我一生革命道義上最大之失敗也。

朝課後記事，十時入府辦公，對小金門叛逆案指示積極處置方法。高級將領對此嚴重事變毫無警覺，仍以常事處之，不勝痛憤。分別召見戰鬥團候補團長十九人，多數皆不合格，可歎。十四時回寓，下午午課後，圓山召見學員二十人。入浴，晚課後，召集商討美國政府將提臺灣地位問題於聯大事，指示方針後，十一時半寢。

## 九月二十一日　星期四　氣候：晴

雪恥：一、臺灣地位問題，如美國提交聯大後，凡不研究實際利害之軍民必多動搖不安，或起意外不測之意態，應準備宣傳稿，予以指示。其要點：甲、對法理。乙、對政治。丙、對事實。丁、對公理與道義。戊、美國之立場，其利害與我之關係。己、我國不承認與不接受其提案與決議之決心。庚、聯大決議之效果，不能強制當事國之接受。辛、和約未訂立以前，美國可由我要求其協防，並可在聯大存案。壬、美國政府以往歷次宣言，臺灣為中國領土與國民政府之統治，而且我政府與總統為對日宣戰之當事者，其政府與主權仍然存在，無法推翻與反〔翻〕案也，並申革命要旨。

朝課，記事，到改造會開會，十三時後畢。下午午課畢，審閱戰鬥團長人選。會美國牧師後，在圓山召見學員。入浴，晚課後與希聖談話，審核人選，十一時半寢。

## 九月二十二日　星期五　氣候：晴

雪恥：一、馬歇爾國防部長昨日參議院以多數票通過，但尚有十二票之反對，並在參院被質詢後，再行投票。此與其上次任國務卿時，以不投票而一致贊成之形勢大不相同，可知其聲望之大為減低，其必以中國調解問題之大謬大誤，有以致之。未知其果能大澈大悟，以改變其過去對華之政策乎。二、美國昨提聯大之案，僅提臺灣和平解決之願望，而未及臺灣永久地位問題，而且其同意我代表對此案之延擱，則其對我態度，並不如過去之惡劣也。

朝課，記事，入府辦公，會客八人後召開財政會談，商討下月中央撥付現金數及下年度總預算之方針，十三時四十分方畢。決再行減少支出，不超過壹拾億圓新臺幣。下午午課後，圓山召見學員如昨。入浴，晚課後與柯克談話畢，修正漢奸必亡講稿，至十二時寢。

## 九月二十三日　星期六　氣候：晴

雪恥：一、解決下月撥金問題。二、戰鬥團與裝甲師之編組。三、急造集團營房。四、西班牙參加聯合國。五、圓山建一團營房。六、高教班與教徒之組織。

朝課，記事，入府辦公，接見巴西與巴拿馬各公使後，召集軍事會談，決定戰鬥團各團長、裝甲師新編組等重要案，第五十四軍長及第一廳長人選之決定。正午核准明年度總預算案方針與下月度撥金數量，又對蔣廷黻〔黼〕在聯大對美所提臺灣案之指示，美國提案內容比較善意，而其方式則與我不同也。十四時後回寓，下午午課後，修正漢奸必亡……講稿，付印。經兒來談金門及一般情形。同車到圓山，召見學員如昨。回寓，入浴，晚課，餐後閱時局講稿，十一時寢。

## 上星期反省錄

一、前週心緒沉悶，本週漸漸平和，辭修亦已消假視事，自覺信心加強，信仰彌篤，故一切憂患皆得以不愧不怍、不憂不懼之念祛除之。

二、韓戰自美軍仁川登陸後，未能直搗漢城，迄今仍在漢城郊外附郭巷戰。今後韓戰延長，俄國實施其拖拶〔垮〕美國政策，更為顯明。越南共匪亦於週末開始進攻，中共停止西南各路客運，集中力量援助越共，此皆一如預料者發展。中共雖未正式參加韓、越各戰，只以偽裝戰術，援助韓、越，豈能長此欺詐。其實只要如此，則中共已與美、法為敵，吾何憂耶。

三、聯合國大會開會，與我有關各要案，美國皆能以善意洽助，其與一月前態度大不相同。馬歇爾就國防部長，其所表現之言行，皆比外間猜測者為佳也。

四、本週整軍要案解決甚多，下年度總預算方針及下月份撥配現金數量皆已決定，此皆內部根本問題，自覺本週進步非尠也。

## 本星期預定工作課目

1. 軍官考核，分類分業，授職任能。
2. 考核課目要領與方法。
3. 專門考察人事制度與方法。
4. 侍衛文武各班之組織。
5. 設計人選之考慮與第三處檔案。
6. 香港主持人選。
7. 臺灣縣市長選舉方針之決定。
8. 游擊指揮機構之催促。
9. 第二廳長人選。

10. 立法院長提名。

11. 各高級機構學術訓練之規定。

12. 臺灣省預算之指示。

13. 防保訓練。

# 九月二十四日　星期日

雪恥：一、軍校招考臺灣新生計畫，約共六百名。二、臺灣征兵三萬名之準備。三、圓山一團營房與禮堂之建築，又研究院宿舍添築。四、營長訓練，注重衛兵與步哨偵探之守則。

朝課後記事，蔣林禮拜，回陽明山訪吳稚老後，記上週反省錄。下午午課後，入浴，休息（在前草廬），頗有雅逸自得、澂游涵泳之感，此為星期日下午完全休息之第一日也。十七時回寓（後草廬），審閱第三次演習講評稿後，與妻車遊基隆道上。回寓，晚課，餐後略憩，即修整講評稿及研究院對時局座談會問答稿，十一時後寢。

孝武下午來見，此孫身體瘠弱如昔，堪慮。

# 九月二十五日　星期一　氣候：晴　月白風清

雪恥：一、防保訓練之加強。二、步哨偵探教育。三、專門考察人事制度與方法。四、考核課目要領與方法。五、前第三處[1]檔案與各組長何在之查明。六、日教官兼任各廳處專業之建制：甲、設計：子、軍事。丑、經濟、財政。

---

1　國民政府軍事委員會委員長侍從室第三處。

寅、人事。卯、工業。辰、水電。乙、情報。丙、動員。丁、黨的組織。戊、教育。己、後勤。

朝課，記事，十時到圓山軍訓團紀念週，宣布為何漢奸必亡侵略必敗論，並規定共匪為「朱毛」之綽號，俾得宣傳統一。正午一般會談，商討「臺灣問題」解釋座談會方式，及對英國與中共船艦之取締方針。下午午課後，批閱公文。五時前到圓山，召見學員二十人回，入浴，晚課。餐後休息，閱報，記事。

# 九月二十六日　星期二　氣候：晴

雪恥：一、學術課目與書冊之指定。二、參謀與軍醫業務之訓練班。三、臺省預算方針：甲、生產與輸出。乙、開墾。丙、增蔗糖。丁、公賣局。戊、看守所與監獄之改良。己、司法與警察待遇提高。四、改造會工作之督導與檢討及改正方法。

朝課，清理積案數十件。十時入府辦公，審閱研究院講座座談會，對聯大如處理臺灣問題之我國態度及實在利害之說明，據報中共代表有列席安理會，對其控美侵臺案作證之可能云。指示至柔工作，會客九人後，召集五院長會議（預算案）。下午午課後，四時軍訓團聽白鴻亮講武士道歷史，甚有益也。召見學員二十人。回前草廬入浴，即在該廬召集全家聚餐度中秋節（惟孝勇未到）。月圓風清，氣候和暢，惟未能忘憂國事，未知何日得回南京過節矣。

## 九月二十七日　星期三　氣候：晴　悶熱　溫度：八十六

雪恥：昨夜餐後觀月，與妻車遊北投一匝，回後草廬。晚課，補讀聖經，十一時後寢。

一、大、中學軍訓教官之培養。二、愛護公物與修補建築物之訓示。三、建立思想路線，改造黨的作風。四、埋頭建設臺灣。五、時代、思想、精神、制度（政治、社會、經濟、教育）、幹部，及風氣、運動之創造與基礎之建立。朝課，記事，尚有患得患失、倚賴憂懼之念，可知修養仍無進步也。十時入府辦公，十時後接受蘇門答臘華僑獻旗及地球後，與鴻鈞、蔚文分別談話，批閱公文。下午午課後，到軍訓團續聽武士道歷史。五時後召見學員廿人回，入浴。晚約美國公使聚餐，與賈海軍武官[1]談話。公使告余，馬歇爾謝賀電，明日專呈云。晚課後，十一時半寢。

## 九月二十八日　星期四　氣候：雨

雪恥：一、革命軍人之信條：甲、明生死。乙、中心思想。丙、實踐十大信條。丁、軍（人）風。戊、（軍人讀訓與黨員守則之重訂）。己、禮運大同篇。二、軍樂、軍歌與反共抗寇之影劇，與實踐運動十大信條之影劇編製。

朝課後記事，十時到改造會開各組檢討工作會議，十三時完。約宴評議委員，爭閱某來覆電，乃慰之情，可歎。下午午課，十四時後到圓山聽武士道歷史談，甚有感也。召見學員如昨，回入浴，晚課。廿一時餐後批閱要公，研究院第二期訓練計畫甚費心力。近日以陽明山與圓山新建學舍經費有着，明年續訓一萬軍官與黨政幹部之計畫乃得實現矣。十一時後寢。

---

1　賈瑞德（Harry B. Jarrett），美國海軍將領，1950 年 7 月至 1951 年 11 日任駐華武官。

## 九月二十九日　星期五　氣候：雨晴

雪恥：一、聯合國大會形勢與外交方針。二、對美要求軍械補充之交涉手涉〔續〕。三、美前允補充彈藥，須至十月六日起運之意義何在。四、加拿大在大會提中國代表問題研究會之用意，是英、美對中共之誘惑與出賣我政府代表權之張本，其陰謀險極。五、英、美提解決韓戰應由亞洲有力國家參加之說，是其為希望中共以參加韓國委員會為准其參加聯合國之條件，但俄共未必願入其圈套，惟為排除我政府代表計，或有互相利用可能也。

朝課，記事，批閱。十時入府辦公，會客七人後，與雪艇談外交形勢畢，召集情報會談。下午午課後，審閱學員略歷，在圓山召見學員廿人回，入浴。晚課後，約宴麥帥派來之聯絡組長等，與少谷談話，十一時寢。

## 九月三十日　星期六　氣候：雨

雪恥：一、省的施政方針：甲、增加生產。乙、整頓公營。丙、獎勵出口。丁、實施軍訓。戊、補助墾荒。己、整頓交通（路橋）。二、考選軍訓教官。二[1]、兵農合力（軍人皆為農民之友）。三、整頓田畝、農（民）會組織（強制入會）、指導技術。

朝課，記事，車中聽取公事。昨日安理會通過中共列席辯論訴美侵臺案，蔣代表力爭無效，此乃必然之事，無足為異。但共匪將乘機施技插足國際社會之開端，使我軍民心理受了打擊，自然是俄共初步之勝利，而為奪取我代表權之張本，將使我國際地位動搖。此乃英國之陰謀所致，而印度為虎作倀之故，並非俄國之力也，可痛。入府召見第二廳副廳長等六人，召集軍事會談。下午午課後，到圓山聽武士道，談二小時完畢，頗有所感也。入浴，晚餐後召集外交會談，十一時半晚課畢寢。

---

1　原文如此。

# 上月反省錄

一、六月以前認為九月份臺灣經濟如無美國特別援助則必崩潰，而美國在臺使館人員之公私談話，且於七月份不能渡過，並料共匪必於七月間攻臺，我政府（命運）亦必壽終於此。幸賴上帝護佑，皆得轉危為安，而且本年至九月底一無颱風，年成豐收，為從來所未有，因之經濟穩定、民心安康，豈非天助？

二、臺省各縣市自治選舉已如期舉行。

三、戰鬥十個團（無職軍官）已經組織開始，團長以上被俘官長已撤調完畢，七十餘團急造營房亦已完成十之八矣，此皆整軍進步之要也。

四、防諜與偵緝工作，除李朋、洪國式等重要案件公開發表外，其他陸續發現破獲者亦復不少，此乃鞏固防衛與安定社會大有進益也。

五、本月憤怒最多，傲慢凌人，如不能痛改嚴懲，其將何以抗俄復國，可不自重自制乎。

六、共匪第四野戰軍林彪所部似已全部調集東北，劉伯誠〔承〕部主力似已集結滇、桂援助越共，並已有一部向康、藏進副〔逼〕西藏矣。惟匪之物價與幣值，近月似已相當穩定矣。

七、本月外交雖處逆境，但信仰上帝旨意必成，故心神尚能無憂無懼，且修正講稿多篇，「何為漢奸必亡侵略必敗」發刊，實值得紀念也。

八、美軍已於月杪收復漢城，中共並未敢出面援助韓共，美、英想盡權術以求俄共妥協，期得韓戰早日結束，並不敢超越卅八度線以北，其卑行醜態可謂至矣。然而余可斷言北韓必不與美國言和，更無投降可言。果爾，則中共雖不公然出兵援助北韓，但其仍能以非正式接濟韓共游擊，與美軍周旋到底，消耗美軍力量，以達其預定之目的。如此，即使俄共在形式上與英、美妥協，其利全在於俄，而於美則徒受其害而已。

九、馬歇爾就美國防部長，其對華態度究竟為善為惡尚不可知，但以其最近
　　所表現之言行測之，如其果為有理心與稍有良知之人，其當無害，而亦
　　未見有積極之益也。

十、聯合國大會開會之初，美艾似乎熱心助我以對抗俄國之排我代表問題，
　　然而到了月杪，為中共控美侵臺案，其陽為反對中共列席證辯，允我疏
　　通阿瓜多代表不投贊成票，而實則與英勾通促成中共之列席，殊為可鄙。
　　堂堂領導世界之盟主，而竟出此狡詐卑劣之權術。跡其最近所謂對日和
　　約者以欺弄日本，即以其陰許中共參加聯合國之姿態，亦何嘗非玩弄中
　　共，妄想其為狄托以出賣中國。此種愚拙手段，其誰受欺，適足招怨樹
　　敵。如此強國，無政策、無主義至此，真有負於其國，何能領袖世界耶。

# 十月

**蔣中正日記**
Chiang Kai-shek Diaries

# 民國三十九年十月

## 本月大事預定表

1. 行政制度與組織,及分層負責,簡化法令。

2. 辦事方法與獎懲(職位分類)(編制活用)。

3. 考核人才與評定方法之研究。

4. 軍法教育與衛生教育(本身有關法規之研究與重法觀念)。

5. 參謀情報業務教育。

6. 國防體系與建軍綱要及實施步驟。

7. 戰車部隊及自製之計畫。

8. 中心理論研究之督導。

9. 社會政策與經濟制度之研究。

10. 幹部制度之建立(犧牲、服務、博愛)。

11. 三民主義國家典型建制之研究(三民主義制度化、思想化之設計)。

12. 日本武士道歷史與根基之研討。

13. 黨員應研讀書籍之規定。

14. 立法院黨部組織之完成。

15. 臺灣省明年度施政方針與預算之督導。

16. 高教班、黨校與教友之組織及調查。

17. 美國軍援要求之方針。

18. 對馬歇爾之聯繫。

19. 對聯合國英、美、俄謀我策略之防止。

20. 自力更生之道方案之建立。

21. 陽明山、圓山訓練設備及中期召訓計畫之擬訂，臺灣社會與學校軍訓之設計。

22. 國際危機，聯合國大會動態之研究。

23. 黨務改造及大陸軍政與宣傳工作之督導。

24. 辦事方法，「職位分類」制度理論之研究。

# 本星期預定工作課目

1. 游擊機構綱要之決定。

2. 黨員回大陸企圖心之提倡。

3. 臺灣自衛隊之檢閱及高級主官之召訓。

4. 人事考察之要領與方法。

5. 人事考察的要領（以無私、不講情第一）。

6. 各報董、監事之核定。

7. 前第三處檔案與組長查報。

8. 日教官專任各廳處專業之建制顧問。

9. 臺灣省預算方針（九月廿六日記）又卅日。

10. 軍訓教官與小學教員之訓練。

11. 建立思想路線，改造黨的作風。

12. 時代思想、精神制度與幹部風氣之創造與養成（九月廿七日）。

## 十月一日　星期日　氣候：雨

雪恥：一、國際形勢對我危機益深，美艾毀蔣賣華之方式雖已變更，而其陰謀更顯，所謂欲蓋彌彰，可憐我外交人員並不驚覺，殊為痛心。惟今日臺灣本身力量，無論軍事、經濟皆已較前進步，第一期整理計畫告成，勉可自立自主。此時惟有準備隨時脫退聯合國，獨立自強，與此萬惡之國際魔群奮鬥，仰賴天父，俾我能自力更生也。

朝課，記事，記本月工作預定表。十一時到蔣林禮拜。正午與國楨談明年度省預算方針。下午午課後，續記工作表及上月反省錄。晡入浴，晚課。晚續記反省錄後，與孟緝、舞韶〔武樵〕談新建學舍及明年度訓練計畫，十時半寢。

（本日起恢復標準時間）

## 十月二日　星期一　氣候：雨

雪恥：一、考選人才之要領（觀人篇）。二、前第三處檔案與設計委會檔案之查報。三、臺灣人心之收攬與風氣之提倡。四、風氣為建制之先聲，持久不息為建制之基點（百年樹人之意義）。五、制度化、思想化之建立與各級主官之責任及修養。

朝課，記事，十時前到研究院，審閱學員心得錄後，紀念週訓話一小時畢，自覺憤激失言也。重讀新生活運動，頗有所感。正午手擬中央日報等董、監事名單。下午午課後，研究人事考察要目後，審閱研究員自傳，到研究院召見學員廿名，足有三小時工夫。入浴，晚餐後晚課，得報麥帥所派聯絡組人員全部撤退，其意對臺灣軍援，此後或即由華盛頓直接管理乎。修整講稿。十時半寢。

## 十月三日　星期二　氣候：雨

雪恥：一、田單復齊與勾踐治吳等，及成名將領之史跡。二、為民眾解決困難問題與服務組訓：甲、推行政令與解釋政策，及指示處置辦法。乙、黨政互爭之防止。丙、個人表現之戒除。三、禁止軍隊伐林。四、第九期學員成分之決定。四[1]、研究院學員總核工作。

朝課，記事，十時前入府辦公，召集一般會談：一、俄國在聯大對八國對韓問題之提對案。二、周匪恩來十月一日偽組織一週紀念文，及其在俄真理報之論文，其威脅英、美與妄想參加聯大之意甚顯。此一表現，英、美對偽之心理或將變異乎。三、韓軍已越卅八度北進矣。召見軍官六人。下午午課後，自四時起審閱學員自傳及召見廿人，至七時半方畢，入浴。餐後閱周逆廣播後，晚課，十一時前寢。

## 十月四日　星期三　氣候：晴　未刻後雨

雪恥：一、軍需工業研究會。二、徐懋禧[2]工作之派定。三、胡家鳳[3]之工作。四、雙十節文告要旨之研究：甲、文化（朱毛焚毀經書）。乙、民生（失業工農解送東北）。丙、土改與搜括糧食。丁、時代精神與思想及民主制度。五、對美軍援交涉。

朝課，記事，九時半入府辦公，手擬研究院第九期以後召訓學員之方針。召見十二人後，與經兒、孟緝談話。與曉峯談黨史中聯俄容共與黃埔建軍二事

---

1　原文如此。
2　徐懋禧，號椿年，江蘇青浦人。1949 年 2 月接管駐德軍事代表團團務，至 1950 年 7 月裁撤。回任國防部第二廳高參。
3　胡家鳳，字秀松，1948 年 4 月 5 日至 1949 年 1 月 20 日任江西省政府主席。1949 年 5 月到香港，1950 年秋到臺灣，獲聘總統府國策顧問。1951 年春，復派兼任裕台企業公司董事長。

284

不可或缺之意。下午午課後審閱學員自傳，召見廿人。七時入浴，晚課畢，審閱雙十節文稿後，十時寢。今晨，得中共由安東向平壤汽車運兵，長徑有百英哩之多，豈中共真加入韓戰乎，此乃多行不義必自斃之必然之理也。

## 十月五日　星期四　氣候：雨

雪恥：一、武官培植與學課之規定。二、考勞維治[1]軍學之研究。三、時代精神（科學）與思想（民主），及反時代未開化原始時代精神（獸慾）與思想（閉塞、封鎖、黑暗、專制、殘忍、野心支配）。四、民族精神與時代精神之關係。五、日本武士道與中國正氣。

朝課，記事，閱武士道[2]（安部正人[3]編）開始。十時到改造會開會。十三時回寓，續閱武士道。下午午課後，審閱學員自傳。五時約蘇門答臘僑胞訪問團茶會後，到研究院召見學員十人畢。入浴，晚課，得報聯大已通過八國對韓國統一案，而否決俄國所提之對案。餐後審閱雙十節文稿，皆不合用也。十時半寢。

## 十月六日　星期五　氣候：雨

雪恥：本日腦筋時作刺痛，未知何由。是乃美國對臺灣將來地位問題，昨日正式提出聯大，列入議事日程之故，此又為美艾遵奉英國意旨，實現其毀蔣賣華，作最後之一擊。國際之道義掃地，美艾之拙劣如此，不能不令人刺激

---

1　克勞塞維茲（Carl von Clausewitz, 1781-1831），又譯考勞維治，普魯士將軍、軍事理論家，著有《戰爭論》。
2　《武士道》一書，係由山岡鐵舟口述，安部正人編著而成。
3　安部正人，日本元老政治家。

痛憤，是其明知其徒為侮辱中國，而無補於美國之利益也。惟俄國亦投票反對此案，更足證明美之為私耳。但此並不能動搖吾國在臺灣統治之地位，即使聯大通過其案，我不執行，作最後之準備可也。惟天佑之，何憂何懼。

朝課，記事，審核文稿。入府辦公，召見第二廳專員十餘人。與雪艇商外交，接世禮轉達麥帥對時局意見，甚為客觀，可佩。下午午課後，修正文稿，至晚方畢。

## 十月七日　星期六　氣候：雨

雪恥：昨晚商對美國廣播事，最後決定中止，以時間佈置不及也。與孟緝、舞韶〔武樵〕談研究院軍訓團建築新舍及後期訓練方針。十時半以腦筋刺痛，即睡。

朝課後記事，手擬條示要件八項。九時半入府辦公，召見八員畢。軍事會談後，與國楨談其民政廳長言行不規，挑撥臺灣與內地人之情感，以為其政治資本。此時臺人以國際形勢不利於我，更不易駕御矣，今後政治亦惟以此為最重要課題也。下午午課後，審閱學員自傳，多有可用之才，惟此乃得稍為自慰耳。晡召見學員二十人畢。浴後晚課，再審閱學員自傳，十時半寢。

明日馬夫人[1]生日。

## 上星期反省錄

一、研究院學員召見將畢，多有可用之才，訓練課目與方法亦更進步，學員
　　得益收效亦比前數期更大。白鴻亮總教官講述武士道，對於學員感覺尤

---

1　凱薩琳・馬歇爾（Katherine T. Marshall），馬歇爾夫人，美國女演員、作家。

深，此乃世界黑暗中之光明，頗足自慰。明年訓練計畫及新建學舍亦漸具規模矣。

二、共匪在東北部隊大量運入北韓，其在西南者，上週且將各公路皆供軍運增援越共，可知其對韓、對越之軍事積極參加，不敢不密助韓、越，即此動作乃可斷定其不義自斃之必然矣。

三、美國對臺灣地位問題，已正式提出聯大列入議程，其賣華媚共之陰謀畢露。以目前情勢與環境度之，我聯大代表將被排除，似已無可挽救，但在今後一月之中，國際變化莫測，惟上帝乃能轉移耳。

## 本星期預定工作課目

1. 召見軍訓團官長與評判員及譯員。
2. 中、小學校長及大、中學訓導員之召訓。
3. 黨史中聯俄容共事實與黃埔建校重要。
4. 講座教官理論與講話一致與聯貫及結論。
5. 校閱各軍日程計畫。
6. 高雄觀聯合演習。
7. 雙十節文告。
8. 致董[1]告馬歇爾節略稿。
9. 何雪竹等為評議員。
10. 武士道講義稿之催呈。
11. 考選人才要領之研究及看書名目指定。
12. 武官與情報員之特別訓練。

---

1　董即董顯光。

## 十月八日　星期日　氣候：陰

雪恥：一、建立制度之要素：甲、傳統精神。乙、思想。丙、風氣。丁、創制。戊、習慣。己、定律。庚、確立。二、精神與思想必由其歷史文化所產生，並創造實踐、固執不撼、持久不息，方能確立其建國的制度。

朝課後記事，審閱雙十節文稿。十一時禮拜，回寓整理文稿。下午午課，假眠二十分時即起而修稿，至五時方畢。與妻車遊基隆公路上。晚餐後晚課畢，重修第三次文稿。十一時，未浴而寢。贈送米、煤、鹽實物，接濟南韓難民。本日為馬歇爾夫人生日，接他親寫明信片，特提「其夫在美國是我的忠實朋友，不必聽閒人猜測謠言。」美國婦女尚能不忘情義如此，則其夫之心情可知，吾自信之。

## 十月九日　星期一　氣候：晴

雪恥：一、輕生樂死之道，為武士道之要道。二、造成風氣之方法，必須實踐者能人人宣傳，使之家喻戶曉，普遍深入，風以動之，並須日積月累，持之有恆，而後乃能風動草偃，成為大觀也。

朝課後記事，審閱文稿。九時研究院紀念週，讀新生活運動綱要，講明建立制度，造成風氣、發起運動必須有擇善固執，篤信不惑之精神，始終如一，生死繫之，由本身傳之下一代，代代相傳，不奪不搖，此即百年樹人之道，而建立制度亦必持續百年，而後乃可確立無憂也。十時半回，修正文稿，十三時方畢。下午審閱學員自傳，召見學員廿五人畢，回住蔣林寓所（蘭圃），重修文稿。廣播灌片二次後，續檢續修至十二時方畢。此次文稿匆促準備不周，乃為從來所未有也。晚課後乃寢。

## 十月十日　星期二　氣候：晴

雪恥：一、設計委會主任與宣傳組長人選。二、臺省黨部主委人選應速決定。三、校閱各軍日程之決定。

本日雙十節，以昨夜十二時後方寢，故今朝七時起床。數年來每逢此節，夜半或在丑卯之間即起，虔誠默禱與問卜。今年惟如常朝課時禱告而已，此乃信心進步，一切吉凶禍福、成敗存亡，皆聽之於天，惟祝上帝之意成功，不敢有所卜問也。九時入府辦公，以中央日報所印肖像不佳，又發惱怒一次，不能自制如此，奈何。十時舉行典禮，自誦告書，自覺聲調精神勝常為慰。回記事，下午午課。二時半入府，在陽臺接受群眾十萬人歡呼後，與妻至大溪遊憩一小時乃回。批閱，晚課。

## 十月十一日　星期三　氣候：晴

雪恥：一、越南法軍精粹部隊已被越共圍繳於七溪，據報損傷慘重。二、聞南韓軍已佔領元山。三、美軍已向卅八度以北進剿韓共矣。四、杜魯門親赴太平洋某地約晤麥帥，此一舉動於對俄共是否刺激，應加注意。五、各種事實，閩、粵、浙一帶匪軍已向北抽調，匪其果對美挑戰抑備戰乎。

朝課後，登西面山頭視察形勢，擬在此構建餘屋，以備靜養也。記反省錄，十時前入府辦公，會客十二人。召見華福輪船起義者十八人[1]，皆有為之青年黨員，殊為可愛，應善教之。下午午課後，批閱公文，手擬觀人考察要目。五時半在研究院召見學員十五人，第八期學員見完。入浴，晚課，記事。

---

1　1950 年 9 月，李志森、高翔雲、康健林、何占孝、王世衡、張英義、蔡德新、張幹臣、張運如、趙日松、王鳴琴、王玉棋、蔣殿卿、武玉建、張學祥等人，共同策反華福輪起義來臺。

## 十月十二日　星期四　氣候：晴　熱

雪恥：一、約見凌〔淩〕鴻勳〔勛〕[1]。二、派岳軍訪日。三、組訓縣市參議員。四、組織中山師。五、研究杜、麥會晤之內容與可能之結果：甲、英國逼美國和平解決遠東問題。乙、承認中共。丙、凍結臺灣。丁、美國兩黨外交之統一。戊、面令麥帥不向中共東北挑戰。己、日本和約問題。庚、第七艦隊撤退問題。辛、令麥逼臺接受聯大決議，即中立臺灣及讓中共代表權？壬、軍援臺灣，授權麥帥指揮。癸、越共問題。

朝課，記事。十時到改造會開會，討論本黨小組工作及其內容規章，提出臺省主任委員（倪文亞[2]）與各改造委員。正午宴評議委員，下午午課，以美國情報人員反對我保密局游擊工作歸併於行動委會，無異干涉內政，不勝憤慨，但又不能不遷就為痛，乃令經國暫勿歸併也。修正對軍校官長訓稿，深夜未完。晚課如常。

## 十月十三日　星期五　氣候：晴　溫度：八十五

雪恥：一、越南法軍放棄太原，則河內危急。二、美國覆我外交部備忘錄，其雖言軍援可抵消華東共匪之優勢，但並未提供軍援之確期，不過一味拖延而已。三、中共匪軍大量集中東北，似取守勢，以防美軍進攻，其對北韓共匪僅予接濟而已？料其不敢參加韓戰？四、越共發展如速，則於英、法刺激甚大。五、共匪進兵西藏，其於印度影響如何？此皆不利於共匪也。

朝課後修正軍校訓詞稿，九時方完。十時入府辦公，召見八員後情報會談，

---

1　凌鴻勛，字竹銘，1948 年 4 月當選第一屆中央研究院院士。1951 年至 1971 年任中國石油公司董事長。
2　倪文亞，浙江樂清人。1948 年出任第一屆立法委員，1950 年至 1952 年任中國國民黨臺灣省黨部主任委員。

李玉堂之通匪、窩匪，今後知愚庸者萬不可信任也。下午午課後，清理積案二小時餘。晡車遊頂北投，入浴。餐後晚課，記事。

## 十月十四日　星期六　氣候：晴

雪恥：一、軍官學校招考新生之方針。二、尉官與軍士之繼續訓練計畫。三、高級陸、海軍官養成教育、深造計畫。四、數理化自然科學之補充教育之籌備。五、建軍及建國全套制度設計。

朝課後記國際危機數則於雜錄欄中。十時入府辦公，召見十餘人。與雪艇、辭修、至柔分別談話後回寓。正午宴谷季〔紀〕常[1]夫婦等，下午午課後，三時出發飛岡山，降機。到高雄港口寓所，聽取白[2]總教官等報告，演習一般計畫後，略憩。晚課，餐後記事。今在機上閱白編武士道講義未完，其言葉隱書[3]中所云「武士道與死為一體」，是解釋武士道之精義，莫過於此矣。

## 上星期反省錄

一、南韓軍佔領元山後，美軍乃超越卅八度線向北韓平壤進剿，此乃東亞局勢對共產國際一大轉捩點也。今後共匪兵力至少要移轉大部分於東北，

---

1　谷正倫，字紀常，貴州安順人。1948 年 4 月，任貴州省主席兼保安司令，1949 年 5 月，兼任貴州綏靖主任，11 月共軍進逼貴陽，隻身經昆明飛香港，轉飛臺灣。1950 年任總統府國策顧問。
2　白即富田直亮，化名白鴻亮。
3　《葉隱》是日本武士道的經典，亦作《葉隱聞書》，因其成書的方式而又被稱作《葉隱論語》。江戶時代 1716 年由「佐賀藩」的山本常朝、田代陣基所編纂，內容講述武士忠君事蹟，透過故事與例子，闡述武士的精神與其當時現象的反差。「葉隱」指的是「在君主看不到的地方，也要盡忠」，武士要為忠義之舉，而毫不猶豫的奉獻生命，絕不偷生。

以對美韓軍隊。五年以來，暴俄處心積慮，欲消除我在東北之國軍，以安其西比利亞與海遜威之邊防者，今則更受聯合國軍之脅制。麥帥此一舉動，不僅減殺共匪主力對我臺灣之攻勢，不啻救我中華民國之復生矣。

二、越南法軍在九〔七〕溪之精華已被越共消滅，越局大變，此又為國際上之新變化也。

三、美國必欲以聯合國名義之下，來掩護臺灣不使共俄染指。其用意並不太惡，但因此必將侮辱我政府，動搖我國際地位，是不能為其恕也。

## 本星期預定工作課目

1. 愛護公物與修理建築物。

2. 兵農合力（軍人為農民之友）。

3. 三民主義制度化、思想化之設計。

4. 戒除虛偽與不合作之惡習。

5. 國防工業之獨立工作之設計（兵工學校），湯焜孫[1]。

6. 創造、奮鬥、服務與犧牲。

7. 本身困難應由本身自己解決之風習。

8. 大、中學軍訓教官與小學校長召訓計畫。

9. 武官情報員之召訓，高級將領召訓計畫。

10. 岳軍赴日計畫。

11. 乘車與徒步之整齊及憲兵之常識。

12. 裝甲總隊之充實編組方案。

---

1　湯焜孫，浙江紹興人。時任兵工學校工程學院副院長，1949 年出版《戰車工程》一書。

## 十月十五日　星期日　氣候：晴

雪恥：一、演習缺點：甲、進行部隊太不注重疏散。乙、破壞鐵絲網工具太缺少。丙、登陸戰車應排隊齊頭並進。丁、登陸方向與範圍應預約記號，勿使亂穿。二、聘任日本設計人員。三、教導總隊改為中山師。

今晨一時半醒後，未克熟睡。二時半起床朝課。三時出發，車中靜默，禱告四十分時。五時前到下寮海邊，東方漸白。演習登陸開始，各種動作皆比前次進步，惟聞士兵四人在游泳演習時溺斃，甚為駭異。九時演習中止，乘機飛屏東糖廠休息。十二時午餐後，以準備未周，迨一時半始與孟緝乘機瞰視演習。以佳冬老機場為中心，視察紅、藍雙方之動作，只見攻者活躍而守者呆滯，更覺戰術非取攻勢不可也。四時半閱戰車前進動作後，演習中止，乃回屏東宿也。入浴，晚課，並補作午課。晚餐後，散步於糖廠附近，其範圍不小也。記事。

## 十月十六日　星期一　氣候：晴

雪恥：一、「功成於恆」、「有恆乃大」，恆心實為一切事業之本也。二、司令部駐地暴動與防奸保密演習。三、教導總隊校級官長受訓。四、教導總隊官兵略歷名冊調查表。五、中山師編組之方針。六、營房之增建。

五時起床，朝課，七時前飛抵佳冬統帥部，聽取報告後，乃乘機在空中視察，先看紅軍方面動作，再看藍軍攻擊動作，其戰車與步兵聯合行動比前進步。視察至八時半演習完成後，降機回統帥部，聽取報告後再回屏東駐所整裝。十一時起飛，十二時半到臺北。回寓午餐。下午午課如常，校閱「剿匪成敗與國家存亡」講稿。晡與妻車遊頂北頭〔投〕，經前草廬入浴，回蔣林晚課。月明風清，心神自得，對杜、麥會晤之公報，雖於其對華問題並未提及，但毫不憂慮，以此皆外物，只要我能信心堅定，自立之志不搖，革命復興之基礎充實，外物其如我何耶。十時半寢。

## 十月十七日　星期二　氣候：晴

雪恥：一、封建與地方觀念必須祛除。二、復國的急務，在建立制度與革命精神（民族）的基礎。三、美軍超越卅八度線，對我反共抗俄關係之重大。四、自力更生與實踐克難運動。五、軍事會談要目：甲、裝甲縱隊之編制。乙、教導師編成之設計。丙、軍校教導縱隊改編計畫之確定。丁、縱隊長之派定及其校官受訓。戊、校閱參加者之決定。

今晨四時半醒後，決定仍飛鳳山主持講評。五時後起床，朝課，八時後起飛。十時到鳳山軍校，主持演習講評，至十四時方畢。下午十七時回蔣林，來往途中重校講稿，至晚方完。午課與晚課如常。晡車遊淡水。晚月白風清，心神和暢，對於復國信心與反共前途更覺樂觀，一切外力與國際之輕侮，皆不能影響我之革命精神與對上帝之信仰也。

## 十月十八日　星期三　氣候：晴

雪恥：一、教導總隊團營長受訓。二、臺灣光復節紀念文告。三、中山師之編組計畫。

朝課，記事，手擬要務項目。九時半入府辦公，交至柔應辦要務，戰車部隊之編組，與教導總隊之改組。十時會客十人畢，與雪艇談國防部長人選，與杜、麥會晤之研究。以杜所發表講演觀之，對於遠東及臺灣問題，仍不出余所預想者也。下午午課後，記上週反省錄。閱匪方廣播，乃知其匪區人心之動盪以及各省游擊隊之發展，最近更烈。山西、察省與西北、新疆各省，尚有游擊隊與我情報人員之活躍非常，則江南更可知矣。晚傍車遊淡水，晚餐後觀月納涼，手擬講稿。十時半寢。

## 十月十九日　星期四　氣候：晴

雪恥：一、物價之平定。二、臺灣民選縣市長未定期選舉者緩辦。三、第九期召訓人員速定。四、約幹部商物價與臺省黨政與兵工。

朝課後，手擬講目與整理各講評稿。十時到研究院，舉行第八期及圓山第三期結業典禮，訓話二次，共二小時。召見周宇〔雨〕寰[1]、鄭果[2]等，究明打擊師使用戰車不當之責任何在，閔銘厚[3]師長之粗暴失態，應切戒之。聚餐後回寓，午課如常。校閱吳經熊譯新約第一次完。四時半研討裝甲部隊之編組方案，至七時方畢，再與雪艇談外交與臺省選舉方針畢，回寓。晚餐後休息，記昨日事畢。十時半寢。

## 十月二十日　星期五　氣候：晴　月白風清

雪恥：一、游擊總機構催促成立。二、士兵襯衣增製發給。三、宜蘭演習之計畫。

時事：一、平壤已為美軍克復。二、越南情勢，法國妄想與胡志明調和乎。三、聯大政委會已通過對抗侵略的五點計畫，不使俄國使用否決權之美、英目的當可達成。四、杜魯門對臺灣政策仍不變更之答記者問，其氣餒、其語意惡劣非常，其將何以領導國際反抗共俄耶。世界人類不幸已極，豈僅美國國格與威信之損失而已，未知其人民在十一月議員選舉時作何表示也，吾信

---

1　周雨寰，字艾芹，四川忠縣人。1948 年 1 月任第二〇八師第三旅旅長，後任第八十七軍第二二二師師長。1950 年 1 月調任海軍陸戰隊副司令兼第二旅旅長，8 月升任海軍陸戰隊司令，並成立陸戰隊學校。

2　鄭果，號維盛，湖南寧遠人。1949 年春，接任青年軍第二〇一師師長，9 月奉命率師部隊，轄步兵第六〇一團、第六〇二團，擔任金門防務，10 月下旬，獲致「古寧頭大捷」。1950 年 6 月任第八十軍軍長。1953 年 3 月任國防部戰略計劃研究委員會高參。

3　閔銘厚，四川高縣人。1949 年春接任第二〇一師副師長；10 月，指揮第二〇一師第六〇一團、第六〇二團參加金門古寧頭戰役。後升任第二〇一師師長。

美民尚存公理與正氣耳。

朝課記事後，飛宜蘭校閱第十九軍，對全體官兵及團營長以上各訓話一次，巡視新築急造營房與內務，對廁所、廚房仍親自視察也。午餐後回臺北。

## 十月二十一日　星期六　氣候：上晴下雨

雪恥：昨由宜蘭飛回途中，瞰視龜山島及蘇澳一匝乃回。下午休息後，午課如常，聽示公文。經兒來言，軍官學校有人暗殺羅[1]校長之陰謀，幸當場破獲，其內容複雜。立人糊塗，毫無政治腦筋，更無革命精神與志氣，奈何。晚課後與昌煥談話，十時寢。

五時後起床，朝課，記事。九時到北投馬場檢閱，第六軍等各部隊軍容比昨十九軍整肅矣。對營長以上官長點名、訓話，發表該軍校閱成績後聚餐，回寓。下午午課如常，批閱積案，聽示公文。與曉峯談各縣市長候選人之速定，黨政負責人員對於此等重要問題，毫不覺其重要，亦並不準備，大陸失敗之教訓仍不以為意也，可歎。晚課後另擬臺灣光復節文稿要目，十時半寢。

## 上星期反省錄

一、國際情勢：甲、美軍攻克平壤，韓共偽組織遷移新義州。乙、法軍放棄諒山、太原，圖保河內，其情勢危急異甚。丙、聯大政委會已通過八國對抗侵略之五點計畫案。丁、杜魯門聲言臺灣政策不變，可知杜、麥會談對我援助之消極與不願之心理如故，但其對保臺與中立化之方針亦仍

---

1　羅即羅友倫。

不能變動乎，以最近允我若干之彈藥遲遲不運，先言上月二十，繼言本月四日，今復展延至三十日啟運，其或至下月十五日共匪到聯大安理會列席作證時，甚至此極少數之援助亦爽約失信而不來也。杜、馬、艾之對華毒辣卑劣、侮華賣華之陰謀，實使中華民族有志氣之世世國民永不能忘也，美實為最不值抬舉者之國家也。

二、第四次聯合演習如期完畢，對北部防區各軍校閱已開始實施，研究院第八期、軍訓團第三期學員皆已如計畢業。此於我革命事業之進步，自覺非尟也。惟第八十軍官長之無學識及孫立人之不誠精，殊為失望耳。

三、物價波動可慮，惟年收豐盛可慰也。

四、共匪廣播，半月以來，多言對游擊隊及地下工作人員之鬥爭，南北各省皆層出不窮，可知人心思漢，朱、毛之宣傳雖毒，亦無奈我何也。

五、甲、研究院後期課程以匪偽政、經、黨、教育組織為對象。乙、軍訓高級班課程以匪軍民兵運用及其戰術、政工人員之控制及收降處置為對象。丙、收復區軍事處理之法律根據，授權統帥部從權處理，至地方秩序恢復軍民分治時為止。

## 十月二十二日　星期日　氣候：晴　朝大雨申雨　月白風清

雪恥：一、下期學員之課程及計畫。二、高級班訓練計畫之擬訂。三、日籍教官之預約。四、軍訓教官與自衛隊隊長及小學校長之訓練。五、望遠鏡及破壞鐵絲網工具之購製，腳踏車之定購。

六時起床，朝課，記事，手擬令稿六通。九時半到桃園八塊機場[1]，校閱第六十七軍及戰車、砲兵、工兵等，訓話二次畢，到八塊鄉公所聚餐，其公所房屋之高大、設備之完整，乃知基本政治與行政機關之整潔莊嚴，對人民之

---

1　八塊厝機場，八塊鄉於 1950 年更名八德鄉。

觀感與心理之密切關係矣。大陸行政本末倒置，而以機關之形式為無足輕重，所以行政威信日差矣。下午回寓，午課如常。翻閱北伐準備時期之舊稿，感慨係之，不忍釋卷。到前草廬入浴回，晚課，餐後記事。召見毛森等二人。

## 十月二十三日　星期一　氣候：晴

雪恥：一、近日對時局心甚澹泊，尤其對聯合國紛亂爭論情勢，無論為共產極權或為西方民主，認為一邱〔丘〕之貉，無關於人類之福利，其所作為皆無非為其自私自利故。聞杜魯門將於明日又要向聯大發表演說，宣布其對世界政策，而吾並未有動於中，以其無信無能、出爾反爾之言行，誰復重視，至於國際之正義公理，全為美國杜、艾掃地盡矣，而於馬歇爾本為不知政治之軍人，吾無言也。

朝課後記上週反省錄，九時前乘直昇機飛湖口，檢閱第五十二軍。風大塵高，乃信俗語所謂新竹之風矣。訓話講評，與各師長談話、照相、聚餐後，到中歷〔壢〕中學，視察新築之急造營房後，回蔣林，午課。修整臺灣光復節文告，直至十一時方畢。自覺此次文告體裁與語意，對於臺胞之感召，其能奏效乎。晚課如常。

父親大人膝下敬稟者：兒因公外出恐不能親自拜賀大人壽誕，罪甚。但於是日必將較平時更為努力工作，以祝大人之壽。敬祝

萬壽無疆

兒　經國跪稟　十月二十二日 [1]

---

1　蔣經國 10 月 22 日上蔣中正之原函，原件附於日記中。

## 十月二十四日　星期二　氣候：晴

雪恥：一、聯大對臺灣地位問題與我政府代表權問題，如提出討論時，我政府所持方針如何，應速決定。二、臺灣縣市長選舉人選之決定。三、越南羈留部隊設法運臺。四、美國承認保大提其國書，恐其時已晚乎。五、韓共偽組織退到新義州之後，其將往何處去，美軍豈真不敢進至中、俄、韓之邊境乎。

朝課後重整講稿至九時後，灌片廣播。十時半到改造會，召集一般會談後，臺灣省改造委員就職監誓、訓示畢，繼續會談。正午回蔣林，一時出發，經大溪至洞口下車換轎，經八結、水流而登角板山駐也。據考劉銘傳[1]來此提名「角板」，余意測之，乃為角畈而非角板，以其地正在山中之尖角，成為小型田畈，故名為角畈，其義乃近耳。五時到達，心神為之淨靜。晚課後與妻對餐畢，整書默禱，九時半寢。

## 十月二十五日　星期三　氣候：晴陰　地點：角畈

雪恥：本日為舊歷九月十五日，為余六十四歲之初度。今晨六時半方起床，意態寬舒，山上別有風味也。夫妻共同解經，默禱如常。朝課畢，補記前、昨兩日事。出外遊覽風光，晴午帶雨，未能遠行。已刻當地小學生與民眾代表來祝壽，植榕紀念，夫妻各植一株於庭前畢。手書事天自足箴，並將從前所製法天自強、養天自樂亦有修改，惟畏天自修箴無動也。正午約劉牧羣[2]、

---

1　劉銘傳（1836-1896），字省三，安徽合肥人。淮軍領導者之一，中法戰爭中，於臺灣淡水率軍擊退法軍，隨後被任命為臺灣建省後首任巡撫，積極推行各種現代化建設。
2　劉牧羣，字芳秀，號挺生，福建沙縣人。1946 年 8 月，任空軍訓練司令部司令。1950 年 3 月，任總統府侍衛室侍衛長。

俞濟時[1]等侍從人員八人聚餐食麵畢，閱報，讀告臺省同胞書後午睡。下午續書箴言畢，出外散步，微雨濛濛乃回。在西廊中靜觀晚景，五彩雲天奇麗無比，青綠藍色更為鮮明，紅黃二色亦如火如荼，豔麗極矣。曾憶去年登阿里山途中之晚霞奇景，然尚不及今日之美觀也。晚課後補足午課畢，記事。

## 十月二十六日　星期四　氣候：晴　地點：角畈

雪恥：昨夜記事後，觀美國歌舞電影片，默禱後十時半寢。休息一日，頓覺閑雅，如釋重負。濡滯懶散之生活，為一年來未有之心景也。今晨七時起床。朝課畢，靜觀窗外古松，閒聽灘上泉聲，朝暉曙光益顯鮮豔，無異世外仙境矣，乃出外散步片刻，回寓朝餐。自忖復職以來，行將八月，軍事、政治與黨務皆以重起爐灶之精神，已建立初基，惟外交尚在危險之困境，而經濟、財政亦未能完全脫險也。惟基本漸臻穩定，其於軍事與防奸方面得力者，為政治部之經國與郭寄嶠，政治、經濟方面，則為國楨、顯羣與雪艇為最優。而最大之成果，乃為研究院與軍訓團之訓練事業，彭孟緝實為後起之秀也。

## 十月二十七日　星期五　氣候：晴　地點：角畈

雪恥：昨日朝餐後，記事。手錄自箴四則於雜錄欄。午餐後與妻同遊「溪內」瀑布，舊日地名為「宇內」，約離角畈七公里。途經霞雲鐵索橋（約五十公尺長）時，妻行至橋中不敢前進，但亦不便後退，此乃其平生惟一之難境乎。卒以冒險鼓勇，緊握侍從手臂再進，居然到達彼岸。續行半小時，乃至「溪

---

1　俞濟時，浙江奉化人。1949 年 8 月，任中國國民黨總裁辦公室總務主任兼侍衛長。1950 年 3 月，任總統府第二局局長。1951 年 10 月，當選為中國國民黨第七屆中央委員。

內」警察所駐地，其瀑布即在對面也。余獨自前進至「溪內」村下，沿途觀瀑，終未能澈底，以其瀑短（約十丈）而粗，瀑腳散放澎湃，不易窺察其究竟耳。想念第三隱潭與茶溪之金井、龍潭各瀑，直而美麗，不可同日而語。但臺省竟有此瀑，殊為可貴，雖其身短而粗，然亦不失為勇猛放蕩之戰士乎？回途，以余與當地村長講話時，妻已先行，及余趕至橋邊，則彼已渡過對岸相待。問其如何過橋，則彼秘而不肯宣也。余謂其或由侍從背負而過此橋乎？彼不承認，終未知其究竟如何過來耳。回寓已五時半，入浴後在西廊觀晚景，意態蕭然，甚為自得。餐後晚課，批閱。

## 十月二十八日　星期六　氣候：陰　地點：角畈

雪恥：昨日朝課後出戶散步，察勘屋後向南形勢，瞰視淡水河本流，水聲隆隆，山勢巍峨屏列，其風景比向北之正屋優勝多矣，乃擬在此另築簡室，以便常來靜養，未知果有此福否。餐後記事。手擬致雪艇電稿，將派岳軍訪麥帥，征麥同意也。十一時往遊「溪口臺」，經大和橋（鐵索橋），其長約百廿公尺，高十公尺，妻未同行。其村共有三層，相距各半里，每層約十戶，其居室有廚有箱〔廂〕，比之其他各地山胞，生活甚優也。見有未雕面之婦女，鼻直目秀，不減平地婦女，其地山胞知識水準亦較高矣。十三時回寓，午餐畢休息，午課後入浴。閱讀政治部軍中文摘，政工甚有進步也。聽示公文，閩、廈匪軍多向北調，據韓戰報，中共匪部已與南韓軍在北韓戰場接戰，而美軍官方則仍稱未能證實，尚望中共不公開宣戰耳。五時在西廊觀晚景。六時晚餐後，晚課畢，記事。

## 上星期反省錄

二十八日。一、對美國臺灣問題之提案的方針，應以主動的對聯合國大會提議：甲、在對日和約未訂立以前，中國有權要求聯合國或與其臺灣有密切共同關係之會員國，協助防衛臺灣。乙、中國收復臺灣主權與領土，必依據其合法權利，遵守聯合國憲章，以解決此一問題，但不損害其合法權利與憲章之尊嚴為限，否則如有違反憲章與損害中國對臺灣之主權、領土與行政之完整時，則我政府當保留其自主之行動，不能受任何非法之干涉，此即中國革命宗旨，即中國應享有文明國在國際應享之權利與應負之義務的精神也。朝課後重修四箴稿。九時到角畈小學運動會參觀，甚覺欣快。回看中國之命運，擬重習一遍也。經兒來山相聚，午餐後回去。午課畢，續看前書。晡觀晚景，記事。餐後觀影片，晚課，十時寢。

## 本星期預定工作課目

1. 臺灣青年團之組訓計畫。
2. 臺灣征兵計畫與籌備。
3. 充實各師與裁補辦法。
4. 立法院正副院長人選及方針之決定。
5. 對美國臺灣問題之提案決定對策。
6. 對俄共控美侵臺案之方針與態度。
7. 國防部長與廣東主持人選之方針（空軍總司令）。
8. 整軍第二期之充實小單位與裁併部隊計畫。
9. 戰鬥團課程與調訓計畫。
10. 中山師之編組方針與準備程序（定明年三月成立）。
11. 美國對日和約之提議應即同意。
12. 各軍副軍長人選之調動。

## 十月二十九日　星期日　氣候：晴

雪恥：一、中共匪軍實已在北韓參戰，證之最近美、韓所俘獲之中共官兵與偵察所得之運輸車輛，大批由東北向北韓行動，更可證明中共匪軍明白參戰。惟美國總不敢公開明認共匪參戰，以期避免戰事之擴大延長，除非中共明白向美國參戰，彼美不得已而應戰也。其實此種駝鳥外交與軍事行動，徒為助長俄共，使美陷入泥淖之陰謀，愈欲避戰，將愈陷入泥淖而已。

七時起床，朝課，出外散步，眺望東南方之高山形勢，終以霧濃不能窺其真相也。餐畢，記本星期工作表及下月工作預定表。十時辭修、雪艇來山，商談外交、對日和約及對聯大臺灣法律問題案之方針。下午閱報後，午課，入浴，再閱外交意見各電。與辭修等商談人事，對臺省縣市長、立法院正、副院長及行政院有關人事，與胡宗南案等。晚餐後觀電影畢。晚課後，十時半寢。

## 十月三十日　星期一　氣候：晴

雪恥：一、溪內建校經費之補助。二、山地教育之特別設計。三、中國之命運一書應定為中學與專門學校之課本，各軍事學校與各級軍官之考試，為其課題之一。此書實為中國民族主義之基本教育，不僅共產主義與歐美帝國主義視為其之勁敵，而且視為資本與自由主義者之毒物，故其必欲摧毀之，使之無餘。而吾黨一般幹部亦以此為得罪英、美帝國主義而招失敗之由，故亦廢置不敢研究。此乃抵抗赤、白帝國主義之寶訓，其於建國革命教育之重要，或較實業計畫更為迫切也。

七時辭修、雪艇來辭行，余乃朝課並散步，記事。與妻往對面小坪（相距約里許）遊覽，巡視村區後回寓，閱中國之命運。下午午課後續閱前書。晡散步，觀晚景。晚餐後觀啞女影片畢，晚課，十時寢。

# 十月三十一日　星期二　氣候：晴

雪恥：六時一刻起床，與妻讀荒漠甘泉等書，默禱畢，朝課。朝旭古松射照，駐所窗明几淨，心神安樂，怡然自得，不禁感謝父神，今日誕辰尚得有此良辰美景也。來山以後，但覺室外之古松盤旋，與溪內沿途之修竹蒼翠，加之溪聲、山色、晚霞、朝日，悅耳娛目，無異重遊古鄉矣。而適有「溪口臺」其地，更認此為第二古鄉矣。記事。以生日未忍早餐，乃紀念先慈生育之勞苦也。課畢，出外巡視市場一匝回，在南廊日光下，閱中國之命運完。十一時山上民眾來壽者千人，跳舞獻壽，並有靈芝草一株，據稱前日始由山民隅〔偶〕然獲得也。山民之精誠多難形容，實為心感。正午吳主席夫婦亦來山為壽，下午與之同往拉號警察所，經過鐵索橋，其長為二百四十三公尺也。四時後回，入浴畢，在西廊觀晚景，與國楨談臺灣建設事。晚餐後晚課，記事。

# 上月反省錄

一、廿五日，匪稱我在營口之遼海特工區主任汪泰文[1]及周長鼎[2]等廿五人，又在瀋陽所組織地下工作人員畢克塵[3]及李季[4]等十九人，皆被其破獲處死。又據報北平方面，匪且積極清除投降份子，傅作義[5]為其主要目標。可知匪區人心之反共聲勢已積極發展蠭起，共匪應接不遑，而於晉、察、綏及東北各地為尤甚。此皆無名英雄，皆揭中央名義以起義矣。

二、十年來余之扶印反英政策之結果，竟使英國對遠東決心以毀滅性的脫手，一面挑撥亞洲各民族，一面暗示美國亦共同脫手，拱手讓俄共以制我之死命。美國之受愚於英之玩弄至此，實為夢想所不及。但共毛拱手奉俄，以制蔣者而制英、美，此亦英國夢想所不及者乎，此為國際上最大之教訓也。

三、本月國際對我情勢最為險惡。聯合國代表權自安理會七票贊成中共列席作證以後，我政府代表幾乎等於取消，尤以美國對聯大提出臺灣地位問題，其險狀可於第一週反省錄最後一節中見之。直至月杪，共匪參加韓戰之陰謀漸露，加之其對越、對藏皆發動攻勢，周圍樹敵，陷於自殺之境，此實多行不義必自斃之明證，若非上帝佑華滅共，豈人力所能旋轉此危局乎。整個中華民族之命運，其亦由此復生乎。

四、月杪避壽角畈山一星期之久，實為本年復職以後最閒雅之一週，而國家轉危為安之機亦在於此也。

---

1 汪泰文，1945 年參加三民主義青年救國會，1947 年任《掃蕩簡報》社營口辦事處主任，1950 年時為遼海特工區主任營口指揮部主任委員，7 月 30 日被中共破獲，10 月被處死。
2 周長鼎，時為遼海特工區主任營口指揮部秘書長，7 月 30 日被中共破獲，10 月被處死。
3 畢克塵，以「中國國際第三黨第三支局」，在瀋陽潛伏活動，1950 年 10 月被中共破獲處死。
4 李季，以「中國國際第三黨第三支局」，在瀋陽潛伏活動，1950 年 10 月被中共破獲處死。
5 傅作義，字宜生，山西榮河人。1947 年 12 月，任華北剿匪總司令部總司令。1949 年 1 月 22 日率北平守軍投共。9 月當選中共第一屆全國政協委員、中央人民政府委員。

五、本月軍事整訓最有進步,海軍亦能編隊演習,此為中國自有海軍以來之第一次乎。實踐研究院第八期、軍訓團第三期,凡副團長以上之官長,百分之九十八以上,至此皆已重經訓練。第四次聯合演習之成效,可說達到整軍工作最高之階段。加之克難運動之發起,以及實踐運動與黨務之推進,政治工作對於精神與生活奏效甚大也。

六、臺省各縣市議會選舉如期告成,臺東與花蓮二縣縣長亦已實行民選。各地自新運動亦甚有效,尤其阿里山之山地區長將其所窩藏之共匪分子繳出,其所藏之武器亦遵令呈繳,此實為臺省治安根本之圖。十個月來最重要而最努力收效之工作,應首推保密防奸行動委員會之工作,此乃臺省轉危為安之樞機也。

七、本月物價漸漲,經濟動盪,此為惟一可慮之事也。

# 十一月

蔣中正日記
Chiang Kai-shek Diaries

蔣中正日記
Chiang Kai-shek Diaries

# 民國三十九年十一月

## 本月大事預定表

1. 海軍高級參謀學校正則班（學術補充）。

2. 大、中學軍訓教官與小學校長召訓計畫。

3. 武官、情報員召訓計畫及課程。

4. 高級將領召訓計畫（陸、海軍官）。

5. 高級黨政班召訓計畫。

6. 臺省各級改造委會之籌備。

7. 各縣市長選舉之督導。

8. 國防工業基本工作雛型之設計。

9. 軍官學校招考新生之方針。

10. 建軍全般計畫及實施程序之擬訂。

11. 中山師籌備計畫之成立。

12. 第二期整編合併方案及充實兵力。

13. 臺省征兵與編訓方針及準備計畫。

14. 充實裝甲兵及編組之實施。

15. 典範令之督編及暫定。

16. 校閱軍隊時，必備之表冊與格式之規定。

17. 黨員守則與軍人讀訓之白話解釋（軍歌）。

18. 校閱部隊應注重黨務與實踐運動。

19. 軍訓團編訂教程，頒發各軍（並禁止各軍自訂教程）。

20. 黨、政、軍應看書名之指定。

21. 山地教育之每年考績及國語簡易課本。

22. 陸總部移駐臺北（軍校人事校長處理）。

23. 共匪參加韓戰後，我對美國外交政策之研討。

24. 對聯大之態度與對日外交之進行。

# 十一月一日　星期三　氣候：晴

雪恥：一、昨晚課後，觀美製音樂與游泳、戲劇、滑稽電影，其各種技術可說登峰造極，尤其華麗精美亦無以復加，但並無重大意義，不過取悅圖快於一時而已，十一時始寢。

今晨六時起床，朝課畢，清理積案，預排本日日程。九時三刻辭妻起程，國楨同行。正午回蔣林，經兒來談。約雪艇、辭修，商對聯大代表外交方針指導：甲、對日和約。乙、對美提臺灣問題案，皆予以明確指示，嚴令其反對組團來臺調查也，切屬美國打消此意。午課後見世禮與至柔。晡在前草廬入浴，殲甲。回寓晚課畢，約見曉峯、企止、邦初與道藩、正綱。臨睡時，接韓國美軍已正式宣布中共匪軍參加韓戰，予以證實，此為我國與世界前途最大之關鍵也。

# 十一月二日　星期四　氣候：晴

雪恥：今閱新聞，美軍在韓國前線明白宣告中共匪軍已參加韓戰，而麥帥聯合及其政府仍含混其詞，未敢正式宣布也。

今晨朝課後，八時飛花蓮港，沿途視察地形及瞰覽山海天然美景，誠不愧為翠島矣，其綠海青山之特殊景色與沿海絕壁公路之險境，皆為他省所不易見

者也。十時校閱第六十四師及第一九八師，閱兵訓話，對營長以上官長點名。講評校閱成績後，即在花蓮中學校校長住宅聚餐。午課畢，觀野外演習後，視察港口、碼頭及舊鋁廠房，毀損不堪。巡視米崙山麓急造營房與兵工學校，再入市區巡視一匝，到東區防衛司令部後回，晚課。約官長聚餐，訓示日本在臺建設之可佩，及如何保存與仿傚建國之道，特指廁所與廚房為整軍衛生基本要務。

## 十一月三日　星期五　氣候：晴

雪恥：今晨朝課後，與各高級將領照相時，接杜魯門昨日被刺未中之報，其刺客為美之屬島波多利谷人，而其中一人乃為共產黨員。余認為美國內政已由俄國滲透作亂，而史大林對美國已至圖窮匕見，而竟出此最後暗殺卑劣之手段，大家以為此時為美國內部問題，無關國際政治，而余則以為不然，而且於今後美國對俄之政策影響極大也。韓戰美軍已開始退守，不勝中共之壓力，此事實由馬歇爾、艾其生縱容中共與毀蔣賣華，以為於其美國本身無關之政策所鑄成的後果，今則直接與美血戰，不知馬、艾將如何寫其歷史矣。九時前巡視警衛大隊後起飛，沿途瞰覽山海，並到火燒島上環繞一匝，其風景與地形乃較龜山島為佳也。

## 十一月四日　星期六　氣候：晴

雪恥：昨十時到臺東校閱第八師後，巡視師部農場及作戰資料室後，講評畢聚餐。十二時半飛恆春，校閱第七十一師，訓話後即飛回臺北，聽取情報。在前草廬入浴，回寓。晚課後到中山堂對青年聯合會代表大會訓話回，與外交幹部研討國際局勢，廿三時寢。

本日朝課後,補記前、昨二日事。十時起飛到岡山,舉行空軍官校第廿八期畢業典禮,參觀盲目射擊、電化教材及實習。聚餐後到高雄要塞部駐節,即去年舊居也。午課後清理積案。晚課後與羅校長又倫談軍校整肅等事。召見洪士奇[1]、陳保泰[2]後,十時寢。

聯大通過美國加強聯合國防止侵略案,此當有補於今日之時局,使俄國否決權無所施其技也。

## 上星期反省錄

一、杜魯門被刺未中,但美國內政必因此而動搖開始,以俄共已深入其內部矣。

二、中共匪軍已公開參加韓戰,一面又增援越共胡志明向法軍進攻,法且已放棄老開,退守河內,而其攻藏之部已逼近拉薩。另有一股且由新疆進攻喝〔噶〕大克,此股對印度與巴基斯坦之威脅更為重大,可知俄國對印度之侵略已公然不諱,此與英、法之打擊,實為其所夢想不及者。

三、美國與七國加強聯合國和平提案已在聯大通過,此案於中共與俄國在東亞現階段之侵略行動,當有相當之影響乎。

四、美國兩院之選舉,下週中即可發表,其兩黨勝負如何,實與其遠東以及我國之影響非尠也。

---

1　洪士奇,號壯吾,時任高雄要塞司令兼高雄港口司令。
2　陳保泰,浙江諸暨人。1949 年 11 月,任浙江省黨部主任委員、浙江省舟山群島防衛司令部秘書長。1950 年 1 月,派任浙江省政府委員兼秘書長,8 月任官派高雄市市長,1952 年 8 月,任陽明山管理局局長。

## 本星期預定工作課目

1. 粵藉〔籍〕學員副軍長與副師長之人選。
2. 二〇一師、卅二師與一九八師師長之調換。
3. 五十四軍、九十六軍各師充實之辦法。
4. 中山師之編組與九十二師及卅二師之裁編。
5. 臺灣徵兵計畫與雜役兵之補充。
6. 七十一師官長之調整、副師長之增調。
7. 裝甲部隊之整頓與增編。
8. 教導總隊之裁編及國防部特務團等之歸編、傘兵總隊之整編。
9. 海、空軍檢閱日程及金門、澎湖之檢閱。
10. 軍政高級班之政策與宗旨之研究。
11. 戰鬥團課程與禁賭。
12. 遠鏡、鐵絲剪之購置。

## 十一月五日　星期日　氣候：晴

雪恥：一、令羅又倫負責整肅軍校，予以全權。二、嚴究軍校謀刺案。三、統帥權建立之法規。四、軍隊補充制度之研究及動員法令。五、雇用日人製造戰車、飛機與潛艇之設備人員。六、裝甲部隊服裝與儀容及精神均差。

六時起床，朝課，臨時到鳳山軍官學校召集教導總隊官生訓話，該校前身為孫立人所辦第四訓練處，內情複雜異常，今日入校訓話認為冒險之舉，尤其是教導總隊官生之複雜更甚，但訓話一小時，平安如常。十時到屏東，校閱第十軍與卅二師及兩砲兵團，閱兵訓話，略覺喉疲矣，對校官以上點名後，屬寄嶠代為講評畢。聚餐後，對高級將領訓話一小時餘，不覺喉舌之乾燥疲乏也。三時半飛臺北，入浴，休息，晚課。共匪鼓吹援韓抗美，三日來已公開無忌矣。

## 十一月六日　星期一　氣候：陰雨

雪恥：昨夜約辭修、國楨等全家子女聚餐後，觀美製「大河共和國」美國統一歷史影片後，默禱，閱報，十時寢。

一、各部隊種菜田畝之撥定與畜牧之競賽。二、急造營房附近植樹。三、擔架四人抬式之改正。四、機槍、迫砲肩負架子之製造，砲三團之二輪胎車之倣造。五、國旗、國歌、軍歌淺說之編發。

朝課時，得悉麥帥正式聲明東北共匪已經參加韓戰之訊，惟仍未指出中共字樣耳。上午覆馬歇爾夫人函，補記前、昨兩日事及上週反省錄。下午午課後，補記上月反省錄及批示公文。研究共匪另股由和闐入藏，向噶大克前進，此比之於玉樹經昌都至拉薩之意義，其有關於阿富汗、巴基斯坦與中東之局勢嚴重，不可以道里計矣。入浴，晚課，記事。

## 十一月七日　星期二　氣候：晴　晨雨

雪恥：一、如果聯大對中共懲治，則我政府應準備及特別注意者：甲、美國未必用陸軍進攻我東北，而僅用海軍封鎖與空軍轟炸已也。乙、美國如要求我派軍參加韓戰，則我對美應明詢其是否贊成我軍進入東北。丙、美國是否尊重我行政與主權。丁、美國是否再製造第三勢力。戊、美國是否誠意協助我政府對內政之統一與獨立。己、美國對華軍經緩〔援〕款，能否與援法之款數定一比例。二、今後我軍對匪之戰略。

朝課後，記上月反省錄，九時飛臺南，校閱第七五軍第四師、第三四〇師等部隊。訓話後召集營長以上官長，點名、講評與訓話畢。聚餐後，巡視第三四〇師師部內務畢，四時起飛回蔣林。自昨日以來訓話過多，喉力甚覺疲乏，雖甚注重保養，但今日回程在機上甚覺吃力，回寓尤甚。休息，入浴後漸復元。晚課後觀電影，十一時寢。

## 十一月八日　星期三　氣候：晴　朝夕臺北皆雨

雪恥：一、黨務發展計畫與中心工作之研究。二、反共陣線之利害及方針之研究。三、游擊總機構之方針。四、空軍總司令問題。五、校閱成績總檢討會議。六、海、空軍校閱日期。七、經濟與物價問題之研討。八、縣市長之選舉。

朝課，記事，十時飛到臺中之公館機場，校閱第五十軍、第八十七軍、第六三師、裝甲兵教導總隊及其第三總隊與砲兵第十四團訓話，對校官以上點名，講評如常，在裝甲教導隊聚餐。參觀克難運動製品畢，再到臺中劉安祺司令部巡視，比較清潔也。四時半在清水車站乘火車，八時半回臺北。車中設計整軍計畫後，晚課，回寓。聞美國兩院選舉，共和黨在上院席次幾與民主黨相當，此心為之略慰，十時半寢。

## 十一月九日　星期四　氣候：雨

雪恥：一、美國兩院議員選舉結果，上院共和黨只差二人，此乃美民對於其政府對華政策反對之表示。艾其生猶作最後之掙扎，聲言其決不辭職，尤其對遠東政策亦決不變更，以顯其白皮書毀蔣賣華之罪惡，毫無悔悟之意。但美國如果為一民主國家，若其違反民意，長惡不悛，則必自斃也。二、英國在聯合國提出中、韓國境劃定一條緩衝地帶，並贊成俄國邀請中共在安理會對其參加韓戰之辯護，可知英、美懼戰怕共，希求結束韓戰之徼幸心理有加無已。中共本日對反美宣傳亦於是緩和一下。俄共直以美、英為牛鼻，玩弄其於掌上也。可恥，可痛。

## 十一月十日　星期五　氣候：雨　颱風

雪恥：昨九日，朝課後入府批示要公。與雪艇、至柔分談外交、軍事問題，與鴻鈞談經濟、財政，甚為危險也。到禮堂參觀本年生日，各方之祝儀及各軍克難運動祝壽之成績，比之於六十生日更多、更有意義，亦可測一般心理期望之殷矣。下午午課後，手擬整軍令稿多件，約見美記者。入浴，晚課。與何世禮談對麥帥態度，如其重新要求我派軍援韓，仍照前議不變，但必須美國解除其阻我反攻大陸之宣言，此乃自然之理乎。十時半寢。

本十日朝課後，謄正四箴一份給經兒紀念，記事。入府辦公，與任顯羣談經濟、財政約一小時，會客十餘人，清理積案。下午午課，批閱香港視察報告與英方情報。餐後晚課。

## 十一月十一日　星期六　氣候：雨

雪恥：一、對英、美宣傳綱領。二、對留越南繳械部隊之方針，令黃杰回臺面報。三、反共陣線之組織方針。四、立法院議長方針之決定。五、對共匪入韓參戰官兵勸告書。

朝課，記事，入府辦公，召見恩伯等三人，見鄧親民[1]者，責問其在第九九師師長時代所製小冊，對其本身黃埔學生與國民革命軍歷史一概抹煞，而專提該師未改編以前與北洋軍閥之舊關係，以勗勉其官兵。跡其用心，將為其求降時，叛國之掩護證件也。見其人，聞其聲，誠足髮指眥裂，怒斥其棍〔混〕，不覺聲烈之，喉裂矣。數日來為喉痛而休養，將痊時今又作痛矣，何不自愛如此。正午軍事會談，聽取韓、越、藏、尼（尼泊爾）及國內共匪形態。十四時回寓。下午修正對共匪告書，約暹邏僑團茶點後，入浴，晚課，觀影劇。

---

1　鄧親民，湖南郴縣人。曾任第九十九師師長，時任國防部參議。1950 年 9 月因在第九十九師師長任內，頒發內容不當之「全師官兵信條」，遭令撤職，永不錄用。

## 上星期反省錄

一、本島陸軍校閱已於本週完畢，初步整軍計畫已告一段落，部隊官兵漸像
軍人。其體力與精神，五年頹敗，今亦漸次復元。然而於此可謂聲嘶力
竭，喉痛甚劇也。

二、共匪自月初以來，公然聲稱武力抗美，對其派兵入韓參戰，毫不掩飾，
無所顧忌，此乃第三次世界大戰之緒戰，而英、美當局猶想妥協求饒，
苟安一時，殊不知其害人自害之速也。馬歇爾、艾其生之罪孽，將不知
其如何受審承處矣。

三、美國兩院議員競選，共和黨竟占優勝。麥帥對聯合國提出中共參加韓戰
之證據，其政府猶受英國慫恿，妄圖妥協，英國且提中、韓邊境劃一緩
衝地帶，並予中共以各種保證，然而俄國不受你英、美蠢才之愚何，可
恥可鄙極矣。

## 本星期預定工作課目

1. 陽明山建築招待所。

2. 設計委會要務：甲、政經股工作：子、劃分省區。丑、土地政策。寅、銀
行制度。卯、對外貿易制度。辰、通貨制度（閻[1]之兵農合一及經濟倉儲制
度）參考。乙、教育股工作：子、各級學校教科書之審定。丑、教育制度
與方針（思想、體育、管理、軍訓問題）。寅、建立思想路線，三民主義
之制度化、思想化，以中國之命運為張本。丙、行政制度（分層負責）與
（職位分類）各級機構組織不須一律。丁、司法制度。戊、社會制度。己、
軍士制度之建立與訓練。

3. 武官培植與訓練班之學課規定。

---

1　閻即閻錫山。

4.大、中、小學校長及軍訓教官與自衛隊長召訓。

## 十一月十二日　星期日　氣候：陰

雪恥：一、共匪宣布其對韓戰干涉案，不能列席聯大討論之聲明，但其對美國侵臺案則將列席作證，此一行動又將英、美對俄共求情與賣華養俄之陰謀消除殆盡，豈英、美仍願其列席安理會辯論美之侵臺案，特予其反宣傳之良機乎。二、英國所提中、韓邊境劃定緩衝地帶之提議，其亦可因此作罷乎。三、派岳軍赴日調查之交涉。

朝課後，九時到總理八十五誕辰紀念會畢，入府與錢公來[1]君談話，彼實東北同志中之難得者也。十一時蔣林禮拜，正午修正對入韓共匪告書。午課後，與妻車遊淡水回，再修書稿，入浴。晚餐後晚課。本日發表美國電通社問答稿，或能發生對外影響乎。

## 十一月十三日　星期一　氣候：陰　雨

雪恥：一、十二月十日檢閱海軍，同月二十日檢閱空軍。二、海軍參謀教育。三、陸大統帥教育班之籌設。四、武官教育班之籌備。四[2]、行政院駐美購辦處派黃仁霖兼辦？

朝課後記事，記本週工作預定表。入府辦公，清理積案，召見邱昌渭與至柔等，並核定對共匪入韓作戰部隊告書稿。下午午課後，約見鮑爾溫[3]，相談一

---

1　錢公來，原名惠生，遼寧人。同盟會員，抗戰時期任國民參政會參政員，1949 年春到臺灣，任總統府國策顧問、中國國民黨中央評議委員。
2　原文如此。
3　鮑爾溫（Hanson W. Baldwin），1937 年起在美國《紐約時報》分析軍事，後為該報軍聞編輯。

小時半，明告其要制裁中共，只有中國國軍反攻方能收效。如美國真能信余，則不須美國有一陸軍用在東亞，只要以現在用在韓國的海軍、空軍協助我剿共，余敢獨力負責剿滅東亞共匪也，惜美國政府政策不敢出此耳。入浴後，晚課畢，觀電影，十一時後寢。

## 十一月十四日　星期二　氣候：雨

雪恥：一、院、團各學員成績之統計與國防部調整人事之參照。二、陸大設陸海空聯絡班學術研究會，對陸、空軍應退役人員之訓練，使空軍人員轉入陸軍或學校機構服務。三、不誠實、不合作之劣性與惡習之改變方法的研究，犧牲、服務（仁愛）、實踐、團結（合群），為文武教育之宗旨。

朝課，記事，手擬令稿十餘條。十時入府辦公，召見何世禮，面示對盟總要務，會客。召集一般會談，商討臺北市長人選，決助吳三連競選。正午宴暹邏華僑。下午午課後，批閱公文。召見夏功權[1]，聽取其軍訓團受訓感想報告。入浴回，晚餐後夫妻閒談，翻閱畫報約一小時，最有益於養神也。晚課後批閱，十一時寢。

## 十一月十五日　星期三　氣候：雨　晴

雪恥：一、青年軍士兵之考試與調查統計。二、人才專業之調查與統計，所學所用，專才管業，職位分類，分層負責。三、改善教育課程，特重職業教育。四、鼓勵科學著作，領導文化。

---

1　夏功權，浙江寧波人。1949 年 1 月蔣中正引退，追隨至奉化，負責總務。到臺灣後，任總統府秘書。1950 年，奉派赴美協查空軍採購汽油弊案。

朝課後記事，批閱。十時入府辦公，會客十餘人。正午到圓山軍訓團視察。下午午課後，批閱人事公文。入府召集經濟會談，解決經濟有關要案：甲、管制外匯。乙、保持基金。丙、兵工收入與支配，軍隊兼服工役，每月約有六百萬元，可增加士兵伙食，此一問題解決，對於經濟、財政補益甚大也。七時回寓，晚餐後略憩。晚課後記事。聞空軍私設煙廠，陸、海軍皆效尤營私，不勝痛憤。至柔一有私心，則公務盡廢矣。

# 十一月十六日　星期四　氣候：晴

雪恥：一、美代表在聯大提出臺灣法律地位問題延期討論，又提先討論中國控俄侵華案，此二提議皆順利通過，此乃美國對我政策與態度之一轉捩默〔點〕也。余對電通社之答詞及告大陸軍民書發表後，如馬歇爾等果有一線人心，則其不能不有慚愧而感動乎。此豈僅以德報怨，直是損己利人，然而此種損害，乃以整個國家四億半人民皆為美國供其犧牲，若非遵奉教義「雖自受害，既誓不變」之信徒，恐非能乎。

朝課後記反省錄。十時吊焦易堂[1]之喪後，到改造委會開會，討論反共統一陣線之組織問題，總以為黨的本身未臻健全，此種組織有損無益也。正午宴評議委員。下午午課後，約見美國救濟署長福斯脫[2]，其態度比之兩年前霍夫孟[3]在京相見時，謙慢冷熱自不同也，可知情勢已轉佳矣。

---

1　焦易堂（1880-1950），又名希孟，陝西武功人。1947 年當選為第一屆國民大會代表。1949 年來臺，1950 年 10 月 20 日病逝臺北。
2　福斯特（William C. Foster），又譯福斯脫，美國企業家，曾任商務部次長，1950 年 10 月至 1951 年 9 月任經濟合作總署署長。
3　霍夫曼（Paul G. Hoffman），又譯霍夫孟，曾任美國經濟合作總署署長，執行馬歇爾戰後經濟復員計畫。

## 十一月十七日　星期五　氣候：晴

雪恥：昨晡由府回寓，到前草廬入浴回。晚課，月下靜坐，心神澂潔，惟近日邪思逸心復萌，應切戒之，十時後寢。

一、政治、經濟、教育、考試與勞工制度及方針應速擬訂，勿再延誤。二、從前手令之整理。

本晨朝課後記事，九時起飛，十一時前到金門縣城。午後午課畢，先視察水頭新碼頭，眺望小金門，形勢歷歷在目。乃經舊金門城（瞭見魯王[1]墓），到埔頭林厝。以碉堡進路坡度太急，未能留心，致前衝撲地，左腳略痛，未敢稍憩，巡視如常。再至古寧，沿海岸巡視工事，此段地區皆去年戰場也。對李[2]團長及陣亡將士公墓致敬後，乃至后宅，眺望大登〔嶝〕、小登〔嶝〕，形勢皆歷歷在目也。未到沙美即折回，在樓廊凝視落日紅霞，時起古鄉之念。六時半約師長以上官長聚餐畢，晚課。月白風清，又動鄉念矣，九時後寢。

## 十一月十八日　星期六　氣候：晴

雪恥：五時起床，朝課，先靜默半小時以上再禱告，讀荒漠甘泉與唱詩、體操畢，外出巡視。全街民眾見余，其情不自禁之一種親愛熱情，殊非筆墨所能形容，因之忽悟此地已為古國矣，不勝暗地傷悲。朝餐後閱報，見標語甚不妥，適心改正，不覺已近九時，即赴雙乳山西南方，校閱第五、第十八等軍，訓話後回城，與胡伯玉談軍事教育方針與宣傳之弊。共匪貽害之深，其無形中使有智識者亦不易發現其中毒之烈也，不知收復大陸時，對於民眾與

---

1　朱以海（1618-1662），字巨川，號恆山，別號常石子。1644 年 2 月，被明思宗封為「魯王」。1645 年南京、杭州相繼陷落後，於紹興宣布監國。1651 年 8 月，舟山陷落，移居金門；1653 年 3 月，自去監國稱號。

2　李光前（1917-1949），1949 年 10 月 25 日，在古寧頭之戰中，率領第十九軍第十四師第四十二團反攻古寧頭時，遭共軍砲火擊中陣亡。

青年、少年之教育如何為力矣。在防衛司令部對營長以上官長點名、訓話、聚餐畢，即乘車巡視南海岸。沿途見鋁礦與玻璃沙等礦質，到陳坑前石山，眺望南岸沿海全景，其風光實不亞於普渡〔陀〕也，惜未曾造林植樹，致成荒殼童山耳。到醫院巡視畢，起飛，假眠，回蔣林已五時矣。入浴，晚課。

## 上星期反省錄

一、共匪犯藏，究否進入拉薩，尚難證實。據北平匪共廣播，曾稱其部隊已進拉薩，但此後並無下文。近據印度消息，共匪似並未進抵拉薩也。薩爾瓦國為西藏代提共匪侵藏案於聯合國，當然由印、英所主使，以其英、印本身怕共，故作此耳。我政府因申明西藏屬於中國領土，在聯大表明態度。此次中共受俄之指使，實為俄國之侵藏，應增附於俄國侵華案之內也。

二、尼泊爾政變，尼王[1]逃印亡命，此為印度承襲英帝國之傳統，其侵略鄰邦野心更甚於英國帝國主義，痛心極矣。

三、俄提和平條件，以中共參加聯合國為第一條件，以脅誘英、美，其計毒極。但聯大又通過「用行動求取和平」案，而對討論臺灣問題則緩議矣。

## 本星期預定工作課目

1. 金門應改正者：甲、醫院傷、病兵須食三餐。乙、碉堡太高，暴露者須修改。丙、磚石碉牆須加三和土。丁、獎勵造林、保林與宣傳。戊、軍歌。

2. 研究院高級科目：甲、匪再幹遊〔游〕擊戰之對策。乙、保甲、鄉約、保學、

---

1　特里布萬（Tribhuvan, 1906-1955），尼泊爾沙阿王朝的第九任國王（在位期間：1911年 12 月 11 日至 1950 年 11 月 7 日與 1951 年 1 月 7 日至 1955 年 3 月 13 日）。

鄉長、警長、校長一元化制？丙、一家知匪不報者，殺其家長；一保知匪不保〔報〕者，殺其保長。丁、勞工制、教育制、貨倉制、貨幣制、社倉制、土地制、家禮制、省區制、閻[1]著（貨幣與兵農制）及自衛新知與康濟樂〔錄〕為重要參考材料。

3. 美國陸軍留學生之調查統計。

4. 中山師與戰鬥團之訓練計畫。

5. 陸軍師編制縮小方案之研究。

# 十一月十九日　星期日　氣候：晴

雪恥：一、俄提中共參加聯合國為討論賴伊廿年和平計畫之第一條件，此一陰謀或有實現之可能。推察英、美用意，只要俄共能允其停戰，以為其撤退參加韓戰美軍之張本，則無所不可之心理，殊為最後危險之一着。而且中共代表昨已抵莫斯科轉捷克赴美，是其希圖參加聯合國之意甚急也。二、北韓之中共部隊連日後撤，不與聯軍正面接觸，是其對美國表示可和之意，抑引美軍深入乎。但余深信終久不能妥協，英、美求和之念，直夢想耳。

朝課，記事。八時羅倫（即諾蘭）夫婦來訪，留其早餐。上午記工作預定表後禮拜，並賀亮疇七十生日回，與國楨談美國經援及臺縣市長選舉事。下午午課後，批閱要公畢，與妻車遊淡水，彼以滯經體弱為念。

---

1　閻即閻錫山。

## 十一月二十日　星期一　氣候：晴

雪恥：昨晡在前草廬入浴回。晚餐，閱報，晚課，十時後寢。

一、張炎元[1]來見。二、香港情報合作協定應不續訂。二、鄧文儀、梁華盛[2]為研究院副主任。三、羅澤闓[3]准保釋。四、楊業孔[4]遷升。五、留美學生之查報。

朝課後記事，十時到圓山軍訓團第四期開學典禮畢，與孟緝等商討聘日教官與軍訓團明年教育計畫。正午回寓，與妻遊覽蘭圃，視察新建教堂工程，以妻體甚不適，使之散步晒日也。下午午課後，研究中山示範師與軍官戰鬥團及高級訓練班之訓練計畫，核定之。約見王新衡[5]，彼在港被共刺傷新癒，可喜也。入浴，晚課，餐後略憩，記事，觀魚頗樂也。

## 十一月二十一日　星期二　氣候：晴

雪恥：一、麥帥對何世禮之言，力說俄共無對美作戰之意態，暗示第三次大戰決不致因韓戰而起。此必杜、麥會晤時，相約不得轟炸東北，對俄共挑戰之惟一要題所產生自慰之托詞乎。據羅倫稱，麥帥明說其杜、麥會晤並未談及臺灣問題，囑余不必相信新聞報導之言，乃可斷定杜面令麥帥不越過中、韓邊境與轟炸東北是也。二、美國對我軍援，近日陸續可到，其言亦可信乎。

---

1　張炎元，字炳華，廣東梅縣人。1947 年任廣東保安副司令兼保密局廣東站站長。1949年去香港，1951 年到臺灣，任中國國民黨中央改造委員會第六組主任。

2　梁華盛，原名文琰，1949 年任廣州綏靖公署副主任，後攜眷經海南至臺灣，即解其軍職，改任國策顧問等職。

3　羅澤闓，1949 年任第三十七軍軍長。奉命防守上海浦東地區，湯恩伯率部撤退前未通知，部隊被破，隻身來臺。

4　楊業孔，字聖泉，山東禹城人。1949 年 7 月，任東南行政長官公署副參謀長。1950 年4 月，調任國防部戰略計劃研究會委員。1951 年 11 月，調任國防部常務次長。

5　王新衡，字子常，浙江慈谿人。任第一屆立法委員。1949 年 5 月上海棄守，銜命赴香港，擔任中國國民黨南方執行部代主任委員，1950 年 10 月 1 日遭人狙擊，11 月回臺療養。

三、軍事教育（精神）、死與愛精神之闡發（仁、勇、義）。

朝課後，審核示範師與明年軍事幹部教育之計畫，批閱要公。入府辦公，召見汪奉曾[1]團長，可教也。召集一般會談，除外交、國際情形外，對今後教育方針，特別提示要旨與討論頗久。下午午課後，審閱國防體系方案，未能核定，應詳加研究也。批閱公文，入浴，剪甲回。晚餐，略憩，十時晚課，十一時寢。

# 十一月二十二日　星期三　氣候：晴

雪恥：一、召見王叔銘。二、侍衛人員周報與月報之規定。三、軍訓團點名。四。澎湖校閱。五、關於政治、經濟與警憲之以前手令。六、陸師減員之設計。七、軍醫院必須改食三餐，重病應加蛋與奶。八、游擊指揮人。九、召集文武教授聚餐。十、購料委員會。

朝課後記事，入府辦公，會客十餘人，與至柔談步兵師另定編制等問題。昌煥轉達羅倫之言：一、為美國真對不起中國，使中國失敗至此。二、他必須盡其全力來報效中國，自慰良知。三、今日臺灣之奮鬥精神，只有第二次世界大戰中，英國退守英倫時之偉業可以相比云。此乃精誠之友，聞之但有感愧而已。下午午課後，修正講稿，甚費心力。晚課後宴羅倫夫婦，賓主交杯歡飲者再。羅夫人[2]問余，去年在重慶宴中，對余敬愛之言尚記憶乎，余答永世亦不能忘懷也。余亦以其言還答之，彼更覺快樂為慰。

---

1　汪奉曾，湖南長沙人。1949 年 5 月，任臺灣省警備總司令部警衛旅第二團團長，後任國防部警衛團團長。
2　海倫‧哈里克（Helen D. Herrick），又譯羅蘭夫人、諾蘭夫人，美國參議員諾蘭（William Knowland）之妻。

## 十一月二十三日　星期四　氣候：雨

雪恥：昨晚宴後，與羅倫略談告別，約其今日再談也。散會後，與妻車遊郊外一匝。十一時寢，未能安眠，以興奮殊甚，直至三時方得睡去，此為近年來特殊之現象也。

朝課，記事，約見美國聯邦局員，商談協助我政府加強大陸遊〔游〕擊隊辦法。彼不願以政府名義，而以社會商人資格出之，其政府畏俄怕共，猶如此也。上午到改造會主持會務，下午核定對臺省黨訓班講稿後，午課畢。閱杜勒斯對聯大協助我控俄侵華案之演詞，甚好，以為美國對中共決不容其進入聯合國，以替代我國代表權矣。不料艾其生今日對記者問答及英、法、澳對我控俄案皆持反對態度，以期待中共代表明日列席安理會時能予之妥協，以犧牲我之代表權，故控俄案又將閣〔擱〕置不議矣，可痛。而美國外交態度如此不定，實可恥也。

## 十一月二十四日　星期五　氣候：晴　朝雨

雪恥：昨晡入浴後，召見人鳳畢，晚課。七時半羅倫來辭別，談至十時半辭去，十一時寢。

朝課後記事，派沈[1]秘書送羅倫夫婦之行，屬轉語明年仍望來華，勿爽同遊北平之約為要。十時後入府辦公，召集情報會談後，至柔報告第一批美國軍援彈藥昨已到基隆，其重量為六千餘噸，比預約者增二千噸云。近日英國對匪共代表到聯合國時，盡力宣傳北韓前線已經和平談判，而匪方又釋放美俘數十人（在前線）以誘惑美國軍心，並傳艾其生致函毛匪，由英駐平代表轉達等等，此皆英國作祟，故弄虛玄也。下午午課後，三時起飛，五時前到馬公，

---

1　沈即沈昌煥。

入駐舊寓。途中閱剿匪成敗與國家存亡講詞。晡散步海濱，尋拾珊瑚數塊。
六時晚餐後，獨自觀月，八時晚課後，九時寢。


## 十一月二十五日　星期六　氣候：雨

雪恥：昨閱情報，其中有共匪中央政治局之指令，內對於援韓指示，第六條
建立中央亞細亞大後方基地，並詳解此為列寧[1]遺教所囑，此次進兵西藏即係
為此，其第廿條，此次援韓作戰意義為基地爭奪戰，其第一條，俄定兩冬季
作戰，其解為俄本準備一九五二冬季發動第三大戰，以冬季作戰予俄有利，
如其大戰提早一年爆發，則俄希望延至明一九五一年冬季，故謂兩冬準備云。
余獨對第六條問題，認為五年來最大之心病，時刻所深慮切憂者，今果已為
暴俄實現，從此不僅亞洲民族無安寧之日，即全世界人類之命運，亦為俄魔
所掌握，馬、艾誠死有餘辜矣。
今晨風雨驟至，朝課後如期到馬公海軍舊機場，校閱第九十六軍。風勢猛烈，
但訓話儀節如常進行畢。到軍港司令部視察後，在海軍司令部訓話、點名。
正午在城內力行社聚餐、訓示後即起飛，四時到臺北。在草廬入浴，回寓，
晚課。餐後觀影片畢，閱報，十時半寢。


## 上星期反省錄

一、共匪代表伍修權[2]等，廿四日到美成功湖，列席聯合國安理會，辯論控美
　　侵臺案也。因之英、法等國寄以妥協英之期望，而國際情勢亦為之動盪

---

1　列寧（Vladimir Lenin, 1870-1924），俄羅斯政治家，領導十月革命推翻俄羅斯帝國，
　　蘇聯創始人。
2　伍修權，時任中華人民共和國外交部副部長。

　　不安，謠諑繁興矣。

二、國際對共匪妥協危機以本週為沸點，但自麥帥於週末宣布對共匪總攻令以後，前線和談之謠諑完全掃清。而美軍軍援第一批彈藥到達以後，美國對共匪姑息幻想亦可斷定其斷念，則共匪參加聯合國之陰謀不致實現乎。

三、明年軍官各級訓練計畫與聘日教官已定。

四、越南情勢嚴重，河內外圍共匪已開始進攻。

五、救濟總署長與羅倫來臺考察，其對我臺之觀念與態度論調，皆已大變矣。

六、陸軍總校閱自澎湖校閱後，已全部完成矣。


# 本星期預定工作課目

1. 馬公戰鬥團長速委派。

2. 催孫總部[1]遷臺北。

3. 人事制度建立方法要領之研究：甲、一廳與政工合作。乙、政工以考察軍隊人事為重。丙。人事澈底查究之組織方法。

4. 每一幹部每月認識與介紹一、二人為主要任務。

5. 立法院長之決定與黨務之進行。

6. 伙食擔子改良工具經費之籌撥。

7. 空軍經費之澈查。

8. 總校閱後檢討會議與總講評。

9. 游擊機構人選之決定。

10. 國防體系及建軍方案之審核。

---

1　孫立人，時任陸軍總司令，1950 年 4 月 16 日陸軍總司令部奉命恢復，初設於高雄鳳山，9 月遷駐臺北市上海路二段一號營房。

## 十一月二十六日　星期日　氣候：雨

雪恥：一、各省藉〔籍〕團長與科處長，即荐任一級人員名冊與履歷表。二、各國文武留學生表冊。三、各軍校各期各科畢業生表冊。四、研究專員與建設臺灣之各業日員之調查雇用。五、看下層，入民間，重服務，愛合作，主實踐，真（能）犧牲之口號。

朝課後記事，記上週反省錄。審閱去年十一月份日記，感慨萬分。記本週工作預定表。禮拜後審閱近日日記。下午午課後，召見任宋孫外甥宋明義[1]，垂詢淪陷後家鄉情形，乃知共匪農村組織與監視並不嚴屬，而只有征糧嚴索而已，乃知地下工作並不難也。與妻車遊基隆道上，回前草廬入浴，閱報。晚課後審閱何子貞[2]、翁同龢[3]等字畫，其畫頗難得也，十時半寢。

## 十一月二十七日　星期一　氣候：雨

雪恥：國防部各廳不知負責自修，而至柔總長又不能負責領導，又以情報廳為最劣，奈之何哉。如必須事事由余親自領導，則何以建國。言念前途，不勝悲切痛憤。幹部無能，皆我領導無方之所致也。戒之，勉之。

朝課後記事，九時後到研究院，先點第九期學員名，舉行開學典禮，訓詞半小時，喉又作痛，仍未痊可。再點軍訓團第四期學員名後，約文武教員聚餐，指示教授方法務須講義一致，不使學者無所適從也。下午午課後，清理舊案，約見美國情報局員詹生，核定游擊部隊武器接濟要領後，整理情報甚久。國

---

1　宋明義，浙江奉化人。宋式倉、蔣瑞春之孫。1950 年 11 月初，輾轉經香港到臺灣，旋入臺灣大學經濟系四年級就讀。1954 年 9 月考試分發臺灣省政府財政廳工作。
2　何紹基（1799-1873），字子貞，湖南道州人，進士出身，晚清詩人、畫家、書法家。
3　翁同龢（1830-1904），字叔平，號松禪，江蘇常熟人，進士出身，晚清政治人物、書法家。官至戶部、工部尚書、軍機大臣兼總理各國事務衙門大臣，為同治帝和光緒帝的兩代帝師。

防部不知輕重緩急，聞之氣憤。晚課後再研究情報，自覺處事皆較前精到矣。十一時寢。

## 十一月二十八日　星期二　氣候：雨

雪恥：一、工兵器材之購製。二、軍隊日用品、草紙、肥皂等之籌發。三、伙食擔子之改車。四、望遠鏡、鐵絲鉗之籌發。五、藥品發給方法改正。

時局注意：一、韓國美韓軍全線潰退之影響。二、中共代表列席聯合國後之動態。三、英國反對轟炸東北之陰謀。四、中國應處之立場與態度。

朝課後記事，入府辦公。先問情報廳對美供給情報之方式，及共匪中央政治局對援韓指示密令之情報，乃知該件尚未給美，昨夜所傳為周[1] 秘書錯誤也，仍將該件寄交馬歇爾也。昨夜憤怒今全消解，此亦心急不密之過也。一般會談，解決立法院長人選，劉健羣、黃國書[2] 為正、副，並決定立法院委員任期延長之方針。下午午課後，到軍訓團召見學員卅二名，見畢已將七時。回寓，選定翁、何書畫，入浴，晚課，近日喉疲為憂也。

## 十一月二十九日　星期三　氣候：陰

雪恥：一、回鄉（待機靜觀）伏地之口號。二、調查與荐引為黨員之義務。三、各通信社之取締（中聯社）。四、將來大陸征兵與招生之大難，如何防範匪探及思想不正青年之混入，其以各軍官保招其同鄉與保甲親屬之連坐與重罰

---

1　周即周宏濤。

2　黃國書，本名葉焱生，臺灣新竹北埔客家人。1920 年潛赴中國大陸發展，以「炎黃子孫」的「黃」為姓，改名國書。1948 年當選立法委員。1950 年 12 月，當選立法院副院長，1961 年 2 月，當選立法院院長。

乎。五、海軍大學之籌辦。六、杜鼎[1]與林中逸[2]（聯勤部）准入研究院。

朝課後記事時，得北韓美軍全線敗退及麥帥面臨新戰爭，與此一問題已非統帥部所能控制，必須由聯合國解決之。其另一聲明，乃謂中共之橫加干涉，祇能由聯合國及世界各國政府用外交途徑解決云，可知其司令部人員之慌張恐怖之程度，美國人之不能沉着與忍耐皆如此耳，可歎。而英國則力阻轟炸東北，更為可恥。入府辦公，與雪艇、郭寄嶠指示，準備援麥諸事，會客十餘人，批閱。下午午課後，召見學員廿六名。晚課，記事。

# 十一月三十日　星期四　氣候：晴　陰

雪恥：一、法國議會通過共產黨倒閣案，其總理[3]提總辭職。當此韓、越共匪猖獗之時，而法共又玩弄其國內政爭，此實最足殷憂者。因之英國必對韓戰之擴大將更阻礙，其勢非使美軍撤出韓國不止，否則法國可隨時降俄，而英國與美國勢將分裂，以中俄國之陰謀。總之美國政府真太無人矣，可痛之至。世界演進至此，實由馬、艾造成，今乃自食其果矣。

朝課後，見黃杰自越南來，報告其所部入越、繳械、集中營及其最近情形，仍以能調來臺灣為上策。如其美、法能在越予我裝備，並肩作戰時，則亦可允也。上午到改造委會，聽取本月份工作報告後，提劉健羣、黃國書為立法院正、副院長，通過。正午宴評議委員，下午午課後，召見學員廿六人。入浴，晚課。

---

1 杜鼎，號卓九，湖北棗陽人。1949 年 5 月升任第一○○軍軍長，8 月率部退往廣西，兵敗率殘部進入緬甸，輾轉於 1950 年 11 月來臺。1952 年 1 月，奉命入國防研究院高級班受訓，11 月底派任國防部參議。
2 林中逸，字漱珉，江西萍鄉人。1950 年 8 月任聯合勤務總司令部總務處處長，1952 年 4 月任聯合勤務總司令部第一補給分區司令。
3 普利文（René Pleven），法國政治家，時任總理。

# 上月反省錄

一、杜魯門被刺未中。

二、中共偽組織以志願軍名義公開參加韓戰，麥帥對聯大報告證實其事。而英、美政府始終妄求妥協，以我政府代表權為其交換條件也。

三、共匪代表伍修權在下旬到成功湖列席安理會作證，而聯大又通過其列席在大會作證，英國及其附庸明目張膽，求匪饒赦妥協，無所不用其極。幸共匪代表鼻張狂妄，置之不理，尤其是麥帥未發表總攻令之前數日，謠諑更甚，幾乎前方與後方皆有妥協之跡象，國際形勢之於我危急極矣。

四、美國提出對日和約條款，證〔徵〕求我同意，其對臺灣問題與千島、庫頁南半島皆列為懸案，以待和約成立後一年內，由四國共同解決。余諒其苦心，勉允其請，但堅決反對其聯大派代表團來臺調查也。惟其聯大代表杜拉斯態度對我較好（共和黨人），而國務院則始終不懷好意也。

五、七國提出以行動加強和平方案在聯大通過，但其會員國資格案始終未得結果，此乃英、美完全為共匪開一方便之門，留待其入會而驅逐我代表權也。推彼用意，並非真欲中共替代我權利，而惟以先除我名於會外，則只要三次大戰開始，中共除名以後，中國即不能再為安理會五常任理事之一，使之永不准恢復列強地位也。

六、直至月杪，韓戰美軍全線動搖，國際形勢大變，我國國際地位因共匪對聯大變亂而漸轉穩，但英、美及其附庸仍力謀妥協，明言要請中共參加聯合國，以犧牲我代表權為妥協條件也，其危險性並未因此而稍改也，應切記之。

六[1]、陸軍總校閱已全部完成，整軍初步已告一段落。今後對各部隊人事之調整能澈底實施，則轉敗為勝之基定矣。

---

1 原文如此。

七、美援彈藥已到，其經援總署福克斯來臺視察後，對其經援數量可望增加，而其來貨亦提前較速矣，因之經濟危機亦可漸殺矣。

八、黨務已漸開展，政治雖未見有顯著進步，但內部漸趨一致，各縣市選舉方針亦已統一矣，惟國防部長與次長尚未能發表耳。

**蔣中正日記**
Chiang Kai-shek Diaries

# 十二月

**蔣中正日記**
Chiang Kai-shek Diaries

# 民國三十九年十二月

## 本月大事預定表

1. 海、空軍經理統一於聯勤之實施。

2. 立法院長之選舉。

3. 研究院高級班學員之挑選。

4. 軍事高級研究班學員考選課目。

5. 國防體系之核定。

6. 本年受訓優秀文武人員之統計。

7. 駐美購料委會人選。

8. 第六十七師長調張莫京（何世統[1]另用）。

9. 各路將帥人選之內定。（石、胡、彭、劉、孫、唐[2]？）

10. 各路部隊之編配與準備。

11. 明年國防部業務編訂之督導。

12. 陸、海軍各部明年業務之編訂。

13. 各部軍、政、經、教、黨組訓等工作之研究部。

14. 陸軍總部由鳳山遷駐臺北。

15. 登陸作戰地區之想定。

---

1 　何世統，號讓伯，貴州安龍人。1949 年 9 月，任第十軍第二一九師師長。1950 年 9 月，任第六十七軍第六十七師師長。1951 年 1 月任第十九軍副軍長。

2 　石、胡、彭、劉、孫、唐即石覺、胡璉、彭孟緝、劉廉一、孫立人、唐守治。

16. 陸軍大學與海軍參校之設計。

17. 建軍計畫之假定。

18. 國防工業之研究。

19. 中山師人事及編組之實施。

20. 武官與國際情報人員之組訓。

21. 軍訓教官與文武學校校長、教育長準備。

22. 軍官教育、史地教材之編訂與民族意識之養成，各級學校教科書之督導。

23. 育與樂篇之續成。

# 十二月一日　星期五　氣候：雨

雪恥：一、杜魯門與美國朝野主張對中共使用原子彈，應設法打破之，說明其不能生效，因其總禍根乃在俄國也。二、杜仍聲明對臺灣中立化政策不變，仍不主張國軍援韓，但其軍部與輿論已對國軍之裝備與訓練，以牽制共匪之謀略，勢非實現不能矣。三、俄訴美侵臺案已在安理會否決，而美控中共，責成其共匪撤退韓境案，亦被俄國否決。美國態度似有決心應戰，此案非提聯大全會通過不可之勢，懲治中共似已不成問題，而自我準備與自主政策不能不早定也。

本日為我結婚第廿三年紀念日。朝課，夫婦並肩跪禱，讀經如常。上午入府辦公，召見至柔、雪艇後，會客十人。下午午課，宴〔晏〕起，修正對校閱訓詞畢，與妻到前草廬入浴回。晚課畢，宴親友十人，兩媳[1]與薇美[2]均參加也，觀電影。

---

1　即蔣方良、石靜宜。石靜宜，西北紡織大王石鳳翔（石志學）次女，為蔣緯國第一任妻子，臺中市宜寧中學創辦人。

2　孫薇美，浙江奉化蕭王廟孫益甫次女，嫁蔣中正長兄蔣介卿之子蔣國炳為妻，有一子四女，分別是子蔣孝倫、女蔣靜娟、蔣志倫、蔣環倫、蔣明倫。

# 十二月二日　星期六　氣候：雨

雪恥：一、國防部長決派寄嶠擔任。二、楊業孔任次長。三、時局宣傳方針。
四、育與樂二篇之續箸〔著〕。五、陸軍人事。

朝課，記事。入府辦公，會客，召集軍事會談，決定黃杰留越南部隊之方針，
如其美國願裝備，則以獨立單位不編入法軍系統為主，否則要求回臺等案。
下午午課後，到中山堂立法院黨員大會致詞，此乃立法院能否建立政黨政治
之重要關鍵也。視察婦女聯合會後回寓，前草廬入浴回。晚餐後，晚課畢，
審核講稿後十時半寢。

英國首相艾德立發表訪美總統，並請法國總理到倫敦，商討對中共妥協，明
言雖在韓國損失聯合國威信，亦所不惜之宣傳。此一英國卑劣奸行，美國國
民性在此大敗之下，其果能忍受英國之壓迫而屈服乎。

## 上星期反省錄

一、美軍在韓失敗後，杜魯門仍聲言對臺灣中立化，與國軍不能援韓之政策
　　如舊不變，此在今日情勢固於我無害，而其國務院為共黨所操縱之內容，
　　毫不因韓戰失敗而有所削弱也。

二、韓戰之敗，美國務院白皮書中所污衊我國軍以美械送給共匪與腐敗無能
　　之極端攻訐，今皆由其本身美軍一一自食其果。尤以不准麥帥轟炸共匪
　　東北基地，使之束手待斃之限制，實為民國卅五、六年馬歇爾在華調解
　　對我之限制與反對，今亦施之於其本國之統帥而受其同一之慘禍，將使
　　馬歇爾更增其悔悟乎。惟此或於我有益，然而中國為其所犧牲之重大，
　　已非近時期所能補償矣，痛哉。

## 本星期預定工作課目

1. 第六十七師何[1]師長調張莫京。
2. 伍長制度與士兵保險制。
3. 主義簡編及黨史簡編之速編。
4. 回鄉運動、軍官節儉運動。
5. 歌曲與軍歌。
6. 聘日人辦軍需工業及經濟。
7. 大陸征兵、招生之預防及對策（十一月廿九日）。
8. 海軍大學之籌辦。
9. 黨幹介紹人任務。
10. 楊業孔升遷，劉志道[2]研究裝甲。
11. 減員實施辦法。
12. 校閱海軍與立法院正副院長選舉。

## 十二月三日　星期日　氣候：晴

雪恥：一、臺省預算軍訓經費須一千萬元。二、彭[3]參加檢閱總評會議。三、召見總部參長。四、各軍師人事及編併計畫。五、各路將帥人選及其部隊編組之預定方案。六、電慰李承晚總統。

朝課後召集政治與宣傳幹部，研討時局及宣傳要旨。國際消息與情勢之複雜，至昨日為尤甚。麥帥忽發表其韓國戰局願以政治方法和談解決之聲明，殊令

---

1　何即何世統。
2　劉志道，字介輝，號少中，陝西扶風人。1947 年 12 月俸派至裝甲兵編練總處服務。時任第七十五軍第九十六師副師長，保送革命實踐研究院第八期受訓。
3　彭即彭孟緝。

人駭異，艾其生與杜魯門亦有不反對與中共和談之意見，此果受英國之影響乎，抑為其韓國軍事危急，不能不作此態勢乎。美國之地位此時至為窘困，當可諒解，而英國損人利己，不惟賣華，其將賣美亦在所不顧矣。禮拜如常，正午繼續商討時局。下午午課後，研閱麥帥聲明後，與妻視察基隆回。入浴，晚課，閱其昀著總理青年時代一章，甚佳也。

## 十二月四日　星期一　氣候：晴

雪恥：一、召見車蕃如、王叔銘。二、大陸工作計畫之確定。三、國防工業之籌備。四、校官訓練問題。五、伍長制及職業軍士之建立計畫。

朝課，記事。十時在軍訓團紀念週說明韓戰失敗，英國首相赴美要求對中共妥協之陰謀。以理以勢而論，美國民族性決不肯作此陣前投降之舉，亦不致造成慕義黑之慘劇，以聯合國會祉〔址〕在美國，受美國領導，亦決不如前國聯會之在日內瓦之無人負責者也，故不須憂慮。但危機尚在，錯節必多耳。以喉痛未敢多言，回寓，見柯克與公超。下午午課後，批閱建軍計畫，批示甚詳，核准國防體系案，此二案皆為根本要圖也。入浴，晚餐後晚課，記事。

## 十二月五日　星期二　氣候：雨

雪恥：一、山地教育之考績以國語為首。二、對周匪以其偽政權為合法政府，以承襲國府法統地位之駁斥。三、國防部長人選。

朝課後，指示雪艇代擬新聞會議談話稿。以顧大使等來電，美、英會議決犧牲我政府聯合國代表權，以求中共妥協也。余不信有此事，但不能不預為之防範，乃以正理與公義警告美國，以期其朝野有所警惕，惟有如此，或能阻止其國務院與英國勾結賣華之陰謀。此與民國卅年日本威脅美國，羅斯福行

將妥協時，余正義警告以阻其妥協之危機完全相同，然當時無英國勾結，而今則更為危險矣。但美國民族其對正義是有所畏也，故決大聲直言而自擬稿件，以雪艇原稿過於慎重，不能收效也。

## 十二月六日　星期三　氣候：晴

雪恥：昨上午到陸軍總校閱檢討會議主席。正午手擬新聞稿，直至十四時約見記者後回寓，錢穆[1]君在寓聚餐。下午午課如常，批閱公文後，入浴回，得周恩來對美國要求參加對日和約與承襲中央國府主權消息，此或於近日英、美製造第二慕尼黑危機，或於我反有所補益乎。餐畢晚課，夫妻談笑，自覺快慰。本日朝課記事後，九時入府，商討國際形勢，及對周匪要求參加對日和約廣播之駁斥，予以詳切之指示。再到校閱檢討會議畢，聚餐，訓示。下午午課後，批示畢，到研究院巡視新院舍地址後，入浴，回寓，晚課。餐後召集研討「美國新聞及世界報導」雜誌所問十項目之答詞，十一時乃寢。

## 十二月七日　星期四　氣候：晴

雪恥：一、美國領導遠東，應組織反共各國，運用遠東之人力、物力，以抗遠東之共產匪軍。

朝課後記事，十時到政工訓練班點名訓話後，入府研討對美國廣播公司及美國新聞週刊兩報之問題後，到改造會聽取各單位報告上月工作。下午午課後，

---

1　錢穆，字賓四，江蘇無錫人。1949 年應張其昀之邀，赴香港創辦亞洲文商學院，任院長。1950 年 3 月改組並易名為新亞書院。是年冬，應邀赴臺灣講演，面見蔣中正，請求資助，獲允諾從總統府辦公費項下每月撥款港幣三千元。1951 年為籌辦新亞書院臺灣分校滯留臺灣數月。

重修對美國週刊十項問答，幾乎重新手擬也。入浴後晚課，約黃杰司令晚餐，彼將回越南統率所部也。晚為妻題翁叔平山水畫幀，頗覺自得也。

要求中共退出韓國之六國提案已交聯大政治委會，但亞洲十三國連合要求共匪停止於卅八度線，終未答覆，而匪機在韓上空與美機作大規模之交戰，是匪決無停戰之意可知，甚至假意亦不表示乎。

昨夜夢登樓梯，將上頂樓，艱難異甚，但卒能扒〔爬〕上頂樓也。

## 十二月八日　星期五　氣候：雨

雪恥：一、艾脫力到美與杜魯門已經四次會議，據其所發表者謂結束韓戰決不姑息了事，西歐防務應予加強加速云，其報果可信乎。

朝課後記事，重讀對美國周刊答題，尚有未盡其詞者，但其稿已發出，不能補充矣。十時後入府辦公畢，召集情報會談。共匪地下組織誠所謂層出不窮無不入，而其宣傳方法尤為可惡，殊防不勝防也。下午記事。午課後記上月反省錄，在前草廬入浴，回寓。晚餐後，晚課畢，在妻書房休息，談寫字用筆之法。十時前妻送至車站登車。就寢。

應提醒美國，在亞洲領導各國反共，其經費如能以歐洲百分之二十之數，用於亞洲，其收效立見，是誠用力小而收效大之經濟打算也。

## 十二月九日　星期六　氣候：雨陰　溫度：五十　地點：高雄

雪恥：一、美國援歐計畫失敗因素之研究，使美有所警覺也：甲、以第二次大戰為例，德國進攻西歐未及數旬，法國投降。除西班牙外，其他各國皆被〔德〕國侵佔。乙、當時對德國尚有俄國為之牽制，而今日對俄，何國牽制。丙、伊朗、埃及所謂近東大國，最近之態度已經動搖，所餘之土耳其能否暫

時獨力抵禦暴俄萬鈞之力。丁、俄以原子彈先毀滅英國三島，完全統一歐洲，屆時西班牙尚有反共抗俄之意識，然其獨力能否支此大廈，不難想像。果爾，則美將何以為計耶。

在車上朝課靜默後，將到高雄，望見龜山，下有舊日城牆，且有湖沼，風景頗佳，擬來一遊。七時半到高雄駐要塞。十時到海軍學校舉行畢業典禮後，巡視實習場一匝。聚餐後回寓，午課。十五時校閱海軍太昭艦，並巡視各艦畢，參觀兵棋演習後回。晚課，餐後審查人事。

## 上星期反省錄

一、（英首相）艾脫力到美與杜魯門會談六次，其最後共同聲明並無特殊之點，形式上雖曰決不姑息，事實上包含隨時可作妥協之因素。而其不作轟炸東北與使用原子彈須先通知英國，以及不損減歐洲軍援，此皆英國主張之勝利，等於放棄亞洲之原則又加強一步矣。美國之無形受制於英國，由此更深一層矣。而其對共匪加入聯合國，英更公開贊成，決不追隨美之主張。其實美艾至今縱共毀蔣之政策何曾有所轉變也，痛心盍極。然而大勢所趨，上帝旨意所在，英雖陰險，其如予何也。

二、對美國發表談話三次，於其民心必有影響也，然而馬、艾能不更增其怨恨乎。

三、立法院正副院長皆照提名選出，對黨內統一之功效已箸〔著〕矣。

四、經濟之危機似已略減矣。

五、英國之對匪求饒之力，與印、埃等十三國討好共匪哀戚求憐之急，加之美艾政府姑息容共之念猶未稍殺之情勢，俄共雖欲停止於卅八度，或有停戰言和之意，而亦不願停止矣。故余斷定其共匪非佔領全韓，決不停

止其行動,而且其對越南已有二個軍實行援胡[1],是誠東西並進,非為俄國統制全亞,自取滅亡,亦無法中止其第五縱隊「次侵略」之行動。是以英國雖狡,美艾雖奸,印、埃雖蠢,吾知其所謀所為者,不過是一種枉計妄行而已。凡不合正義與公理者,所求終成泡影耳。(所謂次侵略者,即引用次殖民地之次字意義也。)

## 本星期預定工作課目

1. 各部業課之研究機構應速籌設。
2. 陸軍人事之調整。
3. 大陸工作處工作之督導。
4. 駐臺遺族之撫慰與各省耆紳之慰問。
5. 召見優秀人員。
6. 駐美購料處及駐美武官人選之決定。

## 十二月十日　星期日　氣候:晴

雪恥:一、中國大陸淪陷以後,亞洲各國已成俄國囊中之物,最多不出三年印度必亡,是無疑義。果爾,則亞洲十億人口將為俄國所控置〔制〕,而歐洲亦已為俄國所統治,此時美國其將如何抗俄耶。

朝課後九時到左營,檢閱海軍分列式後訓話。自卅年在成都軍校閱兵與分列式後,今日始見分列式,不勝感慨係之。到官長俱樂部四海一家休息後,視

---

1　胡即胡志明。

察海軍士兵學校一匝，甚覺半年以來海軍區內各種建設已具規模，事事皆有進步，私心為之一慰，甚望桂淑貞[1]能努力奮勉，以雪其去年之大恥奇辱也。[2]正午聚餐畢，回寓略憩。十四時半乘太昭艦，校閱海軍海上實彈射擊。本艦砲火猛烈時，回憶十一年追隨總理在永豐艦冒死衝入白鵝潭途中，受車尾砲臺陳烱明[3]兩岸砲火之夾擊，聲勢相仿也。十八時回寓，入浴，晚課。

## 十二月十一日　星期一　氣候：晴　地點：高雄

雪恥：一、在臺遺族之撫慰辦法。二、人事調整之速辦。三、臺南官長之召見。四、第三次世界大戰之預想可能發生之情勢。

朝課後，九時到海軍總部，參觀柯克主持之兵棋戰術演習，頗有意義，此為我海軍官長第一次之實習乎。相信今日之海軍學術必比前進步，而且海軍信號之編成施用，亦為我海軍作戰之重要工作也。此種學術與工作之實習與進步，更可鼓勵海軍官兵之精神，使之更能自動深造也。十一時照相、點名後，巡視海軍機械學校平地建設，一年來進步之速可慰，深信海軍之基業，反能因此失敗時期而奠定矣。下午午課後，接妻於岡山機場，同駐要塞內舊寓。晡遊覽海濱浴場及港口招待所，再至海軍區左營巡畢回。餐後下棋，晚課，記上月反省錄，十時後寢。

---

1　桂淑貞即海軍總司令桂永清，字率真。
2　「以雪其去年之大恥奇辱」，當係指 1949 年 4 月海軍第二艦隊部分官兵投共事。
3　陳烱明（1878-1933），字競存，粵軍將領，主張「聯省自治」，1922 年 6 月起兵反對孫中山，失敗後退居香港，創建中國致公黨。

## 十二月十二日　星期二　氣候：晴

雪恥：一、各部業課之研究機構。二、中央必須統制業課人員之訓練機構及組織與控制方針最為重要。三、組織要領在考核，考核要領在獎懲。四、訓練目的在使人人盡職與服務，要求其能負責任、守紀律也。四[1]、黨員守則孝順改為孝悌，服從為負責之本改為負責為服從之本。五、人事技術。

朝課後記事，在樓廊暖日下，讀中庸至第二十章，覺較前更有心得，但更知所學不足之至。正午與妻登龜山巔野餐，其地為壽山與半壁山之鎖鑰，舊日城址以鳳山為核心而修建，甚得形勢之要，桂永清夫婦作陪同遊也。下午午課後，審核陸軍人事，甚費心力。晡遊覽壽山神社回，續研人事。約永清、立人、士奇等夫婦聚餐，觀電影後，再研人事，十二時方寢。

## 十二月十三日　星期三　氣候：晴

雪恥：今讀中庸至「子曰：人皆曰予知，驅而納諸罟擭陷阱之中，而莫之知辟也。人皆曰予知，擇乎中庸，而不能期月守也」章，不禁深有慨也。仲尼尚如此，則予自難免矣。又讀末章，至「故君子內省不疚，無惡於志。君子之所不可及者，其唯人之所不見乎」節，私心竊慰。二十年餘來，尤其在此七年之間，各種之誹謗、詆毀、謠諑、浮言，舉世所遷之時，任人攻訐誣蔑而不加自辯，此豈僅「遯世不見知而不悔」所忍辱之程度所得而比擬，其無奈太自詡乎？

朝課後閱報，答世界新聞周刊所問篇後，習中庸全篇直至晡而止。午課如常，雪艇來談美國最近對我轉變情形。野餐，晡後在要塞上北側公園遊覽，入浴，晚課後觀電影。

---

1　原文如此。

## 十二月十四日　星期四　氣候：晴

雪恥：今讀大學各章，甚覺中庸與大學應合讀並論，其第六章解誠意，乃解釋中庸第一章之「戒慎乎其所不睹」至「慎其獨也」一節，第七、第八章解正心、修身、齊家，乃解釋「喜怒哀樂之未發謂之中」至「和焉〔也〕者，天下之達道也」一節，而中庸三十三章中，對於其「戒慎乎其所不睹」至「和也者，天下之達道也」一段，全文並未有所解釋，正足以補中庸之不足也。但余讀學、庸至今，更覺其意之深奧無窮，實未敢謂有心得自是耳。

朝課記事後，往遊嘉南大圳，約行二小時半到達。先聽說明後，午餐（即在亭上）畢，乘汽艇先至排水口，復至放水口，參觀其工程及機器之設置，比之日月潭工程之建設更能明瞭矣。其工程偉大而悠久，甚為日人佩也，但其總工程之最後一段，仍須聘美國工程師之指導也。五時回高雄，約見美海軍司令。晚課，已在車中靜默三刻時矣，觀影劇。

## 十二月十五日　星期五　氣候：晴

雪恥：一、年終代訪與節金辦法。二、黨務幹部每月應保一－三人來見。三、兵棋每周必修課。四、走私民犯照軍律審判及報者獎賞。

朝課，記事，閱報。聯大昨已通過十三國停戰建議案，俄國集團反對無效，美國則反對臺、韓問題混為一談，認我政府已足抵禦共匪攻臺，此乃自立自強之效也。如自我無力守臺，則就可被其所賣也，能不戒勉乎哉。共匪又以其侵韓實為解決臺灣為主因，以欺美國矣。重習大學一遍。正午約立人夫婦在壽山巔上野餐，鳳山、左營與高雄全景皆在望矣。下午午課，靜默三刻時，連作晚課，清理積案。晡與妻遊覽第八臺部，風景甚佳，背山面海，聞張學良去年即寓此也。晚約羅又倫聚餐後，觀影劇，記事。喉疾未瘥，奈何。

# 十二月十六日　星期六　氣候：晴陰　臺北雨

雪恥：一、教導總隊歸併裝甲部隊之準備與設備。二、馬歇爾主張不派顧問團長，僅派各部隊技術顧問之用意，豈其只管技術而不過問政策，以免往日干涉內政，互相磨擦之弊乎。但對於國防部與學校是否亦派顧問乎。三、偵探隊組訓教育應特別加強。四、夜間戰鬥之心理影響與攻勢精神之先聲奪人之意義，加以鼓勵。五、死的教育。

朝課，記事。上午召見調職人員二十人畢，與妻視察西子灣通鼓山隧道回。午餐後出發，經煉油廠（半壁山麓）至岡山機場起飛到臺北。接顧大使電稱，美國派定英藉〔籍〕要員為協助我國游擊工作之執行人，此又為莫名其妙之一事，美國政府受英操縱與愚弄蓋如此也。乃令介民電皮[1]武官，問美國中央情報局之究竟，忽接皮電稱，美情報局員通知其對我遊〔游〕擊工作接洽甚圓滿云，更為莫名其妙矣。

## 上星期反省錄

一、杜魯門宣布全美進入緊急狀態。

二、美兩院通過其增加軍費一百六十八億案。

三、聯合國大會成立審查中國代表權七人小組，此為對我國最大之侮辱，國際只有強權而無公理之證明。

四、聯合國成立韓國停戰三人小組，以印度、加拿大與波斯三國為委員，並預備將赴北平求和也。

五、重理大學、中庸全篇，自覺較有心得也。

六、重校剿匪成敗與國家存亡篇完。

---

1　皮宗敢，字君三，湖南長沙人。1947 年 3 月，任駐美大使館首席武官（大使顧維鈞）。1952 年 6 月回國。

七、陸軍調職人員審查案初核已畢。

八、對美國武官批評我聯合演習之缺點，及美參謀總長本年美國之軍事政策
閱畢，頗有心得也。

九、美國在韓東線主力已突圍，集結於興南，甚幸甚慰。

## 本星期預定工作課目

1. 研究院召見第九期學員。

2. 軍訓團第四期畢業典禮。

3. 教導總隊與裝甲部隊之合併。

4. 調職人員之審查完成。

5. 經濟、財政與美關係之組織。

6. 派員訪慰各省來臺長者。

7. 查明遺族與接濟。

8. 軍眷補助經費之分配辦法。

9. 中山師師長與副師長人選。

10. 國防部警衛團先遷湖口。

11. 明年度工作計畫與總綱。

12. 大陸工作處之督導。

## 十二月十七日　星期日　氣候：晴

雪恥：昨晡前草廬入浴後回蔣林，清理積案。晚課後翻閱去年十一月記事，
不勝悲傷之至。

一、共匪列席聯大辯論美國侵華案代表，對記者聲明反對停戰建議，並定星

二日離美回平，惟印、加代表還想作最後之探和，可謂無恥之極。二、美國發表緊急狀態後，即下共匪在美資金之凍結令。

朝課後記事，審閱去年十月、十一月日記後，禮拜畢，到蔣林鄉公所投選舉縣參員票，群眾夾道歡呼，此為臺灣民權主義第一次地方自治之實現也。正午約宴禮拜堂唱詩班學生後，午課畢，與妻車遊淡水，到前草廬入浴，回寓。餐畢閱張[1]製總理在興中會時代上篇畢，晚課，十時半寢。

## 十二月十八日　星期一　氣候：陰晴

雪恥：一、管、教、養、衛四項分別詳述及具體實施辦法。二、禮、樂、射、御、書、數屬於樂。三、管、教、養、衛屬於育。四、大同篇為育與樂之綱領，其要目應另加詳列。五、人事要領之指導。六、年節金與代訪計畫：甲、鄉誼。乙、耆老（各省）。丙、軍屬。丁、遺族。戊、病傷兵。己、窮困之黨員。

朝課記事後，到研究院紀念周讀科學道理完後，訓示過激，甚歎黨員部屬不能遵此十五年以前之訓示實行，所以要有今日之失敗，且言如我死亡則可無愧於心，以我對部屬已盡其心力，教育訓練可云至矣等語。事後思之，自覺失言，故皇皇終日不知所止。午課後召見研究院學員二十人畢，入浴。晚餐後審閱黨史初稿興中會時代下篇畢，晚課，記事。

## 十二月十九日　星期二　氣候：晴

雪恥：一、今後世界局勢之危機：甲、美國工人受煽惑，經濟動搖。乙、歐洲法、意等國隨時可以投降。丙、英倫三島遭受原子毀滅。丁、亞洲大陸、

---

1　張即張其昀。

印度與中東皆可被俄共統制。果爾，則所餘者亞洲為臺灣、澳洲之基地，其他非洲或亦有一部基地之保存，美洲其惟加拿大乎。二、北大西洋公約國已推艾生豪[1]為統帥，並正式由杜魯門宣布矣。

朝課後手擬令稿數通。十時入府，先後召集一般會談及財經會談，對立法院任期及國大代表辦法，與明年度財政方針不再用黃金抵補諸政策，大體決定矣。下午午課後召見學員廿人畢，入浴。晚餐後晚課。

## 十二月二十日　星期三　氣候：晴

雪恥：一、北大西洋公約國比京會議完畢，西德參加防務，已經協議艾生豪為其統帥，此舉甚為美國與世界人類憂也。以最近美國之國防與外交政策之趨向，其短視與愚拙已極，其所行施，無一而非為主觀與衝動之事，以動關世界安危及其本國存亡所繫者，其盲動狂謬如此，焉得而不失敗也，不勝為前途危矣。

朝課，記事，手擬令稿數通。十時到軍訓團第四期結業典禮，訓話半小時，喉未作痛為慰。點名召見官長三人，正午聚餐。下午午課後，召見學員廿人，審閱其自傳，頗有優秀黨員，不勝欣快。在此憂患之中，惟有發見可用人才為最足自慰者也。入浴後，晚課畢，到婦聯會與妻回寓，十時半寢。

---

1　艾森豪（Dwight D. Eisenhower），又譯艾生豪、愛生豪、艾克、愛克，曾任盟軍歐洲戰區最高指揮官、駐德美軍佔領區司令官、美國陸軍參謀長，1948 年 6 月出任哥倫比亞大學校長。

## 十二月二十一日　星期四　氣候：陰雨

雪恥：一、組織精神之內容：甲、集中統一（統制）。乙、管理監察。丙、集思廣義〔益〕（搞通思想）。丁、研究設計。戊、言行一致。己、裁長補短。庚、解決問題。辛、檢討得失，互助合作，互相批評，互相監督，有公無私，成為整個一體。二、新精神、新風氣、新生命、新事業、新任務、新行動。三、革命黨員精神：甲、忍耐。乙、秘密。丙、負責。戊[1]、自動。己、冒險。庚、盡職。辛、犧牲。壬、服務。癸、合作。

朝課後，審閱去年一月份記事、反省錄。十時到改造會會客，聽取黨營事業報告後，開會指示明年度黨務工作方針，預定雙十節召集全國代表大會及訓練黨員，與設計收復大陸各種法規及教育制度、土地制度為中心工作也。下午午課後，召見學員廿人後，入浴，晚課，餐畢記事。

## 十二月二十二日　星期五

雪恥：一、入伍生團歸併裝甲部隊辦法：甲、學生仍照入伍生待遇，准為預備軍官。乙、各團長任各縱隊副縱隊長。二、傘兵總隊亦然。

朝課後，審閱去年七、八月之日記後，閱報。十時入府辦公，召見立人等十餘人畢，情報會談，對共匪擴軍至二千五百萬人之計畫，如果實現，則中華壯丁皆將為俄共犧牲矣。此乃俄國不僅滅亡我國，併欲滅亡我種之毒計，惟為此憂也。下午午課後，到研究院召見學員二十人。為孫立人入伍生事，令經兒須勿操切歸併，應先有周密之準備。入浴後，回寓，閱港報，晚課。今日時為美國在歐洲增軍及其軍略必敗危也，奈何。十一時寢。

---

1　原文如此。

# 十二月二十三日　星期六　氣候：陰雨

雪恥：一、美、英、法三國照會俄國，開四國外長會議，先舉行預備會商。二、共匪廣播，拒絕聯大三人停戰會之要求。三、中共已向南韓開始總攻。四、在韓美第八軍長華克碰車斃命，此為美國失敗之預兆乎。

朝課後，記錄可用人才，頗費心力，記事。十時入府辦公，召見十餘人畢，軍事會談後回。下午午課後，到研究院召見十四人，第九期學員已全部見完，此心為之一慰。自思本年工作成績已超過預想之程度，惟改造風氣、實行節約與建立制度尚未完成，猶不自足耳。餐後晚課。夫人忙於聖誕節之布置，熱心與快樂極矣。

## 上星期反省錄

一、夫人率領婦女聯合會慰勞傷病兵，是乃最為聖誕中有價值之舉也。

二、共匪對聯合國停戰提議，始則置之不理，繼則完全拒絕。而三人小組會則厚顏求和，始終不變，聯合國之威信不僅為之掃地盡矣，而且人類不知有羞恥事，非此不足稱為印度代表乎。

三、共匪赴聯大作辯之代表已於星二離美回俄。

四、北大西洋公約會議推定艾生豪為統帥。

五、美、英、法覆俄國開四強會議之對案。

六、美前總統胡佛[1]倡導美國不守歐陸而退守英國與日本、臺灣，以確保太平與大西洋為主旨。此實為現在美國準備未成，不能對俄取攻勢以前之惟一正確戰略，惜美國當局不能採用耳。

---

1　胡佛（Herbert C. Hoover），美國共和黨人，曾赴中國擔任礦業顧問，1929 年 3 月至 1933 年 3 月任總統，創立胡佛研究院。

## 本星期預定工作課目

1. 交通銀行董長與經理人選。

2. 臺大校長人選。

3. 校閱空軍。

4. 陸軍人事之調動審核。

5. 對美經濟合作會議主席人選。

6. 美援第二批貨船查明。

7. 入伍生總隊歸併案之督導。

8. 中山師長人選。

9. 臺省黨部案。

10. 明年度各項計畫之審查。

11. 國防部長及駐美購料會人選。

12. 臺中市長選舉及省黨部抗命問題。

## 十二月二十四日　星期日　氣候：晴

雪恥：一、傘兵司令黃超[1]履歷。二、約劉安祺來見。三、葉成[2]工作之派定。四、中山師長王化興[3]與張柏亭[4]之決定。

---

1　黃超，號子超，廣東人。時為傘兵部隊負責人，因部隊改制，1950 年 4 月任空軍總司令部傘兵部隊司令，8 月任陸軍傘兵總隊司令部司令，9 月任空軍傘兵總隊司令部司令。

2　葉成，字力戈，浙江青田人。原任整編第七十八師師長，1949 年 10 月離開新疆，轉經印度加爾各答，回到臺灣。1950 年 3 月 4 日至 4 月 2 日在革命實踐研究院第四期受訓。

3　王化興，曾任東北保安司令部高參、第二保安區司令。1951 年 2 月，革命實踐研究院軍官訓練團第五期結訓，3 月 6 日派任圓山軍官訓練團副教育長。

4　張柏亭，字相豪，上海市人。1949 年 2 月出任臺灣省警備總司令部第三處處長；9 月調任臺灣省保安司令部副參謀長。1950 年 3 月改任革命實踐研究院軍訓班教官兼教務組組長；6 月任圓山軍官訓練團副教育長。

朝課後，記事畢，手擬本日講稿，及反省本年已辦及未辦各要務與工作缺點，約二小時。到研究院舉行第九期畢業典禮，訓話一小時餘，尚未盡其辭。以本日為蔣林禮拜堂落成開堂第一天，故趕回禮拜，吃聖餐。陳維屏牧師對聖餐其意義與遺規講解甚詳，不如在南京基督凱歌堂吃聖餐，其主持者之無法則，使布雷等見之甚為惶惑也。下午，臺灣口琴音樂會特來祝聖誕，其技術甚高，聽之感動，此乃日治時代所萬不能有此音樂之養成也。先作晚課，靜默後，招集親友及經、緯二家來玩，武、勇二孫較前活潑可愛。

# 十二月二十五日　星期一　氣候：晴

雪恥：昨哺看戲法與聖誕老人分贈物品，老人皆特別快樂。文孫來書房，問其學業成績，比上學期較佳矣。聚餐，與陳、吳[1]各家孩子下棋為樂。觀影劇畢已近午夜，乃睡。

昨夜十二時寢，今朝七時後方起。朝課後，十時到軍警運動大會，舉行開會儀式後回府，接受韓國大使李範奭[2]呈提國書後，召見吳主席，商談臺中市長選舉，楊肇嘉之侄[3]應令退出競選，未知能否辦到為念。又召倪文亞等，省黨部不法行態嚴加斥責，以其服從命令，故諒之。正午宴客。下午午課後，約見樵峯與辭修，分別商談招商局及交通銀行，與國防部長、臺大校長等事。六時到國大代表招待會致辭畢回，入浴後晚課，記事。

---

1　陳、吳即陳誠、吳國楨。
2　李範奭，號鐵驥，1948 年 7 月出任大韓民國第一任內閣總理兼國防部長。1950 年 4 月出任駐中華民國大使。
3　楊基先，1951 年 2 月至 1954 年 6 月任地方自治實施後第一任臺中市市長。

## 十二月二十六日　星期二　氣候：陰

雪恥：一、美軍已於昨日由韓國興南港安全撤退。二、共匪周恩來正式答覆聯合國，拒絕停戰之提議，朱德亦廣播要求美軍撤退韓國及臺灣，並准共偽加入聯合國云。

朝課後，與顯光同志談話，彼稱麥帥屬我不發言、不行動、極端忍耐與等待時機，是其一片好意，語出至誠，甚感。而馬歇爾對中國事情似乎完全遺忘，一如其未到中國者然云，此乃其老而健忘所致乎。惟接其最近致我武官皮宗敢函，對我與軍援尚能關切也。上午乘火車到新竹檢閱空軍，自十一時至十六時方畢，乃即乘原車至嘉義，已廿一時。晚課如常，廿二時就寢，於車中宿也。

## 十二月二十七日　星期三　氣候：晴　地點：嘉義

雪恥：一、臺中市長選舉初選，以民政廳楊肇嘉之侄得票最多，幾乎超過本黨候選人陳〔林〕[1]同志三分之一，但兩者票數均不足半數，故皆須作第二次之競選。惟楊廳長先在臺中演說，多詆毀政府及外省人，其言且甚齷齪，比外省人為豬仔，故群起反對，此次楊侄競選優勢顯有影響。余昨來中區，得報楊侄態度甚劣，故電吳主席查辦楊廳長，而撤消楊侄候選人資格，事後甚覺處置不當，但其電已發，駟馬難追，只有聽之，容待情勢推移，再定補救之道。

朝課後召見劉安祺，談臺中選舉情形，甚惱怒，乃電吳[2]制止。十時校閱嘉義空軍，至十五時半方畢，仍原車到高雄，駐壽山司令部。晚課，看書，廿二時寢。

---

1　林金標，1946年就任臺中市參議員，並被選為副議長（議長黃朝清）。1951年角逐第一屆民選臺中市市長敗北。選後轉任中國國民黨臺中市黨部財務委員、主任委員。

2　吳即吳國楨。

## 十二月二十八日　星期四　氣候：晴

雪恥：一、此次在途中看曉峯製作臺灣精神等篇，與第十二集團軍所編之捻匪成敗得失及其戰術之原由，皆甚有益於我也。二、曉峯所箸〔著〕黨史第二編，應屬慎重研討，尤以胡漢民[1]有關各節更應慎重也。

朝課後記明年工作預定表數則。與羅又倫談話後，十時前由高雄到屏東，校閱空軍至十四時半乃畢，即乘飛機回蔣林。閱報後，與妻到前草廬入浴。晡見雪艇，報告臺灣銀行停儲黃金及辭修辭職事，又令人莫名其妙。晚課後見國楨，報告其對楊事處置經過情形，楊肇嘉辭職，其侄亦願退出競選，皆遵命辦理。惟國楨本人亦表示辭職，其理由為與辭修不能共事也。此乃出於意外，祗有勸勉。對楊事當另行考慮，以曲在我也。

## 十二月二十九日　星期五　氣候：晴

雪恥：一、第四軍〔師〕歸七十五軍，第六十四師歸八十七軍，第六十三師歸五十軍。二、第五十軍撥一個師歸九十六軍。三、第九十六軍、第卅二師各軍、師長先行調換。

朝課後記事，與曉峯等商討臺中選舉事，余主張林同志退出讓給楊某，否則楊如果退出競選，則林亦隨之退出，使選民無可反對，而楊亦無所藉口，不過第三者候選人為青年黨員，反為其漁利，故不如讓楊當選也，以楊猶可由國楨運用也。但最後選舉指導組仍令林、楊照常競選，不加干涉也。十時入府辦公，會客四人。正午約宴陳納德後，在蘭圃遊覽一匝。午課後清理積案。調整人事計畫，煞費苦心也。入浴，約李彌晚餐，記事。

---

1　胡漢民（1879-1936），名衍鴻，字展堂，號不匱室主，廣東番禺人。中國國民黨元老和早期主要領導人之一，國民政府立法院院長。

# 十二月三十日　星期六　氣候：陰晴

雪恥：一、每日朝夕靜坐，默識「不愧不怍，不憂不懼」二語，又「自反守約，克己復禮」二語時，甚覺日前干涉臺中市長選舉，勒令楊某退出之非法，尤其是對方表示遵旨自退時，更為不安，所謂行有不慊於心，則餒矣。及至昨日幹部決議選舉仍依法進行，不主干涉，如黨員林某失敗，亦無愧色，於是寸衷大樂，此乃讀書明理之效歟。

朝課後清理積案，記錄明年工作預定（大事）表數則。審閱元旦文告草案後，入府辦公，召見暹邏陳思漢[1]後，軍事會談。因副官汪東生[2]日久生怠，不能專心侍從，惱怒大作，喉又劇痛，何不自愛如此耶。下午午課後，修正文稿，直至二十時方脫稿。餐後與妻車遊淡水，回寓，晚課，廿三時寢。

## 上星期反省錄

一、近月更覺事易健忘，又以對人名為甚。有時左右親近之人名，只識其面而難記其名，此記憶力之差欠與年齡之增高相關也。近日目力仍可不用眼鏡，照常閱報，但有時亦漸覺費力似花矣，惟手指麻木已痊癒為慰。

一[3]、西藏情形，共匪部隊是否已進駐拉薩，至今仍不明瞭，印度亦諱莫如深，惟其政府已被匪黨控置〔制〕，似無疑問。達賴[4]已逃亞東，當亦不虛傳乎。

三、臺中市長選舉問題自覺處置錯誤，幸能及時改正，不致大錯，堪為自慰。

四、空軍校閱完畢，至此陸、海、空三軍校閱工作已告完成矣。

---

1　陳思漢（Cheep Praphannetivudh），泰國代表，至巴黎答辯緬甸指控國軍佔其領土，及泰國協助國軍案。
2　汪東生，蔣中正副官。1949 年 7 月隨扈蔣中正訪問菲律賓。
3　原文如此。
4　丹增嘉措，1940 年坐床典禮後成為第十四世達賴喇嘛。

# 十二月三十一日　星期日　氣候：晴

雪恥：一、對各黨組織之研究及滲透。二、行政院授權案有否解決。三、美鈔漲價與外匯短絀之注意。四、改正稅例之方式。

朝課後重修第二次文稿，九時半到傅思義〔斯年〕校長追悼會致祭。一見其遺像，甚感悲傷，情感之於人如此也。回寓續改文稿完，禮拜。回寓重整文稿。下午午課後，記事，提前晚課後，到前草廬入浴。回寓，增補「赤俄對華所作所為，不僅要併吞我國家，簡直要消滅我民族」一節，甚覺重要。文思精微者每在最後五分鐘，此亦精神愈用而愈出之效歟。七時後觀影劇（士師記之曾孫[1] 歷史片），實為猶太人最佳之傑作，其於民族教育意義甚大也。九時半續正文稿後聚餐，辭修、國楨、仁霖夫婦與董、曾、周[2] 及陳納德諸友皆參加也，十二時就寢。

---

1　曾孫、參孫（Samson），《聖經‧士師記》人物。
2　董、曾、周即董顯光、曾虛白、周至柔。

# 上月反省錄

一、本月國際形勢最為混亂，而我國興亡關係亦最為重大：甲、其第一星期，英國艾脫力到美會商，其主張不僅對共匪妥協，直欲不惜任何犧牲，以求共匪饒赦與合作，無異於變相之投降。余乃發表正式談話三次之多，以促美國輿論之注重。其最後杜、艾聯合宣言，雖不敢明目張膽求和，但仍不肯放棄其妥協之陰謀，此為最危險之一週。乙、第二星期，聯合國組織中國代表權七人審查委會及韓戰停止三人小組會，實為我國在國際上最大之恥辱，亦為聯合國最無道德與喪失（其世界人類）廉恥之卑劣行動，此為我重大國恥之一週。然而杜魯門已宣布其美國入於緊急狀態，及其議會通過大量之軍費案，且其政府不能不反對聯合國以韓、臺問題混為一談，以拒絕英、印犧牲臺灣之運動矣。丙、第三星期，共匪對聯合國求和之提議完全拒絕，其在聯合國所謂作證之伍[1]代表亦毅然離美而回俄矣，於是我國國際地位始有一線光明之轉機，然仍不能斷為已轉危為安也，以英、印之協以賣華之陰謀正層出不窮，無所不用其極也。丁、第四星期，即為本年最後之一週，美軍在東線被圍之軍隊竟得安全由興南灣撤退，聯合國戰力尚未為匪消滅，以保留繼續作戰之餘力，於是我國地位亦因之漸脫悲境矣。

二、海、空軍校閱已如期完成。

三、臺省各縣市選舉情形複雜困難。

四、黃金停止存儲後，金鈔高漲，經濟漸形動搖之象。

五、本月重理學、庸，心得較多，修養亦覺有進步也。

---

1　伍即伍修權。

蔣中正日記
Chiang Kai-shek Diaries

# 雜錄

蔣中正日記
Chiang Kai-shek Diaries

**蔣中正日記**
Chiang Kai-shek Diaries

# 雜錄

## 一月廿八日

一、人事制度。二、決策機關。三、檢查（業務）之組織。四、行政武器（文官制度）。

一、軍事科學、軍事哲學。二、統一思想，戰鬥作風。三、聯絡確實，命令貫澈。

## 二月七日

一、今日軍事尚有可勝之基礎，以陸、海、空軍尚有根柢，未盡消除，而且海、空軍之實力與組織皆優於匪敵也，惟必須有以一當十之精兵，方能轉敗為勝也。如欲以一當十，祇有求陸、海、空軍之精神團結一致，與技術之協同一致，方能實現此勝利也。

二、今日救亡，以軍事第一，軍事以精神第一，精神以思想第一，思想以主義第一，實現主義以組織第一，軍事組織之效用以政工第一，政工組織以黨務第一，黨務以嚴密第一。

三、軍事技術以科學為先，科學以分工合作為要務，分工合作即為協同一致為目的，如我今日之陸、海、空軍各兵種之動作能協同一致，則可對匪作戰，以一當十，只要我軍官兵能以一當十，則何患不能克敵制勝，收復大陸失土耶，豈必待第三次世界大戰而後方能翻身乎。今後剿匪救民，正不必以第三次世界大戰是待，而且民主陣線之英、美未必能如所預期之得勝也，吾人自由、獨立、自強之道也。

## 九日

今後基本工作：

一、提倡軍事科學，口號為：甲、分工合作。乙、互助協調。丙、精益求精。

丁、貫澈到底。戊、實事求是。己、不進則退。

二、提倡軍事哲學：甲、知難行易。乙、知行合一。丙、即知即行。丁、實踐力行。戊、團結一致。己、萬眾一心。庚、復仇雪恥。辛、親愛和睦（師克在和）。

三、對日合作運動。

## 二月十四日

此時實為國家命運決於俄頃之際，若不毅然復位，不惟僅存之臺灣根據地不保，中華民族真將永無翻身自由之日，再不能為廣西子之阻礙而有所猶豫也。至於美國務院之政策，此時已決不為余之行藏而定其態度與方針，而且此時已無可再加惡劣矣。至其承認中共偽政權之遲早緩急，亦無所顧慮，即使余不復任，到時彼艾亦將承認也，不過余應作其承認之準備而已。若至俄國，此後俄史對華之主要目標，為使毛匪如何使之就範，受其統制，或設法謀害，而余與臺灣之有無尚存，其次要之事。與其為共毛冒險而攻取臺灣，使第三次世界大戰爆發，則不如任余暫保臺灣，以牽制中共，不使之完全統一中國之為愈乎。如果中共真能統一中國，聽其建設共產國家，則將來國際共產之主宰，其重心不能不由俄國易手於中國之共產黨取而代之也，此俄史決不讓人有爭霸共產之餘地，乃可斷言，故俄國助攻臺灣，亦決不以余之行藏定其方針。與其說余之出任更促成俄之攻臺，則不如說臺灣負責主持有人，軍政統一，則其攻取較難，或反能延緩其時間，但不能不準備，其因余之復出（目標所在），俄、毛皆更不安，或引起其速攻之決心耳。

## 二月十六日

一、美國駐韓軍事代表亟謀俄、美速戰之意甚切，豈僅於此而已，深信英國謀之更急，斷定第三次世界大戰為期不遠，預料今年夏季有爆發之可能。對於中、韓互助，借韓之濟州島為我空軍基地，與我空軍助韓，如美不加阻礙，則可試行之，但後果如何，不能不慎重考慮，惟視大戰之是否爆發耳。

二、俄毛互助同盟條約已於十四日正式發表，其對象為美國已甚明顯，不論其秘密內容與真實性如何，俄之對其附庸國根本無所謂條約，此當然為欺世之文字，不值正視，但美國必受刺激，是於我政府較利多而害少耳。

三、俄國退出國聯，自組共產聯盟，或強制我政府退出國聯，而承認共匪繼任乎。

## 十七日　舊曆元旦

從前種種，譬如昨日死；此後種種，譬如今日生。

甲、今後公私生活與工作皆應從新做起，一切措施皆要新生：

一、精神：實踐篤行，澈底精進。

二、作風：開明維新，親民愛物。

三、工作：提綱挈領，執簡御煩。（第一的第一、不務細末。）

四、生活：勤儉作則，勞動自持。

五、幹部：積極領導，協調互助。

六、理論：構〔溝〕通思想，確定原則。

七、組織：親自考驗，加強調查。

八、訓練：領導方法，管理技能，互助合作，協力一致。（注重啟發，加強統御。）

九、制度：簡化減政，統一集中（事權）。

十、政策：博採周訪，熟慮斷行。

十一、領導：分工協調，利害一致。

十二、號召：勞動服務，自力更生。

乙、關於黨政軍經業務革新之方針：

一、黨務：強化核心，改造機構。

二、軍事：加強政治，聯合訓練（雙棲作戰）。團結精神，開誠布公。互助合作，協同一致。

三、政治：簡化機構，統一事權。實施總體戰，恢復三聯制。授權責成，定期考績。

四、經濟：穩定金融，核實軍費。獎進生產，配給實物。

五、社會：組訓民眾，積極動員。提倡勞動，管制職業。

六、青年：積極組訓，選拔幹部。

七、情報：督察業務，獎進技術。訓練幹部，貫注思想，特重紀律。防奸保密，用間策反。

八、生產：軍中與閑員勞動生產。

丙、幹部會議與職責：

一、策劃政策，決定方針。

二、管理宣傳，檢討情報。

三、研究謀略，指示路線（策反用間）。

四、指導作戰，分配工作。

五、研討時局，建立方案。

六、聯繫機構，調整組織。

丁、工作要領（領導急務）：

一、領導急務：科學方法，組織技術。

二、領導要旨：中心理論，行動綱領。

**去年下野時預定計畫：**

一、培養幹部。

二、重組黨軍。

三、清除奸逆。

四、改革制度。

五、組訓青年。

六、復興革命。

七、喚起民眾。

八、重建民國。

重新做起，重整旗鼓。

## 二月廿五日

一、每憶去夏美國白皮書之發表，正在余訪菲收效之後，而又在訪韓途中，特予我以當頭一棒，使我在國際上再無活動餘地，而又使我在國內無法再起，其意乃在使我全國民心背離，並使舉世人士完全擯棄，此固俄國在美國務院內鑄成此國際最大之陰謀。而其實英國有以促成之，以報復我民國卅一年主張印度獨立，與卅二年取消不平等條約時，不接受其歸還特權恩惠之電也，能不為之戒懼乎哉。

## 六月十五日

教育方法六個步驟：一、準備。二、講解。三、示範。四、實施。五、考驗。六、檢討。

## 六月廿一日

唐代取士，先以身、言、書判為取士標準後，以德、才、勞為任免根據：
一、體貌魁偉謂之身。
二、言語清晰謂之言。
三、筆法秀美謂之書（技能）。
四、文理密察謂之判（研究判斷）。

## 七月五日

英、法內政之敝弱，乃為不可想像者：甲、法國軍隊大部運防越南，其留駐本國者只十三萬人，而逃兵現象日增，內外皆無二致。乙、法國人民幾乎百分之二十以上已經赤化，而其餘人民皆懼俄如虎而大聲罵美，明言如美、俄開戰，法願中立。丙、英國工黨實行社會主義後，社會經濟情勢之壞，有不可想像者，決無力備戰。英、法如此，其他歐洲各國可知矣，如何能對俄作戰。是歐洲幾乎為俄國宣傳恫嚇所軟化，實已不戰而屈矣。

## 九月七日

近日嘗對耶穌降世出生之究竟問題，內心時有不安，余以為不應研究出生如何。蓋人之生焉，皆得自天命，乃人人為天父之子，惟耶穌獨能實現其博愛與犧牲精神，及其碧血滌滌世人罪惡之宏願，更足證明其為天父之愛子。而其一生之言行，皆為天命、天性之表現，有史以來乃為第一人，惟天父之冢宰乃克臻此。故認耶穌為天父惟一之長子，而為人類惟一至高之典型。今基督教必欲以其出生由來為教儀之主旨，無奈褻瀆聖子與聖靈乎。

## 二十日

本月十日與十七日兩晚皆得夢兆，一為登梯時忽墜水，乃由梯為救水圈，平安登岸。一為卸車登坂，快車昇飛而未見其墜，余則徒步達巔，惟覺暢快欣慰，皆吉兆也。

## 九月廿八日

精神講話要目：

一、根本規律與自然法則。

二、勝負得失，成敗存亡，生死安危，禍福榮辱之道。

三、志節、廉恥、行動、風氣。

四、理論：心、物、知、行、道、魔、順逆、明（光明）暗（黑暗）、利害、是非、善惡、公私、人我、人禽。

五、主義思想、制度程序、紀律、責任、職守、基準、幹部訓練、運動（風氣）。

六、政略政策、戰略戰術。

七、力：軍事、政治、經濟、人民、組織、宣傳（理論、紀律）。

八、空間：海、空、陸（面積、距離）、物資、氣候、地形。

九、時間（速度）：歷史、文化、傳統倫理生活。

十、科學、學術（組織、訓練、宣傳），政工有恆。

十一、精神務實（實踐），求精機密，宗教澈底。

十二、道，法則、規律。

十三、憂憤勞懼（死）。

## 十月八日

曾文正語：不怨不尤，但反身爭個一壁靜；勿忘勿助，看平地漲得萬丈高。
梁柱：再窮，無非討口；不死，總要出頭。此乃唐君鉑[1]自傳中所引用，閱之
有感，特誌之，該生實為難得之才也。

## 十月十四

國際危機：一、英、美引誘中共加入聯合國，以期對俄共一時之妥協。二、
以臺灣政治地位問題，由聯合國組織委員會調查處理（甲、臺灣人民自決。
乙、聯合國托管。丙、對日和約否認歸還中國）。三、我政府不同意聯大決
議案。四、聯大通過中共加入聯合國。五、我政府事前自動宣言退出。六、
臺灣問題無從進行，暫時延宕，不急解決，中共應守聯合國憲章，不得進攻
臺灣。七、我政府方針：甲、如何能確保臺灣復興基地，使之鞏固不搖。乙、
如何使中共不能參加聯合國，以保持我政府代表權，不退出聯合國。丙、如
甲、乙二者不能兼顧，則應以確報〔保〕臺灣基地為第一。與其為保持聯合
國會員名義，而使臺灣被攻，不能安定，則寧放棄會員國之虛名，暫時退出
國際社會，雖在國際上失去地位而力求自立自主，確保臺灣主權，實為利多
而害少。而且乙者，其權全操之於英、美，非我所能主動，而甲者則我尚有
主動餘地，此為永久根本計，比較在不得已時，未始非計之得者也。八、在
此一個月期間：甲、中共與美軍在韓境有否衝突可能，以引起大戰乎。乙、
越共積極進攻法軍，向南越迅速進展，是否刺激英、美，以改變其排除我在
聯合國之代表權乎，則不可知也。

---

1　唐君鉑，字貽清，廣東香山人。1948 年調任聯合勤務總司令部兵工署副署長，1949 年
　　8 月，任總裁辦公室第三組（軍事）副組長。1953 年任聯合勤務總司令部兵工署署長。

## 十月二十六日錄

一、法天自強

　　中和位育，乾陽坤陰。

　　至誠無息，主宰虛靈。

　　天地合德，日月合明。

　　主敬立極，克念作聖。

二、養天自樂

　　澹泊沖漠，本然自得。

　　浩浩淵淵，鳶飛魚躍。

　　濩游涵泳，活活潑潑。

　　勿忘勿助，時時體察。

三、畏天自修

　　不睹不聞，慎獨誠意。

　　戰戰兢兢，莫現莫顯。

　　研幾窮理，體仁集義。

　　自反守約，克己復禮。

四、事天自安

　　存心養性，寓理帥氣。

　　盡性知命，物我一體。

　　不憂不懼，樂道順天。

　　無聲無臭，於穆不已。

## 姓名錄

臺大黨部　李文中[1]　袁　鏐[2]

　　　　　張心洽[3]　中國銀行曼谷分行（桂林）

川　　　　黃季陸

　　　　　楊業孔

粵　　　　羅又倫　柯遠芬[4]

　　　　　余夢燕[5]　中華日報　劉秋芳[6]（女）

　　　　　吳國柄[7]

　　　　　陳茹玄[8]　逸凡　留美　粵　建設會秘長　五四才

　　　　　丘漢平[9]　美國京都大學　福建　四十六才

　　　　　王寒生[10]　東北大學　松江　四十三才

---

1　李文中，時為臺灣大學政治學系學生。

2　袁鏐，號允淦，江蘇崇明人。時為臺灣大學化學工程學系學生，1951 年 6 月任大安化
　工廠副技師。

3　張心洽，字鵬雲，時任中國銀行會計處副處長，隨中國銀行總部遷往臺灣。1951 年出
　任臺灣銀行國外部經理，負調度國家外匯之責。

4　柯遠芬，名桂榮，1949 年 5 月任第十二兵團副司令、新竹怒潮軍校校長。1950 年任金
　門防衛司令部政治部主任。1952 年 9 月兼任福建反共救國軍副總指揮。

5　余夢燕，湖南臨湘人。抗戰期間在重慶《時事新聞報》任記者。1946 年赴美入哥倫比
　亞大學新聞學院獲碩士學位，1949 年自美赴臺，1952 年 9 月與丈夫黃適霈一同創辦《英
　文中國郵報》，並任社長與發行人。

6　劉秋芳，1950 年遞補當選北平市選區第一屆立法委員。

7　吳國柄，1949 年在香港應英國軍方之邀，任英軍工程師。1952 年應時任臺灣省主席的
　胞弟吳國楨邀請到臺灣，先奉派監建基隆漁船製冰廠，後任行政院設計委員，主持市
　政建設。

8　陳茹玄，字逸凡，1948 年當選第一屆立法委員。1949 年夏到臺灣。有《陳茹玄政論集》
　問世。

9　丘漢平，字知行，原籍福建海澄，生於緬甸仰光。1947 年在上海執業律師，1948 年當
　選立法委員。之後隨政府遷臺，1951 年任東吳補習學校（東吳大學前身）校長。

10　王寒生，名永亮，松江穆稜人。歷任中國國民黨長春市黨部主任委員、國民參政會參
　政員、制憲國大代表、第一屆立法委員。1949 年隨政府遷臺。

閻孟華[1]　北京法政大學　吉林　五十才

張慶楨[2]　芝加哥大學　滁縣　四十六才　法律

徐鍾佩〔珮〕[3]　英文寫作　常熟　政校　三四才（女）

王洪鈞[4]　中央日報　天津　政校　三十才

余夢燕　中華日報　湘　留美　三十五才（女）

林　霖[5]　臺大經濟系主任　梅縣　四五才　留美

沙學浚[6]　鄭品聰[7]　傅啟學[8]　李中襄[9]

朱一成[10]　電力公司董長　江西　留美

王?崇植[11]　美援秘長　五三才

朱　謙[12]　資委會主委　四八才　吳興

侯家源[13]　臺交通處　五四才　蘇

---

1　閻孟華，名春，字孟華，吉林永吉人。1948 年在吉林省選區當選第一屆立法委員。1949 年 8 月政府首次發行「中華民國三十八年度愛國公債」，兼行政院愛國公債籌募會秘書長。1951 年 1 月兼中國國民黨中央改造委員會紀律委員會委員。

2　張慶楨，字濟周，安徽滁縣人。1948 年初，當選為第一屆立法委員。1949 年轉赴臺灣，歷任國防研究院政治研究所所長、中國國民黨中央委員會設計考核委員會委員兼召集人等。

3　徐鍾珮，筆名餘風，1944 年至 1947 年為《中央日報》駐倫敦特派員、採訪副主任。1947 年當選第一屆國民大會代表。

4　王洪鈞，天津人。1949 年跟隨《中央日報》社長馬星野來臺任採訪主任。1952 年，離開《中央日報》資料室主任一職，到密蘇里大學進修。

5　林霖，1947 年 6 月任中國國民黨中央宣傳部部秘書。1949 年 1 月接受臺灣大學傅斯年校長之邀，應聘為經濟系教授，8 月兼任系主任。

6　沙學浚，1949 年 5 月，任臺灣省立師範學院教務主任兼史地系主任。

7　鄭品聰，1948 年當選為第一屆立法委員。亦曾擔任三民主義青年團花蓮支團總幹事，並擔任中國國民黨臺灣省執行委員會委員、臺北市執行委員會書記、臺北市改造委員會主任委員等黨職。

8　傅啟學，字述之，貴州貴陽人。1950 年 2 月任臺灣大學政治系教授兼訓導長。

9　李中襄，字立侯，原籍江西南昌，生於浙江寧波。時任立法院秘書長。

10　朱一成，歷任國民政府交通部電信總局局長、交通部顧問，時任臺灣電力公司董事長。

11　王崇植，號愛培，江蘇常熟人。1949 年 6 月任臺灣區生產事業管理委員會常務委員，1950 年 5 月任行政院美援運用委員會委員兼秘書長。

12　朱謙，字伯濤，時任資源委員會主任委員，兼任臺灣造船公司董事長。

13　侯家源，字蘇民，號蘇生。歷任黔桂鐵路工程局局長兼總工程師、滇緬鐵路工程督辦、浙贛鐵路局局長兼總工程師。時任臺灣省交通處處長。

（臺大）　王師復[1]　林一新[2]　周德偉[3]　英千里[4]　高偉時[5]

王希和？　民社黨　杜光塤[6]　留美　四九才

臺灣　　黃添樑[7]　臺省商會長　臺北工專　省黨委　卅七才

林挺生[8]　機器工會長　臺大理學部　卅二才

顏艮昌[9]　印刷工會長　國民學校　市黨委

殷占魁[10]　日師　省議員　王金海[11]　早稻田　彰化銀行

劉兼善[12]　早稻田（英日文）

林作梅[13]　閩　政校　四四才　公賣局

鄭南渭[14]　定海　四〇才

朱撫松[15]　湖北　卅六才　行院秘書

---

1　王師復，福建林森人。時任臺灣大學教授兼經濟學系主任。
2　林一新，福建閩侯人。時任臺灣大學經濟學系教授。
3　周德偉，字子若，湖南長沙人。1950 年至 1968 年擔任財政部關務署署長，並在臺灣大學、政治大學兼任教授。1955 年 2 月兼任行政院外匯貿易審議委員會副主任委員，致力於外匯貿易改革方案。
4　英千里，時任臺灣大學教授兼外國語文學系主任。
5　高偉時，時任臺灣大學訓導處課外活動組主任。
6　杜光塤，字毅伯，曾任山東省制憲國民大會代表，參與 1948 年中華民國憲法之制定。時任美國加州大學政治系、華盛頓大學客座教授。
7　黃添樑，時任臺灣省商會聯合會理事長，發起「一元獻機運動」。
8　林挺生，時任臺灣省工業會理事長、臺灣區機器工業同業公會常務理事長、臺灣區電工器材工業同業公會理事長。
9　顏艮昌，時任臺北市印刷工會理事長、國民大會代表。
10　殷占魁，戰後任臺灣省農會理事長、臺灣省參議員。
11　王金海，臺灣彰化人。1946 年輔助林獻堂接收彰化銀行；1947 年彰銀改組，出任總經理；1952 年改任駐行常務董事。
12　劉兼善，字達麟，臺灣高雄人。1949 年 10 月起，任考試院考試委員、臺灣銀行董事、國民大會代表兼考試院顧問。
13　林作梅，時任臺東縣公賣局局長，參與臺東縣縣長選舉失利。
14　鄭南渭，浙江定海人。1949 年至 1950 年任美聯社駐臺北記者。1950 年至 1965 年任臺灣銀行研究員。
15　朱撫松，湖北襄陽人。1949 年政府遷臺後，歷任臺灣省政府參議、東南軍政長官公署參議。1950 年 5 月，調任行政院簡任秘書。1952 年 5 月調任行政院參事，11 月調任外交部情報司司長。

林紫貴[1]　閩　　四十二才

劉　杰[2]　山西　　　　　李志森[3]　高翔雲[4]　華福輪

立法院　錢納水[5]　湖北　五五才　中央日報

張光濤[6]　河北　四一才　教育　葉明勳[7]　閩　卅七　前臺灣中央
　　　　　分社

中央日報　王洪鈞

臺大　林　霖

外交部　史悠鑫[8]

中華報　余夢燕

陳裕清[9]　中央報駐美

張鐵君[10]　貴州　中華日報　徐世大[11]　工學院長

胡一貫[12]　安徽出版社　吳春鑑[13]　閩　李荊蓀[14]　中央日報總編輯　卅四才　蘇

---

1　林紫貴，曾任臺灣省政府新聞處處長，時任國民大會代表。
2　劉杰，字子英，時任第一屆立法委員。
3　李志森，警校畢業，1950 年 9 月與蔡德新等人，共同策反「華福輪」起義來臺。
4　高翔雲，與李志森及蔡德新等十五人，共同策反「華福輪」起義來臺。
5　錢納水，湖北江陵人。1948 年當選立法委員，1949 年隨立法院遷臺，歷任《中央日報》、
　　《中華日報》主筆。
6　張光濤，時任第一屆立法委員。
7　葉明勳，字夏風，福建浦城人。1946 年至 1950 年擔任中央通訊社臺北分社主任，並
　　連任臺灣記者公會四屆理事長。1951 年至 1955 年擔任臺灣中華日報社社長。
8　史悠鑫，曾任駐法大使館一等秘書。
9　陳裕清，福建莆田人。時任《中央日報》駐美特派員、紐約《美洲日報》總編輯、《華
　　美時報》董事兼執行秘書。
10　張鐵君，雲南昆明人。1949 年任臺北《民族日報》主筆，時任《中華日報》總主筆。
11　徐世大，字行健，浙江紹興人。1947 年秋，辭天津海河工程局長職務，應臺灣大學
　　聘請，專任土木系教授並兼臺灣省水利局顧問，攜眷來臺，定居臺北。
12　胡一貫，安徽巢縣人，曾任中國國民黨黨報社論委員會委員，《新生報》、《自立晚
　　報》、《青年戰士報》主筆。
13　吳春鑑，曾任福州南僑通訊社發行人。
14　李荊蓀，江蘇無錫人。歷任《中央日報》總編輯、中國廣播公司副總經理、《大華晚
　　報》董事長、《中國時報》主筆等職務。

王　民 [1]　新生報　卅九才　胡一貫　出版社　四十五才

沈祖懋 [2]　四六才　東吳

周之鳴 [3]　浙東陽　卅九才　民族報　傅啟學　四八才　留美

章任堪 [4]　上虞　留美　法律　方　豪　黃季陸

方東美　臺大教授？　　毛之〔子〕水　劉　真 [5]

陳　康 [6]　（希臘文）全上？　　沈宗瀚 [7]　留美　農

王崇植　生產事業管理委員　　周鴻經 [8]　緒閣　留英

尹仲蓉〔容〕[9]　張茲闓　全上　劉聖斌 [10]　留英

吳連三〔三連〕　　臺灣　經濟家？　　孫玉琳 [11]　南京

瞿荊州 [12]　臺行總經理　　陳漢平 [13]　湘　李先良

徐學禹　溫崇信 [14]　林一民 [15]　教育　項潤崑 [16]　東北　四五才

---

1　王民，字嘯生，安徽合肥人。1950 年 9 月任行政院參議、《臺灣新生報》總編輯。
2　沈祖懋，1950 年 8 月 20 日任中國國民黨中央改造委員會幹部訓練委員會副主任委員。
3　周之鳴，1949 年 5 月 4 日《民族報》創刊，任發行人；1950 年 2 月 1 日辭職。
4　章任堪，浙江上虞人。1950 年 11 月任中國國民黨中央改造委員會設計委員會委員，兼任《中央日報》主筆。
5　劉真，字白如，安徽鳳陽人。時任立法委員、臺灣省立師範學院院長。
6　陳康，時任臺灣大學哲學系教授。
7　沈宗瀚，原任金陵大學教授，後任中央農業實驗所所長。1948 年任中國農村復興委員會中方委員；1949 年隨農復會遷臺灣；1964 年任中國農村復興聯合委員會主任委員。
8　周鴻經，字緒閣，1949 年 6 月任中央研究院總幹事，來臺事籌建南港新院址，並代理數學研究所所長，兼臺灣大學教授。1950 年任「中國自然科學促進會」首任理事長。1951 年，兼任正中書局董事長。
9　尹仲容，本名國鏞，1949 年 4 月隨政府遷臺，任中央信託局局長兼生產事業管理委員會副主任委員。
10　劉聖斌，時任立法院立法委員。
11　孫玉琳，曾任南京市參議會參議員、監察院閩臺行署委員，時任監察委員。
12　瞿荊州，時任臺灣銀行總經理。
13　陳漢平，字建之，湖南人。曾任糧食部參事，時任行政院秘書。1952 年任財政部常務次長，1954 年 6 月調任臺灣省政府財政廳廳長。
14　溫崇信，1948 年任北平市政府秘書長、社會局局長。1950 年 8 月任臺灣省物資協調委員會主任委員。
15　林一民，1951 年至 1954 年任臺灣省立農學院院長。
16　項潤崑，1948 年在瀋陽市選區當選第一屆立法委員。

郭泰祺[1]　巴西大使　　程　烈[2]　吉林　政校　卅八才

保君健〔建〕　秘魯　　　　李守廉[3]　熱　政校　四二才

吳澤湘[4]　智利　　　　師連舫[5]　東北

陳公亮[6]　中央印製廠總經理　　　程石泉　徐晴嵐[7]

邵逸周[8]　駐日商代　皖　　　鄧傳楷[9]　王　昇[10]

張海平[11]　　交通部土木工程　留美　五十一才

周德偉　關務署長　薛人仰[12]（臺南）　黃聯登[13]（臺參議）


陳　誠　王叔銘　胡宗南

林　蔚　郭寄嶠

---

1　郭泰祺，字保元，號復初，湖北廣濟人。曾任外交部部長。1947 年 7 月，任常駐聯合國暨安全理事會代表，12 月改任駐巴西大使，任至 1949 年。實際上以「巴西的天氣並不適合靜養身體」為由未赴任，在美國隱居。

2　程烈，字鵬飛。曾任國民政府國防部預算局處長。時為立法委員，常駐預算委員會審查國家預算。

3　李守廉，號大維，熱河凌源人。曾任熱河省政府委員兼民政廳廳長。時任浙江省政府委員，6 月任國防部政治部設計委員。1951 年 1 月，任行政院設計委員會委員。

4　吳澤湘，字醴泉，四川成都人。1945 年 12 月出任中華民國駐智利公使，1947 年 2 月駐智利公使館升格為大使館後，改任大使。1950 年 3 月卸任，返臺擔任外交部顧問。

5　師連舫，字豫川。時為第一屆立法委員。

6　陳公亮，1948 年接任中央印製廠總經理，1950 年 6 月請辭。

7　徐晴嵐，四川萬縣人。1950 年 8 月 20 日，出任中國國民黨中央改造委員會第六組副主任。

8　邵逸周，1948 年 12 月 31 日派任駐日代表團專門委員。

9　鄧傳楷，江蘇江陰人。1949 年底，出任臺灣省立師範學院 1949 年度大專畢業生就業訓練班第一分班主任，協助安頓全國各校流亡來臺學生。1950 年 11 月，派任中國國民黨中央改造委員會第一組副主任。

10　王昇，字化行，江西龍南人。1949 年經廣州撤退臺灣，任石牌訓練班副主任。1950 年 9 月任國防部總政治部第一組副組長，兼任中國國民黨中央改造委員會幹部訓練委員會委員，旋即赴淡水創設游擊幹部訓練班與政工班第一分班。

11　張海平，曾任行政院全國經濟委員會專門委員。

12　薛人仰，字敏銓，福建福州人。第一屆國民大會代表，1948 年任臺南縣縣長。1952 年至 1960 年間任臺灣省議會秘書長。

13　黃聯登，時任臺灣省參議員。

周至柔　孫立人

彭孟緝　萬耀煌

桂永清　黃振〔鎮〕球

何世禮　徐培根


　　　　趙季勳[1]　山東　四五才　王澍霖[2]　熱河（政校）卅九才

　　　　趙光宸[3]　天津　張定華[4]　貴州　吳大宇[5]　湖北

監察　吳樹漢[6]　粵　空軍監察員　空校一期　陸大十一期　軍校六期

　　　　黃珍吾　張堯良[7]　上蔡　軍校十八期

　　　　鄭介民　陸翰芹[8]　歐陽樊[9]

　　　　滕　傑[10]　李中襄　葉溯中[11]

---

1　趙季勳，歷任山東省政府財政廳廳長、制憲國民大會代表、中國國民黨山東省黨部執行委員，山東民報社社長，行憲後當選監察院第一屆監察委員。

2　王澍霖，歷任中國國民黨熱河省黨部委員兼書記長、省議會議員、制憲國民大會代表，行憲後任監察委員，後兼任監察院監委黨部書記長。

3　趙光宸，歷任天津市臨時參議會議員、中國國民黨天津市黨部委員。1948 年，當選監察院第一屆監察委員。

4　張定華，貴州人。歷任中國國民黨貴州省黨部委員、西南公路特別黨部主任委員、國民參政會參政員。1948 年當選監察院第一屆監察委員。

5　吳大宇，字達予，湖北黃梅人。歷任湖北省黨部委員書記長、湖北省議會參議員、第六戰區挺進軍總指揮部政治部主任、新湖北日報社長。1948 年，當選監察院第一屆監察委員。

6　吳樹漢，歷任航空委員會參事室參事、航空委員會軍令廳參謀處科長、空軍總司令部副處長。1948 年升任空軍總司令部軍法處處長。

7　張堯良，河南上蔡人。

8　陸翰芹，歷任交通部航政司司長、西安市市長，為《大陸雜誌》創始人之一。時任招商局輪船有限公司董事。

9　歐陽樊，1947 年 9 月任中國國民黨第六屆中央監察委員會候補委員。曾撰述《日本政治的末路》一書，1944 年 8 月在重慶市國民圖書出版社出版。

10　滕傑，號俊夫，江蘇阜寧人。1948 年 12 月，出任南京市市長兼中國國民黨南京市黨部主任委員。1949 年 4 月，離開南京，是為中華民國最後一位南京市市長。到臺灣後，擔任中國國民黨國民大會黨部書記長。

11　葉溯中，1946 年當選制憲國民大會代表，1948 年在教育會東區當選第一屆立法委員，1950 年在臺北創辦復興書局。

胡　軌[1]　黃建中[2]　田培林[3]　李壽雍[4]

黎鐵漢[5]　羅正亮[6]　明治大學　祁宗漢[7]　軍校

毛　森

王新衡　陳宗鎣[8]　江西　監委

余　拯[9]　余紀中〔忠〕[10]　許卓修[11]

曾虛白　羅才榮[12]　四川候執

費慶楨[13]　第五組　政校新聞班

政工　袁守謙　人事廳

---

1　胡軌，1950 年 8 至 11 月任國民黨中央改造委員會第一組副主任。
2　黃建中，字堯卿，號離明，又名士申，湖北隨縣人。1948 年當選為第一屆立法委員。
　　1949 年 5 月到臺灣，任教臺灣省立師範學院、政治大學。1950 年 6 月任故宮、中央博
　　物院共同理事會理事。
3　田培林，字柏蒼，河南襄城人。1949 年出任臺灣省立師範學院教育學系教授兼主任；
　　師院改制為臺灣省立師範大學後，擔任教育學院院長。
4　李壽雍，字震東，1948 年 6 月至 1949 年 5 月任暨南大學校長。1950 年 11 月至 1952
　　年 10 月任中央改造委員會設計委員會委員。
5　黎鐵漢，號瀛橋，1949 年 4 月任總統府參軍，5 月授陸軍中將，後任國防部部員。
6　羅正亮，字明君、朗君，湖南瀏陽人。1947 年當選為行憲國民大會代表。到臺灣後，
　　先後任陽明山革命實踐研究院主任秘書、輔導委員，中國國民黨中央設計考核委員會
　　委員。
7　祁宗漢，曾任三民主義青年團中央候補幹事等職，1949 年初任國防部預備幹部訓練團
　　第一總隊總隊附。
8　陳宗鎣，號炁先，江西永新人。1950 年 8 月任考試院院長秘書，後改任桃園縣角板鄉
　　小學校長。
9　余拯，字博倫，湖北仙桃人。曾任制憲國民大會代表、第一屆立法委員。
10　余紀忠，江蘇武進人。1946 年至 1949 年，任東北保安司令部政治部主任。1947 至
　　1949 年，任東北行轅新聞處處長、瀋陽《中蘇日報》社社長，1950 年在臺北創辦《徵
　　信新聞》。1951 年 3 月起，任《徵信新聞》社社長。
11　許卓修，1950 年 2 月時任國防部軍簡二階（同少將）參議，主持大溪檔案室整理及
　　編案工作。這批檔案因收藏、整理地在大溪鎮公所而得名「大溪檔案」。
12　羅才榮，號言侃，四川瀘縣人。1949 年任青年服務團副團長，旋轉任東部防守區政
　　治部主任。
13　費慶楨，時任中國國民黨中央改造委員會第五組秘書。1952 年 7 月任臺灣土地銀行
　　公產代管部經理。

　　　　　王　道　　秦孝儀 [1]　蕭錦城 [2]　卅三才　河北　輔仁

　　　　　李先庚 [3]　卅七　政校　滇

劉業昭 [4]　四十才　長沙　留日　孫丙炎 [5]　四一才　留日　皖


　　　　　朱嘉賓 [6]　陸總三署　大十八　留美　陳縱材 [7]　四師副　大十六（桂）

　　　　　盧福寧 [8]　二署　大十七　留美　楊業孔　賈貴英 [9]　大十二

情報　　彭孟緝　朱章〔公〕亮　盟總　張炎元

組織　　經國　夏正祺 [10]　南京　卅才　秦孝儀

海軍　　楊元忠 [11]　俞柏生 [12]　宜興　海校　海總五署副

---

1　秦孝儀，字心波，湖南衡山人。1949 年 8 月，任中國國民黨中央改造委員會秘書處專門委員兼總幹事。1950 年 3 月，任總統府秘書。1954 年 8 月，任中國國民黨中央委員會第四組副主任。

2　蕭錦城，河北樂亭人。1950 年 4 月，任行政院秘書。1954 年 8 月，任中國國民黨中央委員會秘書處專門委員。

3　李先庚，時任東南軍事長官公署經理處處長，並擔任李彌反共救國軍在臺聯絡工作，1950 年 9 月 16 日晉見蔣中正。

4　劉業昭，字左彝，湖南長沙人。遷臺後任東南長官公署政務委員會文化教育處處長，交通部總務司司長等職，並任教於國立藝術學校。

5　孫丙炎，山東人。曾任隴海鐵路機務處處長，來臺後任中國國民黨中央委員會財務委員會總幹事。

6　朱嘉賓，號柯坪，遼寧海城人。1949 年 9 月，任臺灣防衛司令部作戰處處長。1950 年 4 月，調任陸軍總司令部第三署署長。1952 年 11 月，調任第七十五軍第四十一師第一二一團團長。

7　陳縱材，曾任聯合勤務總司令部特種勤務處處長、特種勤務署副署長，時任第四師副師長。

8　盧福寧，浙江杭州人。時任陸軍總司令部第二署署長。

9　賈貴英，字子傑，河北豐潤人。1948 年 7 月，調任西安綏靖公署副參謀長兼第三處處長。1948 年 12 月，調任西南軍政長官公署參謀長。1950 年 3 月，任國防部戰略計畫研究委員會委員、情報小組負責人。

10　夏正祺，1943 年在重慶進入中國國民黨中央執行委員會工作，由議事單位基層幹事做起，歷任編審、專門委員、總幹事等。

11　楊元忠，1949 年 8 月下旬出任東南軍政長官公署海軍副參謀長，1950 年 4 月間東南軍政長官公署撤銷後，出任參謀本部戰略計劃委員會委員，負責臺灣防衛作戰計劃的研究。

12　俞柏生，字伯蓀，江蘇宜興人。1947 年 5 月任海軍軍士學校代校長，時任海軍總司令部第五署副署長，後任馬公巡防處處長。

空軍派長官署副參長

趙　梟[1]　時光琳[2]　鄭松亭[3]　以上空軍

　　　　吳志勳〔勛〕[4]　憲兵

　　　　周至柔　參長兼　　蕭宏毅[5]　75D 副　校十二

　　　　郭寄僑〔嶠〕　參長或作戰部　李慎端[6]　50A 副參　大十八

　　　　林　蔚　秘書長

　　　　胡宗南　訓練司令或政工部

　　　　萬耀煌　政工部

　　　　黃振〔鎮〕球　後勤部或防空司令

　　　　何世禮　梁華盛

　　　　羅澤闓

　　　　黃仁霖　汪奉曾


段允麟[7]　海校　安國祥[8]　王庭棟[9]　王宗燧[10]　劉　征[11]（不行）　高安艦


　　　　曹士澂　　　　朱章良〔公亮〕

---

1　趙國標，又名梟，浙江諸暨人。1949 年 8 月，任東南長官公署副參謀長，1951 年 1 月，
　　任空軍指揮參謀學校校長。
2　時光琳，1948 年任空軍第一大隊隊長。
3　鄭松亭，河南唐河人。1948 年 12 月，任空軍官校初級訓練大隊大隊長。1950 年 5 月，
　　任空軍第五大隊大隊長。1953 年 3 月，任空軍總司令部第三署作戰處處長。
4　吳志勳，字鳴琳，湖北廣濟人。第一屆國民大會代表，時任憲兵司令部參謀長，1953
　　年 7 月任憲兵學校校長。
5　蕭宏毅，號葚楚，湖南湘鄉人。第七十五師副師長，1954 年 7 月任第二十七師師長。
6　李慎端，湖南湘潭人。1949 年 8 月，任第二十一兵團司令部處長。時任第五十軍副參
　　謀長。1952 年 12 月調任臺灣中部防守司令部第三處處長。
7　段允麟，號夢平，江西南昌人。1949 年 3 月任太倉艦副艦長。
8　安國祥，歷任固安艦艦長、德安艦艦長、第四隊參謀長等職。
9　王庭棟，江蘇江寧人。1950 年 9 月任崑崙艦艦長。
10　王宗燧，湖北宜昌人。曾任海軍美珍艦副艦長，1950 年 9 月任維源艦艦長。
11　劉征，字紹荊，湖南新化人。1950 年 9 月任高安艦艦長。

上官業佑[1]　嚴澤元[2]

政工　張泰祥[3]　前南京衛戍總部政工處長

後勤　黃褚彪[4]　通信　楊繼曾[5]　兵工　陳立楷[6]　軍醫

趙桂森　後勤　吳嵩慶　財務

郭東暘[7]　滇　裝二團長　趙國昌[8]　裝二團　遼

郭發鰲[9]　鄂　海校長　軍校　電雷　陸大十五期

丘梅榮[10]　粵　防衛司令部副處　軍校十二　陸大廿一期

顧兆祥[11]　冀　空總一級主任

柳鶴圖[12]　蘇　鎮海　總六署　海校　英留學

周家聰〔聰〕[13]　閩　青海校　留美

---

1　上官業佑，字啟我，湖南石門人。1949 年任總統府國策顧問。1950 年任臺灣省青年服務團團長、中國國民黨中央訓練委員會委員。1952 年 12 月出任中國國民黨臺灣省黨部主任委員。

2　嚴澤元，號不嚴，四川慶符人。曾任福建省警保處處長、保安司令部副司令。時任國防部高參室高參。

3　張泰祥，字太翔，湖北黃岡人。時任國防部政工局第一處處長，後歷任中國國民黨臺灣省黨部執行委員兼書記長、中央委員會秘書處秘書。1954 年 7 月任中國國民黨中央委員會第五組副主任。

4　黃褚彪，1943 年 3 月參加「北非觀戰團」。時任聯合勤務總司令部通信署署長。

5　楊繼曾，字君毅，1946 年 5 月至 1949 年 11 月任聯合勤務總司令部兵工署署長，後任經濟部政務次長、國防部常務次長；1951 年任臺灣糖業公司董事長兼總經理。

6　陳立楷，浙江天台人。1949 年 9 月任國防部軍醫署軍醫監署長，1950 年 4 月調任聯勤總部軍醫署軍醫監署長。

7　郭東暘，雲南晉寧人。時任裝甲兵第二團團長。

8　趙國昌，後任陸軍總司令部供應司令部副司令。

9　郭發鰲，時任海軍軍官學校校長。

10　丘梅榮，字岱橋，廣東蕉嶺人。歷任臺灣防衛司令部副處長、陸軍第二士官學校副校長。

11　顧兆祥，號義培，河北任邱人。1949 年 3 月任空軍總部第三署飛行安全處處長，1950 年 5 月升任空軍總部作戰指揮室副主任，1952 年 11 月調任戰術空軍協同作戰訓練班主任。

12　柳鶴圖，江蘇鎮江人。1947 年 3 月任海軍左營工廠廠長，1950 年 4 月任行政院物資外匯審議委員會物資審議小組委員。

13　周家聰，福建閩侯人。歷任國防部第二廳第四處參謀、國防部第二廳第一處第一科科長、東南軍政長官公署第二處副處長。

蔡名永[1]　鄂　空副參　空校五　留美　卅五歲

彭令頤[2]　高雄副司令

郭修甲[3]　金門作戰處長

吳家荀[4]　電雷校二　留英　卅八歲　川

周雨寰　海戰隊二旅　軍校八　留德

周祖達[5]　川　空副署　航校二　卅七歲

王先登[6]　皖　海機校長　海校電雷　留德　卅五歲

吳　禮[7]　浙　空軍區　軍校六　航校一

胡子炎[8]　全　防衛部作戰科長　軍校十三　陸大廿一　卅一歲

駱效賓[9]　皖　防衛部砲兵主任　軍校十二　留美

譚　鵬[10]　鄂　高射砲副司令　　軍校七　　卅九歲

馬滌心[11]　皖　三三九師長　軍校八　陸大十五

魏化灝[12]　皖　十一師副　游幹班軍校十期

---

1　蔡名永，湖北雲夢人。1949 年任空軍指揮參謀學校研究員。1950 年 2 月任革命實踐研究院第四期輔導研究員，4 月任空軍總司令部第三署作戰處處長。1951 年春，入圓山軍官團高級班第一期，同年秋畢業。

2　彭令頤，時任高雄要塞司令部副司令。

3　郭修甲，時任金門防衛司令部作戰處長，7 月在革命實踐研究院軍官訓練團第二期受訓。1951 年任第六十七師副師長。

4　吳家荀，時任海軍武官，1956 年任國防部第二廳副廳長。

5　周祖達，時任空軍總部第四署副署長。

6　王先登，時任海軍機械學校校長。

7　吳順明，原名禮，浙江紹興人。曾任空軍第一軍區司令。1949 年 3 月任空軍總司令部諮議官。1950 年 4 月任國防部部長辦公室主任。1952 年 2 月任國防部戰略計畫委員會委員。

8　胡子炎，浙江金華人。1949 年 9 月任臺灣防衛司令部作戰科科長，1950 年 1 月任臺灣防衛司令部訓練處副處長，10 月調任陸軍軍官學校教育處後勤組組長。1952 年 7 月調任陸軍軍官學校預備軍官訓練班大隊長。

9　駱效賓，時任臺灣防衛總司令部砲兵指揮部參謀主任。

10　譚鵬，號步雲，湖北天門人。原任空軍高射砲司令部副司令，1950 年 6 月調任臺灣防衛部基隆要塞司令，1955 年 8 月調任陸軍砲兵學校校長。

11　馬滌心，安徽盱眙人。1951 年任第六軍第三三九師師長。1952 年第三三九師改編為第六十八師，仍任師長。

12　魏化灝，安徽合肥人。1949 年 8 月任第十八軍第十一師副師長。1950 年 10 月調任第十八軍軍官戰鬥團大隊長。1952 年 2 月任第十八軍附員。

孟述美[1]　瓊　十八師長　步兵學校　高教班

葉　錕　醉白　五十四軍一九八師長　廿六軍官團高教班　青田

張晴光[2]　卅八歲　五十二軍廿五師副　陝

孫蔚如[3]　隨營班

關麟徵[4]　教育大隊

陝大肄業一年

孫典忱[5]　山東　蕭錦城　河北　屬生荐

項潤崑　女　師連舫（東北）　辭修荐

方　豪　范爭波[6]　薛純德[7]　鎮天錫[8]　中候委　劉廉克[9]　蒙古

楊　儉[10]　韓藉〔籍〕黃埔生　有望　臧元駿[11]　山東　軍校

楊　英[12]　步校代校長　袁　雍[13]　湖北

---

1　孟述美，1949年晉升第十八師副師長。同年夏，由贛移防潮汕，調升第四十三師長。1950年初奉命撤退臺灣，任第十八師長。1952年接防馬祖。

2　張晴光，號化塵，陝西鄠縣人。曾任第五十二軍第二師參謀長，1950年8月派任第九十六師師長，因病未到職。

3　孫蔚如，名樹棠，1948年8月，任戰略顧問委員會委員。1949年初，留在上海，未隨政府遷臺。

4　關麟徵，字雨東，陝西鄠縣人。1949年8月，升任陸軍總司令，11月退隱，留居香港。1950年3月仍留居香港，蔣中正復行視事，改任孫立人為陸軍總司令。

5　孫典忱，歷任西北公路特別黨部書記長、山東第十三區行政督察專員。來臺後，任行政院設計委員會內政小組委員。

6　范爭波，1946年任制憲國大代表，1950年在香港辦《益世報》。

7　薛純德，到臺後任陸軍官校政治部副主任，嗣奉調政治作戰學校革命理論系教授。

8　鎮天錫，到臺後歷任全國職業訓練委員會副主任委員、省立成功大學等兼任教授等職。

9　劉廉克，字展一、蹤萍，蒙古卓索圖盟喀喇沁左旗（熱河凌源）人。歷任中國國民黨中央委員會邊疆黨務處綏蒙黨務特派員辦事處主任特派員、熱河省政府委員兼教育廳廳長。1948年7月，任蒙藏委員會委員。1954年2月遞補國民大會代表，5月出任蒙藏委員會委員長。

10　楊儉，原名姜人壽，為韓籍黃埔軍校學生。1949年追隨政府來臺，定居臺北。大韓民國大統領曾派人來臺頒發建國勳章，以表揚其貢獻。

11　臧元駿，抗戰勝利後，出任制憲國民大會代表，膺選立法院第一屆立法委員，屢任國防委員會召集人。

12　楊英，1947年獲技師公會河海航行人員團體選出為第一屆國民大會代表，1949年移居香港，國民大會每有會議召開，必到臺出席。

13　袁雍，1945年5月當選中國國民黨第六屆中央監察委員。後兼任漢口《華中日報》社社長。1949年7月到臺灣，1954年任立法院副秘書長。1967年任立法院秘書長。

朱元琮[1]　6D 長　陳固亭[2]　陝　政校

張立夫[3]　75A 參長　周　南[4]　河南

張民權[5]　粵　四十七歲　留俄　三義茶場長

徐量如[6]　江西　農院教授

尹殿甲[7]　澎湖司令部　陳　頤[8]　閩　留日　高雄女中　耶徒

陳守成[9]　裝甲兵司令　浙　卅五歲

劉修〔脩〕如[10]　湘　高教班　社會司

梁孝煌[11]　五十軍司令　閩　卅八歲

王　克[12]　蘇　留日　實物配給主任

政工　江海東[13]　廿三軍處長　江西　卅七歲　黃　通[14]　蘇　軍校七

徐汝楫[15]　六軍處長　滇　卅五歲　鄒志奮[16]　粵　政校　四五才

---

1　朱元琮，字仲瑜，江蘇武進人。1948 年 2 月，任整編第六十二旅旅長，10 月調任第七十五軍第六師師長。1950 年 7 月，升任第七十五軍副軍長。1951 年 5 月，調任第五軍第七十一師師長。

2　陳固亭，原名保全，陝西藍田人。1949 年冬到臺灣，出任監察院監察委員，同時兼任大學教授。1953 年春出使日本，徵集孫中山及辛亥革命先烈親筆檔案、函電等文物。

3　張立夫，浙江嵊縣人。時任第七十五軍參謀長，1952 年 10 月調任總統府高級參謀。

4　周南，1948 年當選第一屆立法委員。

5　張民權，來臺後任臺灣農林公司三義茶場場長，茶葉公司視察及臺灣省林務管理局專員等職。

6　徐量如，江西上饒人。時任臺灣省立農學院教授兼總務處主任。

7　尹殿甲，號魁軒，山東樂陵人。時任澎湖防衛司令部政工處處長。

8　陳頤，號仰程，福建永泰人。1949 年 7 月至 1953 年 7 月，任臺灣省立高雄女子中學校長，遞補第一屆國民大會代表。

9　陳守成，時任裝甲兵司令部政工處處長。1952 年 3 月，任第八十軍軍官戰鬥團第二大隊大隊長。

10　劉脩如，湖南新化人。來臺後，任內政部社會司司長二十二年。

11　梁孝煌，號樹國，福建閩侯人。時任第八十七軍政工處處長，後任政工幹部學校教務處處長。

12　王克，曾任社會部重慶社會服務處主任、上海勞動局局長、臺灣旅行社董事長。

13　江海東，字喬森，江西宜春人。時任第二十三軍政工處處長，3 月 4 日至 4 月 2 日在革命實踐研究院第四期研究。1951 年 10 月出任軍人之友社總幹事。

14　黃通，名慶漢，改名慶儒，字席珍，號伯通，江蘇海門人。1948 年在南京市選區當選第一屆立法委員，1949 年隨立法院遷臺。

15　徐汝楫，號子舟，雲南保山人。1949 年 1 月調任陸軍第六軍政工處處長。1950 年 5 月改編第六軍政治部主任，10 月調任高雄要塞政治部主任。

16　鄒志奮，1949 年 2 月在廣州市選區遞補當選第一屆立法委員。

徐漢傑[1]　防衛部處長　湘　卅三歲　杜元載[2]　湘　留美　四十七才

中委　李　荷[3]　薊縣　陳蒼正[4]　黃岩　周世光[5]（東北）

卓衡之[6]　川　常德普[7]　河南　方宏孝[8]　皖　李炳瑞[9]（加僑）

燕化棠[10]　傅光海[11]　軍校六（湖北）　劉先雲[12]　湖北

張　超[13]　閩　軍校六　周力行[14]　湖北校六　劉廣瑛[15]（東北）軍校


（蘇俄）俞馬西[16]　海軍

　　　　布加寧[17]　陸軍

　　　　福希寧[18]　空軍

---

1　徐漢傑，字真愚，湖南長沙人。時任臺灣防衛司令部政工處處長。

2　杜元載，字虞之，湖南漵浦人。1948 年 7 月任考選部第一司司長，1952 年 6 月調任司
　　法行政部總務司司長。

3　李荷，河北薊縣人，時任第一屆立法委員。

4　陳蒼正，時任第一屆立法委員。

5　周世光，字炳華，嫩江東興人。1947 年當選第一屆國民大會嫩江省東興縣代表，1950
　　年 10 月任中國國民黨臺灣省改造委員會委員。

6　卓衡之，1949 年 7 至 10 月為廣州商品檢驗局局長。

7　常德普，河南鎮平人。時任中國國民黨中央改造委員會訓練委員會總幹事。

8　方宏孝，安徽績溪人。1955 年 3 月任臺灣省生產教育實驗所教務組組長。

9　李炳瑞，1948 年在僑居國外國民第二區（加拿大）當選第一屆立法委員。

10　燕化棠，時任第一屆國民大會代表。

11　傅光海，湖北崇陽人。歷任中國國民黨革命實踐研究院研究部編纂、臺灣省黨部紀律
　　委員會常務委員。

12　劉先雲，1948 年當選立法委員。1949 年辭職轉任湖北省政府委員兼秘書。來臺後，
　　任革命實踐研究院講座兼主任秘書、臺灣省政府委員兼教育廳廳長。

13　張超，歷任福建省保安司令部組訓組長、福建省第四行政區行政督察專員，時任中國
　　國民黨臺灣省黨務訓練班副主任。

14　周力行，湖北沔陽人。原任聯勤總司令部上海港口司令，1950 年 9 月任陸軍總司令
　　部第四署署長。

15　劉廣瑛，1948 年當選行憲第一屆立法院立法委員，後赴臺灣。

16　俞馬西（Ivan Yumashev），蘇聯海軍將領，1947 年 1 月至 1951 年 7 月任海軍總司令。

17　布加寧（Nikolai Bulganin），又譯蒲假人，蘇聯將領、政治家，1948 年起成為共產黨
　　中央政治局委員。

18　福希寧（Pavel Fyodorovich Zhigarev），蘇聯空軍將領，1937 至 1938 年擔任蘇聯駐華
　　副武官，率領蘇聯志願軍飛行員在中國對日作戰。1949 年至 1957 年任蘇聯空軍總司令。

劉梓皋[1]　馬繼武[2]　朱元琮　鍾祖蔭　孟廣珍[3]　劉光宇[4]　艾　靉[5]

劉雲五[6]　蕭西清[7]　楊廷宴[8]　鄒鵬奇[9]　吉星文[10]　高魁元　柯遠芬　李運成[11]

楊業孔？

桂系　　王澤民[12]　張九如[13]　周雍能[14]　范苑聲[15]

---

1　劉梓皋，湖南安鄉人。1948 年 10 月國共遼西會戰中被俘，後脫逃。改任第二九六師師長。1949 年 4 月共軍渡江後，從上海撤至臺灣，其部調歸第五軍建制，任第五軍副軍長，防守金門。1950 年 10 月，調任高雄要塞副司令兼守備團團長。
2　馬繼武，雲南邱北人。第一屆國民大會代表，時任第九十六軍軍官戰鬥團團長。
3　孟廣珍，1950 年 10 月任第六十七軍軍官戰鬥團團長。1951 年 2 月革命實踐研究院軍官訓練團第五期結業。
4　劉光宇，1948 年 11 月升任第一○○軍第十九師師長，旋升第一○○軍副軍長。1949 年 8 月，程潛、陳明仁在長沙投共，率軍部直屬部隊等突圍。輾轉經昆明、蒙自，經海口到臺灣，任第五十四軍軍官戰鬥團團長。
5　艾靉，號業榮，湖北武昌人。1949 年 1 月任第九十二師師長。1950 年 1 月調任第九十二軍副軍長，2 月調任東南長官公署高參，4 月調任國防部高參，10 月調任第六軍軍官戰鬥團團長。1951 年 8 月，任第六軍軍長。
6　劉雲五，1950 年 6 月任第一三九師長，10 月任第五十二軍軍官戰鬥團團長。
7　蕭西清，1949 年 5 月任國防部第一署署長，1950 年 10 月任第八十軍軍官戰鬥團團長。
8　楊廷宴，河南項城人。1948 年 11 月時任二十五軍副軍長，碾莊戰役失利，第七兵團司令黃百韜自殺殉國，親葬之後逃出。第八十七軍軍官戰鬥團團長。
9　鄒鵬奇，號東賓，1949 年 3 月上海保衛戰任第九十九師師長，率預備隊奉命殿後，安全撤至臺灣。1950 年 10 月任第十八軍軍官戰鬥團團長，1951 年任第八十七軍軍長。
10　吉星文，字紹武，河南扶溝人。1949 年 9 月從福建撤至臺灣。1950 年 10 月出任第五十軍軍官戰鬥團團長。
11　李運成，字樹功，湖南湘陰人。1949 年 10 月時任第五軍軍長，駐防小金門，瓦解共軍攻擊，史稱「古寧頭戰役」。1950 年 8 月，調升金門防衛司令部副司令官，1951 年 7 月，調任第五十二軍軍官戰鬥團團長。
12　王澤民，江西人。時任第一屆立法委員。
13　張九如，號救魯，曾任制憲國民大會代表。時任第一屆立法院立法委員。
14　周雍能，1946 年當選為制憲國民大會代表。1947 年 3 月，聘為國民政府憲政實施促進委員會常務委員；7 月，任僑務委員會副委員長。行憲後第一屆立法院立法委員。
15　范苑聲，1948 年當選第一屆立法委員。到臺後，常駐立法院經濟委員會。

| 山西 | 祁志厚[1] | 鄧鴻業[2] | 武誓彭[3] | 鄧勵豪[4] | | |
|---|---|---|---|---|---|---|
| （臺灣） | 黃國書 | 王民寧[5] | 陳嵐峯[6] | 蘇紹文[7] | | 軍事機關 |
| | 楊肇嘉 | 謝東閔[8] | 吳連三〔三連〕 | 陳尚文[9] | 劉 明[10] | 廳長任用 |
| | 朱昭陽[11] | 林益謙[12] | 吳金川[13] | 經濟 | | 司長任用 |
| | 彭 德 | 楊 陶[14] | 省參 | 馬有岳[15] | 省參 | 廳長任用 |
| | 李萬居[16] | 黃朝琴 | 游彌堅 | 蔣渭川 | | 次長任用 |
| 趙那蘇圖[17] | 蒙古 | 東北講武堂 | 四十六才 | | | |

---

1　祁志厚，1948年當選綏遠省選區立法委員。1949年到臺灣。

2　鄧鴻業，1948年當選立法院第一屆立法委員。

3　武誓彭，字希林，1948年當選立法院第一屆立法委員。

4　鄧勵豪，1948年當選立法院第一屆立法委員。

5　王民寧，號一鶴，臺北樹林人。1949年2月調任總統府參軍，歷任臺灣省政府委員及國民大會光復大陸設計研究委員會委員等職。1952年，與林柏壽、林宗賢、陳啟川等人集資創辦中國化學製藥。

6　陳嵐峯，時任第一屆監察委員。

7　蘇紹文，1947年當選為新竹區首屆國民大會代表。1952年晉升為陸軍中將，為當時國軍高階將領中少見的臺籍人士。

8　謝東閔，號求生，時任臺灣省政府教育廳副廳長，1951年兼任臺灣新生報董事長。

9　陳周，字尚文，1950年任臺灣省政府建設廳廳長。同年，出任中國國民黨臺灣工礦黨部改造委員，主管國民黨臺灣工礦黨部。

10　劉傳明，又名劉明，時任臺灣省煤礦公會理事長及石炭調節委員會主任委員，被控「資匪」遭保密局逮捕，判徒刑十年，沒收家產。

11　朱昭陽，臺灣臺北人。1946年10月創辦延平學院，二二八事件發生，遭勒令停辦。1948年6月任合臺灣省作金庫常務理事，9月，延平學院以延平補校名義獲准復校。1949年9月，復因在東京組織「新生臺灣建設研究會」事，遭羈押百日。

12　林益謙，臺北市人。東京帝國大學畢業。曾任臺灣省合作金庫研究室主任、華南銀行研究室主任。1948年受聘臺灣糖業公司監察人，1951年兼任財政部專門委員。

13　吳金川，1949年9月出任臺灣省合作金庫業務部經理。1952年3月進入彰化商業銀行任職。

14　楊陶，時任臺灣省參議員。

15　馬有岳，曾任花蓮縣參議會參議員、三民主義青年團花蓮分團幹事，時任臺灣省參議會第一屆參議員。

16　李萬居，字孟南，1947年10月創辦《臺灣公論報》，1950年與雷震等研籌組中國民主黨，未成。

17　趙那蘇圖，漢名趙匯川，曾任蒙古聯盟自治政府（1937-1939）政務院總務部外交處處長，1949年9、10月參與德王的蒙古地方自治運動，為內蒙自治籌備委員會代表。

監委　　張定華（貴州）　　孫玉琳（南京）　　劉延濤[1]（河南）　　陳志明[2]

　　　　趙季勳（山東）　　王樹〔澍〕霖（熱河）　　趙光宸（天津）

　　　　吳大宇　　湖北

　　　　劉文島[3]　　王秉鈞　　王啟江[4]　　白　瑜[5]　　余　拯

　　　　何聯奎[6]　　劉贊周[7]　　李永新[8]　　江一平[9]

　　　　李嗣聰〔璁〕[10]　　邱〔丘〕念台[11]　　陳志明　　陳肇英[12]　　劉　哲[13]

　　　　張鐵君　　吳曼君[14]　　曾虛白

　　　　張清源[15]　　葉溯中　　胡健中　　鄒〔作〕華[16]

　　　　端木愷[17]　　狄君武

---

1　劉延濤，時任第一屆監察委員。曾協助于右任十次編修「標準草書」，並著有《草書通論》。

2　陳志明，曾任安徽大學、中央警官學校教授，時任第一屆監察委員。

3　劉文島，字永清，1948 年當選第一屆立法委員、立法院外交委員會委員。轉往臺灣後，創辦《健康長壽》月刊，並從事佛學研究。

4　王啟江，河北束鹿人。曾任外交部參事、中國國民黨中央執行委員會副秘書長。1948 年 5 月，當選第一屆立法委員。

5　白瑜，字上之，湖南華容人。1948 年當選立法委員，來臺後，提倡「農業企業化」主張，曾引發軒然大波。

6　何聯奎，字子星，浙江麗水人。1947 年當選為第一屆國民大會代表。1949 年到臺灣，任行政院副秘書長。

7　劉贊周，曾任南京中央軍校軍醫處長。1948 年當選第一屆立法委員。

8　李永新，字鶴齡，蒙古卓索圖盟喀喇沁左旗人。1948 年在蒙古卓索圖盟選區當選第一屆立法委員。

9　江一平，字穎君，浙江杭縣人。1948 年當選第一屆立法委員。1949 年初，在上海審判日本戰犯時，被指定為日本軍總司令岡村寧次辯護律師。共軍占領南京前夕，赴臺灣，繼任立法委員。

10　李嗣璁，字蔭翹，時任第一屆監察院監察委員。

11　丘念台，時任第一屆監察院監察委員。

12　陳肇英，字雄夫、雄甫，浙江浦江人。時任第一屆監察委員。

13　劉哲，字敬輿，吉林九台人。時任監察院副院長。

14　吳曼君，在臺灣歷任國防部總政治部專員、國防部新中國出版社總編輯、社長，中興大學教授。

15　張清源，時任第一屆立法院立法委員。

16　鄒作華，時任國民大會代表。

17　端木愷，字鑄秋，1949 年 8 月 31 日任財政部政務次長，11 月 18 日請辭，轉任總統府國策顧問。

黨　　　夏正祺　南京　秦孝儀　陳明令[1]　秘書　諶忠幹[2]　處長

　　　　吳開先[3]　何雪竹　鄭介民　王新衡

　　　　陳訓畬〔悆〕　宋越倫[4]　鄭南渭　中國通訊社

　　　　鄧有〔友〕德[5]　林定平[6]（前僑處）　李待琛[7]

　　　　劉增華[8]（僑務）

駐日代表團　沈覲鼎　邵逸周（商代）　吳文藻（二局）　吳半儂〔農〕[9]（三局）

空軍　　　任肇基[10]　四大隊北平　水建磐[11]　八大隊北平　張光蘊[12]　初級訓練

　　　　大隊河北

高魁元　山東　校四　十八軍

胡　璉　華心權[13]　二〇〇師副師長

---

1　陳明令，時任中國國民黨中央改造委員會專門委員。

2　諶忠幹，江西南昌人。曾任中國國民黨中央秘書處處長，1950 年 9 月任中央改造委員
　會秘書處總幹事，1952 年 11 月任中央委員會秘書處總幹事。

3　吳開先，字啟人，曾任臺灣中華書局董事、總統府國策顧問。

4　宋越倫，字人騶，浙江上虞人。1949 年參加駐日代表團，駐日本使館成立後繼續留任，
　歷任一等秘書、文化參事、公使等職。

5　鄧友德，四川奉節人。1947 年 4 月任行政院新聞局副局長，1948 年 3 月派任出席聯合
　國新聞自由會議代表。後任外交部顧問（駐日）、駐日本大使館新聞參事。

6　林定平，1947 年 11 月派任駐日代表團僑務處處長，1951 年 6 月改任駐日代表團專門
　委員。

7　李待琛，1947 年 2 月出任中國駐日接收賠償總代表，同時參加駐日盟軍總部中國五人
　代表之一，共同處理日本投降善後事宜。1950 年離開駐日代表團，從事學術研究及譯
　著工作。

8　劉增華，1948 年 4 月任中華民國駐日代表團僑務分處主任，1951 年 4 月升任駐日代表
　團僑務處處長。

9　吳半農，原名吳祖光，安徽涇縣人。1947 年 12 月派任駐日本代表團第三組（經濟）
　組長和中國駐盟軍總部賠償歸還代表團首席代表。1949 年在日本脫離駐日本代表團，
　僑居日本東京經商。

10　任肇基，山西陽曲人。原任空軍第五大隊副大隊長。1950 年 8 月，升任空軍第四大
　隊大隊長。

11　水建磐，1950 年 8 月任空軍第八大隊大隊長。

12　張光蘊，號作楨，河北武強人。1949 年 8 月任第四大隊大隊長，1950 年 8 月任空軍
　軍官學校教務處初級訓練大隊大隊長。

13　華心權，字家駿，陝西商縣人，原任第二〇〇師副師長，1950 年 8 月，升任第二〇〇
　師師長，11 月奉命至革命實踐研究院第九期受訓。1952 年 11 月，任總統府侍從參謀。

石　覺　車蕃如　校七期　陸大十一期

唐守治　林森木 [1]　北方軍校　大十三　熱河　四四才

劉廉一　朱元琮　校八　大十六　6D 長　卅七才

王啟瑞 [2]　二〇七師長　武漢分校七期　湘

羅又倫　徐汝誠 [3]　校六　大十二　三廳　餘姚　四二才

王恩華 [4]　三艦司令　江西　電雷學校及留德

容有略 [5]　曹永湘 [6]　校八　大十五　湘　　75A 副　四四才

于豪章　蕭　勁 [7]　校六　留德　湘　部參議　四五才

葉會西 [8]　胡璉部副參長

李藍田 [9]　澎湖要港司令

劉勛午 [10]　空軍第四署副處長

華心權　二〇〇師長　陝　步校

張晴光　96D ／ 75A　陝　昆明幹訓班

葉公超　陳辭修

張其昀　蔣經國

袁守謙　黃少谷

---

1　林森木，號深慕，熱河平泉人。時任第八十軍副軍長。1951 年 2 月，調任臺灣南部防守區司令部副司令官。

2　王啟瑞，號文霞，湖南資興人。原任第二〇七師師長，7 月調任第六軍副軍長，1951 年 8 月升任第六軍軍長。

3　徐汝誠，字午生，浙江餘姚人。時任國防部第三廳廳長兼國防部業務法規整理委員會委員。

4　王恩華，字澤中，江西南康人。時任海軍第三艦隊司令，3 月指揮海南島戰役。1951 年 4 月調任海軍軍官學校校長。

5　容有略，1949 年任第六十四軍軍長，海南警備副司令，海南防衛總司令部第三路司令官。1950 年 5 月到臺灣，任國防部參議。

6　曹永湘，時任第七十五軍副軍長。

7　蕭勁，字竹軒，湖南邵陽人。來臺後任第五十四軍兵工建設委員會副主任，後調任第五十四軍砲兵指揮官、高雄要塞副司令、第一軍團砲兵組組長、國防部諮議官。

8　葉會西，1950 年任金門防衛司令部副參謀長，後任第五十四軍副軍長。

9　李藍田，時任澎湖要港司令部海軍參謀長，1953 年 10 月調任海軍總司令部總務處處長。

10　劉勛午，江蘇武進人。1949 年 1 月升任空軍總司令部第四署技術補給處副處長。

陶希聖　鄭彥棻

谷正綱　王雪艇

陳立夫　洪蘭友

張岳軍　張道藩


俞鴻鈞　吳國楨

中國銀行　徐柏園

交通銀行　趙棣華

王崇植　任顯羣

尹仲蓉〔容〕　鄭道儒

經濟部　嚴家淦


楊楚材　五十四軍副　應調換

吳廣仁[1]　261i／87D　山東第三路軍教導團出身　查明詳歷

張雲漢[2]　仝上　副團長　康澤[3]訓練班出身　稱校十四期　查歷

孟漢鐘[4]　海軍演習指揮官

王惠恩[5]　仝上

---

1　吳廣仁，1950 年時任第八十七師第二六一團團長。1952 年 11 月 16 日奉調雲林團管區司令。

2　張雲漢，時任第九十六軍第八十七師第二五九團副團長，7 月在革命實踐研究院軍官訓練團第二期受訓。

3　康澤，字代賓，號兆民，曾任三民主義復興社中央幹事、三民主義青年團中央團部組織處處長等職。1948 年當選立法委員，後任第三十三軍軍長、第十五綏靖區副司令，7 月於襄陽戰役被俘。

4　孟漢鐘，江蘇江寧人。原任海軍總司令部第五署供應處第四科代科長，1946 年 11 月調第一補給司令部。後任海軍總司令部候補員，1957 年 1 月調任國防部第四廳第三組組長。

5　王惠恩，號潤之，吉林雙城人。曾任海軍參謀學校教育處總教官，後任海軍金門巡防處處長，1962 年 12 月任海軍軍官學校教育長。

謝齊家[1]　三期　臺北區參長

周中峯[2]　二〇七師長　　河北軍校十三　工　卅二歲

郭　棟[3]　十六師長　　湖北武漢分校七　　四十一歲

賈貴英　河北軍校七期　陸大十二　　　　卅九歲

皮　震[4]　湖北軍校四期　陸大特四　　　　四十八歲

汪繼志[5]　五十四軍八師參長

林森木　熱河　四四才　南區副司令　陸大十三期　西北軍校

朱元琮　武進　四〇才　軍校八　陸大十六期

湯焹孫　兵工校　黃褚彪　通信署


毛人鳳　毛　森

黃珍吾　侯　騰

鄭介民　彭孟緝

俞濟時

唐　縱


張岳軍　吳鐵城　朱驪先　陳立夫

鄭彥棻　黃少谷　張道藩　谷正綱

賀衷寒　王啟江　谷正鼎

---

1　謝齊家，字其潔，湖南華容人。原任第五兵團參謀長，1950 年 7 月任臺灣北部防守區司令部參謀長，1954 年 7 月調任總統府高級參謀。

2　周中峯，字秀三，河北慶雲人。1949 年時任二〇七師副師長，駐防馬祖島。1950 年入革命實踐研究院第四期受訓，旋升任第二〇七師師長。1952 年底調任總統府高級參謀。

3　郭棟，1948 年 9 月任獨立第九十五師副師長，1949 年 8 月至 1950 年 5 月，防務舟山島西南。

4　皮震，湖北大冶人。1949 年秋到臺灣，1953 年 9 月任國防部高級參謀。

5　汪繼志，時任第五十四軍第八師參謀長，1954 年 5 月調任臺東師管區司令部參謀長。

柳克述 [1]　程天放 [2]　倪文亞　蔣經國

劉文島　劉贊周

狄　膺　白　瑜　蕭　錚 [3]　蕭贊育 [4]

劉健羣


彭醇士 [5]　陳紫楓 [6]　陳博生

劉志平 [7]　張靜愚 [8]　江一平　余　椄〔拯〕


已到　步槍 6000 支

　　　　彈　一千一百顆

可到　輕機六百挺

　　　　步槍一千四百支

三月（已運出）

　　　　步槍五千六百支

　　　　彈　四百萬顆

1　柳克述，字劍霞，曾任湖北省政府委員兼秘書長、國民大會代表；赴臺後於 1951 年轉任交通部政務次長。

2　程天放，原名學愉，字佳士，號少芝，江西新建人，生於浙江杭州。時任立法委員。1950 年 3 月，任行政院政務委員兼教育部部長，任職至 1954 年 5 月。

3　蕭錚，字青萍，浙江永嘉人。中國土地改革的先驅者之一，1948 年當選第一屆立法委員，1949 年到臺灣後，任土地銀行董事長等職務。

4　蕭贊育，字化之，湖南邵陽人。1948 年當選第一屆立法委員，1949 年到臺灣後，歷任拔提書局、正中書局、中國廣播公司董事長。

5　彭醇士，1949 年到臺灣，歷任臺灣大學、東海大學教授，靜宜文理學院教授兼系主任，中國文化大學詩學研究所所長。

6　陳紫楓，1930 年擔任中國國民黨中央黨史史料編纂委員會編纂。1948 年當選第一屆立法委員。1949 年後到臺灣。

7　劉志平，時任第一屆立法委員。

8　張靜愚，1949 年隨政府遷臺，任立法委員、經濟部政務次長、臺灣鋁業公司董事長。

待運　步槍一千支

　　　輕機一百挺

一月（未交）輕機四百五十挺

五月份步槍貳萬八千支

三月份子彈一千萬發

七月份輕機二千五百五十挺


張君勱登報啟事脫離民社黨（內一）

五月

（香港廿四日電）中國民主社會黨領袖張君勱在香港工商日報刊載啟事一則，表示脫離該黨。啟事全文如次：「自一九四七年參加政協以來，一心以各黨合作、民主憲政為方針，孰知事與願違，合作終成破裂，憲政徒有虛名，數年來政治上之實怙，與平日主張相去遠甚，雖安緘默、內疚實深，自政府離京後，息影澳門，近又遠遊印度，國內政局不相聞問，所有中國民主社會黨主席職權，業於本年五月十四日經本黨中常會議決同意，由徐傅霖先生代為執行，當今之局，必須培養新血戰力，以維持國家獨立、文化自由與民主權三項立國基礎，本人將以超然之身，追隨國人共同努力於救國救民之大業，特掬悃忱，惟希鑒察。」


杜魯門對我仍未懷好意（外一）

（華盛頓一日電）杜魯門於向國會要求制訂互防協助計劃時，在第一部份的檢討敘述中，中國國民政府被兩次提及，但都對我不利。報告中說：「中國方面，共黨軍隊受克里姆林宮鼓勵，並在中國東北獲得裝備後，在中國已獲得日益增強的政治和軍事控制，中國的人民已失去對他們政府的信心。」報告在敘述軍援希土所獲的良好結果後，又說：「另方面，對中國的大量軍事協助，沒有能阻止共黨的浪濤，但牠的失敗，乃是由於國際力量，非美國政府力量所能順利約束。中國國民政府已失去軍民的信心，進一步的任何協助

（除非為一個失去人民支持的政府進行全面的干涉）都不能影響這一結果。回溯往事，這是明白可見的。」

曼哲斯特衛報本日社評中稱：現在必須明白表示，不能接受蔣總統出兵的建議。僅僅在一兩個月以前，國民黨就預料他們在一百天以內就可因世界大戰爆發而得救，我們不能讓目前的局勢有變得更為困難的機會。迄今為止，因韓國戰爭發生而造成的最惡劣的結果之一，就是干預促使北平政權加入國際社會的……（第一頁）

努力，阻止共黨進攻臺灣，已使中國有大批部隊無事可做，如這些部隊無事可做，將使每個人感覺關切。泰晤士報的社評於申述英外部的意見之後，繼而論及臺灣：「另一個問題，乃美國遮斷了來自中共統治，絕大部份下的中國大陸對中國國民黨殘部統治下的臺灣的侵略是否聰明之舉，這是可加辯論之點，顯然，不是為了西方國家的利益，我們不必做出任何觸怒中共軍隊的事，儘管美國面臨北韓的侵略，同時鑒於中共準備進攻臺灣，於是明白的來使這種已經發生的衝突局部化。更進一步說：美國派遣第七艦隊掩護臺灣時並命…（第二頁）

中國國黨解除中國大陸的封鎖，而臺灣的前途，亦當在他日的談判中商決。美國已審慎的未委身於永久的支持中國國民黨。最壞的影響使中共改變他們攻臺計劃，轉而插身於韓國，如果根本上由於其他緣故，而不是僅為臺灣，干涉的決策仍當採取。

社會主義者的星期刊物雷諾茲新聞報，在前一期甚至主張擴大尼赫魯調停韓國糾紛的建議，並為共產中國於聯合國安理會中謀一席次。該報說：「一方面應令新中國加入聯合國，一方面應把XXX逐出去，並且聯合國應撤回牠那危險而不公正的維護聲名狼藉的臺灣X氏政府餘孽的政策。」（第三頁）

**奸匪過去之戰略方針與軍事原則：**

一、先打分散孤立之敵，後打集中強大之敵。

二、先取小城市中等城市及廣入鄉村，後取六城市。

三、以殲滅敵人有生力量為主要目標，不以保守或奪取城市及地方為主要目標。保守或奪取城市及地方，是殲滅敵人有生力量的結果，往往須要反覆多次，才能最後保守或奪取之。

四、每戰集中絕對優勢兵力。（兩倍三倍四倍，有時甚至是五倍或六倍於敵之兵力）四面包圍敵人，力求全殲，不使漏網。在特殊情況下，則採用給敵以殲滅性打擊之方法，即集中全力打敵正面及其一翼或兩翼，求達殲滅其一部，擊潰其另一部之目的，以便我軍能夠迅速轉移兵力。殲擊他部敵軍，力求避免打那種得不償失的或得失相當的消耗戰，這樣在全體上我們是劣勢（就數量來說），但在每一個局部上，在每一個具體戰役上，我們是絕對的優勢，保證了戰役的勝利，隨着時間的推移，我們就將在全體上轉變為優勢，直到殲滅一切敵人。

五、不打無準備之仗，不打無把握之仗，每仗都應力求有準備，力求在敵我條件對比下有勝利之把握。

六、發揚勇敢戰鬥，不怕犧牲不怕疲勞，與連續作戰（即短期內不休息地接連打幾仗）的作風。

七、力求在運動中殲滅敵人，同時注重陣地攻擊戰術，奪取敵人的據點及城市。

八、在攻城問題上，一切敵人守備薄弱的據點及城市，則堅決奪取之。一切敵之有中等程度之守備，而又為環境所許可之據點及城市，則相機奪取之。一切敵人守備強固之據點及城市，則等候條件成熟時然後奪取之。

九、以俘獲敵人的全部武器及大部人員補充自己，我軍人力物力的來源主要在前線。

十、善于利用兩個戰役之間的間隙，休息與整訓部隊。休整的時間一般地不要過長，儘可能不使敵人獲得喘息時間。

密件　第四六號　三十九年八月二十六日中央通訊社編印

臺糖由港流入匪區

（香港二十六日電）據悉：臺灣精糖仍在繼續不斷的運往香港，但都經奸商壟斷，轉運大陸，以圖厚利，據商界人士稱，過去一週內即有精糖五千噸自香港轉運大陸，大陸上的糖價聞已漲至每擔港幣兩百元，上海則高至每擔值港幣三百元，在此種情形之下，中共駐港的採購人便特別活動，他們除了購一切必要品外，並聽說在通過私商購買臺煤。

英對臺灣問題

主張由聯合國處理

（倫敦二十五日合眾電）倫敦官方認為：中共「外交部長」周恩來之要求聯合國令美國撤離臺灣，是最近在中共首都舉行五國商談後的第一後果，八月十四日北平廣播曾說，北平曾就臺灣問題舉行五國商談，參加者有中、俄、韓、越及「臺灣人民政府」，英政府發言人說，他未受權表示英政府對臺灣的意見，但英國殆將支持這個建議，即臺灣問題應由聯合國處理，以作為最後對日和約解決的準備工作。（完）（第二頁）

密件　第五四號　三十九年九月七日　中央通訊社編印

共匪向美展開和平攻勢

企圖和平解決臺灣問題

（華盛頓七日合眾電）可靠的消息靈通人士稱，中共已經表示將要求和平解決臺灣問題，此項報導使美國官方人士對于中共可能攻擊現由國軍扼守的臺灣一事所生的緊張情緒，大為緩和，眾認此種發展，至少可視為莫斯科當局在企圖擴大韓國戰事及于臺灣一事上，已暫時遭受挫折。但美政府官員說，蘇聯成功的可能性，仍然是一個危險的問號，臺灣問題無法早日獲致協議，中共宣稱，臺灣是他們的財產，諦將堅持要求佔領。北平方面願意對臺灣（第一頁）

問題尋求和平解決的消息，諒係印度透露，該國與中共政權取有聯繫，咸信

中共上述決定是基于三個原因：（一）攻擊臺灣，無異攻擊美國，美國已派第七鑑隊游弋臺灣海峽，努力防止韓國戰事的擴大，而且美國的報復行動，可能包括對中國大陸施行毀滅性的空中攻擊。（二）中共對臺灣遲遲未能進攻，已使美國得以加強其海軍力量，且美國與中國國軍司令官已擬各項相當配合的計劃，迎擊共軍的進攻。（三）中共刻正注意國內組織問題，惟不願作任何可能招致失敗的軍事行動的冒險，此種失敗，勢將動搖其在大陸上的統治，現有證據證明中共在其最近的宣傳聲明中所持態度，已較緩和，美國極力主張（第二頁）

臺灣未來的所有權，應由聯合國及對日和約決定，美國的決策人士刻正研究一項大多數參加最後對日和約政府所可接受的方案。據政府官員稱，最後建議尚未制定，美國對于任何可使中共直接控制居于戰略要地的臺灣的計劃，必予以反對，刻正研究的一項行動，為派遣一聯合國委員會前往臺灣（此處電文脫漏）任臺灣人民自行決定該島地位，但此舉勢必為蔣總統所反對。（完）（第三頁）

黃惠程[1]　卅二　粵　四分校　二○八師營長

趙　齊[2]　三○　山東　六分校　十六期　50A 營長

褚廉方[3]　卅三　吳縣　電雷二　丹陽軍艦

通信　董洽民[4]　卅二　浙　校十三　留美通信

---

1　黃惠程，廣東澄海人。時任第二○八師營長。

2　趙齊，山東泰安人。曾任排長、連長、副營長、參謀科長，1958 年 8 月任第九師副參謀長。

3　褚廉方，江蘇吳縣人。1948 年任崑崙艦副艦長，1950 年 7 月任崑崙艦艦長，1952 年任太湖艦艦長。

4　董洽民，1943 年任新編戰車第一營本部連連長。1951 年任裝甲兵旅通信大隊大隊長。

裝甲　周本立[1]　卅二　河南　校十二

空軍　張成業[2]　卅五　吉林　空校八　空一大隊中隊長

　　　黃　闓[3]　卅三　瑞安　航校七　留美　空八大隊副中隊長

海軍　林　溥[4]　卅九　林森　海校　海軍登陸艦隊參長

工兵　宋志謙[5]　卅才　山東　校十四　工兵二團營長

　　　黃　一[6]　卅才　湘潭　校十八　六七軍五十六師營長

空軍　朱秋賢[7]　卅三　粵　空校十一

　　　周啟賢[8]　卅四　湖北　校十一　裝甲大隊長

海軍　胡楚衡[9]　卅二　粵　黃埔海校

　　　楊鑄九[10]　卅一　河北　校十四陸大廿一　軍校教育處

　　　孫至〔克〕剛[11]　廿八　皖　稅團　軍校教導隊營長

　　　張天溥[12]　卅　平　校十四　留美　陸總

　　　范仲英[13]　卅四　川　校十三空校十　空軍

---

1　周本立，時任舟山地區岱山裝甲兵指揮官。1957 年 9 月任裝甲第一師第二戰鬥指揮部指揮官。
2　張成業，時任空軍第一大隊中隊長。
3　黃闓，時任空軍第八大隊副中隊長，1955 年 2 月至 1957 年 7 月任空軍總司令部附設新竹小學校長。
4　林溥，號凌普，福建林森人。1950 年 7 月任海軍中練艦艦長，9 月調任海軍艦隊司令部參謀長。1955 年 5 月升任海軍艦隊司令部司令。
5　宋志謙，山東人。時任工兵第二團營長。
6　黃一，湖南湘潭人。時任第六十七軍第五十六師營長。
7　朱秋賢，廣東豐順人。空軍軍官學校第十一期航空班畢業，曾任第一大隊第三中隊分隊長。
8　周啟賢，字肇岐、佑熙，雲南廣通人。中央軍校高等教育班第六期畢業，後任中央訓練團教育訓練委員會委員。1947 年 11 月當選第一屆國民大會代表。
9　胡楚衡，安徽六安人。曾任中華海員工會特派員辦事處專員、科長，中華海員工會秘書兼會計主任。
10　楊鑄九，時任陸軍軍官學校教育處騎砲裝甲組組長。
11　孫克剛，原名至道，字克剛，號養吾，又號象乾，安徽廬江人，孫立人堂姪。抗戰後期曾跟隨部隊在緬甸北部作戰，記錄戰鬥實況，戰後在廣州出版，書名《緬甸蕩寇志》。1946 年 8 月在上海再版，即《中國軍魂：孫立人將軍緬甸作戰實錄》一書由來。
12　張天溥，北平人，曾任陸軍總司令部附員。
13　范仲英，四川宜賓人。曾任空軍作戰司令部科長。

（文佳）李晉波[1]　卅一　江西　校十七　三四〇師一〇一九團營長

　　　　馮　浩[2]　廿九　紹興　稅警團　軍校幹訓大隊長

　　　　張俊傑[3]　卅四　河北　校十三　裝甲大隊長

　　　　于新民[4]　卅一　南京校十六　教導總隊團長

　　　　徐美雄[5]　卅三才　遼　校十一　裝甲旅處長

　　　　陳躋平[6]　卅五才　江西　校八　36 師工營長

　　　　熊同儀[7]　廿九才　皖　校十七　八師廿三團營長

　　　　軍訓團四期生

（不行）凌倍祿[8]　六十三師營長　燕塘畢業

（不行）李中賢[9]　八十軍通信營長

（不行）陳　幹[10]　九十二師營長

　　　　王仲輔[11]　察　校九　大十八　卅八才

　　　　駱效賓　皖　校十二　留美　化學兵　卅四才陸總一署

---

1　李晉波，江西人。時任第三四〇師第一〇一九團營長。

2　馮浩，號蓬章，湖北蒲圻人。時任陸軍軍官學校幹部訓練班大隊長。

3　張俊傑，河北人。時任裝甲兵大隊長。

4　于新民，時任陸軍軍官學校教導總隊團長。

5　徐美雄，時任陸軍裝甲兵司令部營務處處長。

6　陳躋平，黃埔軍官學校第八期第二總隊工兵隊，時任第三十六師工兵營營長。

7　熊同儀，安徽鳳陽人。時任第八師第二十三團營長。

8　凌倍祿，時任第六十三師營長。

9　李中賢，山東嶧縣人。歷任第八十軍通信營營長、金門防衛司令部通信組組長，1961
　年 8 月任第二軍團七五二通信兵群指揮官。

10　陳幹，號錫鈞，湖北黃梅人。1948 年 11 月任第十三軍司令部參謀，1949 年 2 月突圍。
　　時任第九十二師營長。

11　王仲輔，察哈爾康保人。1946 年 12 月任國防部第二廳第二處第四科科長，後調邊國防
　　部第二廳第二處第三科科長、專員，累升至第二處處長、第二廳專員。1954 年 3 月
　　時任金門防衛司令部第二處處長。

熊振漢[1]　湖北　校八大十七　卅九才

譚國鐸[2]　湘　三分校　大十六　四六才

任世江[3]　浙　校六　大十四　四二才

何龍庭[4]　江西　校十三大廿　卅三才

日英　孫成城[5]　遼　校九　留英　南防副參　卅七才

土文　劉恩霖[6]　遼　校十一　留土　宗南舊部　卅二才

俄文　景雲增[7]　河北　校九　大十七　四十才

義文　鄭為元[8]　皖　校九　留意步兵　卅八才

法文　劉方矩[9]　皖　士官　駐伊朗武官　卅九才

俄文　張國疆[10]　河北　校九大十七　卅七才

第二廳

△　　楊醒民[11]　南防區高參？[12]團三期

---

1　熊振漢，號雄，湖北應城人。原在國防部第二廳服務，1948 年 7 月任華中剿匪總司令部第三處處長，1949 年 1 月任華中軍政長官公署第二處處長。

2　譚國鐸，時任東南長官公署研究室副主任，3 月 4 日至 4 月 2 日在革命實踐研究院第四期研究。

3　任世江，時任國防部第五廳組長，1952 年 2 月任國防部第五廳副廳長。

4　何龍庭，號噓雲，江西萍鄉人。1949 年 11 月升任國防部第二廳第三處處長，1950 年10 月調任第十九軍第四十五師參謀長。1952 年 8 月調任臺灣省保安司令部保安處科長。

5　孫成城，1952 年 10 月調任總統府侍從參謀。

6　劉恩霖，號霖之，遼寧綏中人。1949 年 1 月，任華中軍政長官公署第二處副處長，來臺後任總統府戰略委員辦公室參謀。

7　景雲增，字沛霖，河北易縣人。時任國防部第二廳專員，8 月革命實踐研究院第七期研究員結業。

8　鄭為元，安徽合肥人。1949 年 7 月，任國防部第二廳專員。1950 年 11 月，升任國防部第二廳第五組組長。1951 年 2 月，升任陸軍總司令部第五署署長。

9　劉方矩，號與絜，安徽懷寧人。1949 年到臺灣。1950 年升少將，歷任國防部外事聯絡組組長、國防大學編譯處處長、陸軍總部第二署署長、國家安全局第二處處長。

10　張國疆，字逖夷，1948 年 6 月派任駐蘇俄陸軍武官，1949 年 10 月中蘇斷交返臺，任國防部第二廳專員，1951 年 7 月任臺灣東部防守區司令部參謀長、1952 年 10 月調任總統府參軍。

11　楊醒民，號辛民，湖南零陵人。曾任第六十六軍政治部主任、首都警察局水警局局員。

12　原文如此。

△　　馮陳豪[1]　湘　卅二師長

　　　馮惠民[2]　湖北　校一○　十九軍四五師副參長　卅七

△　　張雲漢　山東　特訓班　九六軍二五九團副　卅七

　　　劉滿長[3]　河南　校十六　陸戰隊一團副　卅五才

　　　姜潤田[4]　遼　校十一　八七軍副參長　卅七才

　　　傅筱〔嘯〕衡[5]　湘　校十四步校　五四年　五九二團代長　卅四才

△　　賴慶燦[6]　浙　校一○砲校　砲十三團（重迫砲）　卅五才

　　　曾長雲[7]　湘　軍訓班卅七才　八十軍一○一八團長

　　　袁子華[8]　江西　校十二　六七軍五六師副參長　卅九才

△　　蔡　璧[9]　江西　校六　四五才　八七軍二一一師副兼作戰處長

　　　張燦光[10]　皖　滇幹班　二師四團長　五二軍　卅六

　　　魏源容[11]　粵　海校　臺中港巡防處長　卅八

　　　劉朝槐[12]　川洛分校交校三　五二軍七四團長　卅九

---

1　馮陳豪，1950 年 6 月任第三十二師師長。

2　馮惠民，時任第十九軍第四十五師副參謀長，7 月在革命實踐研究院軍官訓練團第二期受訓。

3　劉滿長，時任海軍陸戰隊第一旅第一團副團長，7 月在革命實踐研究院軍官訓練團第二期受訓。

4　姜潤田，時任第八十七軍副參謀長，7 月在革命實踐研究院軍官訓練團第二期受訓。

5　傅嘯衡，湖南醴陵人。時任第五十四軍第一九八師第五九二團代團長，7 月在革命實踐研究院軍官訓練團第二期受訓。

6　賴慶燦，時任砲兵第十三團團長，7 月在革命實踐研究院軍官訓練團第二期受訓。

7　曾長雲，時任第八十師第三四○師第一○一八團團長，7 月在革命實踐研究院軍官訓練團第二期受訓。

8　袁子華，時任第六十七軍第五十六師參謀長，7 月在革命實踐研究院軍官訓練團第二期受訓。

9　蔡璧，時任第八十七軍第二一一師副師長，7 月在革命實踐研究院軍官訓練團第二期受訓。

10　張燦光，時任第五十二軍第二師第四團團長，7 月在革命實踐研究院軍官訓練團第二期受訓。

11　魏源容，時任海軍臺中港巡防處處長，7 月在革命實踐研究院軍官訓練團第二期受訓。

12　劉朝槐，四川富順人。時任第五十二軍第二十五師第七十四團團長，7 月在革命實踐研究院軍官訓練團第二期受訓。

申之麟[1]　河南　空校八　一大隊中隊長　卅五才

桂清庭[2]　江西校十六　海總警團營長　卅四

差　鄧桂彬[3]　湘　校十六砲　一廳副組長　卅二才


空　馮德鏞[4]　鄂　?校十五留美空校　五大隊副中隊長　卅一才

甲　楊干城[5]　川　校十一機校三　甲一縱隊參長　卅七才

施建中[6]　粵　高教班　六三師一八八團長　卅六才

朱道楠[7]　浙　校十三　八七軍六三二團副

李正平[8]　粵　機械化學校　輜汽一團副　卅九才

海　黃鍾澄[9]　閩　軍需特訓班　海供應處副

△　蔣鴻鈞[10]　湘　校三　陸戰隊一旅副

陳駿鳴[11]　川　工校二　工二○團長　卅九才

---

1　申之麟，時任空軍第一大隊第一中隊中隊長，7月在革命實踐研究院軍官訓練團第二期受訓。

2　桂清庭，時任海軍總司令部警衛團第一營營長，7月在革命實踐研究院軍官訓練團第二期受訓。

3　鄧桂彬，時任國防部第一廳第七組副組長，7月在革命實踐研究院軍官訓練團第二期受訓。

4　馮德鏞，時任空軍第五大隊第二十七中隊副中隊長，7月在革命實踐研究院軍官訓練團第二期受訓。

5　楊干城，時任裝甲兵旅第一總隊參謀長，7月在革命實踐研究院軍官訓練團第二期受訓。

6　施建中，時任第六十三師第一八八團團長，7月在革命實踐研究院軍官訓練團第二期受訓。

7　朱道楠，時任第八十七軍第二一一師第六三二團副團長，7月在革命實踐研究院軍官訓練團第二期受訓。

8　李正平，時任輜重兵汽車運輸第一團副團長，7月在革命實踐研究院軍官訓練團第二期受訓。

9　黃鍾澄，時任海軍供應總處軍需監副總處長，7月在革命實踐研究院軍官訓練團第二期受訓。

10　蔣鴻鈞，時任海軍陸戰隊第一旅副旅長，7月在革命實踐研究院軍官訓練團第二期受訓。

11　陳駿鳴，四川大邑人。時任工兵第二十團團長，7月在革命實踐研究院軍官訓練團第二期受訓。

　　　薛穗興[1]　粵　校十一　四師十二團長

空　　魯之屏[2]　江西　校六交　空總通信處副

　　　陳海波[3]　桂　校十二　六七軍五六師作戰處長　卅六才

　　　何紀常[4]　貴　校七　六七軍副參長

　　　楊鶴齡[5]　皖　校四電信　交通六團團長　四十五才　老弱

?　　王澤普[6]　湖北　校六　鐵道兵團長　病退學

?　　周光師[7]　漢口　校六　交通八團長　卅五才?

　　　楊鍾祥[8]　河北　砲校交校　留美　第五廳副組長　卅五才

　　　孫玉光[9]　江西　校十一　砲校七　基隆第二總臺長　卅四才

　　　薛華民[10]　徐州　校三高教五　71 師二一三團長　四十六才

　　　薛吉琛[11]　山西　校一四　機械化學校　海陸隊工程營長

　　　后德華[12]　皖　校一二　交　部屬參謀

　　　莫以楨[13]　粵　校七　63 師 189 團　四四

　　　張禮思[14]　湘　校八砲　砲八團　卅九（目差）

---

1　薛穗興，時任第四師第十二團團長，7 月在革命實踐研究院軍官訓練團第二期受訓。

2　魯之屏，時任空軍總部通信處副處長，7 月在革命實踐研究院軍官訓練團第二期受訓。

3　陳海波，時任第六十七軍第五十六師作戰處長，7 月在革命實踐研究院軍官訓練團第二期受訓。

4　何紀常，時任第六十七軍副參謀長，7 月在革命實踐研究院軍官訓練團第二期受訓。

5　楊鶴齡，時任通信兵第六團團長，7 月在革命實踐研究院軍官訓練團第二期受訓。

6　王澤普，湖北漢川人。時任鐵道兵第二團團長，7 月在革命實踐研究院軍官訓練團第二期受訓。

7　周光師，時任通信兵第八團團長，7 月在革命實踐研究院軍官訓練團第二期受訓。

8　楊鍾祥，河北正定人。1949 年 6 月，任陸軍總司令部第三署第四處處長。1950 年任國防部第五廳第四組副組長，1952 年 2 月調升組長。

9　孫玉光，時任基隆要塞第二總臺總臺長，7 月在革命實踐研究院軍官訓練團第二期受訓。

10　薛華民，號榮漢，江蘇銅山人。時任第七十一師二一三團團長。

11　薛吉琛，時任海軍陸戰隊工程營營長，7 月在革命實踐研究院軍官訓練團第二期受訓。

12　后德華，時任國防部部屬參謀，7 月在革命實踐研究院軍官訓練團第二期受訓。

13　莫以楨，時任第六十三師第一八九團團長，7 月在革命實踐研究院軍官訓練團第二期受訓。

14　張禮思，字伯琴，湖南常德人。1950 年 5 月時任砲兵第八團團長，後歷任第六十七軍砲兵指揮部指揮官、第二軍砲兵指揮部指揮官。

　　　王振江[1]　河南　校一五　32 師 94 團　卅四

差　汪起敬[2]　江西　校一〇　13 師 39 團　卅五

海　謝祝年[3]　粵　海校十九航　一艦隊參長　卅九

　　蔡惠強[4]　粵　黃埔海校留美　永修艦長　卅六

　　傅洪讓[5]　江西　電雷校　留美　中訓艦長　卅九

　　徐康良[6]　永康　空一　參校長

　　張培義[7]　八大隊長

　　張唐天[8]　山東　空六　五大隊長　卅八才　學識差

　　時光琳　河北　空五

　　賴遜岩[9]　粵　空二　空三署副　　　夏保

　　楊履祥[10]　皖　空六　第一大隊副卅七才　儀容缺

　　剛葆樸[11]　遼　空校十三　偵察中隊副　卅才（未訓）

---

1　王振江，河南商水人。時任第三十二師第九十四團團長。
2　汪起敬，字性謙，江西樂平人。1949 年任第十三師第三十九團團長，參與天津作戰。1959 年任金門防衛司令部金南守備區副指揮兼第九十二師副師長。
3　謝祝年，廣東開平人。時任海軍第一艦隊參謀長，7 月在革命實踐研究院軍官訓練團第二期受訓。
4　蔡惠強，時任海軍永修艦艦長，7 月在革命實踐研究院軍官訓練團第二期受訓。
5　傅洪讓，號揖如，江西豐城人。1949 年 8 月，任海軍中訓艦艦長。1952 年 8 月，調任海軍第三艦隊參謀長。
6　徐康良，字即甫，浙江孝豐人。1948 年 10 月調空軍參謀學校校長，1949 年晉升空軍少將。後調任空軍訓練司令，1952 年 4 月調升空軍副總司令，任內升空軍中將。
7　張培義，號璿川，山東臨沂人。1948 年 1 月任空軍第八大隊大隊長，1950 年 2 月升任空軍訓練司令部第一處處長。
8　張唐天，時任空軍第五大隊大隊長，8 月革命實踐研究院第七期研究員結業。
9　賴遜岩，廣東揭陽人。1947 年 4 月任民用航空局總飛機師兼處長、訓練所所長。1949 年 4 月調任空軍總部第三署副署長兼定海指揮部指揮官。1950 年 5 月任戰術訓練團主任，1951 年 1 月任交通部民用航空局局長。
10　楊履祥，字吉甫，安徽渦陽人。1947 年 8 月至 1948 年 11 月，任空軍空運中隊中隊長，後任第一大隊副大隊長。
11　剛葆樸，號仁義，祖籍蒙古卓索圖盟土默特左翼旗，生於遼寧遼陽。1948 年調升空軍第十二獨立偵察中隊副中隊長。1950 年 4 月 28 日駕 F-5E（P-38 戰鬥機偵察型）偵照上海，在上海北郊大場機場首先發現俄援中共之米格 15 戰鬥機。

　　　　周兆麟[1]　粵　校一五步空校十二　四大隊副中隊長　卅三

　　　　王長齡[2]　河北　空校九　八大隊三三中隊參謀　卅三

　　　　魏鳳岡〔崗〕[3]　山東　空校十　三大隊二課長

　　　　佘秉樞[4]　粵　機校一　空供應部處長　四一才

　　　　姚兆元[5]　河北　空校十　三大隊中隊長　卅三才

　　　　徐吉驤[6]　合江　空校七　空總五署作戰計畫室主任　卅四

　　　　趙敦序[7]　湘　空校六　空總情報處副　卅九

　　　　佟明波[8]　遼　空校八　一大隊副大隊長　卅六

　　　　陳履元[9]　閩　空校十一　十一大隊中隊長　卅一才

　　　　周伯源[10]　粵　空校七　十大隊副大隊長　卅六

　　　　王俊華[11]　鄞　空校八　廿大隊中隊長　卅五才

空軍　王秉琳[12]　山東　校一五空一二留美　十六大隊副組長　卅一才

---

1　周兆麟，時任空軍第四大隊第二十三中隊副中隊長，7 月在革命實踐研究院軍官訓練團第二期受訓。

2　王長齡，時任空軍第八大隊三十三中隊主任參謀，7 月在革命實踐研究院軍官訓練團第二期受訓。

3　魏鳳崗，時任空軍第三大隊第二課課長，7 月在革命實踐研究院軍官訓練團第二期受訓。

4　佘秉樞，廣東順德人。時任空軍供應司令部第四處處長。

5　姚兆元，時任空軍總司令部第三大隊第八中隊中隊長，7 月在革命實踐研究院軍官訓練團第二期受訓。

6　徐吉驤，時任空軍總司令部第五署作戰計畫室主任，7 月在革命實踐研究院軍官訓練團第二期受訓。

7　趙敦序，時任空軍總司令部第二署作戰情報處副處長，7 月在革命實踐研究院軍官訓練團第二期受訓。

8　佟明波，號涵秋，遼寧撫順人。時任空軍第十一大隊副大隊長，1952 年 4 月升任大隊長。

9　陳履元，時任空軍第十大隊中隊長，7 月在革命實踐研究院軍官訓練團第二期受訓。

10　周伯源，時任空軍第十大隊副大隊長，7 月在革命實踐研究院軍官訓練團第二期受訓。

11　王俊華，時任空軍第二十大隊第二中隊中隊長，7 月在革命實踐研究院軍官訓練團第二期受訓。

12　王秉琳，山東安邱人。1953 年任空軍特種任務組組長、第三十四中隊中隊長。1955 年 5 月任第三十中隊中隊長。

楊嵩白[1]　粵　校十一　四師十一團長　卅五才

張　鏈〔鑣〕[2]　粵　校十三　六四師一九一團長　卅四

文立徽[3]　湘　校十三陸大廿一　十九軍五四團長　卅四

梁　均[4]　湘　校十一陸大廿一　高雄守備團長　卅四

劉家福[5]　河北　校十一工　五十軍一○八團長　卅六

嚴學遊[6]　粵　校十三陸大二○　六十三師參長　卅六

張　揚[7]　閩　西北軍校　五十軍四四一團　卅六才

杜品武[8]　蘇　校十五　十九軍一三五團　卅六才

張聞聲[9]　湘　步校　二師六團長　卅七才

陸秀文[10]　山東　校十四　六軍六二一團長　卅才

汪文元[11]　浙　校一○砲校　砲十團副　卅五才

廖志遠[12]　桂　校六砲校　高雄第三總臺長　四一才

---

1　楊嵩白，時任第四師第十一團團長，7月在革命實踐研究院軍官訓練團第二期受訓。
2　張鑣，時任第六十四師第一九一團團長，7月在革命實踐研究院軍官訓練團第二期受訓。
3　文立徽，號力揮，湖南衡山人。時任第十九軍第四十五師第五十四團團長，7月在革命實踐研究院軍官訓練團第二期受訓。
4　梁均，時任高雄要塞守備團團長，7月在革命實踐研究院軍官訓練團第二期受訓。
5　劉家福，河北滄縣人。時任第五十軍第三十六師第一○八團團長，7月在革命實踐研究院軍官訓練團第二期受訓。
6　嚴學遊，廣東惠陽人。時任獨立第六十三師參謀長，7月在革命實踐研究院軍官訓練團第二期受訓。
7　張揚，時任第五十軍第一四七師第四四一團團長，7月在革命實踐研究院軍官訓練團第二期受訓。
8　杜品武，時任第十九軍第十八師第一三五團團長，7月在革命實踐研究院軍官訓練團第二期受訓。
9　張聞聲，時任第五十二軍第二師第六團團長，7月在革命實踐研究院軍官訓練團第二期受訓。
10　陸秀文，號修文，山東濟南人。時任第六軍第二○七師第六二一團團長，7月在革命實踐研究院軍官訓練團第二期受訓。1954年10月，出任臺北師管區宜蘭團管區司令部司令。
11　汪文元，時任砲兵第十團副團長，7月在革命實踐研究院軍官訓練團第二期受訓。
12　廖志遠，時任高雄要塞第三總臺長，7月在革命實踐研究院軍官訓練團第二期受訓。

李玉光[1]　桂　步校高教班　五二軍七五團長　卅七才

趙飛崑[2]　閩　校十三陸大二〇　十九軍五二團長　卅六才

胡養元[3]　湖北　校十六　六軍一〇八八團（副）　卅六

李光達[4]　湘　校十五　陸大參　六七軍一六七團　卅二才

顏　宣[5]　川　校十三工　八十七軍六二二團　卅五才

朱競濤[6]　浙　軍訓班　五十軍三一九團　卅二才

蔡人昌[7]　湘　校十一砲　陸大十八　六軍一〇一五團　卅六才

叢　韜[8]　山東　校補訓班一　工校一　工二團副　卅九才

伍應煊[9]　粵　校十三　留美　砲三團　卅四才

張建勛[10]　河北　校十一　6 軍一〇一六團　卅五才

韓　斌[11]　山東　校十騎　96 軍一一五團　卅五才

汪敬煦[12]　杭　校十四　工　留美　參大　67 軍一九九團　卅三

---

1　李玉光，時任第五十二軍第二十五師第七十五團團長，7 月在革命實踐研究院軍官訓練團第二期受訓。

2　趙飛崑，時任第十九軍第十八師第五十二團團長，7 月在革命實踐研究院軍官訓練團第二期受訓。

3　胡養元，時任第六軍第三六三師第一〇八八團副團長，7 月在革命實踐研究院軍官訓練團第二期受訓。

4　李光達，湖南瀏陽人。時任第六十七軍第五十六師第一六七團團長，12 月調任第六十七師第二〇〇團團長。1952 年 6 月，調任第八十四師第二五一團團長。

5　顏宣，號金吾，四川梁山人。時任第八十七軍第二〇八師第六二二團團長，7 月在革命實踐研究院軍官訓練團第二期受訓。

6　朱競濤，字學飛，浙江磐安人。時任第五十軍第一〇七師第三一九團團長，1957 年起歷任特種作戰部隊第二總隊參謀長、第四作戰總隊總隊長、特種作戰部隊司令部副司令。

7　蔡人昌，湖南攸縣人。時任第六軍第三三九師第一〇一五團團長，7 月在革命實踐研究院軍官訓練團第二期受訓。

8　叢韜，時任工兵第二團副團長，7 月在革命實踐研究院軍官訓練團第二期受訓。

9　伍應煊，時任砲兵第三團團長，7 月在革命實踐研究院軍官訓練團第二期受訓。

10　張建勛，時任第六軍第三三九師第一〇一六團團長，7 月在革命實踐研究院軍官訓練團第二期受訓。

11　韓斌，號又斌，山東壽光人。時任第九十六軍第三十九師第一一五團團長，7 月在革命實踐研究院軍官訓練團第二期受訓。

12　汪敬煦，浙江杭縣人。時任第六十七軍第六十七師第一九九團團長，1950 年 7 月在革命實踐研究院軍官訓練團第二期受訓。

褚　鐵[1]　湖北　校八步校　空軍警旅幹訓大隊長

葛先樸[2]　湖北　校一二陸大廿一　一九軍288〔588〕團　卅五

張文彬[3]　蘇　武進　軍訓班　五四軍212團　卅三才

團長　鍾棫祥[4]　川　校一四　一八軍297團長　卅一才

何樹立[5]　湘　校十三　卅六才　未受訓

陳慶甲[6]

魏大銘[7]

周懷勗[8]

羅英德[9]

高　舉[10]

第二廳　仲偉成[11]

---

1　褚鐵，時任空軍警衛旅幹訓大隊大隊長，7月在革命實踐研究院軍官訓練團第二期受訓。

2　葛先樸，時任第十九軍第一九六師第五八八團團長，7月在革命實踐研究院軍官訓練團第二期受訓。

3　張文彬，時任第五十四軍第七十一師第二一二團團長，7月在革命實踐研究院軍官訓練團第二期受訓。

4　鍾棫祥，四川資中人。時任第十八軍第一一八師二九七團團長。

5　何樹立，號浚明，湖南嘉禾人。1950年12月任第六軍第三三九師第一〇六團團長。

6　陳慶甲，1949年5月隨國防部第二廳遷臺灣，歷任國防部第二廳第四處副處長、國防部大陸工作處組長、海軍總部第二署（情報）副署長、代署長。

7　魏大銘，江蘇金山人。時任國防部第二廳副廳長。

8　周懷勗，字行素、行甦，浙江黃巖人。原任國防部兵役局第二處副處長、處長，時任第三廳副廳長。

9　羅英德，原任駐英國大使館空軍武官，1950年由英返臺，先調任國防部第二廳副廳長，旋調空軍總司令部情報署署長，1951年又調作戰署署長。

10　高舉，福建閩侯人。原任海軍永順艦艦長，1947年6月調任海軍太康艦艦長，後歷任海軍總司令部第五署副署長、代署長。

11　仲偉成，時任國防部第二廳第三處處長。

袁樾人 [1]　湘　校六　高教一　東防區少將處長　四十二才

薛華民　徐　州　校三？　高教班五　　71 師二一三團長　四十六才

管德國 [2]　南通　校十二陸大廿一　陸總通信指揮部參主　卅七

應翬華 [3]　蘭侯　校十陸大十八　北部防區參處長　卅五

王紹曾 [4]　河北　校十二陸大二〇　第三廳副組長　卅七

胡明允 [5]　粵校十三機校七陸大一八　留美　聯總運署專員　卅五

吳嘉葉 [6]　浦江　校一二陸大一九　16 師參長 75A　卅四

馬武奎 [7]　浙嵊　校一〇陸大廿一　75 軍副參長　卅七


雷開暄〔瑄〕[8]　川　校十一砲校　陸大十九　南部防區處長　卅五才

譚鶯昌 [9]　湘　校十六　一八軍一一八師參長　三十才

陳寶華 [10]　六軍參長　校七　湖北　四〇才

---

1　袁樾人，時任臺灣防衛總司令部東部防守區司令部參謀處處長。

2　管德國，時任陸軍總司令部通信指揮部參謀主任，7 月在革命實踐研究院軍官訓練團第二期受訓。

3　應翬華，浙江蘭谿人。時任臺灣北部防守區司令部參謀處處長，7 月在革命實踐研究院軍官訓練團第二期受訓。

4　王紹曾，浙江新昌人。時任國防部第三廳第四組副組長，7 月在革命實踐研究院軍官訓練團第二期受訓。

5　胡明允，時任聯合勤務總司令部運輸署專員，7 月在革命實踐研究院軍官訓練團第二期受訓。

6　吳嘉葉，號其蓁，浙江浦江人。1949 年 3 月，任第七十五軍第十六師第四十七團團長，9 月改任第七十五軍第六師參謀長。1950 年 7 月，改任第七十五軍第十六師參謀長。1952 年 3 月，調任第四十一師副師長。

7　馬武奎，時任陸軍第七十五軍副參謀長。

8　雷開瑄，四川閬中人。時任臺灣南部防守區司令部處長，7 月在革命實踐研究院軍官訓練團第二期受訓。

9　譚鶯昌，時任第十八軍第一一八師參謀長，7 月在革命實踐研究院軍官訓練團第二期受訓。

10　陳寶華，時任第六軍參謀長，7 月在革命實踐研究院軍官訓練團第二期受訓。

張嶸生[1]　江祁　八十七軍二○八師參長　校十二　陸大二○　卅四才

許孝華[2]　裝甲旅二處長　德清　校八　卅九才

夏　崑[3]　十八師參長　南京　校十二　卅七才

朱彭年[4]　五軍副參長　吳縣　校十四步　卅三才

朱施民[5]　第三廳參謀　蘇北　校十三砲　陸大廿一　卅二才

郭修甲　金門防部作戰處長　湖北　校十三　陸大廿　卅七才

田樹樟[6]　中部防區處長　山東　校十一　陸大十九　卅七才

鄭為元　二廳專員　皖　軍校八　義國陸大　卅九　駐義

參謀　袁友枚〔牧〕[7]　三廳組長　湘　軍校八交通　卅九才　陸大十六期


政　　劉振鎧[8]　海總政治組長　河北　卅九歲　齊魯大學


吳淵明[9]　87A 副調部附　江西　軍校八

李　賢[10]　陸總工兵指揮　安東　軍校八　陸大十五

景雲增　二廳　陸大十七　河北　卅九才

---

1　張嶸生，時任第八十七軍第二○八師參謀長，7 月在革命實踐研究院軍官訓練團第二
　　期受訓。
2　許孝華，時任裝甲兵旅司令部第二處處長，7 月在革命實踐研究院軍官訓練團第二期
　　受訓。
3　夏崑，時任第十九軍第十八師參謀長，7 月在革命實踐研究院軍官訓練團第二期受訓。
4　朱彭年，時任第五軍副參謀長，7 月在革命實踐研究院軍官訓練團第二期受訓。
5　朱施民，時任國防部第三廳參謀，7 月在革命實踐研究院軍官訓練團第二期受訓。
6　田樹樟，號中夫，山東高苑人。1950 年 6 月任臺灣中部防守區司令部參謀處處長，7
　　月在革命實踐研究院軍官訓練團第二期受訓。1951 年 10 月任臺灣中部防守區司令部
　　第三處處長。
7　袁友牧，時任國防第二廳組長，7 月在革命實踐研究院第七期研究。
8　劉振鎧，1949 年 9 月任海軍嵊泗巡防處長兼嵊泗縣長。時任海軍總部政治部組長，7
　　月在革命實踐研究院第七期研究。
9　吳淵明，號琛，江西寧國人。1949 年 10 月 21 日至 11 月 6 日，率第八十七軍第二二一
　　師參加登步島戰役。1950 年 5 月，任第二二一師師長，7 月調任第八十七軍副軍長，
　　10 月調任總統府參議。1954 年 10 月，任第八十七軍第十師師長。
10　李賢，時任陸軍總司令部工兵指揮部代指揮官。

　　　　　何世統　67D　日士官　陸大十六期　貴

南寧校　劉榮春 [1]　五十軍一四七師副　陸大研究院　湘　四十四才

　　　　　汪光堯 [2]　敬陶　5A 75D　軍校六陸大將乙　四十一才

　　　　　張其中 [3]　持正　64D　軍校四陸大參八　四十三才

陸　　　薛仲述 [4]　力生　4D　粵　陸大十六　四十四才

　　　　　徐錫邕 [5]　海總二署　鎮海

　　　　　魏汝謀 [6]　40D 副　粵潮校四　四十六才　老

　　　　　劉漢卿 [7]　第二師副　陝　軍訓班　四十四才　不清楚

老態　沈莊宇 [8]　五六師　川　日士官　四十五才

差　　　蔣奎士 [9]　一〇七師副　河北　東講


　　　　　陳桂華 [10]　陸總三署副　陸大十八　卅五　粵

　　　　　景雲增　二廳　河北　陸大十七　卅九才

　　　　　蕭家驤 [11]　三廳組長　陸大十六　蘇　卅九才

---

1　劉榮春，時任第五十軍第一四七師副師長。

2　汪光堯，字敬陶，時任第五軍第七十五師師長。

3　張其中，字持正，廣東蕉嶺人。1948 年起任第六十四軍第一三一師師長、第六十四軍軍長。1950 年 6 月調任第六十四師師長。

4　薛仲述，字力生，時任第四師師長，7 月在革命實踐研究院第七期研究。1952 年 4 月奉調金門接掌第五軍。

5　徐錫邕，1950 年 1 月任海軍第二軍區司令，1951 年 2 月任海軍總司令部第二署署長，9 月任海軍總司令部海軍代將銜高級參謀。

6　魏汝謀，1945 年 12 月任廣東省廣寧縣縣長。時任第四十師副師長，7 月在革命實踐研究院第七期研究。

7　劉漢卿，陝西興平人。1950 年 3 月，調任第五十二軍第二師副師長，7 月在革命實踐研究院第七期研究。

8　沈莊宇，號靜，四川蓬安人。時任第六十七軍第五十六師師長，7 月在革命實踐研究院第七期研究。1952 年 8 月任臺北師管區司令。

9　蔣奎士，時任第一〇七師副師長，7 月在革命實踐研究院第七期研究。

10　陳桂華，廣東東莞人。時任陸軍總部第三署副署長，7 月在革命實踐研究院第七期研究。1952 年 10 月調總統府侍從參謀。

11　蕭家驤，時任國防部第三廳組長，7 月在革命實踐研究院第七期研究。

張星源[1]　防空副司令　軍校六　湘　四十一才

朱悟隅[2]　三三九師參長　河北　陸十廿一　卅四才

卓獻書[3]　部附　粵　軍校四　四十二才

陳宗芳[4]　第三廳組長　陸大十九　桂　一七〇師？

張國強〔彊〕　第二廳專員　陸大十七　河北　卅七才　駐俄

李錫煜[5]　第四廳組長　陸大十八　山東

黎天鐸[6]　海軍三署副　陸大十八　江西

劉同新[7]　第二廳參謀　軍校十二　河北　俄文

參　傅伊仁[8]　82A　二〇一師參長　陸大十八　湘

劉廉一（德焱）　67軍　校六陸大十六　湘

任世江　朝宗　軍官分校副主任　校六陸大十四　浙

蕭　銳[9]　慎哉　18軍副軍長　校六陸大十七　鄂

劉廣凱[10]　海軍第一艦隊　青島與英國海大

羅恕人　師長　新疆　校六（三分校）

葉　成

王文中[11]　裝甲校政工組長　四三歲　校六　杭州

---

1　張星源，時任國防部防空司令部副司令，7月革命實踐研究院第七期研究。

2　朱悟隅，號荔山，河北濮縣人。1949年9月，任第六軍作戰處處長，1950年1月，任第六軍第三三九師參謀長，8月調任第二〇七師六二〇團團長。1952年11月，調任第六十九師第二〇五團團長。

3　卓獻書，時任國防部部員，7月在革命實踐研究院第七期研究。

4　陳宗芳，時任國防部組長，7月在革命實踐研究院第七期研究。

5　李錫煜，時任國防部第四廳組長，7月在革命實踐研究院第七期研究。

6　黎天鐸，時任海軍總司令部第三署副署長，7月在革命實踐研究院第七期研究。

7　劉同新，時任國防部第二廳參謀，7月在革命實踐研究院第七期研究。

8　傅伊仁，時任第八十軍第二〇一師副師長兼參謀長，7月在革命實踐研究院第七期研究。

9　蕭銳，字慎哉，時任第十八軍副軍長，3月4日至4月2日在革命實踐研究院第四期研究。

10　劉廣凱，字孟實，遼寧海城人。1948年任海軍長治艦艦長，旋代理海防第一艦隊司令，1950年12月真除海防第一艦隊司令。

11　王文中，浙江杭州人。時任裝甲兵學校研究委員兼集訓處政工組組長。

朱元琮　六師長　武進　卅七歲　校八陸大十六

黃建墉[1]（文字可）　五二軍副　溫嶺　四五歲　校六輯

李昌來[2]　通校長　湘　留英六年　四三歲

高吉人[3]　金門副司令　四九歲　校四

郭　永[4]　有血心　52 軍二師　三分校　卅六


鍾祖蔭　有血心　能理解　新疆　師長　湘　校三　四十八歲

張立夫　75 軍參長　浙　校八陸大十八　四十歲

李　銘[5]　手傷　防空校長　湘　校七

朱俊德[6]　五四軍參長　皖　校八陸大十五　四十

胡翼烜　五〇軍副　校六　江西　四十二歲

張智剛[7]　裝甲旅辦公室主任　校六　卅九歲

周建磐[8]　八十軍二〇一師副　校七　四十歲

尹　俊[9]　14D 長

---

1　黃建墉，字星垣，浙江溫嶺人。1948 年 6 月任暫編第五十四師師長。時任第五十二軍副軍長。

2　李昌來，號璞蓀，湖南平江人。1947 年 11 月，任陸軍通信兵學校校長。1953 年 5 月，調任國防部國防科學研究室研究員。

3　高吉人，時任金門防衛司令部副司令官，3 月 4 日至 4 月 2 日在革命實踐研究院第四期研究。

4　郭永，號頤卿。又名濟中，湖南醴陵人。1948 年 12 月，任第五十二軍第二師師長。1950 年 3 月，任第五十二軍副軍長兼第二師師長。

5　李銘，1952 年 11 月任聯合勤務總司令部總務處處長。

6　朱俊德，號明成，安徽定遠人。1950 年 1 月，調任第五十四軍參謀長。1954 年 7 月，調任總統府高級參謀。1955 年 7 月，調任預備第八師師長。

7　張智剛，時任裝甲兵旅辦公室主任，3 月 4 日至 4 月 2 日在革命實踐研究院第四期研究。

8　周建磐，時任第八十軍第二〇一師副師長，3 月 4 日至 4 月 2 日在革命實踐研究院第四期研究。

9　尹俊，字杰夫，1949 年 10 月時任第十八師師長，率軍參與古寧頭戰役，旋調任第五軍副軍長兼第十四師師長。1950 年 3 月 4 日至 4 月 2 日在革命實踐研究院第四期研究。後調任第十八軍副軍長。

劉漢鼎〔鼎漢〕[1]　11D 長

陸靜澄[2]　19A 副

後勤　楊維翰[3]　5A 副

蕭　銳　18A 副

彭戰存[4]　胡璉之參長　陸大十三期

黃震白[5]　海總三署作戰處　青島海校　留德美　川　卅九

海軍　楊　珍[6]　海機校教育長　河北　卅四

劉耀璇[7]　馬尾海校留英美　閩　卅四歲

楊維智[8]　電雷學校　海第二區參長　卅八　紹興

林春光[9]　海總通信處　青島校　粵　卅三歲

齊鴻章　太和艦長　青校留美　江西　四一歲

文好　張明熙[10]　七十五軍政工處　中華大學戰幹團　卅八歲

---

1　劉鼎漢，字若我，湖南酈縣人。1949 年 1 月至 1951 年 4 月任第十八軍第十一師師長，曾參與古寧頭戰役。之後任第五軍副軍長。
2　陸靜澄，時任第十九軍副軍長，3 月 4 日至 4 月 2 日在革命實踐研究院第四期研究。
3　楊維翰，字墨林，陝西西安人。1947 年任整編第五十八師參謀長。1948 年 6 月 2 日在宛東戰役中於河南南陽被俘，成功逃回後任第十二兵團參謀長，1949 年參與古寧頭戰役，後任第五軍副軍長。1951 年 4 月任聯合勤務總司令部金門補給區司令。
4　彭戰存，字鐵如，江西萍鄉人。1948 年冬調赴臺灣，任第八十軍副軍長、金門防衛司令部參謀長、副司令官。1949 年 10 月曾參與指揮金門古寧頭之役。1951 年 4 月，升任金門防衛司令部副司令官。
5　黃震白，四川華陽人。1949 年 4 月，調任海軍總司令部第三署作戰處副處長，代理處長。10 月兼海軍總司令部作戰指揮室主任。1951 年 4 月，任海軍總司令部第三署署長。
6　楊珍，時任海軍機械學校教育長，3 月 4 日至 4 月 2 日在革命實踐研究院第四期研究。
7　劉耀璇，時任總裁辦公室參謀，3 月 4 日至 4 月 2 日在革命實踐研究院第四期研究。
8　楊維智，號未之，浙江紹興人。時任海軍第二軍區參謀長，3 月 4 日至 4 月 2 日在革命實踐研究院第四期研究。後任國防部第三廳副廳長。
9　林春光，時任海軍總司令部通訊處處長，3 月 4 日至 4 月 2 日在革命實踐研究院第四期研究。
10　張明熙，時任第七十五軍政工處處長，3 月 4 日至 4 月 2 日在革命實踐研究院第四期研究。

張　明[1]　政工局副　校四　湘　本 CD

成文秀[2]　國防醫學校　社導　留美　四十六歲　六合

王學曾[3]　十八軍工　軍校高教　卅五歲　皖

尹殿甲　澎湖　政二處　西北大學　卅五歲

張泰祥　軍校軍官班　政工局　四十四

王　道　海校訓導處　三分校　鄂　四十歲

空軍　黃明德[4]　三署副　航校二　遼寧　卅九歲

王述彭[5]　二師政工　校十五期　陝

江海東　廿三軍政工　軍官團　中華大學　卅七

王成德[6]　六軍三三九師　幹校卅二　察省

秦景康[7]　二○○師政工　校五　四十六　象山

王志仁[8]　五軍政工　法政大學　四四　蘇

張彝鼎[9]

韓漱泉[10]　九九師政工　特訓班四　卅四歲　湘（未婚）

---

1　張明，字青永，湖南望城人。1947 年任國防部政工局副局長。1950 年 3 月 4 日至 4 月 2 日在革命實踐研究院第四期研究，8 月 20 日贋任中央改造委員會第二組副主任。

2　成文秀，1949 年 3 月任國防醫學院訓導處處長，1950 年 3 月 4 日至 4 月 2 日在革命實踐研究院第四期研究。

3　王學曾，字省三，山東霑化人。時任第十八軍政工處處長，3 月 4 日至 4 月 2 日在革命實踐研究院第四期研究。1972 年 8 月任臺中市榮民服務處處長。

4　黃明德，時任國防部第三署副署長。

5　王述彭，時任第五十二軍第二師政工處處長，3 月 4 日至 4 月 2 日在革命實踐研究院第四期研究。

6　王成德，察哈爾懷安人。時任第六軍第三三九師政治處處長，3 月 4 日至 4 月 2 日在革命實踐研究院第四期研究。

7　秦景康，時任第五軍第二○○師政工處處長，3 月 4 日至 4 月 2 日在革命實踐研究院第四期研究。

8　王志仁，時任第五軍政工處處長，3 月 4 日至 4 月 2 日在革命實踐研究院第四期研究。

9　張彝鼎，號鑑秋，國防部政工局副局長，3 月 4 日至 4 月 2 日在革命實踐研究院第四期研究。1955 年任行政院國軍退役官兵輔導會副主任委員。

10　韓漱泉，時任第九十九師政工處處長，3 月 4 日至 4 月 2 日在革命實踐研究院第四期研究。

補昌沂[1]　八師政工　三分校一　四十二歲　湘

郭壽華[2]　政工局處長　高級班　四十九　粵　大埔

傅國傑[3]　四十三師政工　戰幹團　鄂　卅四歲

張擴之[4]　政工局處長　校六　四十三歲　湘

劉競夫[5]　十九軍政工　戰幹團　卅三歲

文好　鄭立軍[6]　十四師政工　校十六　川　卅一

未婚　徐健若[7]　二九六師副師長　校十三　陝　卅六

參事　賀楚強[8]　（48）　湘　北大政治

仝上　韓德純[9]　（40）　河北　民國大學　孫連仲[10]介　參事

張測民[11]　（44）　河北

可用　張家銓[12]　（36）　天津　校六工　情報　平轄二處處　津警副司令

---

1　補昌沂，湖南芷江人。時任第五十四軍第八師政工處處長。
2　郭壽華，時任國防部政工局處長，3月4日至4月2日在革命實踐研究院第四期研究。
3　傅國傑，時任第四十三師政工處處長，3月4日至4月2日在革命實踐研究院第四期研究。
4　張擴之，時任國防部政工局處長，3月4日至4月2日在革命實踐研究院第四期研究。
5　劉競夫，時任第十九軍政工處處長，3月4日至4月2日在革命實踐研究院第四期研究。
6　鄭立軍，時任第十四師政工處處長，3月4日至4月2日在革命實踐研究院第四期研究。
7　徐健若，時任第二九六師副師長，3月4日至4月2日在革命實踐研究院第四期研究。
8　賀楚強，字子謙，湖南漵浦人。時任總統府第三局副局長。1949年5月，創刊《民族報》，任監事長兼總主筆。1950年4月，調任總統府餐事。12月《民族報》改稱《民族晚報》，任社長。
9　韓德純，字景周，曾任總統府參事。1987年奉准依法遞補為河北省鹽山縣國大代表。
10　孫連仲，字仿魯，1949年3月到臺灣，任總統府戰略顧問，11月至1950年3月兼任東南軍政公署政務委員會敵後軍政指導委員會主任委員。
11　張測民，1948年10月任總統府參軍，到臺灣後入革命實踐研究院受訓，1952年3月，晉任陸軍中將。
12　張家銓，1948年當選為行憲國民大會代表，來臺後任總統府參軍，1953年10月入革命實踐研究院黨政軍幹部聯合作戰研究班第一期研究。

劉耀漢 [1]

張彼得〔德〕[2]　粵　聖約翰　卅八才　省府參議（面痩〔瘦〕）

周森鏞 [3]　福　政校　卅二才　農復興會

魏景蒙 [4]　杭　燕京　四四才

---

1　劉耀漢，時任基隆要塞第一總臺副總臺長，7 月在革命實踐研究院軍官訓練團第二期受訓。

2　張彼德，號道先，廣東番禺人。1949 年 12 月，任臺灣省政府參議兼外事室主任，1951 年 10 月任臺灣省政府新聞處處長，1954 年 6 月卸任。

3　周森鏞，號肇豐，福建福州人。時任中國農村復興聯合委員會編輯。

4　魏景蒙，浙江杭州人。時任中國新聞社社長，7 月 12 日呈報訪問日本東京見聞。1950 年 10 月，出任中央通訊社副社長。1952 年 7 月，出任中國廣播公司總經理，任職十二年。

# 索引

蔣中正日記
Chiang Kai-shek Diaries

# 索引

# 蔣中正日記 (1950)
## Chiang Kai-shek Diaries, 1950

著　　　者：蔣中正
授權出版：國史館館長 陳儀深
統籌策劃：源流成文化
總 編 輯：呂芳上 源流成
責任編輯：高純淑 張傳欣 蔣緒慧
封面設計：溫心忻 源流成
排　　版：蔣緒慧

出 版 者： 民國歷史文化學社有限公司
　　　　　臺北市大安區羅斯福路三段 37 號 7 樓之 1
　　　　　TEL：+886-2-2369-6912

國史館
Academia Historica
臺北市中正區長沙街一段 2 號
TEL：+886-2-2316-1000

贊助出版：  蔣經國國際學術交流基金會
Chiang Ching-kuo Foundation for International Scholarly Exchange

 世界大同文創股份有限公司
AGCMT CREATION CORP.

總 發 行：源流成文化股份有限公司
　　　　　臺北市大安區羅斯福路三段 37 號 7 樓之 1
　　　　　TEL：+886-2-2369-6912
　　　　　FAX：+886-2-2369-6990

初版一刷：2023 年 10 月 31 日
定　　價：新臺幣 850 元
　　　　　美　元　32 元
ＩＳＢＮ：978-626-7370-22-3（精裝）
　　　　　978-626-7370-27-8（1948-1954 套書）

Republic of China History and Culture Society
http://www.rchcs.com.tw

ISBN 978-626-7370-22-3

9 786267 370223

蔣中正日記 (1950) = Chiang Kai-shek diaries,
1950/ 蔣中正著 . -- 初版 . -- 臺北市：民國歷史
文化學社有限公司 , 國史館 , 2023.10
　　面；　公分
ISBN 978-626-7370-22-3( 精裝 )

1.CST: 蔣中正 2.CST: 傳記

005.32　　　　　　　　　　　112015564